Vorwort

Buchners Kompendium Politik für die zweistündige Kursstufe in Baden-Württemberg ist ein kompaktes Unterrichtswerk für einen zeitgemäßen Politik- und Wirtschaftsunterricht. Basis der Konzeption ist ein stark ausgeweiteter Darstellungsteil, der das gesamte lehrplanrelevante Politikwissen dieses Kurses vermittelt. Die umfassende Einbeziehung systematischer Informationstexte, die von Schülern auch eigenständig erarbeitet werden können, strafft die Phase der Informations- bzw. Faktenvermittlung. Jedes Kapitel beginnt mit einem ausführlichen, verständlich geschriebenen Darstellungsteil; im Anschluss folgen ausgewählte vertiefende und problematisierende Materialien zu diesem Themenkreis sowie spezifische Arbeitsaufträge, die eine lebendige, diskursive Auseinandersetzung mit den jeweiligen Fragestellungen anregen. Neben der Aneignung politischen Basiswissens bietet Buchners Kompendium Politik so auch den Raum für die Einbeziehung aktueller politischer Ereignisse. Das einbändige Kompendium gewährleistet somit einen fundierten Einblick in alle Themen des zweistündigen Kurses, es kann gleichermaßen als Arbeitsbuch wie als Nachschlagewerk verwendet werden.

1 Das politische System der Bundesrepublik Deutschland

2 Weltwirtschaft und internationale Politik

1 Das politische System der Bundesrepublik Deutschland

1 Die Grundlagen des politischen Systems

1.1 Merkmale moderner Demokratien

Leitfragen			
	Welche Prinzipien machen die Demokratie aus?	Wie werden die Entscheidungen innerhalb einer Demokratie getroffen?	Welche Möglichkeiten gibt es, die demokratische Herrschaft zu kontrollieren und zu begrenzen?

Kernelemente demokratischer Systeme

Moderne Demokratien zeichnen sich durch **vier Elemente** aus: Volkssouveränität, Rechtsstaatlichkeit, Gewaltenteilung und Pluralismus.

Volkssouveränität

Der Begriff der „Volkssouveränität" kam erst im 18. Jahrhundert auf. Volkssouveränität meint dabei, dass das Volk nicht nur der alleinige Ursprung der Herrschaftslegitimation ist, sondern auch Herrscher über sich selbst. Der Gedanke der Volkssouveränität wurzelt in der Erkenntnis, dass alle Menschen **von Natur aus gleiche Rechte** haben. Auf dieser gedanklichen Grundlage lässt sich eine Herrschaft von Menschen über Menschen, ohne dass diese zustimmen, nicht mehr rechtfertigen. Der Gedanke einer Herrschaft *für* das Volk geht seither Hand in Hand mit dem Gedanken einer Herrschaft *durch* das Volk. Die deutsche Demokratie deutet das Prinzip der Volkssouveränität so: Jede staatliche Herrschaft muss **durch das Volk legitimiert sein** („alle Staatsgewalt geht vom Volke aus", Art. 20 GG). Die Verwirklichung der Volkssouveränität setzt zudem eine **Beteiligung der Bürger** an den politischen Entscheidungsprozessen voraus. Die Ausübung der Volkssouveränität ist dabei eng an das Mehrheitsprinzip gebunden, was nicht heißt, dass der Volkswille in jedem Fall absolute Gültigkeit beanspruchen kann; er findet seine Grenzen in den Grund- und Menschenrechten (wertgebundene Demokratie).

Folgende Elemente der Volkssouveränität sind kennzeichnend für die repräsentative Demokratie:

- Die Staatsbürger **wählen Abgeordnete**, die sie in einem Parlament vertreten.
- Die **Regierung wird** – wie in Deutschland – von den Repräsentanten des Volkes im Parlament oder direkt vom Volk **gewählt**.
- Politische Entscheidungen müssen durch eine Mehrheit der Repräsentanten des Volkes im **Parlament legitimiert** werden.

Alexis de Tocqueville (1805–1859) untersuchte in „Über die Demokratie in Amerika" die Grundlagen von Staat und Politik, besonders das Verhältnis von Freiheit und Gleichheit.

Rechtsstaatlichkeit

Rechtsstaatlichkeit meint die Bindung allen staatlichen Handelns an das Gesetz. Der französische Historiker und Politiker Alexis de Tocqueville war der Überzeugung, dass die Demokratie ohne rechtliche Schranken zu einer „Tyrannei der

Mehrheit" führe. Erst der Rechtsstaat setzt der demokratischen Herrschaft Schranken. Die Mehrheit darf in einem Rechtsstaat nicht alle beliebigen Entscheidungen treffen. Rechtsstaatlichkeit bedeutet dabei zum einen, dass ein Staat sich an die von ihm verabschiedeten Gesetze hält (**formales Rechtsstaatsprinzip**), zum anderen, dass alles staatliche Handeln an die Gewährleistung der Grundrechte und den Gerechtigkeitsgedanken gebunden ist (**materielles Rechtsstaatsprinzip**). Das **Rechtsstaatsprinzip** beinhaltet daher die Forderung nach

- Gewaltenteilung
- Vorrangstellung der Verfassung bzw. Vorrang von Recht und Gesetz
- einer unabhängigen (Verfassungs-) Gerichtsbarkeit
- garantierter Rechtssicherheit
- Garantie auf ein faires Gerichtsverfahren vor unabhängigen Richtern.

Gewaltenteilung

Der Zweck einer Ausbalancierung und Kontrolle politischer Macht ist die **Verhütung von Machtmissbrauch.** Die englische Wendung „checks and balances of powers" (Kontrolle und Balance der Mächte) erfasst besser als der Begriff „Gewaltenteilung", was gemeint ist. Die staatliche Macht soll erstens auf mehrere Organe verteilt werden. Zweitens sollen diese Organe die Macht haben, den anderen Trägern der Staatsgewalt Schranken zu setzen, wenn diese ihre Machtkompetenzen überschreiten.

Den demokratischen Grundgedanken einer **Machtkontrolle** und **Machtbalance** haben erstmals die amerikanischen „Föderalisten" ausformuliert, die theoretische Begründungen für die Gestaltung der Verfassung der USA lieferten. Dabei bauten sie ausdrücklich auf das Fundament der Überlegungen von Charles de Montesquieu auf. In dieser Tradition wird bis heute eine ausführende Gewalt (**Exekutive**), eine gesetzgebende Gewalt (**Legislative**) und eine richterliche Gewalt (**Judikative**) unterschieden. Tatsächlich ist die Tragfähigkeit dieser Unterscheidung umstritten. So sind die Regierungen in den modernen Demokratien in der Regel federführend in der Gesetzgebung. Die Gesetze führen in der Regel Verwaltungsbeamte aus. Zur Machtkontrolle gehört zudem die Aufteilung der Gesetzgebungskompetenz auf zwei Organe wie etwa auf Bundestag und Bundesrat in der Bundesrepublik Deutschland.

Man kann folgende **Formen der Gewaltenteilung** unterscheiden:

- Die Aufteilung der staatlichen Macht auf nationaler Ebene auf verschiedene Organe wird als **horizontale Gewaltenteilung** bezeichnet.

- Eine weitere Möglichkeit der Machtbegrenzung ist die Aufteilung staatlicher Macht auf verschiedene staatliche Ebenen. Wenn demnach Gliedstaaten und/oder Kommunen eigenständige Entscheidungsrechte erhalten, ist die Rede von einer **vertikalen Gewaltenteilung**.

- Ein Charakteristikum moderner Demokratien ist zudem die Vergabe politischer Ämter bzw. politischer Macht auf Zeit (**temporale Gewaltenteilung**).

- Die Macht der Regierenden wird auch durch bestimmte Verfassungsregeln eingeschränkt, die nur mit großen, in der Regel Zwei-Drittel-Mehrheiten im Parlament überwindbar sind; der unveränderliche Verfassungskern des Grundgesetzes ist auch mit großen parlamentarischen Mehrheiten nicht abzuändern (**konstitutionelle Gewaltenteilung**).

- Auch ist die Macht der Regierung durch den pluralistischen Prozess der Entscheidungsfindung begrenzt, an dem etwa Parteien, Interessenverbände und Medien teilhaben; diese üben ebenfalls Einfluss auf politische Entscheidungen aus (**dezisive Gewaltenteilung**).

Charles de Montesquieu (1689–1755), französischer Staatstheoretiker, auf den das Prinzip der Gewaltenteilung zurückgeführt wird.

Pluralismus

Unter Pluralismus ist der legitime Wettbewerb unterschiedlichster und zum Teil auch entgegengesetzter Interessen zu verstehen. Der Pluralismus geht über den Bereich des Politischen hinaus: Er ist ein zentrales gesellschaftliches Strukturprinzip demokratischer Staaten. Der Pluralismus basiert auf der **Gewährleistung zentraler Grundrechte** wie

- Meinungs- und Pressefreiheit,
- Versammlungsfreiheit,
- Recht auf Bildung von Vereinen und Parteien.

Gewaltenteilung und Gewaltenverschränkung in Deutschland

Trennung der Staatsgewalt in drei Funktionen (Gewaltenteilung)

Legislative	Exekutive Aufgaben der Teilgewalten	Judikative
Gesetzgebung	Regierung, Verwaltung	Rechtsprechung
Organe der Gesetzgebung:	Organe der Regierung und der Verwaltung:	Organe der Rechtsprechung auf Bundesebene:
Bundestag, Landtage.	Bundesregierung, Länderregierungen, Kreis- und Städteregierungen mit nachgeordneten Verwaltungen.	Bundesverfassungsgericht, Bundesgerichtshof, Bundesverwaltungsgericht, Bundesarbeitsgericht, Bundessozialgericht, Bundesfinanzhof.

Gewaltenverschränkung im parlamentarischen System der Bundesrepublik

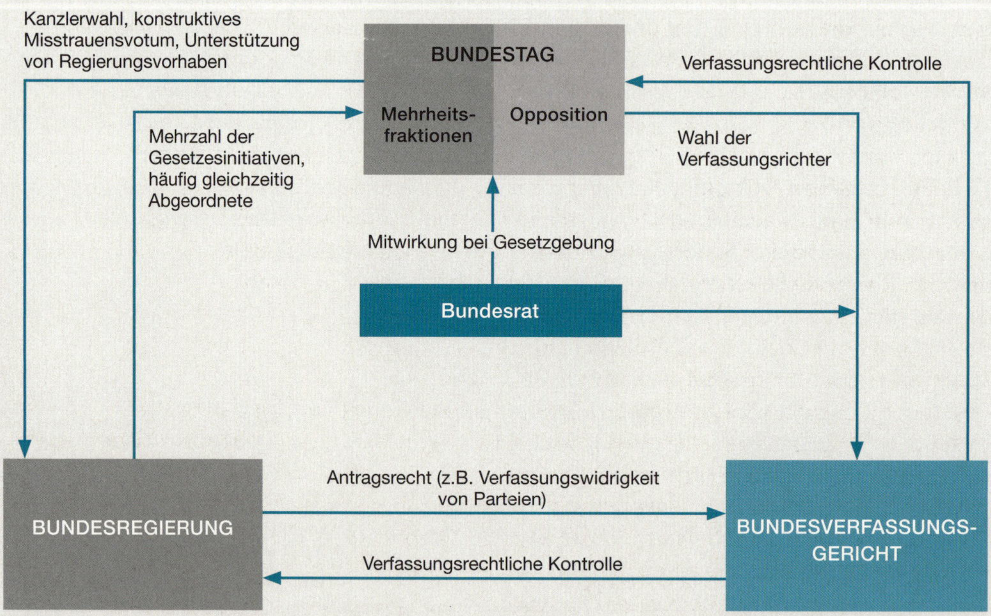

M1 Charles de Montesquieu: Vom Geist der Gesetze (1748)

Freiheit ist das Recht, alles tun zu dürfen, was die Gesetze erlauben [...]. Politische Freiheit findet sich nur, wo der Regierung Schranken gesetzt sind. Aber auch da, wo den Befugnissen der Regierung Grenzen gezogen sind, stellt sich die Freiheit nicht von selbst ein, sondern nur dann, wenn die Gewalt nicht missbraucht wird [...]. Damit die Gewalt nicht missbraucht wird, müssen Maßnahmen getroffen werden, dass die eine Gewalt die andere im Zaum hält [...].
Wenn die Ausübung der legislativen und der exekutiven Gewalt einer einzigen Person oder einer einzigen Behörde zusteht, so gibt es keine Freiheit, weil zu befürchten ist, dass alsdann der betreffende Alleinherrscher oder die betreffende Behörde nach Willkür Gesetze geben, die sie auch willkürlich vollziehen können. Es gibt auch keine Freiheit, wo die richterliche Gewalt nicht von der legislativen und von der exekutiven Gewalt getrennt ist. Wäre sie mit der legislativen vereinigt, so käme dies der Aufrichtung einer schrankenlosen Macht über Leben und Freiheit der Bürger gleich; denn der Richter könnte selbst die Gesetze aufstellen. Wäre sie mit der exekutiven Gewalt vereinigt, so könnte der Richter seine Entscheidungen mit der Zwangsgewalt eines Unterdrückers durchsetzen. Es wäre das allgemeine Verderben, wenn ein einzelner Mensch oder eine einzelne Behörde, gleichgültig, ob adelig oder demokratisch, alle drei Gewalten ausüben würde und dadurch Macht bekäme, sowohl Gesetze zu schaffen, als auch die den Staat betreffenden Beschlüsse auszuführen und über Verbrechen und in Zwistigkeiten unter Privatpersonen richterliche Entscheidungen zu treffen.

Volker Dotterweich / Andreas Mehl / Helmut G. Walther, Grundriss der Geschichte, Dokumente. Band 1, Stuttgart 1991, S. 128

M2 Von der überzeitlichen Kraft der Demokratie

Schon seit ihrer Entstehung in der Antike trifft die Demokratie immer wieder auf Kritik und zeitweilig sogar auf Feindschaft. Neben politischer Polemik gibt es auch begründete Kritik, die Probleme benennt, die mit der Demokratie zusammenhängen und von ihr erzeugt werden. Aber das Wissen um sie darf die Maßstäbe der Kritik nicht so weit verschieben, dass der Demokratie keine Chance gegeben wird. Nach wie vor gilt der Ausspruch des englischen Staatsmannes Winston Churchill vom 11. November 1947 bei einer Rede im Unterhaus: „Demokratie ist die schlechteste aller Regierungsformen – abgesehen von all den anderen Formen, die von Zeit zu Zeit ausprobiert worden sind." Oder, mit einem Demokratieforscher formuliert, „die zweitbeste Demokratie ist immer noch besser als die beste Nicht-Demokratie". Die Demokratie mag nur als das kleinere Übel angesehen werden, vereint aber andererseits so viele Vorteile auf sich, dass sie als die beste bekannte Herrschaftsform bezeichnet werden kann.
Einer dieser Vorteile ist ihre Lernfähigkeit, die sie in die Lage versetzt, auch große Herausforderungen zu bestehen, Probleme zu bewältigen und dabei ihre Nachteile so zu verarbeiten, dass sie gestärkt aus Krisen hervorgeht. [...]
Die moderne Demokratie ist gemäßigt, basiert auf Gewaltentrennung, repräsentativer Willens- und Entscheidungsbildung und, ganz entscheidend, auf Recht und Verfassung. Mit der Achtung von Recht und Gesetz, mit unabhängigen Gerichten und einer Verfassungsgerichtsbarkeit kann auch der von Alexis de Tocqueville und John Stuart Mill in der Mitte des 19. Jahrhunderts beschworenen Gefahr einer Tyrannei der Mehrheit begegnet werden. Individuen und Minderheiten müssen sich nicht bedingungslos einer Mehrheit beugen, die sich ja auch irren kann. Leben, Freiheit und Eigentum genießen den Schutz des Rechtes. Individuelle Freiheit und demokratische Selbstre-

gierung lassen sich in der modernen Demokratie miteinander vereinbaren. [...] Demokratien haben auch gelernt, mit grundlegenden gesellschaftlichen Problemen umzugehen. Sie können besser als nicht-demokratische Systeme zwischen Staat und Gesellschaft vermitteln. Durch Repräsentativität und Responsivität* ihrer Institutionen greifen sie Problemlagen aus der Gesellschaft auf und entschärfen sie, indem sie sie zu allgemein verbindlichen Entscheidungen verarbeiten. So hat sich durch die Entwicklung wohlfahrtsstaatlicher Maßnahmen in Reaktion auf die „soziale Frage“ beispielsweise die soziale Demokratie herausgebildet. Gleichwohl vermag die Demokratie keineswegs alle Probleme zu lösen. Immer wieder wird ihr vorgehalten, dass sie nur die gut organisierten und machtvoll artikulierten Interessen berücksichtige und dabei nur die kurzfristigen Ziele, nicht aber das nachhaltige Gemeinwohl, auch nicht die Belange nachfolgender Generationen im Auge habe. Das mag in der Tat eine Achillesferse der Demokratie sein, aber ein prinzipieller Einwand gegen diese Herrschaftsform ist es nicht. Die Demokratie ist die einzige Herrschaftsform, die es den Bürgern erlaubt, Regierende zu sanktionieren, ohne das politische System selbst beseitigen zu müssen. Politische Führung kann ausgewechselt werden, weil es in der Demokratie nur Herrschaft auf Zeit gibt. [...] Und vor allem: Nur der Wille der Bürgerinnen und Bürger, artikuliert in Wahlen und Abstimmungen, begründet und legitimiert die Herstellung kollektiv verbindlicher Entscheidungen. Nur die Demokratie bietet den Menschen die Chance, sich umfassend an Willensbildung und Entscheidungsfindung zu beteiligen, ihre Angelegenheiten selbst in die Hand zu nehmen. Denn – schon die alten Griechen wussten es, als sie die Demokratie erfanden –: Die Politik ist vor allem die Sache ihrer Bürgerinnen und Bürger.

Hans Vorländer, Demokratie – die beste Herrschaftsform, in:
Demokratie. Informationen zur politischen Bildung Nr. 284/2004, S. 56f.

**Responsivität: Verantwortlichkeit*

Aufgaben

1. Erläutern Sie die Voraussetzungen für politische Freiheit bei Montesquieu (M1).
2. Diskutieren Sie, inwiefern es legitim ist, dass eine Verfassung die vom Volk gewählten Politiker in ihren Entscheidungsmöglichkeiten beschränkt.
3. Setzen Sie sich mit der Ausdifferenzierung der Gewaltenteilung auf fünf Ebenen auseinander (S. 9) Welche dieser Ebenen erscheint Ihnen besonders wichtig für die demokratische Ordnung, und warum?
4. „Die Demokratie ist die beste Herrschaftsform, um die heutigen Herausforderungen zu meistern.“ Diskutieren Sie diese These, finden Sie – auch unter Einbeziehung von M2 – Argumente dafür und dagegen und wägen Sie diese ab.

1.2 Die Menschen- und Bürgerrechte

Leitfragen | Was sind Menschen- und Bürgerrechte? | Was bedeuten sie für den Einzelnen?

Welche Rechte haben die Bürger?

Die **Menschenrechte** sind angeborene Rechte und gelten gleichermaßen *für alle Menschen* (universell). Zu den Menschenrechten zählen z. B. die Unantastbarkeit der Menschenwürde, die Meinungs-, Bekenntnis-, Glaubens- und Gewissensfreiheit. Die **Bürgerrechte** sind Rechte, die *nur für die Bürger eines Staates* garantiert werden. Zu den Bürgerrechten zählen z. B. die Freizügigkeit, die Vereinigungs- und Versammlungsfreiheit und das Wahlrecht.

Der **Schutz der Menschenwürde** ist die höchste Rechtsnorm in der Bundesrepublik Deutschland. So ist in Artikel 1 des deutschen Grundgesetzes unabänderbar festgeschrieben: „Die Würde des Menschen ist unantastbar. Sie zu achten und zu schützen ist Verpflichtung aller staatlichen Gewalt.“ Unmittelbar aus dieser Regelung folgt nicht nur das Verbot unmenschlicher Behandlung durch den Staat, sondern auch die Pflicht des Staates zum Schutz vor unmenschlicher Behandlung durch andere. Zusammen mit dem Recht auf die Unantastbarkeit der Menschenwürde bilden das Recht auf persönliche Freiheit (Art. 2 GG) und der Gleichheitsgrundsatz (Art. 3 GG) das Fundament der **Grundrechte**. Die Grundrechte lassen sich auf dieser Grundlage unterteilen in Freiheitsrechte und Gleichheitsrechte.

Die Rolle des Staates

Die **Freiheitsrechte** umfassen Abwehrrechte gegenüber dem Staat und Mitwirkungsrechte in Politik und Gesellschaft. Die **Abwehrrechte** markieren den Bereich, in den der Staat nicht eingreifen darf. So stellt das Recht auf Glaubensfreiheit sicher, dass der Staat niemandem einen bestimmten Glauben vorschreibt oder Menschen daran hindert, ihren Glauben auszuüben. Zu den Abwehrrechten gehören

- die Meinungsfreiheit,
- das Postgeheimnis,
- die Unverletzlichkeit der Wohnung und
- die Berufsfreiheit.

Die **Mitwirkungsrechte** bilden die Grundlage der Beteiligung der Bürger an der Gestaltung von Gesellschaft und Politik. Zu den Mitwirkungsrechten zählen

- das aktive und passive Wahlrecht,
- die Versammlungs- und Vereinigungsfreiheit sowie
- die Meinungsfreiheit.

Das Grundrecht auf freie Meinungsäußerung lässt sich dabei sowohl als Abwehrrecht gegenüber dem Staat wie als Mitwirkungsrecht interpretieren.

Die **Gleichheitsrechte** zielen darauf, die Chancengleichheit und die rechtliche Gleichheit der Bürger zu sichern. Kein Mensch darf in Deutschland wegen Geschlecht, Abstammung, Sprache, Herkunft, Glauben, Weltanschauung, Behinderung oder aus sonstigen Gründen diskriminiert werden (**Diskriminierungsverbot**). Das Ziel der Gleichheitsrechte ist dabei eine soziale Gleichheit, die auf einer gleichmäßigen Verteilung aller Güter an die Bürger beruht.

Allgemeine Erklärung der Menschenrechte

Die Allgemeine Erklärung der Menschenrechte (AEM) wurde am 10.12.1948 von der Vollversammlung der Vereinten Nationen angenommen. Diese Allgemeine Erklärung ist eines der bedeutsamsten Dokumente der Menschheitsgeschichte. Die AEM ist völkerrechtlich nicht verbindlich, bildete aber die Grundlage für spätere Abkommen zum Schutz der politischen, bürgerlichen, sozialen, wirtschaftlichen und kulturellen Menschenrechte. Die damaligen UN-Mitgliedstaaten einigten sich mit der AEM auf einen umfassenden Katalog von unveräußerlichen Menschenrechten, die für alle Menschen gelten sollen, unabhängig von Merkmalen wie etwa Geschlecht, Ethnie oder Religion.

Eine weitere Kategorie von Grundrechten bilden neben den wirtschaftlichen und kulturellen die **sozialen Grundrechte**. Sie nehmen den Staat in die Pflicht, seine Bürger mit bestimmten Gütern zu versorgen. Soziale Rechte sind etwa

- das Recht auf soziale Sicherheit,
- das Recht auf Arbeit oder
- das Recht auf Wohnraum.

Auf Bundesebene finden sich im Grundgesetz kaum soziale Grundrechte. In zahlreichen Länderverfassungen – darunter alle Verfassungen der neuen Bundesländer – sind jedoch soziale Grundrechte niedergelegt. So heißt es etwa in der Verfassung von Brandenburg: „Das Land ist verpflichtet, im Rahmen seiner Kräfte für die Verwirklichung des Rechts auf soziale Sicherung [...] zu sorgen.“

Welche Pflichten haben die Bürger?

Zu den Bürgerrechten gehören auch **Bürgerpflichten**. Im Grundgesetz heißt es dazu: „Jeder Deutsche hat [...] die gleichen staatsbürgerlichen Rechte und Pflichten.“ (Art. 33 Abs. 1 GG) Zu den wenigen im Grundgesetz ausgeführten Bürgerpflichten zählen die Pflicht der Eltern zur Pflege und Erziehung ihrer Kinder (Art. 6 GG) und die Pflicht männlicher Staatsbürger zum Wehr- oder zivilen Ersatzdienst (Art. 12 aGG).

Für die Beamten gilt darüber hinaus die Pflicht zur Verfassungstreue. Zu den Pflichten aller Bürger gehört es weiterhin, Steuern und Abgaben zu zahlen, um den Staat zu finanzieren, und die vom Gesetzgeber erlassenen Regelungen als verbindlich anzuerkennen.

Grundrechte im Grundgesetz

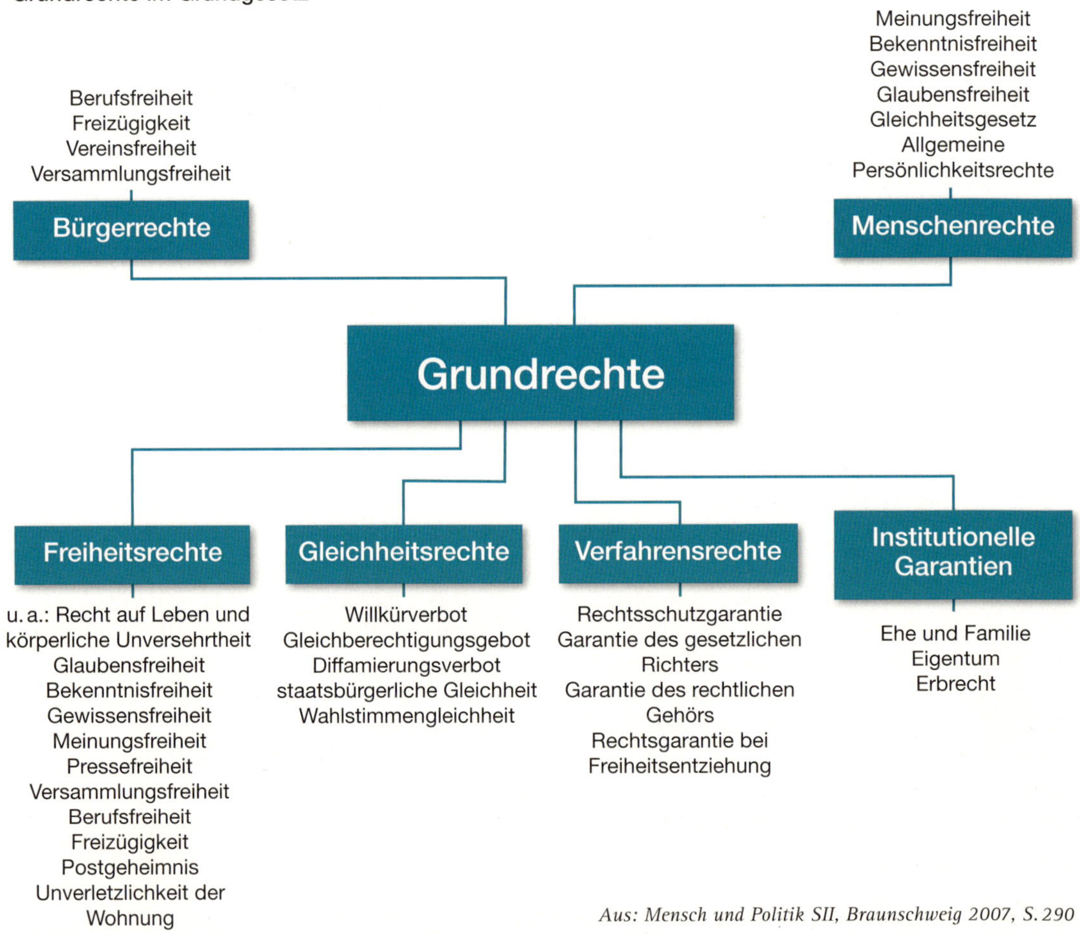

Aus: Mensch und Politik SII, Braunschweig 2007, S. 290

M1 Aus der Balance

In einem Land, das sich nach bitteren Erfahrungen in seinem obersten Verfassungsgrundsatz auf Achtung und Schutz der Menschenwürde festgelegt hat, geht es um die Sicherheit der Freiheit. In einem solchen Land darf dem Staat nicht jedes Mittel zur Bewahrung der Sicherheit recht sein. Deswegen kommt es auch hier, wie meist, auf einen vernünftigen Ausgleich zwischen zwei gleich wichtigen und aufeinander angewiesenen Rechtsgütern an. Wie er im Einzelnen ausfällt, kann nicht abstrakt und ein für alle Mal, sondern nur im Blick auf die jeweilige Gefahrenlage bestimmt werden. Veränderte Risiken können eine veränderte Balance verlangen. Um diese Balance geht es zurzeit in vielen Ländern, die mögliche Ziele terroristischer Anschläge sind. Wo die Linie verläuft, hinter der die Balance aus den Fugen gerät, ist umstritten. [...]

Die Grundsätze der Demokratie, des Rechtsstaats und des Bundesstaats sind ebenso unabänderlich wie die Garantie der Menschenwürde, die Existenz unveräußerlicher Menschenrechte und die Grundrechtsbindung der gesamten Staatsgewalt. Die Rechtlosstellung feindlicher Kombattanten wie in den USA könnte in Deutschland auch mit einer Verfassungsänderung nicht erreicht werden. [...] Die Menschenwürde, die „zu achten und zu schützen“ Artikel 1 zur „Verpflichtung aller staatlichen Gewalt“ macht, ist nicht die Würde, welche der Einzelne durch ein gutes Leben erwerben und durch böse Taten verlieren kann. Es ist die Würde, die jeder menschlichen Person innewohnt, unabhängig von ihrem Alter, ihrer Einsichtsfähigkeit, ihrer körperlichen Beschaffenheit, ihrer Lebensführung. Diese Würde hat auch der Terrorist.

Auf der Menschenwürde ruht die gesamte Verfassungsordnung. Sie gilt absolut. Während alle folgenden Grundrechte, selbst das Recht auf Leben, bei der Kollision mit anderen Grundrechten oder hochrangigen Verfassungsgütern einer Abwägung unterzogen werden können und dabei unter Umständen den Kürzeren ziehen, ist die Menschenwürde nicht abwägungsfähig. Sie muss niemals zurückstehen, auch nicht im Kampf gegen den Terrorismus. [...] Wenn man im Kampf gegen den Terrorismus zu denselben Mitteln greift, welche die Terroristen anwenden, gibt man den grundlegenden Unterschied zu ihnen auf. Es ist dieser Widerspruch zu den eigenen obersten Prinzipien, der es verbietet, sie gegenüber ihren Verächtern zu missachten.

Der Staatsrechtler und ehemalige Verfassungsrichter Dieter Grimm, in: Die Zeit vom 29. 11. 2007

M2 Notleidende Bürgerrechte

Ein Gespräch mit dem Journalisten Heribert Prantl über die neuen Sicherheitsgesetze und Gefahren für den Rechtsstaat.

Herr Prantl, haben Sie etwas zu verbergen?
Natürlich. Sie und ich laufen ja auch nicht nackt durch die Gegend. Die neueren Sicherheitsgesetze verordnen einen Zwangs-Striptease besonderer Art: Unbescholtene Bürger werden vom Staat durchleuchtet und erfahren nicht einmal etwas davon. Ich will nicht, dass alles, was meine Person und meine Persönlichkeit ausmachen, irgendjemand irgendwo für irgendwelche Zwecke speichert.

Was wäre das?
Es wird so harmlos von „Daten“ geredet. Diese Daten sind Puzzle-Stückchen einer Person: Wo und wohin fahre ich mit dem Auto? Mit wem telefoniere ich wann und wo

über was? Welche Konten unterhalte ich, wer zahlt darauf ein, wohin überweise ich wie viel? Welche Internet-Seiten rufe ich auf? Wo fliege ich hin? Welche Dateien finden sich auf meinem Computer? All das summiert sich zu einem Persönlichkeitsbild. Und natürlich gibt es in meinem Beruf Dinge und Personen, die verborgen werden müssen – wie sollen denn Informanten geschützt werden, wenn Sicherheitsbehörden Verbindungsdaten kontrollieren und Lauschaktionen veranstalten können? Man soll nicht immer gleich die Pressefreiheit gefährdet sehen; aber hier ist sie es wirklich. Wenn die Sicherheitsbehörden leicht feststellen können, wer die Redaktion informiert hat, dann sind das Zeugnisverweigerungsrecht, das Berufsgeheimnis und die Pressefreiheit das Papier nicht mehr wert, auf dem sie stehen. [...] Auch bei der Pressefreiheit geht es um die großen Zusammenhänge. Sie ist kein Sonntagsreden-Grundrecht; das Aufdecken von Skandalen, die Debatte über die Konsequenzen daraus – das ist wichtig für das Funktionieren von Demokratie. Und auch bei meinem Protest gegen den Zugriff auf alle möglichen Daten geht es nicht um einen privaten Spleen. Wer keinen Anlass für staatliches Eingreifen gegeben hatte, der wurde früher vom Staat in Ruhe gelassen. Jeder konnte durch sein eigenes Verhalten den Staat auf Distanz halten. Man nannte das Rechtsstaat. Heute gilt man als potenziell verdächtig – solange bis sich durch Kontroll- und Überwachungsmaßnahmen das Gegenteil ergibt. Meine Diagnose über unseren Rechtsstaat lautet also: Es steht nicht so gut um ihn.

Ist Deutschland kein Rechtsstaat mehr?

Das zu behaupten wäre Unsinn, zumal das Bundesverfassungsgericht da steht wie eine Eins. Aber ich stelle fest, dass dieser Rechtsstaat seit vielen Jahren an allen Ecken und Enden angefressen wird. Für sicher gehaltene Fundamente der Rechtsordnung bröckeln, Fundamentalgewissheiten sind nicht mehr gewiss, sogar die Absolutheit des Folterverbots wird in Frage gestellt. Es wird über Sanktionen sinniert gegen „Gefahrpersonen", die noch gar keine Straftaten begangen haben. Das sind Indikatoren für eine schon eingetretene Erosion des Rechtsbewusstseins. Gravierende Ermittlungsmaßnahmen und Grundrechtseingriffe waren früher nur dann möglich, wenn jemand konkret im Verdacht einer Straftat stand oder, im polizeirechtlichen Bereich, wenn eine Gefahr konkret wurde. Seit dem 11. September geht dieser Umbau des bisherigen Sicherheitssystems in ein Präventionssystem rasch voran. Der Staat will so früh wie möglich zugreifen, und er tut dies mit Mitteln, die ursprünglich nur gegen verdächtige Straftäter erlaubt waren. [...] Man muss akzeptieren, dass es Risiken gibt, die kein Rechtsstaat und vielleicht nicht einmal ein totalitärer Staat ganz beseitigen kann. [...] Die Sicherheit ist in diesem Land nicht notleidend, sehr wohl aber sind es die Bürger- und Freiheitsrechte.

Aus: „Das Parlament" Nr. 16/2008

Aufgaben

1. Das Grundgesetz stellt die Menschenwürde unter besonderen Schutz. Recherchieren Sie, welche Artikel des Grundgesetzes dies garantieren.
2. Erklären Sie, was Menschen- und Bürgerrechte unterscheidet.
3. Erstellen Sie eine Mind-Map zum Thema Menschenrechte. Welche Rechte kennen Sie, welche Begriffe und Themen stehen damit in Verbindung?
4. Erläutern Sie, welche Positionen im Spannungsverhältnis von liberalem Rechtsstaat und innerer Sicherheit in M1 und M2 zum Ausdruck kommen. Welche Aspekte stehen für Grimm, welche für Prantl im Vordergrund?

1.3 Die Staatsstrukturprinzipien

Leitfragen

Auf welchen Prinzipien basiert der Aufbau der Bundesrepublik?

Welche Bedeutung hat das Verfassungsrecht?

Das Grundgesetz

Das Grundgesetz ist die Verfassung der Bundesrepublik Deutschland. Es wurde am 23. Mai 1949 verkündet und trat am darauffolgenden Tag in Kraft. In ihm sind die Grundzüge der bundesrepublikanischen Staatsordnung festgelegt.

Das deutsche Grundgesetz bietet in Art. 20 eine „Verfassung in Kurzform“. Mit diesem Artikel ist Deutschland auf **fünf Staatsstrukturprinzipien** verpflichtet:

- Demokratie
- Republik
- Rechtsstaat
- Bundesstaat
- Sozialstaat

Die Staatsstrukturprinzipien

- Mit dem Prinzip der **Demokratie** ist festgeschrieben, dass in Deutschland das Volk die Legitimationsquelle politischer Macht sein muss. Dieses Prinzip setzt zumindest voraus, dass faire Wahlen stattfinden, an denen sich alle erwachsenen Bürger beteiligen können. Wahlen können nur als fair gelten, wenn ein freier Wettbewerb zwischen den politischen Alternativen stattfinden kann (**Pluralismus**). Zur Demokratiekonzeption des Grundgesetzes gehören der Parlamentarismus, das Mehrheitsprinzip und das Prinzip der „wehrhaften“ Demokratie (→ Seite 19 ff.).

- Mit der Festlegung auf die **Republik** als Staatsform wird eine andere Staatsform (z. B. eine Monarchie) ausgeschlossen.

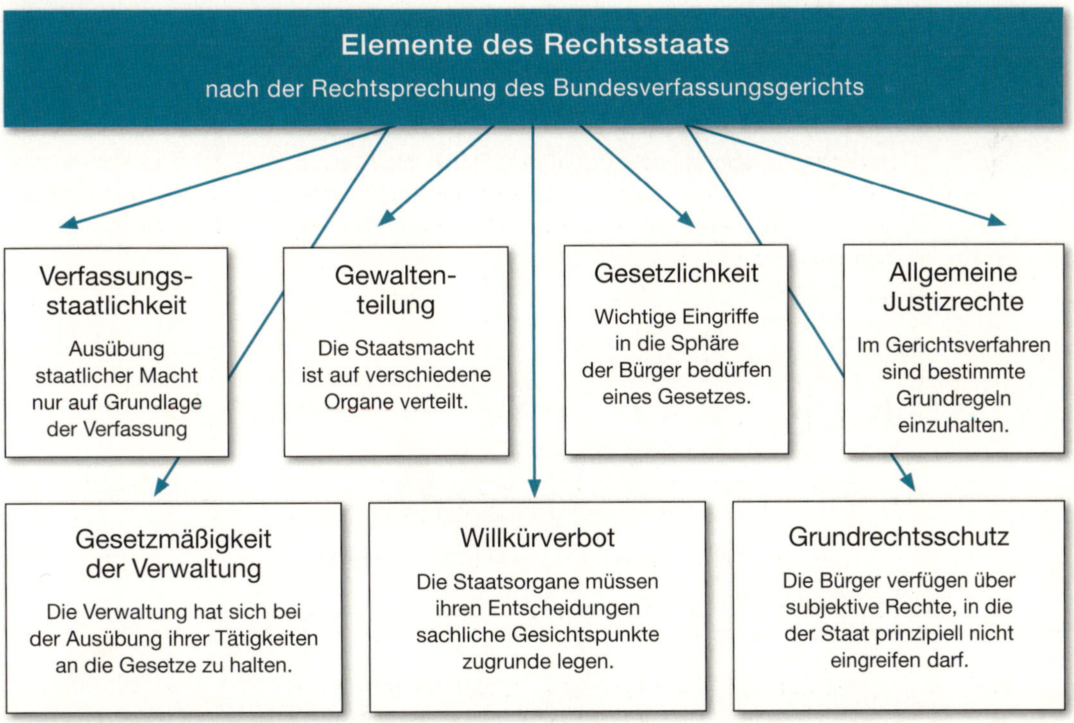

Michael Piazolo, Der Rechtsstaat, hg. von der Bayerischen Landeszentrale für politische Bildungsarbeit, München 1999, S. 13

- Mit Blick auf das Prinzip der **Rechtsstaatlichkeit** ist zwischen einem formalen und einem materiellen Rechtsstaatsprinzip zu unterscheiden (→ S. 9). Zur Rechtsstaatlichkeit gehört, dass alle Bürger von den Gerichten gleich behandelt werden (**Rechtsgleichheit**) und sich auf die Einhaltung der Gesetze verlassen können (**Rechtssicherheit**). Rechtsstaatlichkeit erfordert zwingend die Unabhängigkeit der Gerichte von politischen Weisungen. Nur dann ist gewährleistet, dass sie die Politik effektiv kontrollieren können. Das materielle, inhaltliche Rechtsstaatsprinzip geht über das formale Rechtsstaatsprinzip hinaus. Demnach bildet die **Würde des Menschen** den obersten Grundwert, an den der Rechtsstaat in seinem Handeln gebunden ist. In der Tradition des Konstitutionalismus sind die Herrschenden durch die Verfassung darauf verpflichtet, die vorstaatlichen Menschenrechte zu achten und zu schützen. Ein Rechtsstaat ist somit das Gegenteil von einem Willkürstaat, in dem die Herrschenden ohne Rücksicht auf die Bürger unbeschränkt ihren politischen Willen durchsetzen können.

- Das Prinzip der **Bundesstaatlichkeit** erfordert, dass mehrere Gliedstaaten (Bundesländer) gemeinsam einen Bund bilden (**Föderalismus**). Die staatlichen Aufgaben sind nach diesem Prinzip zwischen der Bundesebene und den Gliedstaaten aufzuteilen. Die Festlegung auf das Prinzip der Bundesstaatlichkeit bedeutet aber nicht zwingend, dass die gegenwärtige Form des Föderalismus beibehalten werden muss (→ Kapitel 1.5).

- Das Prinzip der **Sozialstaatlichkeit** verpflichtet den deutschen Staat, eine **Grundsicherung seiner Bürger** zu garantieren. Dies ist eine bedeutsame Festlegung. Während ein liberaler Staat sich lediglich dazu berufen fühlt, Sicherheit und Freiheit seiner Bürger zu schützen, beansprucht ein sozialer Staat darüber hinaus, für ein Mindestmaß an Wohlergehen aller Bürger durch **sozialen Ausgleich** zu sorgen. Die konkrete Ausgestaltung dieses Prinzips wird im Grundgesetz nicht weiter definiert und unterliegt daher den gesellschaftlichen und politischen Kräfteverhältnissen.

Handlungsfelder des Sozialstaats

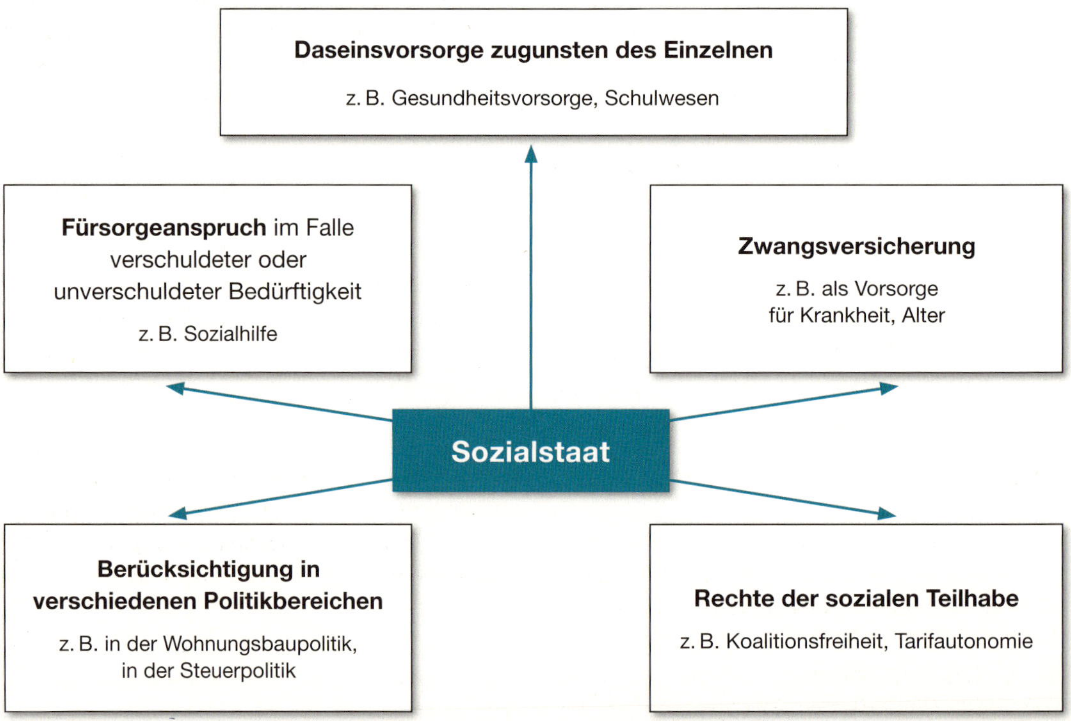

Gesetz über den Gesetzen: das Verfassungsrecht

Das **Verfassungsrecht** steht in Deutschland über allen anderen Gesetzen. Die Parlamentarier dürfen keine Gesetze verabschieden, die den Verfassungsregelungen zuwiderlaufen. Das Grundgesetz verbietet im Art. 79 Absatz 3 mit der **„Ewigkeitsklausel“** jegliche Veränderung der Artikel 1 und 20. Damit sind die Pflicht des Staates zum Schutz der Menschenwürde, die daraus ableitbaren Grundrechte sowie die genannten Prinzipien Republik, Demokratie, Rechts-, Bundes- und Sozialstaat durch keine noch so große Mehrheit veränderbar (**unveränderlicher Verfassungskern**). Seit 1994 kann zudem die in Art. 20a hinzugefügte Verpflichtung auf den Schutz der natürlichen Lebensgrundlagen nicht mehr verändert werden.

Mit Blick auf alle in den Artikeln 1 bis 19 verankerten Grundrechte ist zudem festgelegt, dass der Gesetzgeber sie nicht „in ihrem Wesensgehalt“ verändern darf. Mit diesen Regelungen ist das deutsche Grundgesetz ein Verfassungswerk, das einen recht großen Kern gegen jegliche Veränderung schützt. Alle übrigen Verfassungsartikel sind veränderbar, aber nur mit einer Zweidrittelmehrheit in Bundestag und Bundesrat. Durch diese Möglichkeit der Verfassungsänderung haben Politiker einen Spielraum, um die Verfassungsregelungen veränderten sozialen, wirtschaftlichen und politischen Rahmenbedingungen anzupassen.

Das Grundgesetz bietet nur eine grobe Richtschnur für konkrete politische Entscheidungen des Gesetzgebers. Es wird als **Offenheit** des deutschen Grundgesetzes bezeichnet, dass sich viele Verfassungsartikel unterschiedlich auslegen lassen. In Streitfällen ist das Bundesverfassungsgericht der verbindliche Interpret des Grundgesetzes (→ Kapitel 1.7).

Das Konzept der wehrhaften Demokratie

In demokratisch verfassten Staaten gehört die Freiheit des einzelnen Bürgers, seine politische Meinung zu äußern und sich politischen Vereinigungen anzuschließen, zu seinen Grundrechten. Die **Staatsgewalt** geht vom Volk aus. Die Bürger können wählen und abstimmen. In der Weimarer Republik konnten auf dieser Grundlage auch Parteien wie die „Nationalsozialistische Deutsche Arbeiterpartei“ und die an der Sowjetunion orientierte „Kommunistische Arbeiterpartei Deutschlands“ uneingeschränkt am politischen Wettbewerb teilnehmen. Beide Parteien wollten – mit ganz unterschiedlichen Zielvorstellungen – die Demokratie und den freien Wettbewerb der Parteien abschaffen.

Die Erfahrungen mit der nationalsozialistischen Diktatur in Deutschland und erste Erfahrungen mit der aufkommenden kommunistischen Diktatur im von der Sowjetunion besetzten Ostdeutschland haben die Schöpfer der deutschen Verfassung veranlasst, politischen Gegnern einer liberalen Demokratie **Grenzen der politischen Tätigkeit** zu setzen. Sie begaben sich damit in den Spagat, die Freiheit zu schützen, ohne sie durch diesen Schutz zu zerstören.

1. **Parteien** können auf Antrag von Bundestag, Bundesrat oder Bundesregierung vom Bundesverfassungsgericht verboten werden, wenn sie die demokratische Grundordnung bekämpfen.

2. **Vereine**, die gegen die freiheitlich-demokratische Grundordnung kämpfen, können von der Bundesregierung oder Länderregierungen verboten werden (Art. 9, Abs. 2 GG).

3. **Bürgern**, die Grundrechte wie die Meinungsfreiheit dazu nutzen, die freiheitlich-demokratische Grundordnung zu bekämpfen, können gemäß dem Grundgesetz (Art. 18) auf Antrag vom Bundesverfassungsgericht Grundrechte aberkannt werden. Dieses Mittel ist ausgesprochen umstritten. Es fand bislang nie Anwendung.

4. Alle Deutschen haben zudem das **Recht auf Widerstand** gegen den Versuch, die demokratische Grundordnung zu beseitigen, falls es keine andere Möglichkeit mehr gibt, dies zu verhindern (Art. 20 Abs. 4 GG).

Parteienverbot als Instrument der wehrhaften Demokratie

M1 Verbot vorantreiben

An der Verfassungsfeindlichkeit der rechtsextremen Nationaldemokratischen Partei Deutschlands (NPD) besteht überhaupt kein Zweifel. Trotzdem wagen wir nicht, einen Verbotsantrag zu stellen. Denn es gibt Zweifel am Erfolg eines Verbotsverfahrens. Und die stammen aus der Angst vor einer zweiten Niederlage vor dem Bundesverfassungsgericht.

Diese Angstzweifel haben einen Grund, aber sie müssen überwunden werden. Die NPD gehört nicht in unser demokratisches Parteienspektrum, weil sie und die in ihr Parteiumfeld integrierten Schlägerhorden den aus einer parlamentarischen Demokratie bestehenden Staat bekämpfen und ihn abschaffen wollen. Also ist sie keine Konkurrenz im Parteiensystem, sondern dessen Gegner. Und wir dürfen nicht länger zusehen, wie sie dieses gewachsene System lächerlich und verächtlich macht, wie sie es ausnutzt und unterläuft, wie sie es aushebeln und schließlich abschaffen will. Wenn das Verbot jetzt nicht ernsthaft betrieben wird, zeigt der Staat eine Schwachstelle. Eine Schwäche, die den rechtsextremen Nationalen Anlass für Hass und Gewalt bietet.

2001 hatten Bundestag, Bundesrat und Bundesregierung gemeinsam ein Verbotsverfahren eingeleitet. Es scheiterte 2003 nicht wegen mangelnden Beweismaterials, sondern an einem Verfahrensmangel: NPD-belastende Zitate im Verbotsantrag stammten von Spitzeln, die im Parteiapparat saßen und den Verfassungsschutzämtern Material lieferten. Diese juristische Pleite für Parlament und Regierung war einer der größten denkbaren Unfälle in der Geschichte der Bundesrepublik Deutschland. Die Rechtsextremen lachten sich ins Fäustchen. Unter dem Schutz der von ihnen abgelehnten Rechtsordnung strafften sie ihre Organisation und ihren Unterbau. Sie fühlen sich als nicht verbotene Partei immer sicherer, erzielten vereinzelte Wahlerfolge, machen mit staatlichen Zuwendungen aus Steuermitteln widerliche Propaganda und treten in zwei Landesparlamenten, in Sachsen und in Mecklenburg-Vorpommern, dreist auf.

Offene Ausländerfeindlichkeit, fanatischer Rassismus, wüster Hass gegen Minderheiten und übelster Antisemitismus sind Merkmale der NPD-Ideologie, die schon längst nicht mehr verborgen wird. Das alles unter dem Schutz des Staates, den sie abschaffen wollen. Und mit dem Geld des Staates, den sie abschaffen wollen. Dem dürfen wir nicht länger zusehen. Ein demokratischer Staat, der seine undemokratischen Feinde ungeniert auftreten lässt und sie auch noch alimentiert, ist nicht tolerant, sondern feige. Das fatale Signal der Untätigkeit wird von der NPD mit ihren Anhängern und Mitläufern als Einladung verstanden, sich zu etablieren. Und viele Wählerinnen und Wähler, die gar nicht alle unbedingt der NPD-Ideologie folgen, sondern aus Protest gegen subjektiv gefühlte Benachteiligungen rechtsextrem wählen, dürfen denken, das sei doch gar nicht so schlimm, denn die Partei ist ja nicht verboten.

Parteien, heißt es im Grundgesetz, sollen an der politischen Willensbildung mitwirken. Die NPD muss aber genau daran gehindert werden, diese öffentliche Aufgabe wahrzunehmen. Doch wenn Information, Aufklärung und Seminare, Auseinandersetzung und Protestkundgebungen, Lichterketten und „Gesicht zeigen“ nicht ausreichen, muss eben das konsequente Mittel angewendet werden: Verbot. Damit würde der organisierte Rechtsextremismus illegal.

Es bleibt eine Frage, die mit keinem Verbot zu lösen ist: Wie bekommen wir die rechtsextremen Denkmuster und Gesinnungen weg, die in weiten Teilen der Bevölkerung verbreitet und verankert sind? Sie sind mit einem Gerichtsurteil nicht auszulöschen. Dazu ist es nötig, nicht nachzulassen mit politischer Bildung. Und es ist erforderlich, eine Politik zu gestalten, die das Vertrauen in die Demokratie so stärkt, dass rechtsextreme Sprüche nicht mehr verfangen.

Helmut Lölhöffel, auf: www.bpb.de, 20.11.2007

M2 Falsche Hoffnung NPD-Verbot

Es gibt für mich keine Zweifel: Die NPD ist strikt antidemokratisch, bekämpft das demokratische System und seine Grundwerte systematisch. Ihr Programm ist rassistisch, völkisch und antisemitisch. Viele ihrer Mitglieder kooperieren eng mit rechtsextremen Strukturen, die sich offen zur Anwendung von politisch motivierter Gewalt bekennen. Die zentrale Voraussetzung zur Einleitung eines Parteiverbots ist die Begründung, dass die zu verbietende Partei in aktiv kämpferischer Weise das demokratische Staatsfundament nicht nur aushebeln will, sondern sich auch schon an die Arbeit gemacht hat. Auch dieses lässt sich möglicherweise mit der NPD verbinden. Eine politische und gesellschaftliche Auseinandersetzung ist somit unbedingt notwendig. Muss die Partei aber deshalb verboten werden? Hilft ein Verbot der NPD tatsächlich in der Auseinandersetzung mit den rechtsextremen Phänomenen in Deutschland? Oder weckt die Verbotsdebatte lediglich falsche Hoffnungen und wirkt sie so vielleicht sogar kontraproduktiv? [...]

Viele Befürworter eines Verbotsantrags begründen ihre Ansicht mit dem Argument, es sei unerträglich, wenn rechtsextreme Parteien Zugang zu staatlichen Geldern wie Wahlkampfkostenrückerstattungen, Spendenbegünstigungen oder sogar Aufbauhilfen für ihre politische „Bildung“ durch parteinahe Stiftungen bekämen. Moralisch ist dem nicht zu widersprechen. In den Genuss von Wahlkampfkostenrückerstattungen oder Stiftungszuschüssen kommen nur erfolgreiche Parteien, die in der Regel mindestens 1% der Stimmen bekommen. Über den Erfolg entscheidet in der Demokratie der Souverän: der Bürger. Wählt dieser rechtsextreme Parteien, stehen diesen aus Gründen der Chancengleichheit unter den Parteien die Zuschüsse auch zu. Ein einfaches Mittel, den Geldfluss zu unterbinden, ist die Wahl einer demokratischen Partei oder einer Überarbeitung der Parteifinanzierungen im Allgemeinen. Letzteres scheitert derzeitig am Unwillen der demokratischen Parteien. Das Wahlergebnis des Souveräns kann dabei nicht einfach angezweifelt werden, nur weil die finanziellen Folgen nicht gefallen. Überhaupt ist immer zu bedenken, dass ein Parteiverbot ein zunächst undemokratisches Mittel ist, welches erst anzuwenden ist, wenn die Demokratie tatsächlich in Gefahr ist und wesentliche sonstige Mittel der Auseinandersetzung ausgeschöpft sind. Weder in Sachsen noch in Mecklenburg-Vorpommern beeinträchtigen die NPD-Fraktionen das Funktionieren der parlamentarischen Demokratie an sich jedoch in ernsthafter Form.

Dem Geldargument recht ähnlich ist der Hinweis, man dürfe rechtsextremen Parteien keine öffentlichen Plattformen zur Verbreitung ihrer Ideologien zur Verfügung stellen. Moralisch und für den Einzelnen ist dieses wieder richtig. Der Souverän jedoch bestimmt in einer Demokratie, durch wen er sich vertreten lassen will, und damit auch, was er vor und eingeschränkt nach der Wahl zu hören bekommt. Müssen die Bürger somit vor sich selbst geschützt werden, ließe sich fragen. Im gewissen Sinne lautet

die Antwort „ja“. Nur dass dieser Schutz eher in den Bereichen politischer Bildung, der Stärkung der demokratischen Netzwerke in der Zivilgesellschaft als Sozialisationsinstanz der Bürger und der attraktiven Gestaltung der demokratischen Parteien und deren Erkennen von zentralen Politikfeldern und Entwicklung glaubhafter Antworten auf offene Fragen der Bürger besteht und eben nicht darin, besonders den Parteien diese (manchmal unbequeme) Arbeit abzunehmen, indem unliebsame Konkurrenten schlicht verboten werden. [...]

Immer wieder wird auch die Sorge vorgetragen, ein Erfolg der NPD sei negativ für das Ansehen Deutschlands im Ausland. Gerade vor dem Hintergrund der deutschen Geschichte sei entschiedenes Handeln notwendig. Aber auch hier muss gefragt werden: Rechtfertigt dieses Interesse ein Parteiverbot als letztes Mittel des Staates? Zu bedenken ist beispielsweise, dass Verbote von Parteien in vielen traditionellen Demokratien wie in Großbritannien oder den USA schlicht undenkbar sind und explizit als undemokratisch angesehen werden, da dort ein erweitertes Verständnis von Meinungsfreiheit verbreitet ist.

Aufsehen erregen im Ausland neben überragenden NPD-Ergebnissen vor allem die Rekordhöhe an rechtsextremen Gewalttaten oder die Debatten um so genannte „No-go-areas“. Beide Phänomene lassen sich jedoch nur mittelbar mit der engeren Partei in Verbindung bringen, und selbst Befürworter des Verbots geben zu, dass rechtsextreme Gewalt- und Dominanzbestrebungen bereits jetzt verboten sind und deshalb der rechtsstaatlichen und zivilgesellschaftlichen Gegenwehr und nicht alleine eines Parteiverbots bedürfen. [...] Ein NPD-Verbot [bedeutet] eben nicht, dass der Rechtsextremismus verschwunden ist. Es ist lediglich die Hülle einer Partei, die nicht mehr verwendet werden darf.

Rechtsextreme Störungen, Unterwanderungen, Wortergreifungsstrategien, Probleme mit entsprechenden Schülern, selbsternannten Fußballfans, aus dem Ruder geratenden Jugendclubs und politisch interessierten Ideologen wie Spinnern wird es trotz Verbot weiterhin geben. Hier hilft nur, den Umgang mit diesen Personen festzulegen, die politische Auseinandersetzung zu lernen und Regeln des Umgangs festzulegen und umzusetzen. Dieser Weg ist mühsam aber als einziger erfolgreich. [...] An die Stelle des kalten Verbots muss die feurige politische Auseinandersetzung mit ihren Werten, Zielen und politischen Aussagen treten. Dies gelingt nur, wenn sich die demokratische Seite ihrer eigenen Werte, Ziele und politischen Grundkriterien sicher und treu ist. Insofern bietet die Auseinandersetzung mit rechtsextremen Parteien sogar auch die Chance zur demokratischen Selbstdefinition und öffentlichen Erklärung.

Dierk Borstel, auf: www.bpb.de, 8.11.2006

Aufgaben

1. Erläutern Sie die Staatsstrukturprinzipien der Bundesrepublik Deutschland.
2. Muss allen politischen Ideen und Strömungen die gleiche Freiheit gewährt werden, oder muss es Schranken der Freiheit für jene geben, die kämpferisch darauf zielen, die Demokratie zu beseitigen? Erörtern Sie diese Fragen anhand der Debatte zum NPD-Verbot (M1, M2).

2 Die Bürger im politischen Prozess

2.1 Politische Einstellungen der Bürger

Leitfragen	Was versteht man unter politischer Kultur?	Welche Typen politischer Kultur gibt es?	Welche Einstellungen zu demokratischen Werten herrschen in Deutschland vor?

Was ist politische Kultur?

Mit **politischer Kultur** ist die **Gesamtheit der politischen Meinungen, Einstellungen und Werte** der Bürger gemeint. Zur politischen Kultur zählt dabei etwa ihre Haltung zur Gesundheitspolitik der Regierung oder zu den Regierungspolitikern. In allen Staaten haben Bürger bestimmte politische Meinungen, Einstellungen und Werte. Jeder Staat, egal ob Demokratie oder Diktatur, hat also eine politische Kultur. Abzugrenzen von dieser wertfreien wissenschaftlichen Begriffsverwendung ist die unwissenschaftliche wertende Verwendung in der politischen Debatte. Hier wird der Begriff als Synonym für politischen Anstand eingesetzt.

Die politischen Kulturen verschiedener Länder unterscheiden sich. Die politischen Einstellungen eines Menschen sind geprägt durch die persönlichen Erfahrungen in seinem Leben, aber auch durch die Geschichte des Staates und der Gesellschaft, in der er lebt. Die politische Kultur eines Staates umfasst **erstens** die Meinungen der Bürger zu aktuellen politischen Ereignissen und zu den politisch Handelnden, die sich verhältnismäßig schnell ändern können. **Zweitens** gehören dazu die Einstellungen zur Herrschaftsordnung (liberale Demokratie oder eine Variante der Diktatur), die auf weltanschaulichen Überzeugungen gründen und stabiler sind.

Wenn die Herrschaftsordnung Bestand haben soll, muss es für sie ein Mindestmaß an Unterstützung unter den Bürgern geben. Eine Demokratie kann kaum überleben, wenn die meisten Bürger antidemokratisch gesinnt sind. Umgekehrt ist eine Diktatur nur mit Terror aufrechtzuerhalten, wenn die Bürger sich eine Demokratie als politische Ordnung wünschen.

Typen politischer Kultur

Es lässt sich – stereotyp – vor allem zwischen zwei verbreiteten Typen politischer Kultur unterscheiden: der Untertanen- und der Staatsbürgerkultur.

Bei der politischen Kultur Deutschlands vor dem Zweiten Weltkrieg handelte es sich um eine **Untertanenkultur.** Diese wirkte in den 1950er und 1960er Jahren fort. Gehorsam und Unterordnung schätzten die Deutschen i. d. R. höher als demokratische Werte wie Selbstbestimmung und freier Wille. Beobachter aus anderen Demokratien waren – zumal nachdem die Deutschen den Nationalsozialisten den Weg an die Macht ermöglicht hatten – daher skeptisch, ob aus den Westdeutschen zuverlässige Demokraten werden könnten.

Je größer der wirtschaftliche und politische Erfolg der Bundesrepublik in den folgenden Jahrzehnten aber wurde, desto mehr wuchs die Zustimmung zur demokratischen Grundordnung. Seit der zweiten Hälfte der 1960er Jahre lässt sich die politische Kultur der Deutschen als eine **Staatsbürgerkultur** ansehen. Gegen viele Vorhersagen hatte Deutschland sich zu einer der stabilsten Demokratien entwickelt, mit guten Kenntnissen der Bürger über ihr politisches System und anhaltend hoher Wahlbeteiligung. Gründe dafür waren neben dem rasanten Wirtschaftsaufschwung u. a. die Schockwirkung der militärischen Niederlage im Zweiten Weltkrieg und die Erfahrung wirtschaftlicher Hilfe durch bislang feindliche Mächte (Marshall-Plan).

Politisches Interesse in Deutschland

In Deutschland haben bei Umfragen gewöhnlich mehr als die Hälfte der Deutschen ein starkes oder sehr starkes Interesse an Politik. Dabei wächst das Interesse an der Politik mit dem Alter. Männer sind häufig stärker an Politik interessiert als Frauen. Zudem ist ein starkes politisches Interesse im Westen Deutschlands verbreiteter als im Osten. Es beteiligt sich aber wie in allen repräsentativen Demokratien nur eine recht kleine Minderheit der Bürger an den politischen Entscheidungsprozessen. Der Anteil der Wahlberechtigten, die in Parteien aktiv sind, liegt unter vier Prozent. Im Osten Deutschlands ist dabei die Bereitschaft zur politischen Beteiligung deutlich geringer als im Westen. Dies wurzelt zum Teil in einem noch aus den Zeiten der kommunistischen Diktatur stammenden Misstrauen gegen Parteien und Verbände.

Akzeptanz der Demokratie

Die **Akzeptanz** der Idee der Demokratie ist in Deutschland sehr hoch. Nur sehr wenige Personen in Ost wie West lehnen die Idee der Demokratie ab – was immer der Befragte darunter versteht. Weit höher ist der Anteil von Personen, die **gegen die Umsetzung der demokratischen Idee** in Deutschland eingestellt sind und sich eine bessere Staatsform vorstellen können. Dabei unterscheidet sich nach 1990 die Befürwortung der demokratischen Herrschaftsordnung in Ost und West deutlich.

Kenntnisse demokratischer Grundwerte

Nach der Vereinigung der BRD mit der DDR zeigten sich bezüglich der Kenntnis liberaldemokratischer Grundwerte kaum Unterschiede zwischen Ost- und Westdeutschland. In beiden Landesteilen waren die Kenntnisse recht hoch.

Inzwischen ist jedoch eine Abschwächung dieser Kenntnisse in West und Ost zu erkennen; dieser Trend fällt in Ostdeutschland weit stärker aus als im Westen Deutschlands. Die folgenden Umfragen zeichnen ein Bild vom Demokratieverständnis innerhalb der deutschen Bevölkerung (→ S. 25).

Typ	Charakterisierung	Geht gewöhnlich einher mit folgenden Staatsformen
Untertanenkultur	Die Bürger interessieren sich nicht dafür, ob sie politische Entscheidungen beeinflussen können. Sie bewerten ausschließlich die Ergebnisse der Politik, vor allem die wirtschaftliche Wohlfahrt. Solange die Bürger mit den Ergebnissen zufrieden sind, folgen sie bereitwillig der politischen Führung.	Nicht-demokratische Monarchien, Diktaturen
Staatsbürgerkultur	Die Bürger interessieren sich für die Auswirkungen der Politik auf ihr Leben, aber ein bedeutender Teil interessiert sich darüber hinaus auch dafür, ob und wie stark er politische Entscheidungen beeinflussen kann. Je nach politischem Interesse beteiligt sich ein Teil der Staatsbürger aktiv an der Politik, ein anderer Teil folgt den politischen Regelungen passiv.	Liberale Demokratien

Merkmal	Was gehört unbedingt zu einer Demokratie? Antworten in Prozent			
	1990		2000	
	West	Ost	West	Ost
Dass regelmäßig freie und geheime Wahlen stattfinden.	83	84	73	60
Unabhängige Gerichte, die nur nach den Gesetzen urteilen.	74	76	66	51
Dass man zwischen mehreren Parteien wählen kann.	87	85	80	62
Presse- und Meinungsfreiheit, so dass jeder seine politischen Ansichten frei äußern kann.	91	92	87	72

Allensbacher Jahrbuch der Demoskopie: 1984–1992 und 1998–2002

Auf die Frage, ob die Demokratie in Deutschland die beste Staatsform sei, antworteten in Deutschland im November 2003 (in Prozent):

	Ja	Nein
Insgesamt	77	14
Alte Bundesländer	81	12
Neue Bundesländer	61	24

Erläuterung: Die addierten Prozentzahlen ergeben nicht 100, da ein Teil der Befragten nicht antwortete.
Bernhard Kornelius/Dieter Roth, Politische Partizipation in Deutschland, Gütersloh 2004, S. 52

Noch heikler erscheint das Bild, wenn gefragt wird, ob unter bestimmten Umständen eine **Diktatur die bessere Staatsform** sein könne. So lehnten bei einer Umfrage im Jahr 2002 in Ost und West eine Diktatur unter allen Umständen klar ab (in Prozent):

	Alte Bundesländer	Neue Bundesländer
Antwort: Nein	85	55

DFG-Projekt „Politische Einstellungen, politische Partizipation und Wählerverhalten im vereinigten Deutschland“, 1994–2002

Politische Kultur

M1 Gefährliche Trägheit

Der Demokratie laufen die Leute davon. Die Wahlbeteiligung sinkt, vor allem in den Ländern und Kommunen. Ein Viertel der Deutschen ist „nicht zufrieden" mit der Demokratie in Deutschland und dem ganzen politischen System, wie eine SPIEGEL-Umfrage ergab. Das ist eine Minderheit, aber eine starke. Und es stellt sich die Frage, ob viele Bürger zu selbstverständlich davon ausgehen, dass die Demokratie auf ewige Zeiten das politische System Deutschlands sein wird.

Gibt es nicht jetzt schon eine übergroße Mehrheit aus Unzufriedenen und Gemütlichen? Den einen wäre es recht, wenn das System wechselt, solange das neue mehr Wohlstand oder weniger Ausländer verheißt. Die anderen sind zwar Demokraten, aber sie wollen nichts tun für die Demokratie, aus Trägheit, aus Liederlichkeit, aus Selbstsucht, aus Verdruss über Politiker, die sich nicht gerade Mühe geben zu beweisen, dass Politik eine schöne Sache sein kann. In dieser Mischung könnte eine Bedrohung liegen.

Wie groß ist diese Bedrohung? Stimmt der allgemeine Eindruck, dass die Demokratie auf Dauer gesichert ist? Gibt es schleichende Entwicklungen, die gefährlich werden könnten? „Eine Zeitlang hatte die Demokratie eine Aura des Unausweichlichen", schrieb Madeleine Albright unlängst in der „Los Angeles Times". „Das ist vorbei." Die Welt, konstatierte die frühere US-Außenministerin, stehe nicht mehr in der Auseinandersetzung von Kommunismus und Kapitalismus, „sondern zwischen Demokratie und Autokratie". [...] Nur 47 Prozent der Ostdeutschen sind laut Institut für Demoskopie Allensbach der Meinung, dass sich die Demokratie im Großen und Ganzen bewährt habe. 23 Prozent fänden eine autoritäre Staatsform besser. [...] Bei der Landtagswahl 2006 gingen in Sachsen-Anhalt 44,4 Prozent der Wahlberechtigten zu den Urnen, ein Negativrekord. In fast allen Bundesländern ist die Wahlbeteiligung zuletzt stark gesunken [...]. Auch die Bundestagswahl fand den schlechtesten Zulauf aller Zeiten: 77,7 Prozent. Fast ein Viertel der Wahlberechtigten hatte keine Lust, diesen kleinen Dienst an der Demokratie zu leisten. [...]

Wenn das so weitergeht, wird die Demokratie allmählich verkümmern. Denn Demokratie ist Mitmachen: wählen, sich wählen lassen, sich in Parteien engagieren. Herfried Münkler, Politikgelehrter an der Berliner Humboldt-Universität, lässt sich nicht trösten damit, dass in den Vereinigten Staaten die Demokratie auch funktioniert, obwohl die Wahlbeteiligung viel geringer ist als in Deutschland und Parteien kaum eine Rolle spielen. Die USA würden von Aristokratien regiert, die Bundesrepublik aber sei ein Parteienstaat. „Wenn tiefsitzende Mentalitäten nicht mehr zur institutionellen Ordnung passen, ist das ein ernstes Problem", sagt Münkler. „Ich sehe große Gefahren für das System der Demokratie in Deutschland." [...]

Es sind die Akteure des politischen Systems, die an seiner Auszehrung arbeiten. Man erlebt, wie die Gewaltenteilung sich aufhebt, wie die Politik – das Parlament und die Exekutive – zunehmend mit dem Bundesverfassungsgericht ihr Geschäft betreibt und dessen Entscheidungen in die Taktik mit einbaut. Wie der Bundesrat zum Blockadeinstrument umgebaut wurde. Man erlebt, wie andersherum manche Richter des Bundesverfassungsgerichts die rote Robe der Enthaltsamkeit immer häufiger abstreifen und sich zur Lage der Nation politisch äußern. [...] Wir lachen über Berlusconi-Land und sehen doch italienische Spurenelemente auch hier.

Manfred G. Schmidt, Professor für Politologie in Heidelberg, sieht deshalb nicht nur die Vorzüge der Demokratie, sondern auch ihre Gefährdungen. Das Wort von der „geglückten Demokratie" seines Heidelberger Kollegen Edgar Wolfrum hält er für zu nobel als Kennzeichnung der Bundesrepublik, das von der „feindlosen Demokra-

tie“ […] für mittlerweile überholt und widerlegt. Bei Schmidt bekommt das deutsche System Bestnoten in der Machtaufteilung zwischen Bund und Ländern. Aber in der Effizienz? Für diese Machtaufteilung bezahle man einen hohen Preis. „Die Demokratie ist zu langsam und zu schnell“, sagt Schmidt. Zu schnell, weil der Herrschaftsauftrag nur für kurze Zeit vergeben wird. Zu langsam, weil kurzfristige Erfolgsnachweise die langfristigen und notwendigen Projekte erschwerten.

Es gäbe dennoch keine schwere Krise der Demokratie in Deutschland, „Weimar ist nicht in Sicht“, aber wenn man Schmidt richtig versteht, in erster Linie deshalb, weil der innere Feind fehlt: „Die Linke“, sagt er „ist auch nicht die Anti-System-Partei.“ Sie sei eine Oppositionspartei. Was es brauchte, um Weimar herbeizuführen, das wäre eine Mehrheit der Armen und eine Anti-System-Partei. Diese harten Indikatoren für einen Demokratiezerfall seien nicht gegeben, sagt Schmidt.

Dirk Kurbjuweit und Christoph Schwennicke, in: „Der Spiegel“ Nr. 20 vom 10. 05. 2008

M2 Calvin und Hobbes

Aufgaben

1. Definieren Sie, was unter dem Begriff „politische Kultur“ zu verstehen ist.
2. Fassen Sie die auf S. 25 präsentierten Daten in eigene Worte. Was ist für Sie der wichtigste Aspekt?
3. Führen Sie auf dem Pausenhof eine Umfrage unter Mitschülern mit Blick auf die Kenntnisse der und Einstellungen zu den Grundprinzipien der Demokratie durch. Werten Sie die Ergebnisse gemeinsam aus.
4. Fassen Sie die Befunde aus M1 mit eigenen Worten zusammen. Worauf führen die Autoren die steigende Politik- bzw. Demokratieverdrossenheit zurück? Welcher Position neigen Sie zu? Begründen Sie Ihre Entscheidung.
5. Erläutern Sie die Aussage von M2 und beziehen Sie Stellung.

2.2 Politische Beteiligung

Leitfragen	Welche Bedeutung haben Wahlen in der Demokratie?	Welche Grundformen von Wahlsystemen lassen sich unterscheiden?	Welche weiteren Formen der politischen Beteiligung gibt es?

Wahlen in der repräsentativen Demokratie

Die häufigste und damit bedeutendste Beteiligung der Bürger sind in einer repräsentativen Demokratie die **Parlamentswahlen.** In Parlamentswahlen, ohne die eine Demokratie nicht denkbar ist, werden die Repräsentanten des Volkes ausgewählt und beauftragt, die politischen Entscheidungen im Namen des Volkes zu treffen.

Zu den grundlegenden Rechten der Bürger in einer Demokratie gehört, dass sie wählen dürfen (**aktives Wahlrecht**) und sich zur Wahl aufstellen lassen können (**passives Wahlrecht**).

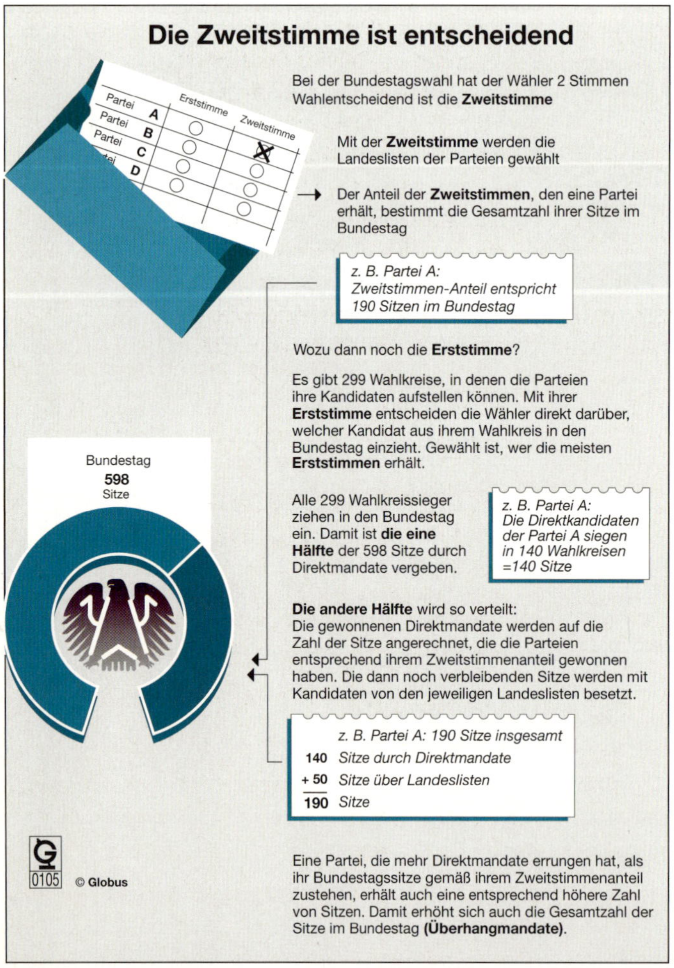

Demokratische Wahlgrundsätze

Wahlen müssen in einer Demokratie bestimmte Kriterien erfüllen. In Deutschland sind diese **Kriterien im Grundgesetz** verankert.

- Es muss bei Wahlen einen **Wettbewerb zwischen mehreren Alternativen** geben, von denen keine systematisch benachteiligt wird (Freiheit und Fairness der Wahl). Dem Bürger wird also kein Zettel vorgelegt, auf dem nur Anhänger einer politischen Richtung zu finden sind. Die DDR war auch deshalb nicht demokratisch, weil es bei den Wahlen keine Auswahl gab. Die Sitzverteilung im Parlament der DDR, der Volkskammer, stand bereits vor der Wahl fest.

- Es müssen grundsätzlich **alle Bürger** unabhängig etwa von Bildung, Geschlecht oder Vermögen das Wahlrecht haben (**Allgemeinheit der Wahl**). Ausnahmen sind nur möglich, wenn der Bürger aufgrund seines Alters oder etwa aufgrund einer geistigen Behinderung nicht in der Lage scheint, eine eigenverantwortliche politische Entscheidung zu treffen. Üblich ist in Demokratien zudem, dass Bürger erst **ab einem bestimmten Alter** wählen dürfen. So können in Deutschland Jugendliche erst ab dem 18. Lebensjahr ihre Stimme abgeben (Ausnahme: Bei Kommunalwahlen haben Jugendliche in manchen Bundesländern bereits mit 16 Jahren Stimmrecht).

- Es muss jede Stimme unabhängig von Bildung, Geschlecht oder Vermögen des Bürgers bei Wahlen gleich zählen (**Gleichheit der Wahl**).

- Die Bürger haben das Recht, ihre Stimme geheim und unkontrollierbar abzugeben (**Wahlgeheimnis**).

- Das Volk muss seine Repräsentanten direkt ins Parlament wählen (**Unmittelbarkeit der Wahl**). Es dürfen also nicht erst Wahlmänner gewählt werden, die dann frei darüber entscheiden können, wen sie ins Parlament entsenden.

Grundformen von Wahlsystemen

	Verhältniswahl	Mehrheitswahl
Varianten	1. **Reine Verhältniswahl:** Die Parteien erhalten idealtypisch den gleichen Anteil an Parlamentssitzen wie an den Wählerstimmen. Die Wahlen finden in einem einzigen Wahlkreis auf nationaler Ebene statt. Ein Beispiel ist das Wahlsystem der Niederlande.	1. **Relative Mehrheitswahl:** Bei der relativen Mehrheitswahl wird das Wahlgebiet in so viele Wahlkreise unterteilt, wie Abgeordnete zu wählen sind. In den Wahlkreisen ist jeweils gewählt, wer die meisten Stimmen erhält. Diese Variante der Mehrheitswahl wenden etwa Großbritannien und die USA an.
	2. **Verhältniswahl in Wahlkreisen:** Je weniger Mandate je Wahlkreis vergeben werden, desto schwieriger ist es für kleine Parteien, Mandate zu erringen. Diese Variante der Verhältniswahl wird beispielsweise in Spanien angewendet. 3. **Verhältniswahl mit Sperrklausel:** Alle Parteien, die einen bestimmten Anteil (in Deutschland: 5 Prozent) der Wählerstimmen nicht erreichen, werden bei der Sitzverteilung im Parlament nicht berücksichtigt. Diese Variante findet z. B. in Deutschland ihre Anwendung.	2. **Absolute Mehrheitswahl:** Im ersten Wahlgang ist bei einer absoluten Mehrheitswahl ein Wahlkreiskandidat nur gewählt, wenn er mindestens die Hälfte aller Stimmen des Kreises auf sich vereint. Da dies nur höchst selten gelingt, ist fast immer ein zweiter Wahlgang notwendig. Im zweiten Wahlgang genügt die relative Stimmenmehrheit. Am zweiten Wahlgang dürfen häufig nur die beiden stimmstärksten Kandidaten teilnehmen. Mit der absoluten Mehrheitswahl bestimmt etwa Frankreich seine Parlamentarier.
Entscheidungsregel	**Proporz:** Die Parlamentssitze werden entsprechend ihrem Stimmenanteil im Wahlreis auf die Parteien verteilt.	**Majorz:** Wer eine Mehrheit im Wahlkreis erreicht, bekommt den Parlamentssitz.
Repräsentationsziel	Gerechte Repräsentation aller in der Gesellschaft vorhandenen politischen Kräfte.	Stabile Mehrheitsbildung einer Partei im Parlament.

Wählertypen

Grundsätzlich hat sich das Wahlverhalten der Deutschen in den vergangenen Jahren stark verändert. Die Zahl der Stammwähler hat immer weiter abgenommen, die Zahl der Wechselwähler und der Nichtwähler dagegen stetig zugenommen. Für die Parteien bedeutet das, dass sie sich „ihrer" Klientel nicht mehr sicher sein können. Wahlforscher haben verschiedene Wählertypen ausgemacht:

- **Stammwähler:** Stammwähler sind Wähler, die sich stark mit einer Partei identifizieren und diese über mehrere Wahlen hinweg wählen. Sie sind von den anderen Parteien kaum zum Wechsel ihrer Stimmabgabe zu überreden.

- **Wechselwähler:** Wechselwähler identifizieren sich kaum oder gar nicht mit einer bestimmten Partei und bleiben daher i. d. R. auch keiner Partei über mehrere Wahlen hinweg treu. Ein Wechselwähler im engeren Sinne ist, wer seine Entscheidung für eine Partei von einer Wahl zur nächsten ändert.

- **Nichtwähler:** Nichtwähler beteiligen sich aus unterschiedlichen Gründen nicht an Wahlen.

Von der Wählerstimme zum Mandat

Verfahren der Stimmenverrechnung in Verhältniswahlsystemen

nach d'Hondt

Beispiel: Es sind (11) Sitze zu vergeben

	Partei A	Partei B	Partei C
Stimmenzahl	6 000	3 100	2 950
geteilt durch			
1	6 000 (1)	3 100 (2)	2 950 (4)
2	3 000 (3)	1 550 (6)	1 475 (8)
3	2 000 (5)	1 033 (10)	983
4	1 500 (7)	775	738
5	1 200 (9)	620	590
6	1 000 (11)	517	492

Die zu vergebenden Sitze (1) bis (11) werden in der Reihenfolge der Höchstzahlen auf die Parteien verteilt

	Partei A	Partei B	Partei C
Sitze	6	3	2

nach Hare/Niemeyer

Es sind (11) Sitze zu vergeben

	Partei A	Partei B	Partei C
Stimmenzahl	6 000	3 100	2 950

Für jede Partei wird berechnet:

$$\frac{\text{Gesamtzahl der Sitze} \times \text{Stimmenzahl der Partei}}{\text{Gesamtzahl der Stimmen aller Parteien}}$$

5,48	2,83	2,69

Am Ergebnis ist **vor dem Komma** abzulesen, wie viele Sitze jede Partei mindestens erhält.

Die dann noch zu vergebenden Sitze werden den Parteien in der Reihenfolge der größten Zahlenbruchteile **hinter dem Komma** zugeteilt.

	Partei A	Partei B	Partei C
	5,48	2,83	2,69
		+1	+1
Sitze	5	3	3

nach Sainte-Laguë/Schepers

Es sind (11) Sitze zu vergeben

	Partei A	Partei B	Partei C
Stimmenzahl	6 000	3 100	2 950

Die Stimmen der Parteien, die an der Sitzvergabe teilnehmen, werden durch einen *Divisor* geteilt. Als Divisor eignet sich die auf einen Sitz durchschnittlich entfallende Anzahl der Stimmen, hier: 1 095.

Die Ergebnisse der Division werden anschließend **auf ganze Zahlen auf- oder abgerundet**. An den ganzzahligen Resultaten lässt sich die Sitzverteilung unmittelbar ablesen.

Ist ihre Summe größer/kleiner als erforderlich, wird die Rechnung mit einem kleineren/größeren Divisor wiederholt.

	Partei A	Partei B	Partei C
	5,48 abgerundet	2,83 aufgerundet	2,69 aufgerundet
Sitze	5	3	3

Vereinfachte Modellrechnung

ZAHLENBILDER 86 131

Wahlverfahren

Seit 1985 wurden die Stimmen in Deutschland nach dem Hare/Niemeyer-Verfahren in Mandate umgerechnet (vorher nach Victor d'Hondt). Dieses wird seit der Bundestagswahl am 27. 09. 2009 durch das Divisorverfahren nach Sainte-Laguë ersetzt, um ein Höchstmaß an Gerechtigkeit bei der Sitzverteilung zu gewährleisten. Anschließend werden die Mandate der Parteien auf die einzelnen Bundesländer umgerechnet. Die einer Partei in einem Bundesland zustehenden Mandate werden zunächst an die in diesem Land erfolgreichen Wahlkreiskandidaten der Partei vergeben (Direktmandate), dann an Kandidaten der Landesliste (Listenmandate). Erringt eine Partei in einem Bundesland mehr Direktmandate, als ihr nach dem Zweitstimmenergebnis zustehen, erhält sie sogenannte Überhangmandate.

Weitere Formen der Bürgerbeteiligung

Die Teilnahme des Volkes an der Herrschaft kann sich in einer lebendigen Demokratie jedoch nicht nur auf den Wahlakt beschränken. Neben den allgemeinen Beteiligungsmöglichkeiten finden sich deshalb auch Formen **direkter Demokratie** (→ Kapitel 1.2.3).

Häufig in Anspruch genommen wird das **Petitionsrecht**, das nach Art. 17 GG jedermann das Recht gewährt, „sich einzeln oder in Gemeinschaft mit anderen mit Bitten und Beschwerden an die zuständige Volksvertretung zu richten". Für die an das Land, den Bund oder die EU gerichteten Beschwerden sind die eigens eingerichteten Petitionsausschüsse zuständig. Beim Petitionsausschuss des Deutschen Bundestages gingen im Jahr 2007 16.260 Eingaben ein.

Die Mitgliedschaft in einer **Partei** (→ Kapitel 1.3.1) ermöglicht durch die Bedeutung von Wahlen in der repräsentativen Demokratie erheblichen Einfluss auf den politischen Entscheidungsprozess. Parteien wirken maßgeblich an der politischen Willensbildung mit und im Falle einer Regierungsbeteiligung in der Gemeinde, im Land oder im Bund sind die Parteien durch Bereitstellung des politischen Personals und das Treffen programmatischer Entscheidungen Träger der politischen Herrschaft.

Neben der Mitgliedschaft in Parteien können sich die Bürgerinnen und Bürger auch in Interessenverbänden organisieren (→ Kapitel 1.3.2). **Interessenverbände** verdichten die Wünsche und Meinungen ihrer Mitglieder zu einem Gruppenwillen und können so gezielten Einfluss auf die Entscheidungsträger nehmen. Teilweise wirken sie auch unmittelbar an der Umsetzung politischer Entscheidungen mit (v.a. im Sozialbereich).

Eine weitere, zunehmend genutzte Beteiligungsform ist die Mitgliedschaft in **Bürgerinitiativen.** Die Mitglieder melden sich meist lose organisiert als Betroffene zu einem konkreten Anliegen oder Problem zu Wort.

Verfassungsrechtliche Rahmenbedingungen der Bürgerbeteiligung

Art. 5 (Meinungs-, Informations-, Pressefreiheit)

(1) Jeder hat das Recht, seine Meinung in Wort, Schrift und Bild frei zu äußern und zu verbreiten und sich aus allgemein zugänglichen Quellen ungehindert zu unterrichten. Die Pressefreiheit und die Freiheit der Berichterstattung durch Rundfunk und Film werden gewährleistet. Eine Zensur findet nicht statt.

(2) Diese Rechte finden ihre Schranken in den Vorschriften der allgemeinen Gesetze, den gesetzlichen Bestimmungen zum Schutze der Jugend und in dem Recht der persönlichen Ehre. (...)

Art. 8 (Versammlungsfreiheit)

(1) Alle Deutschen haben das Recht, sich ohne Anmeldung oder Erlaubnis friedlich und ohne Waffen zu versammeln.

(2) Für Versammlungen unter freiem Himmel kann dieses Recht durch Gesetz oder auf Grund eines Gesetzes beschränkt werden.

Art. 9 (Vereinigungs-, Koalitionsfreiheit)

(1) Alle Deutschen haben das Recht, Vereine und Gesellschaften zu bilden. (...)

Art. 20 (Staatsstrukturprinzipien; Widerstandsrecht)

(1) Die Bundesrepublik Deutschland ist ein demokratischer und sozialer Bundesstaat.

(2) Alle Staatsgewalt geht vom Volke aus. Sie wird vom Volke in Wahlen und Abstimmungen und durch besondere Organe der Gesetzgebung, der vollziehenden Gewalt und der Rechtsprechung ausgeübt. (...)

Art. 21 (Parteien)

(1) Die Parteien wirken bei der politischen Willensbildung des Volkes mit. Ihre Gründung ist frei. Ihre innere Ordnung muss demokratischen Grundsätzen entsprechen. Sie müssen über die Herkunft und Verwendung ihrer Mittel sowie über ihr Vermögen öffentlich Rechenschaft geben. (...)

Art. 38 (Wahlrechtsgrundsätze; Rechtsstellung der Abgeordneten)

(1) Die Abgeordneten des Deutschen Bundestages werden in allgemeiner, unmittelbarer, freier, gleicher und geheimer Wahl gewählt. Sie sind Vertreter des ganzen Volkes, an Aufträge und Weisungen nicht gebunden und nur ihrem Gewissen unterworfen.

(2) Wahlberechtigt ist, wer das achtzehnte Lebensjahr vollendet hat; wählbar ist, wer das Alter erreicht hat, mit dem die Volljährigkeit eintritt. (...)

Daneben gibt es zahlreiche weitere Möglichkeiten, um die Öffentlichkeit bzw. die politischen Entscheidungsträger für die eigenen Anliegen zu gewinnen. Es können Demonstrationen abgehalten oder Informationsstände und Unterschriftenaktionen organisiert werden. Die rechtliche Grundlage dafür bilden die in den GG Artikeln 5, 8 und 9 garantierten Grundrechte.

Möglichkeiten und Formen der Beteiligung an politischen Entscheidungsprozessen

konventionelle / legale Formen politischer Aktivität	unkonventionelle / illegale Formen
• Wahlen in Kommunen, Ländern, im Bund und in der Europäischen Union • Mitgliedschaft in Parteien, Verbänden, Vereinen, Bürgerbewegungen, Bürgerinitiativen • Petitionen an Parlamente, Regierungen, das Staatsoberhaupt • Verfassungsbeschwerde beim Bundesverfassungsgericht • politische Informationen aus Zeitungen, Zeitschriften, Büchern, Radio, Fernsehen, Internet • politische Reaktionen auf Massenmedien (Leserbriefe, Hörertelefon u. a.) • politische Diskussionen mit Freunden und im Internet • Teilnahme an lokalen Bürgeraktivitäten • Teilnahme an politischen Demonstrationen oder Treffen • Kontakt zu Politikern • Wahlkampf für Kandidaten	• Boykott • Mieterstreik • wilder Streik • wilde Demonstration • Hausbesetzung • Verkehrsblockade • öffentliches Anbringen politischer Parolen • Zerstörung von Eigentum • Gewalt gegen Personen

Schülerduden Politik, Berlin 2004, S. 94

	Ebenen / Form	Gemeinde	Land	Bund	Europäische Union	Internationale Politik
Konventionelle Beteiligungsformen	Plebiszitäre Elemente (Bürgerbegehren, Bürgerentscheid, Volksentscheid)	X	X	(X)[1]	–	–
	Wahlen	X	X	X	X[2]	–
	Mitgliedschaft in Parteien	X	X	X	(X)[3]	–
	Mitgliedschaft in Interessenverbänden	X	X	X	X(NGOs)[4]	X(NGOs)[4]
	Mitgliedschaft in Bürgerinitiativen	X	X	X	–	–
	Individuelle Einwirkung auf den politischen Prozess oder die öffentliche Meinungsbildung (Unterschriftenaktion, Demonstration, ...)	X	X	X	(X)[5]	(X)[5]

[1] nur bei Neuordnung der Länder; [2] Rechte des EU-Parlaments beschränkt; [3] europäische Parteien sind Zusammenschlüsse der nationalen Parteien; [4] NGO = non-governmental organisation (Nichtregierungsorganisation), Bsp.: Attac, Greenpeace, Internationales Rotes Kreuz; [5] vorwiegend Demonstrationen

M1 Wahlrecht für Kinder?

Das Thema ist nicht neu. Schon seit 30 Jahren wird darüber diskutiert, ob diejenige Generation ein stärkeres Mitspracherecht erhalten soll, die von den Folgen aktueller politischer Entscheidungen am längsten betroffen ist. In Deutschland wird die Frage nach dem Wahlrecht für Kinder inzwischen immer dringender, denn unsere Gesellschaft wird immer älter. Die Anzahl kinderloser Ehepaare wächst, und seit einigen Jahren gibt es mehr Menschen über 59 als unter 20 Jahren in Deutschland. Hätten Kinder das Wahlrecht, gäbe es rund 14 Millionen mehr Wahlberechtigte.

Daher werden Forderungen laut, dass Familien mehr Möglichkeiten bekommen sollen, auf politische Entscheidungen Einfluss zu nehmen. Politiker aller Parteien, Verfassungsrechtler und auch *[die ehemalige, Anm. der Redaktion]* Familienministerin Renate Schmidt unterstützen den Antrag auf Wahlrecht von Geburt an.

Wie sieht es zurzeit aus? Zurzeit werden die Interessen von Kindern und Jugendlichen in der Politik nicht ausreichend berücksichtigt. Die Politiker brauchen sich kaum Gedanken um die Probleme der Kinder zu machen, denn sie werden auch gewählt, wenn ihre Beschlüsse für Kinder schlecht sind. Das ist vielleicht eine Erklärung dafür, warum sich viele junge Menschen nicht sonderlich intensiv mit Politik beschäftigen. Während oft behauptet wird, dass Kinder kein Interesse an Politik hätten und deshalb nicht an Entscheidungen beteiligt werden sollten, sagen sie sich wahrscheinlich eher: „Ich kann doch sowieso nichts ändern!“ Das wäre natürlich ganz anders, wenn sie das Wahlrecht hätten, denn Parteien wollen schließlich gewählt werden.

Stand der Dinge: Im Gespräch ist eine zusätzliche halbe Stimme, die jedes Elternteil für das Kind bis zu seiner Volljährigkeit abgeben darf. Damit bekämen Familien mehr Mitspracherecht in politischen Entscheidungsfragen, und genau dieser Entwurf soll jetzt vom Bundestag diskutiert werden.

Keine Altersgrenze! Die Gegner lehnen das ab, weil die Interessen der Eltern stark von denen der Kinder abweichen können. Sie sagen, wenn Eltern für ihre Kinder wählen, wird ihre, und nicht die Meinung der Kinder vertreten. Sie fordern mehr und sagen: Das Wahlrecht als politisches Mitbestimmungsrecht ist ein Menschenrecht und steht jedem uneingeschränkt zu. Daher gibt es keinen Grund dafür, Kinder und Jugendliche von Wahlen auszuschließen. In einer Demokratie muss sich jeder am Zustandekommen von Entscheidungen (also an Wahlen) beteiligen können, der von den Auswirkungen dieser Entscheidungen betroffen ist. Ob und wann man dieses Menschenrecht nutzt, bleibt jedem selbst überlassen. Die einen wollen vielleicht schon mit sieben Jahren wählen, andere erst mit 30 oder noch mit 85. Aber sicher nicht jeder. Die meisten kleinen Kinder würden sicher nicht wählen gehen, das Wahlrecht ist schließlich keine Verpflichtung. Aber Erwachsenen, die aus Krankheits- oder Altersgründen nicht zur Wahl gehen (können), wird das Recht dazu auch nicht entzogen. Es geht eben darum, dass das bloße Alter niemanden von einer Wahl ausschließen soll. Vom Wahlrecht für Kinder ohne Altersgrenze versprechen sich die Befürworter sehr positive Auswirkungen: Viele Kinder und Jugendliche wären selbstbewusster, denn ihre Stimme zählt, sie sind nicht „unwichtig“ für den Staat. Und viele Erwachsene würden sie ernster nehmen und mit anderen Augen sehen – nicht als unmündige Kinder, sondern als Wähler, die mitbestimmen.

Was würde sich konkret ändern? Politiker müssten zum Beispiel ihre Reden so formulieren, dass die jungen Wähler sie verstehen. Das würde sicher auch vielen

Erwachsenen helfen [...]. Es gibt kein politisches Problem, das sich nicht auch für Kinder verständlich vortragen lässt. [...] Und alles, was für Kinder wichtig ist, würde in den Parteiprogrammen berücksichtigt werden. Zum Beispiel Tempolimits in Ortschaften, Spielplatz- und Jugendzentrengestaltung, Spielzeug aus ungiftigen Materialien, kindgerechte Schulmöbel und öffentliche Räume, kindgerechter Haus- und Wohnungsbau, arbeitsfreie Wochenenden für Eltern, Neugestaltung des Schulwesens, Lärmschutz, und so weiter.

Pro und Contra: Gegner des Kinderwahlrechts argumentieren oft, Kinder und Jugendliche seien unreif und kennten sich nicht aus. Aber in jeder Altersgruppe gibt es neben gut informierten auch Menschen ohne Durchblick. Die Befürworter sagen: Jede Altersgrenze und jedes „Das verstehst du nicht!“ bedeutet den Ausschluss von politischer Mitbestimmung. Erwachsene Wähler werden auch nicht auf ihre Reife hin geprüft – informierte junge Menschen, die noch nicht volljährig sind, dürfen nicht wählen, aber Erwachsene, die vielleicht nicht einmal das Wahlsystem verstehen, dürfen es. Der „Durchblick“ ist in einer Demokratie zwar wünschenswert, aber nicht entscheidend. Da sich selbst die Politiker nicht einig werden, was „richtig“ ist, werden strittige Fragen durch Abstimmungen entschieden. Und dabei zählen letztlich nur die meisten Stimmen. Selbst, wenn Kinder etwas wählen würden, das vielen Erwachsenen nicht passt: Es hätte Gültigkeit und müsste akzeptiert werden.

Auch das Argument, Kinder seien leicht zu beeinflussen, zieht nicht. Erwachsene wählen die Politiker und Parteien, von denen sie annehmen, dass sie ihre Interessen und Wünsche am besten vertreten und umsetzen – Kinder würden genauso entscheiden. Und Kinder merken schnell, wenn man sie unfair behandelt oder zu betrügen versucht. Politiker, die sie nur ködern und nach der Wahl dann gar nicht halten wollen, was sie versprochen haben, können sicher sein – die Stimme der Kinder bekommen sie nicht wieder. Viele Gegner des Kinderwahlrechts sind der Meinung, Kinder sollten sich möglichst lange nicht mit Politik belasten, sondern ihre Freiheiten genießen. Sie finden auch, dass nur derjenige Rechte haben soll, der auch Pflichten hat.
[...] Aber wie steht es mit der Schulpflicht, der Pflicht, Gesetze innerhalb der Familie zu respektieren [...]? Außerdem ist das Wahlrecht als Menschenrecht nicht an Pflichten gebunden.

www.geo.de/GEOlino/nachrichten/1471.html

M2 Chancen der Zivilgesellschaft

Die „Qualität“ einer modernen Zivil- oder Bürgergesellschaft lässt sich unter anderem daran messen, wie stark sich deren Bürgerinnen und Bürger am öffentlichen Leben und am demokratischen Prozess beteiligen. Untersuchungsergebnisse belegen für Deutschland eine Zunahme freiwilligen gesellschaftlichen Engagements, das sich in vielfältigen Formen – Ehrenamt, Freiwilligenarbeit und aktive Beteiligung in informellen Gruppen, in Vereinen, Verbänden, Organisationen oder Einrichtungen – niederschlägt. [...] Zwischen bürgerschaftlichem Engagement, sozialer Integration und Partizipation besteht ein enger Zusammenhang: Wer sich stärker für Politik interessiert und sich mit dem demokratischen System identifiziert, ist in der Regel besser in die Gesellschaft integriert und verfügt über größere Chancen der politischen Information, Kommunikation und Teilhabe. [...]

Wenn in Deutschland 70 Prozent der Bürgerinnen und Bürger öffentlich aktiv sind, ist das auch ein Indikator für ein hohes Maß an „sozialem Kapital“, eine Metapher, mit der heute oft der soziale Zusammenhalt und die soziale Qualität moderner Gesellschaften bezeichnet wird. [Zudem gibt] es in Deutschland ein großes Potenzial für eine Ausdehnung und Intensivierung des freiwilligen Engagements und damit gute Möglichkeiten für die weitere Entwicklung der Zivilgesellschaft als Kern einer selbstbewussten Bürgergesellschaft.

Katharina Belwe, Editorial, und Thomas Gensicke, Bürgerschaftliches Engagement in Deutschland, in: Aus Politik und Zeitgeschichte 12/2006

Aufgaben

1. Erklären Sie Ihren Mitschülern in einem fünfminütigen Vortrag das bundesdeutsche Wahlrecht. Wer kommt wie in den Bundestag?
2. Recherchieren Sie Vorschläge, wie das deutsche Wahlrecht reformiert werden soll. Was halten Sie von den verschiedenen Ansätzen?
3. Diskutieren Sie den Vorschlag, ein Wahlrecht von Geburt an einzuführen (M1). Welche Argumente erscheinen Ihnen am plausibelsten?
4. Erläutern Sie die verfassungsrechtlichen Grundlagen für eine Beteiligung der Bürgerinnen und Bürger am politischen Willensbildungsprozess.
5. Überlegen Sie – ausgehend von einem konkreten politischen Problem –, welche Möglichkeiten der Einflussnahme auf die Lösung dieses Problems Ihnen offenstehen und auf welchen Ebenen Sie aktiv werden müssten (Partei, Bürgerinitiative, Demonstration…). Welche Vorgehensweise erscheint Ihnen am wirkungsvollsten, und warum?

2.3 Elemente direkter Demokratie in Deutschland

Leitfragen

Worin bestehen die Unterschiede zwischen direkten und repräsentativen Demokratien?

Welche plebiszitären Elemente gibt es in Deutschland?

Direkte und repräsentative Demokratien

Demokratien lassen sich hinsichtlich ihrer Beteiligungsformen **zwei Modellen** zuordnen:

- **Direkte Demokratie:** Alle Bürger sind an allen politischen Entscheidungen beteiligt.
- **Repräsentative Demokratie:** Das Volk wählt Vertreter, die in seinem Namen politische Entscheidungen treffen.

In der gegenwärtigen Staatenwelt gibt es keine Demokratie, die dem Idealtypus der direkten Demokratie entspricht. Am nächsten kommt noch die Schweiz dem Modell der direkten Demokratie, aber auch die Schweizer wählen Repräsentanten, die zahlreiche wesentliche Entscheidungen im Namen des Volkes treffen. Repräsentative und plebiszitäre Elemente sind im demokratischen Verfassungsstaat keineswegs wie Feuer und Wasser. Alle modernen Demokratien sind repräsentative Demokratien, fast alle bieten jedoch auch Möglichkeiten für die Bürger, bestimmte politische Entscheidungen direkt zu beeinflussen.

Formen direktdemokratischer Elemente

Bei den direktdemokratischen Sachabstimmungen lassen sich **zwei Verfahren** unterscheiden:

- Bei einem **Referendum** legt die politische Elite in Regierung und Parlament dem Volk eine bestimmte Frage vor, über die es entscheiden soll. So kann der Bürger z. B. für oder gegen die Einführung des Euro stimmen.
- Bei **Volksinitiativen** für Gesetze stoßen die Bürger einen politischen Entscheidungsprozess an. Diese Initiative können die Parlamentarier annehmen oder ablehnen. Im Falle der Ablehnung kann unter Umständen ein bestimmter Teil der stimmberechtigten Bürger ein **Volksbegehren** beantragen. In Sachsen sind dies etwa bei einer stimmberechtigten Gruppe von 3,6 Millionen Menschen 450.000 Bürger. Die Hürde ist also recht hoch. Nur wenn das Volksbegehren erfolgreich ist, findet auf Länderebene ein **Volksentscheid** statt, bei dem die Mehrheit der Bürger bestimmt.

Direkte Demokratie auf Bundesebene

In Deutschland gibt es **auf Bundesebene kaum Möglichkeiten für Bürger,** über politische Sachfragen abzustimmen. Eine kleine Ausnahme bildet die Regelung, dass eine Neugliederung von Bundesländern der „Bestätigung durch Volksentscheid" bedarf (Art. 29 GG). Es lässt sich dabei darüber streiten, ob es sich überhaupt um nationale Volksentscheide handelt, da nur die Bevölkerung der betroffenen Bundesländer stimmberechtigt ist. Bislang wurden nur **zwei Volksentscheide** mit Blick auf den Zuschnitt von Bundesländern durchgeführt:

- Nach einem Volksentscheid ging **1952** aus den bis dahin eigenständigen Bundesländern Baden, Württemberg-Baden und Württemberg-Hohenzollern das Bundesland Baden-Württemberg hervor.
- **1996** fand in Brandenburg und Berlin ein Volksentscheid über die Fusion beider Länder statt. Die führenden Politiker beider Länder propagierten nachdrücklich die Vereinigung. Damit diese durchgeführt werden konnte, mussten mindestens 25 Prozent der Bürger in beiden Ländern am Volksentscheid teilnehmen und von den Abstimmenden mussten sich mehr als die Hälfte für die Vereinigung aussprechen. In Brandenburg war das Interesse aber so gering, dass nicht genügend Bürger zur Abstimmung gingen. Zudem stimmte von diesen Bürgern sogar noch eine Mehrheit gegen die Fusion.

Der weitgehende Verzicht auf direktdemokratische Elemente auf Bundesebene war ursprünglich eine bewusste Entscheidung, weil die Schöpfer des Grundgesetzes der Ansicht waren, dass die Volksabstimmungen in der Weimarer Republik den Aufstieg der Nationalsozialisten begünstigt hatten. Der erste deutsche Bundespräsident Theodor Heuss bezeichnete Volksabstimmungen als „Prämie für jeden Demagogen". Inzwischen wird unter den Parteipolitikern über diese ablehnende Haltung gegenüber Beteiligungsmöglichkeiten des Volkes gestritten. SPD und Grüne wollen mehr direktdemokratische Elemente, die Unionsparteien sind dagegen skeptisch.

Direkte Demokratie auf Länderebene

Alle Bundesländer haben in ihren Verfassungen Möglichkeiten für die Volksgesetzgebung verankert und unterschiedlich ausgestaltet. So unterscheiden sich etwa die Anforderungen an die Zahl der stimmberechtigten Unterstützer, die einen Volksantrag für ein Gesetz in die Wege leiten können oder die ein Volksbegehren unterschrieben haben müssen. Auch die Fristen, in der die notwendigen Unterschriften für ein Volksbegehren gesammelt werden müssen, sind unterschiedlich gesetzt. Bestimmte Themen sind von der Volksgesetzgebung auf Länderebene ausgenommen. Bei allen Geldfragen – wie etwa der Höhe von Abgaben oder von Besoldungen – dürfen nur die Parlamente entscheiden (Haushaltsvorbehalt).

Direkte Demokratie in den Gemeinden

Die umfangreichsten Möglichkeiten, sich direkt an politischen Entscheidungen zu beteiligen, haben Bürger in den Gemeinden. Die Instrumente **Bürgerbegehren** und **Bürgerentscheid** wurden Anfang der 1990er Jahre eingeführt und finden sich heute in den Gemeindeordnungen aller Bundesländer.

Die baden-württembergische Gemeindeordnung (GO) kennt neben dem Bürgerbegehren und dem Bürgerentscheid (§21 GO) auch die **Bürgerversammlung** (§2oa GO) und den **Bürgerantrag** (§2ob GO). In der Regel einmal im Jahr wird die Bürgerversammlung zur Erörterung wichtiger Gemeindeangelegenheiten vom Bürgermeister einberufen. Die Bürgerschaft kann zudem beantragen, dass der Gemeinderat eine bestimmte Angelegenheit behandelt (Bürgerantrag). Darüber hinaus können in Fragestunden und Anhörungen engagierte Bürger an öffentlichen Sitzungen der Gemeinderäte ihre Meinungen äußern. Der Vorsitzende muss dazu Stellung nehmen. Die Gemeindeordnung in Baden-Württemberg sieht auch die Einrichtung von Jugendgemeinderäten vor, in denen Jugendliche vor allem über jugendspezifische Angelegenheiten mitentscheiden können (§ 41a GO).

Plaßmann / CCC,www.c5.net

Deutschland im Vergleich der Staaten

Die westlichen Demokratien nutzen seit 1945 in unterschiedlichem Maße direktdemokratische Elemente. In zahlreichen westeuropäischen Staaten fanden Volksabstimmungen im Zusammenhang mit der **Europäischen Union** statt. Mit Ausnahme Zyperns stimmte die Bevölkerung 2003 in neun von zehn Ländern, die neu in die Europäische Union aufgenommen werden sollten, über eine EU-Mitgliedschaft ihres Landes ab.

Bürgerbeteiligung in der Europäischen Union

Auch auf europäischer Ebene gibt es – neben den Europawahlen – Möglichkeiten der Teilhabe:

- **Petition an das Europäische Parlament:** Jede Person mit Wohnort in der Europäischen Union kann in Angelegenheiten, die in die Tätigkeitsbereiche der Union fallen und die genannten Personen unmittelbar betreffen, eine Petition an das Europäische Parlament richten. Auch Unternehmen, Organisationen oder Vereinigungen mit Sitz in der Europäischen Union können das Petitionsrecht ausüben. In der Petition kann ein individuelles Anliegen formuliert werden oder eine Aufforderung an das Europäische Parlament, zu einer bestimmten Angelegenheit Stellung zu nehmen. Derartige Petitionen geben dem Europäischen Parlament Gelegenheit, auf Verletzungen der Rechte eines Bürgers durch einen Mitgliedstaat oder eine Institution hinzuweisen und für Abhilfe zu sorgen.

- **Beschwerde an den Europäischen Bürgerbeauftragten:** Im Europäischen Parlament gibt es einen Europäischen Bürgerbeauftragten, den Ombudsmann. Er untersucht Beschwerden über EU-Organe und Institutionen und hilft bei der Beschleunigung von Verwaltungsverfahren. Sein Aufgabenbereich ist auf Beschwerden gegen die EU-Institutionen beschränkt; er schaltet sich nur dann ein, wenn Bürger, Interessengruppen oder Firmen über Machtmissbrauch, Diskriminierung, Ungerechtigkeiten, verweigerte Informationen, Verfahrensfehler oder unnötige Verzögerungen bei den EU-Institutionen klagen.

- **Europäische Bürgerinitiative:** Der im Dezember 2009 in Kraft getretene EU-Reformvertrag (Vertrag von Lissabon) sieht die Einführung der Europäischen Bürgerinitiative vor. Eine Million Unionsbürgerinnen und Unionsbürger können demnach die EU-Kommission auffordern, geeignete Vorschläge zu Themen zu unterbreiten, zu denen es nach ihrer Ansicht eines Rechtsakts der EU bedarf. Die Bürger werden damit erstmalig direkt in den europäischen Rechtsetzungsprozess eingebunden.

Referendumshäufigkeit in verschiedenen Staaten

Staaten mit ausgesprochen vielen Referenden auf nationaler Ebene (mehr als 100)	Schweiz
Staaten mit eher vielen Referenden (11–99)	Dänemark, Frankreich, Irland, Italien, Liechtenstein und Neuseeland
Staaten mit wenigen Referenden (1–10)	Belgien, Finnland, Großbritannien, Norwegen, Portugal, Schweden, Spanien
Staaten ohne Referenden	Deutschland, Israel, Japan, Niederlande, USA

Beobachteter Zeitraum: 1945–2007

Vorteile und Nachteile repräsentativer und direkter Demokratie

	Repräsentative Demokratie	Um starke direktdemokratische Elemente ergänzte repräsentative Demokratie
Vorteile	1. Die Berufspolitiker als „Spezialisten" haben eine **höhere Kompetenz**, um die politischen Probleme zu lösen. Die Bearbeitung dieser Fragen durch sie führt daher zu angemesseneren Lösungen. 2. Die Inhaber politischer Ämter können in einer repräsentativen Demokratie für ihre Entscheidungen zur Rechenschaft gezogen werden. Wenn sie Fehler machen, werden sie **nicht wieder gewählt.**	1. Die Bürgerinnen und Bürger können in einzelnen Sachfragen **direkt entscheiden.** Damit können die gewählten Politiker besser kontrolliert werden. 2. Direktdemokratische Elemente bieten einen Anreiz, sich mit der **Demokratie zu identifizieren.** Aus „Zuschauern" werden aktive Mitgestalter. Dies kann **gegen Politikverdrossenheit** helfen. 3. Gesetzesinitiativen von Bürgern können auf **politische Probleme hinweisen**, die von den Parteien übersehen wurden.
Nachteile	1. Die Beteiligung der Bevölkerung am politischen Prozess ist auf die Wahlen beschränkt. Darunter kann die **Identifikation** mit der Demokratie leiden. 2. Die Bürger haben nur durch Wahlen die Möglichkeit, die Politiker zu **kontrollieren.** Sie können aber nicht deren Entscheidungen bei grundlegenden politischen Problemen beeinflussen. 3. Die Parteien können aus unterschiedlichen Gründen wichtige **Probleme ausklammern**, deren Lösung vom Volk als dringlich angesehen wird.	1. Die Beteiligung der Bevölkerung führt zu einem **deutlich längeren Entscheidungsprozess.** Dies verhindert ein schnelles Lösen politischer Probleme. 2. Wenn das Volk direkt entscheidet, sind **alle verantwortlich.** Es gibt somit keine klar identifizierbar Verantwortlichen für eine Entscheidung. 3. Es können sich durch Einsatz von Geld **gut organisierte Sonderinteressen** bei den Volksabstimmungen durchsetzen. 4. Es können **populistische Entscheidungen** begünstigt werden, die nicht zu einer sachgerechten Lösung führen.

M Wähler-Täuschung

Sind Referenden der richtige Weg? Können plebiszitäre Elemente, wenn ihre Ergebnisse nur politisch verpflichtend werden für die Exekutive, neue Begeisterung für die Demokratie entfachen? Wohl kaum. Als das Grundgesetz geschrieben wurde, da verzichteten die Mütter und Väter der Verfassung ganz bewusst auf Instrumente der direkten Demokratie. Sie hatten erlebt, wie ein Volk sich willig dem kollektiven Wahn hingegeben hatte, und misstrauten den Massen zutiefst. Nach sechzig Jahren Demokratie in Deutschland hat sich diese Skepsis erledigt. Regelmäßig stimmen die Bundesbürger weit verantwortungsvoller ab, als es ihnen die Demoskopen zutrauen. Heute ist es nicht mehr die Furcht vor dem Wähler, die gegen Volksentscheide spricht.

Das Problem liegt vielmehr darin, dass sich die parlamentarische Demokratie nicht bruchlos durch Elemente der direkten Demokratie ergänzen lässt. Die Vorstellung, man könne in das politische System der Bundesrepublik einfach ein wenig Plebiszit hineinrühren wie einen Löffel Zucker in den Kaffee, der die Sache süßer macht – diese Vorstellung ist eine Illusion.

Die simple Ja/Nein-Logik jeder Volksbefragung steht notwendig quer zu der hoch entfalteten bundesdeutschen Aushandlungsdemokratie, deren Wesensmerkmal gerade die Einbeziehung möglichst vieler Interessen in die Konsensbildung ist. Die fortlaufende Anhörung von Fachleuten, Lobbyisten, Wissenschaftlern, von Parteigremien, Ethikräten und Enquetekommissionen, die Verschränkung von Länder- und Bundesinteressen, die penible juristische Kontrolle jedes Verfahrensschrittes durch alle Gerichtsinstanzen – all das macht Entscheidungen bisweilen quälend schwierig, schließt aber aus, dass fundamentale Aspekte einer Frage übersehen oder größere Bevölkerungsgruppen einfach ignoriert werden. Die Binnenkorrekturkräfte des politischen Prozesses sind hierzulande so stark, dass es einer massiven Intervention von außen, einer roten Plebiszit-Karte, kaum je bedarf.

Nichts belegt das so deutlich wie die Geschichte der Plebiszit-Bewegung selbst. Sie entstand in den siebziger Jahren im Umfeld der Umweltschützer, die damals in den Parlamenten keine Vertreter hatten. Mittlerweile jedoch ist der ökologische Gedanke in allen Parteien Allgemeingut – nicht durch Plebiszite, sondern dank der Integrationskraft des parlamentarischen Systems. Auch die romantische Annahme, das Plebiszit sei ein Instrument der Reinheit, in dem sich der Volkswille klar und unverfälscht Bahn breche, ist ein Irrtum. Es gibt in der Parteiendemokratie keine parteifreien Zonen. [...]

All das spricht nicht endgültig gegen die direkte Demokratie. Man kann sie einführen. Aber sie hat ihren Preis – die mindestens teilweise Entmachtung der Parlamente und eine drastische Reduktion der Kontrolle politischer Entscheidungen durch die Gerichte. Wer das will, soll es sagen. Nur beides, unmittelbare und mittelbare Demokratie, geht nicht. Wer etwas anderes suggeriert, täuscht den Bürger und schürt den Verdruss an der Politik.

Heinrich Wefing, in: Die Zeit vom 30.04.2008

Aufgaben

1. In Ihrer Stadt soll wegen fehlender Gelder ein von Ihnen gerne besuchtes Jugendzentrum die Pforten schließen. Der Gemeinderat/Stadtrat wird in wenigen Wochen darüber entscheiden. Überlegen Sie, auf welche Weise Sie durch Ihre politische Beteiligung die Entscheidung beeinflussen können.

2. Stellen Sie sich folgende Situation vor: In Ihrer Gemeinde soll darüber entschieden werden, ob ein weiterer Funkmast aufgestellt wird. Die Entscheidung darüber kann von einem, vielen oder allen Bürgern getroffen werden. Überlegen Sie, welche Punkte für und welche Punkte gegen die jeweiligen Alternativen sprechen:

a) Die Aufstellung eines Funkmasts ist ein wichtiges Thema, über das die demokratisch legitimierte Person an der Spitze der Gemeinde allein und möglichst zügig entscheiden sollte.

b) Das Parlament sollte abstimmen, da es von den Bürgern gewählt wurde, um über die wichtigsten Fragen zu entscheiden.

c) Die Abschätzung von Vor- und Nachteilen ist äußerst komplex. Es sollte daher eine Expertenkommission über den Bau entscheiden.

d) Da der Bau des Kraftwerks alle Bürger betrifft, sollte ein Volksentscheid durchgeführt werden.

3. Beurteilen Sie das deutsche Wahlsystem nach folgenden Kriterien: 1. Transparenz; 2. Förderung der Stabilität der Regierung; 3. gerechte Repräsentation aller politischen Kräfte in der Gesellschaft. Zu welchen Ergebnissen kommen Sie?

4. Sehen Sie in der Bundesrepublik die Gefahr einer „Entmachtung der Parlamente" durch mehr direkte Demokratie (M)? Begründen Sie Ihre Haltung.

3 Vermittler zwischen Bürgern und politischen Institutionen

3.1 Parteien

Leitfragen

- Welche Aufgaben haben Parteien in einer modernen Demokratie?
- Was ist unter innerparteilicher Demokratie zu verstehen?
- Welche programmatischen Ausrichtungen von Parteien lassen sich unterscheiden?

Was ist eine Partei?

Parteien sind Vereinigungen, die politische Interessen von Staatsbürgern wahrnehmen. Ihre Mitwirkung an der politischen Willensbildung ist eine in der Verfassung verankerte öffentliche Aufgabe (Art. 21 GG). Der Begriff „Partei" ist vom lateinischen Begriff „pars" für „Teil" abgeleitet. Der Ausdruck weist darauf hin, dass eine Partei i. d. R. nicht die gesamte Bevölkerung repräsentiert, sondern nur einen Teil. Eine Partei steht dabei in der Regel für eine bestimmte **politische Strömung** in einer Gesellschaft. Das Ziel von Parteien ist, die politischen Entscheidungen durch die Besetzung von Schlüsselpositionen in den politischen Entscheidungsorganen – vor allem Regierung und Parlament – zu beeinflussen. Um dies zu erreichen, streben Parteien danach, bei Wahlen ihre Stimmenzahl zu maximieren. Der Wettbewerb zwischen Parteien um politischen Einfluss prägt das politische Leben der modernen Demokratien.

Was ist ein Parteiensystem?

Der Begriff **Parteiensystem** richtet sich auf die Gesamtheit der Parteien in einem Staat und ihre Beziehungen untereinander; er setzt somit voraus, dass es mehr als eine Partei gibt und diese sich miteinander in einem Wettbewerb um die politische Macht befinden. Orientiert an der Zahl der Parteien gibt es **Zwei- und Vielparteiensysteme.** Nach der Ausprägung des Wettbewerbs wird weiterhin zwischen polarisierten Parteiensystemen, in denen sich die Parteien heftig befehden, und nicht polarisierten Parteiensystemen unterschieden.

Grundsätze des deutschen Parteiensystems

- **Mehrparteienprinzip:** Das Grundgesetz fordert die Existenz mehrerer Parteien und schließt damit eine **Einparteiendiktatur** wie das Dritte Reich und die Sowjetunion aus.
- **Freie Gründung und Chancengleichheit** der Parteien: Alle Bürger müssen in der deutschen Demokratie Parteien gründen dürfen, und keine – demokratische – Partei darf durch die Regelung des Wettbewerbs und der Parteienfinanzierung systematisch bevorteilt oder benachteiligt werden.

Aufgaben der Parteien im politischen Prozess

Parteien sind in den modernen Demokratien als **Mittler** zwischen Bürger und Staat unverzichtbar. Sie erfüllen folgende Funktionen:

- **Partizipationsfunktion:** Parteien stellen eine Verbindung her zwischen den Bürgern und dem politischen System, indem sie ihnen als Wählern oder als Parteimitgliedern die Teilnahme am politischen Geschehen ermöglichen. Als Parteimitglieder haben Bürger die Möglichkeit, bei Programmformulierungen und bei der Kandidatenauswahl mitzuwirken.

- **Meinungsbildung:** Parteien nehmen – vor allem mithilfe der Medien – Einfluss auf die öffentliche Meinung und fördern die politische Beteiligung der Bevölkerung.

- **Programmfunktion:** In den Parteien werden die Interessen und Meinungen der Bürger artikuliert und gebündelt. Die verschiedenen Interessen fließen in ein politisches Programm ein, für das die Parteien um Zustimmung werben.

- **Personalrekrutierung:** Parteien wählen und bilden Personen aus, die bei Wahlen auch für die Kandidatur um politische Ämter bereitstehen.

- **Einflussnahme auf Regierung und Parlament:** Die Parteien stellen als Regierungsmehrheit im Parlament das Regierungspersonal und nehmen so Einfluss auf politische Entscheidungen bzw. das Staatshandeln. Im Parlament sind sie für ein funktionierendes System verantwortlich (Fraktionen, Arbeitsteilung, Organisieren von Mehrheiten für Regierungsvorschläge). Als Oppositionspartei haben sie die Aufgabe, politische Alternativen zur Regierungsarbeit zu formulieren.

- **Legitimationsfunktion:** Die Parteien sorgen für eine kontinuierliche Verbindung zwischen Staat und Gesellschaft, indem sie einerseits die Bürgerinteressen gegenüber staatlichen Institutionen artikulieren und andererseits die Bevölkerung über staatliche Entscheidungen informieren. Diese Funktion trägt wesentlich zur Stabilität des politischen Systems bei.

Die Parteimitglieder

In einer **Parteiendemokratie** wie Deutschland prägen die Parteien das politische Leben. Daher ist es von zentraler Bedeutung, dass die Parteien für alle Bürger, die mitwirken wollen, offen sind. Dieses Angebot zur politischen Beteiligung nimmt allerdings nur ein kleiner Teil der Bürger wahr. Nur rund fünf Prozent der Wahlberechtigten sind Mitglieder von Parteien. Es lässt sich dabei in den Parteien nach dem Grad der parteilichen Aktivität zwischen verschiedenen Gruppen von Mitgliedern unterscheiden:

- Mitglieder **ohne Parteifunktion:** Dies sind rund 75 bis 85 Prozent der Parteimitglieder.
- Mitglieder mit **ehrenamtlicher Parteifunktion** auf lokaler Ebene.

Die Aufgaben der Parteien

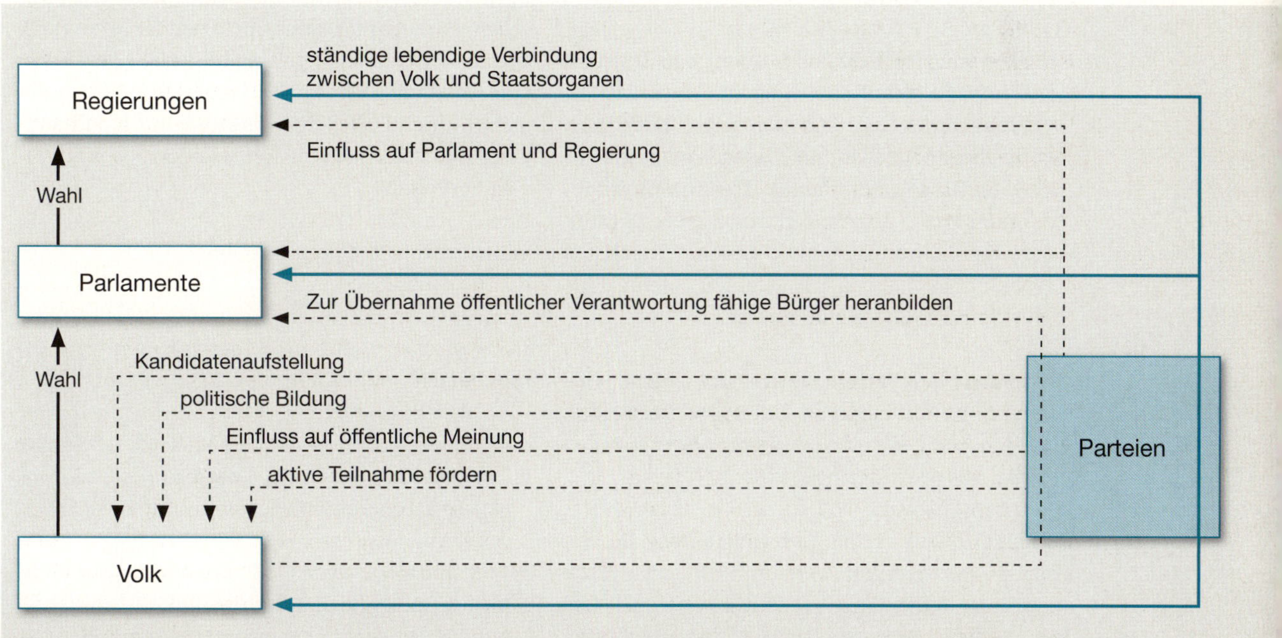

- **Hauptamtliche Parteiangestellte** auf den verschiedenen Parteiebenen.
- Inhaber eines **öffentliches Wahlamts**, z. B. Bürgermeister, Landtags- und Bundestagsabgeordnete.

Die **soziale Zusammensetzung** der Parteimitglieder unterscheidet sich deutlich vom Bevölkerungsquerschnitt. So sind Frauen und Arbeiter entsprechend ihrem Bevölkerungsanteil in Parteien unterrepräsentiert. Bürger aus dem gehobenen Mittelstand – vor allem männliche Akademiker mittleren Alters – sind weit überdurchschnittlich in Parteien engagiert. Auch unter den Inhabern öffentlicher Wahlämter dominieren männliche Akademiker.

Verpflichtung zur innerparteilichen Demokratie

Das Grundgesetz regelt, dass die innere Ordnung der Parteien **demokratischen Grundsätzen** entsprechen muss. Dies bedeutet:

- **Willensbildung von unten nach oben:** Alle Mitglieder der Partei müssen die Möglichkeit haben, an den Entscheidungen über den Kurs der Partei teilzunehmen (Ausschluss des „Führerprinzips"). Das oberste Organ der Parteien ist daher die Mitgliederversammlung. Es darf keine Minderheit in einer Partei deren Kurs oder die Auswahl von Kandidaten für politische Ämter bestimmen (Mehrheitsprinzip).

- **Rechenschaftspflicht von oben nach unten:** Die Vorstände auf den verschiedenen Parteiebenen werden von Versammlungen auf diesen Parteiebenen gewählt und sind ihnen gegenüber rechenschaftspflichtig. Die Parteimitglieder müssen die Möglichkeit haben, die Mitglieder der Führungsgremien bei der nächsten Wahl des Vorstands abzuwählen, wenn Entscheidungen auf Unmut stoßen.

- **Offenheit der Partei:** Bürgern darf nicht willkürlich die Aufnahme in eine Partei verweigert werden, und sie dürfen nicht ohne triftigen Grund ausgeschlossen werden.

Der Gesetzgeber hat die **innerparteiliche Demokratie** festgeschrieben, um den Einfluss politisch engagierter Bürger in einer Partei zu vergrößern. Je mehr Menschen einer Organisation angehören, desto schwieriger ist es aber, sie alle gleichberechtigt an den Entscheidungen teilhaben zu lassen. Da in Parteien nicht bei allen Entscheidungen eine Mitgliederversammlung einberufen werden kann, haben sich Führungsgremien gebildet. Trotz der innerparteilichen Demokratie sind daher die Gestaltungsmöglichkeiten der Parteimitglieder ohne Funktion sehr eingeschränkt. Früh wurde Parteien eine zwangsläufige Tendenz zur **Oligarchisierung** nachgesagt, also einer Bündelung der Organisationsmacht bei wenigen Menschen an der Parteispitze. Es ist allerdings umstritten, wie stark diese Neigung in den heutigen demokratischen Parteien Deutschlands besteht.

Inhaltliche Ausrichtung von Parteien

Parteien lassen sich auch aufgrund ihrer programmatischen Bewertung des politischen Systems einteilen: **Systemkonforme Parteien** befürworten die geltende Herrschaftsordnung und wollen sie stabilisieren. **Systemfeindliche Parteien** lehnen sie dagegen ab und wollen sie – auf legalem oder illegalem Wege – durch eine andere Herrschaftsordnung ersetzen. Deutschland ist eine liberale Demokratie, daher sind nationalistische und rassistische Parteien sowie kommunistische Parteien als systemfeindlich anzusehen. Die Parteien lassen sich zudem auf einem Spektrum politischer Richtungen von rechts nach links einordnen. Dieses **Rechts-Links-Schema** entstammt dem französischen Parlamentarismus. Befürworter von mehr sozialer Gleichheit und mehr gesellschaftlicher Liberalität werden i. d. R. als links wahrgenommen, während die Befürwortung von Marktliberalismus und Autorität als rechts gelten.

Volks- und Interessenparteien

Je nach dem Adressatenkreis der Parteien lässt sich zwischen Volks- und Interessenparteien unterscheiden.

- **Interessenparteien** wenden sich an bestimmte – soziale, konfessionelle oder regionale – Gruppen und beanspruchen, deren politische Interessen zu vertreten.
- **Volksparteien** wollen alle Bevölkerungsschichten ansprechen; weltanschauliche Gesichtspunkte spielen für sie eine geringere Rolle.

Programmatische Ausrichtung der Parteien

Ausrichtung	Beispiele
Christdemokratische Parteien betonen das Bekenntnis zum Christentum und sind meist eher konservativ ausgerichtet. Für die Christdemokratie ist die Ordnungsfunktion des Staats zentral. Im Unterschied zum Liberalismus unterstreicht die Christdemokratie nicht nur die Rechte, sondern auch die Pflichten der Bürger. Zudem wird der Wert der Familie betont.	Christlich Demokratische Union (CDU) und Christlich Soziale Union (CSU). Die christdemokratische Strömung konnte in der Geschichte der Bundesrepublik den größten Einfluss entfalten.
Sozialdemokratische Parteien wollen soziale Ungleichheit abbauen und einen Teil des gesellschaftlichen Wohlstands zugunsten der sozial Schwachen umverteilen. Die Sozialdemokratie unterscheidet sich vom Kommunismus dadurch, dass sie die Freiheit des Einzelnen nicht dem Gemeinwohl unterordnet. Die Sozialdemokratie hat sich historisch durch ihren Einsatz für eine Angleichung der Lebenschancen über den Weg staatlicher Umverteilungsmaßnahmen verdient gemacht.	Die Sozialdemokratische Partei Deutschlands (SPD) ist die älteste der heutigen politischen Parteien und nach der CDU/CSU die zweitstärkste politische Strömung in der Geschichte der Bundesrepublik.
Liberale Parteien gehen davon aus, dass aus der freien Entfaltung des Einzelnen Wohlstand und Fortschritt der Gesellschaft entstehen. Der Staat soll nach Ansicht liberaler Parteien lediglich einen Ordnungsrahmen bilden, um die Freiheit des Einzelnen zu schützen und Rechtssicherheit zu gewährleisten. Diese Parteien treten für eine freie Marktwirtschaft ohne staatliche Eingriffe ein.	Freie Demokratische Partei (FDP). Obgleich die liberale Strömung recht klein ist, gelang es der FDP, durch die Beteiligung an wechselnden Koalitionen mit CDU/CSU und SPD auf Bundes- und Länderebene beträchtlichen Einfluss zu erlangen.
„Grüne" Parteien konzentrieren sich in ihrer Programmatik stark auf die Betonung des Umweltschutzes. In der Gesellschaftspolitik haben sie eine liberale Ausrichtung.	Im deutschen Parteiensystem stehen Bündnis 90/Die Grünen für diese Strömung. Die Partei kam erst Ende der 1970er Jahre auf. Inzwischen hat sie sich fest im deutschen Parteiensystem etabliert.
Kommunistische Parteien lehnen die „bürgerliche" Demokratie ab und wollen eine „klassenlose" Gesellschaft. Dazu soll Privateigentum im Produktionsbereich abgeschafft und ansonsten eingeschränkt werden.	Deutsche Kommunistische Partei, in Teilen auch DIE LINKE, die aus der Staatspartei der DDR, der SED, hervorging.
Konservative Parteien wollen Traditionen bewahren und sind skeptisch gegenüber Neuerungen.	In der Bundesrepublik gibt es keine wählerwirksame konservative Partei, aber bedeutsame Strömungen in der CDU und vor allem der CSU sind als konservativ einzustufen.
Nationalistische und rassistische Parteien trennen strikt zwischen den Angehörigen ihrer eigenen Nation oder Ethnie und allen anderen Menschen. Die Auffassung, dass alle Menschen die gleichen Rechte haben, wird abgelehnt.	Die Nationaldemokratische Partei Deutschlands (NPD), die Deutsche Volksunion (DVU) und – eingeschränkt – die Republikaner. Die nationalistische und rassistische Strömung ist in der Bundesrepublik im Vergleich zur Weimarer Republik bis heute recht schwach geblieben.

Die Parteienfinanzierung in Deutschland

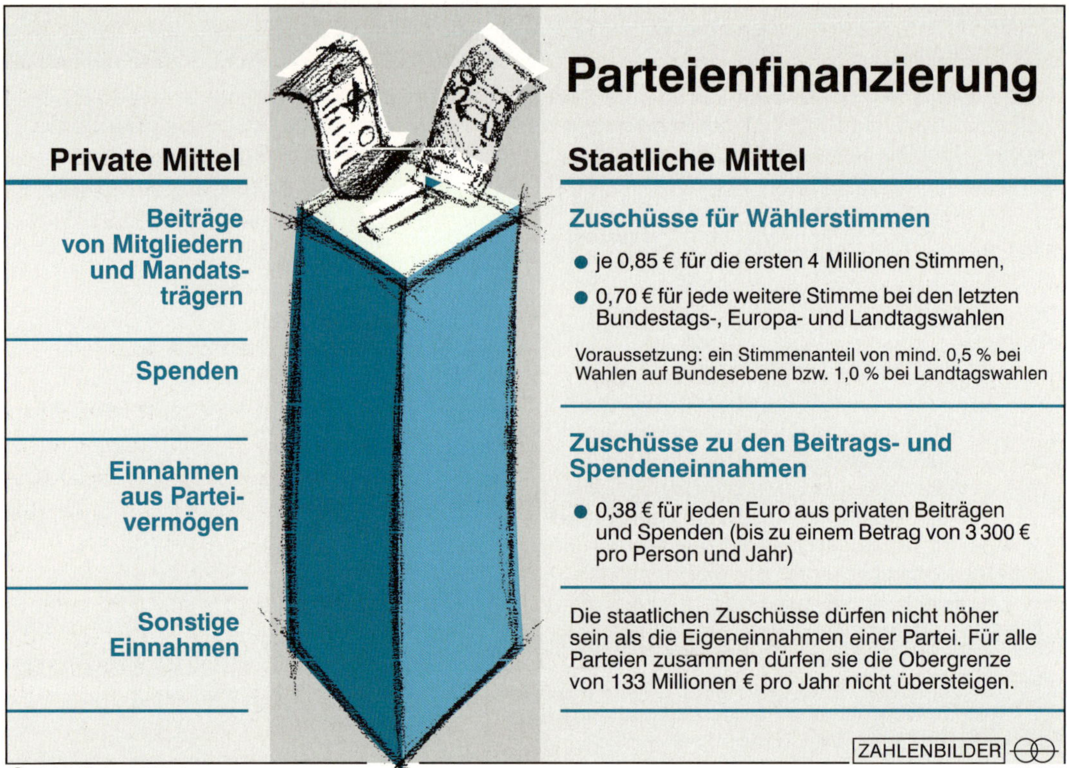

© Erich Schmidt Verlag 95 054

Die christdemokratischen Unionsparteien wandten sich nach dem Zweiten Weltkrieg an alle sozialen Gruppen der deutschen Bevölkerung – Arbeitnehmer wie Unternehmer, Katholiken wie Protestanten. Die SPD war vor ihrem Godesberger Programm von 1959 noch eine Partei, die sich überwiegend an Arbeiter richtete. Seit der Neuausrichtung von 1959 wendet sich auch die SPD an alle sozialen Gruppen der Bevölkerung und will nicht nur Arbeitnehmerinteressen, sondern die Anliegen aller Bevölkerungsgruppen vertreten.

Zwischen Parteien wie der modernen SPD und den Unionsparteien, die sich gleichermaßen als Volksparteien ansehen, sind die **weltanschaulichen Unterschiede** eher gering. Sie vertreten in der Regel keine gesellschaftlichen Teilinteressen, die miteinander völlig unvereinbar sind. Daher können Volksparteien miteinander meist leichter Kompromisse schließen als Interessenparteien.

Finanzierung der Parteien

Parteien brauchen viel Geld: für Wahlkämpfe, hauptamtliche Funktionäre und einen mitunter großen Parteiapparat.

Von allen Geldquellen sind **Spenden** die umstrittenste. Mehrfach – 1979, 1999 und 2002 – gab es in der Geschichte der Bundesrepublik Parteispendenaffären. Immer wieder werden Befürchtungen geäußert, Vertreter aus der Wirtschaft könnten versuchen, über große Spenden Einfluss auf politische Entscheidungen zu nehmen. Um dies zu verhindern, führte das Bundesverfassungsgericht 1984 eine Höchstgrenze für die steuerliche Begünstigung von Parteispenden ein. Außerdem müssen Großspenden ab 10.000 Euro öffentlich gemacht werden.

Neben der Möglichkeit von Großspenden stößt auch die **staatliche Teilfinanzierung** der Parteien auf Kritik. Die Gegner der Regelung argumentieren, dass sich die Parteien nur aus den Beiträgen ihrer Mitglieder und Spenden finanzieren sollten. Die Parteien würden schließlich im Interesse ihrer Mitglieder und Sympathisanten und nicht im Interesse der gesamten Bevölkerung am politischen Wettbewerb teilnehmen. Die Befürworter der Regelung argumentieren dagegen, dass eine moderne Demokratie ohne Parteienwettbewerb gar nicht vorstellbar sei. Es sei aber unfair, wenn nur die in Parteien aktiven Bürger die Kosten für die Wahlkämpfe der Parteien aufbringen müssten.

Grenzen der Freiheit des Parteienwettbewerbs

Das Grundgesetz sieht einerseits vor, dass die Gründung von Parteien frei ist. Auf der anderen Seite bietet es die Möglichkeit, Parteien zu verbieten, die Demokratie und Rechtsstaatlichkeit abschaffen wollen. Darüber, ob eine Partei verfassungswidrige Ziele verfolgt, darf ausschließlich das Bundesverfassungsgericht – auf Antrag von Bundestag, Bundesrat oder Bundesregierung – entscheiden. Dieses so genannte **„Parteienprivileg“** soll verhindern, dass durch die Bundesregierung Parteien aus dem Wettbewerb ausgeschlossen werden, nur weil andere Parteien sie unbequem finden. Bislang hat die Bundesregierung drei Anträge auf ein **Parteienverbot** gestellt, zwei davon waren erfolgreich. 1952 wurde die rechtsextremistische Sozialistische Reichspartei verboten, 1956 die Kommunistische Partei Deutschlands. Im Herbst 2000 beantragten Bundestag, Bundesrat und Bundesregierung ein Verbot der NPD (→ Kapitel 1.1.3).

Neue Aufgaben der Parteiendemokratie

Der soziale Wandel der Gesellschaft ist maßgeblich für die Veränderungen in der Parteienlandschaft und Krisensymptome der Parteiendemokratie verantwortlich. So führt die Veränderung etwa von Erwerbsstrukturen zur Auflösung traditioneller Milieus (z. B. des Arbeitermilieus), was nachlassende Unterstützung für die Volksparteien SPD und CDU/CSU bedingt. Der Rückgang der Parteienbindung reicht von flexiblem Wahlverhalten bis hin zur Wahlenthaltung.

Mohr / CCC,www.c5.net

Parteien in Deutschland – vor der zwangsweisen Auflösung 1933 und seit 1945 (nach W. Rudzio)

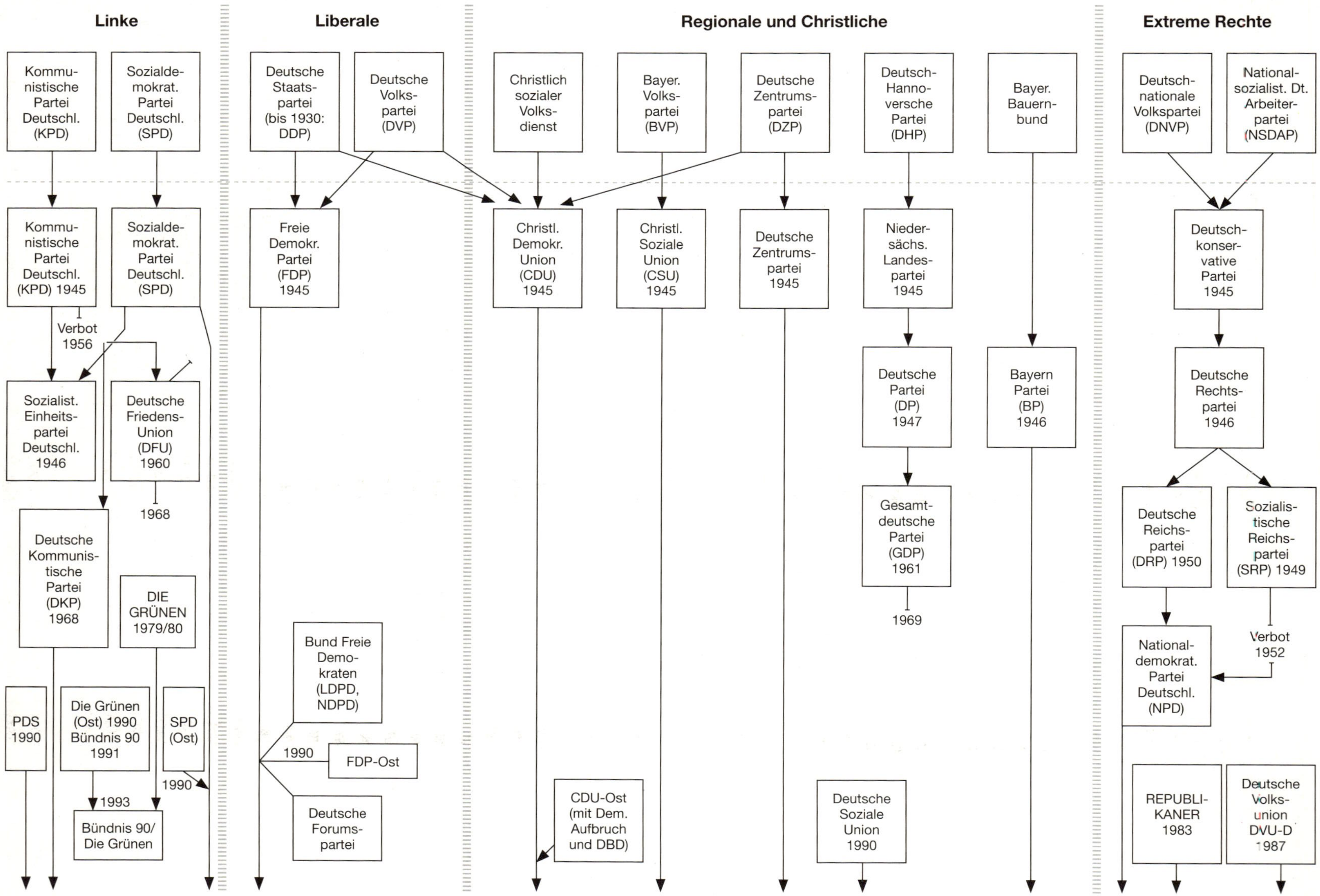

Schülerduden Politik, Berlin 2004, S. 130

M Parteien ohne Lager

Weltanschauungen haben in der Politik keine Bedeutung mehr. Das aber festigt die Demokratie nicht, sondern untergräbt sie.

Eine Partei der klassischen Honoratioren ist die FDP des Jahres 2008 nicht mehr. Auch die Sozialdemokraten der Gegenwart sind nicht mehr Partei der Arbeiter. Die Christdemokraten von heute sind keine sonderlich prinzipienfesten Künder kirchlicher Gebote mehr. Und der Postmaterialismus der Grünen hat mit alternativem Rebellentum längst nichts mehr zu tun.

Doch was sind die Parteien dann noch? Was ist ihr Elixier? Entstanden sind sie als Ausdruck kräftiger sozialer Lagen und gesellschaftlicher Lager. Das gab ihnen Fundament, Farbe, Idee, Ethos, Antrieb – und nicht zuletzt: Personal, das dadurch sozialisiert wurde, folglich unverwechselbar, gewissermaßen authentisch war.

Und nun? Was erwartet uns bei Parteien ohne Lager? Macht es sie am Ende gar freier, moderner, flexibler, da sie nicht mehr auf ihre bodenständigen, binnenzentrierten Milieus fixiert sein müssen? Macht es sie professioneller und effizienter, da sie nun ohne Rücksicht auf erstarrte Traditionalitäten agieren, ja selbst mit den einst erbittert bekämpften politischen Feinden leichthin koalieren können?

Oder befinden wir uns vielmehr im Herbst von Parteien und Parlamentarismus, da ihre Voraussetzungen – drückende soziale Lagen und weltanschaulich durchtränkte politische Lager – zerbröselt sind? Ist das der Grund, warum – wie jetzt in Bayern – Freie Wählervereinigungen nicht nur in die Kommunalparlamente, sondern mit Aussicht auf Erfolg auch in die Landtage drängen?

Jedenfalls: Im Grunde hat sich die Parteienkonkurrenz entkernt. Zwar wird weiterhin gestritten, paradoxerweise aufgrund mangelnder Differenzen im Grundsatz oft gar noch hysterischer als sonst. Aber das soll nur die Leere der politischen Auseinandersetzung überdecken.

Der Verfassungstheoretiker Otto Kirchheimer hatte schon vor einem halben Jahrhundert eine solche Entwicklung prognostiziert. Er führte damals den Begriff der „Allerweltspartei" ein. Doch kam der von Kirchheimer vorweggezeichnete Trend zunächst überraschend zum Erliegen.

Denn während der siebziger und achtziger Jahre kehrte ein Stück Ideologisierung in die politischen Formationen zurück, auch der selbstbewusste Anspruch der Parteimitglieder auf Diskussion und Beteiligung. Aber spätestens seit den neunziger Jahren hat die Entwicklung zur Allerweltspartei wieder enorm Fahrt angenommen.

Die Allerweltspartei verzichtet darauf, Wähler und Mitglieder geistig zu überzeugen. Ihre Parteiführungen entziehen sich mehr und mehr der politischen Vorstellungswelt und den Partizipationsverlangen der Basis. Dagegen werden die Einflüsse von Lobbyisten auf den Kurs der Politikeliten größer. Allerweltsparteien fehlen gesellschaftliche Wurzeln, intellektuelle Ambitionen; die Choreografie von Möglichkeiten jenseits dessen, was gerade ist. Ausgerechnet in den rot-grünen Jahren ist die Entwicklung zur Allerweltspartei kräftig vorangeschritten; seither hält dieser Prozess konstant an.

Allerweltsparteien peilen die Mitte an. Und da die Mitte als unideologisch gilt, haben sich die Allerweltsparteien von den früheren weltanschaulichen Begründungen ihrer selbst getrennt – sie haben „Ballast abgeworfen", wie dergleichen gerne genannt wird. Um in der Mitte Punkte und Stimmen zu sammeln, haben die neuen Allerweltsparteien seit dem Ende des letzten Jahrhunderts Spin-Doktoren engagiert, Marketingberater hinzugezogen, Tele-Experten für ihre Spitzenfiguren konsultiert. Es galt in den vergangenen Jahren als Modernität schlechthin, der Politik gleichsam das ernsthaft und schwere Politische zu nehmen – damit sie besser passen zu den anderen Angeboten der Zerstreuungsindustrie für den Konsumenten/Wähler.

Kaum etwas hat die reale Mitte der Gesellschaft derart abgestoßen wie ebensolche Entmündigungsstrategien. Die Milieuforschung hat geradezu bedrückende Belege dafür geliefert, wie sehr die Mitte inzwischen davon überzeugt ist, dass man in Deutschland sukzessive in nachdemokratische Zustände trudelt. Allerdings protestiert die Mitte dagegen nicht; sie organisiert keine Demonstrationen, formuliert keine Protestpamphlete. Die Mitte bleibt einfach weg, macht nicht mehr mit, wendet sich – gleichgültig fast – von der politischen Arena ab.

Die Politik spürt das und reagiert auf die Ablehnung oder Gleichgültigkeit der Bürger gleichermaßen mit Misstrauen und Geringschätzung wiederum dem Souverän gegenüber. Und so sind Parteien in der Tat kaum noch vitale Repräsentanzen von Lebenswelten. Sie bilden vielmehr ein eigenes Biotop, das den Mangel an Zuwendungen von unten fast ganz durch die Alimentation von oben, durch den Staat, kompensieren lässt. Fast alle dominanten Parteien in westlichen Demokratien leben von öffentlichen Finanzmitteln. Regierungsbeteiligung, mittels derer man sich die Zuarbeit von Beamten, Referenten, Sekretariaten sichert, ist inzwischen essenziell für den Fortbestand der politischen Organisation geworden.

Die Zeiten, in denen sich Parteien Diskussionen darüber leisten konnten, ob die „Regeneration in der Opposition" nicht eine erwägenswerte Möglichkeit wäre, scheinen final vorbei zu sein. Der Zwang zur Regierungsteilhabe in zunehmend komplexen Koalitionen führt schließlich ein weiteres Mal dazu, eigene programmatische Schärfen zu glätten, jeden Stoff für elementare Kontroversen aus den Vorräten herauszunehmen.

Nicht zuletzt deshalb ist „Opposition" in Deutschland derzeit ganz überwiegend negativ besetzt, als abseitiger Ort einer lediglich folgenlosen Negativität. Das aber unterspült die Basis, auch die klassischen Legitimationsgrundlagen für Opposition im parlamentarischen System.

Dabei ist Opposition stets auch Terrain der Gegenmöglichkeit, Ort für ein „alternative system of conduct", wie es Lord Bolingbroke 1736 klassisch formulierte. So aber hat der Verlust an eigensinnigen Oppositionsparteien rasch den Vitalitätsverlust des Parlamentarismus insgesamt zur Folge.

Die Weimarer Republik litt an einem Übermaß an Fragmentierung und Polarisierung. Die bundesdeutsche Republik demgegenüber ist dabei, ihre demokratische Substanz durch den Gleichklang der politischen Basisideen einzubüßen. Der deutschen Gesellschaft droht ein vielfacher sozialer Spaltungsprozess. Der lagerlosen Politik droht dagegen, trotz des großkoalitionär inszenierten „Narzissmus der kleinen Differenz", die Homogenisierung des Denkens – und das in einer Zeit, da die überlieferten Grundlagen dieser Denkart längst an belastbarer Tragfähigkeit verloren haben.

Franz Walter, in: Süddeutsche Zeitung vom 23.09.2008

Aufgaben

1. Erläutern Sie die Aufgaben von Parteien in einer Demokratie. Bewerten Sie aufgrund Ihrer Wahrnehmung, in welchem Maße die Parteien die Aufgaben tatsächlich erfüllen.
2. Recherchieren Sie, wodurch sich die Parteien unterscheiden, die dem Deutschen Bundestag angehören.
3. Erläutern Sie die Aussage der Karikatur auf S. 47. Stimmen Sie zu oder würden Sie widersprechen? Begründen Sie Ihre Position.
4. Diskutieren Sie die Einschätzung des Parteienforschers Franz Walter (M).

3.2 Interessenverbände

Leitfragen	Welche politischen Funktionen nehmen Interessenverbände in einer Demokratie wahr?	Wie lassen sich Interessenverbände klassifizieren?	Welche Methoden nutzen Interessenverbände, um politische Prozesse zu beeinflussen?

Vielfalt der Interessen als Grundlage des Pluralismus

Es gehört zum Wesen **pluralistischer Gesellschaften**, dass in ihnen ganz unterschiedliche, zum Teil entgegengesetzte **Gruppeninteressen** zu finden sind. Jeder Mensch nimmt unterschiedliche soziale Rollen wahr. In jeder dieser Rollen entwickelt er bestimmte Interessen, sowohl im privaten als auch im politischen Bereich: Als Steuerzahler will er so wenige Steuern wie möglich zahlen, als Staatsbürger will er aber, dass möglichst viele staatliche Leistungen wie Bildung oder Sicherheit so gut wie möglich gewährleistet sind. Mieter möchten vor unberechtigten Forderungen ihrer Vermieter geschützt sein. Vermieter wollen an ihrem Wohneigentum verdienen. Arbeitnehmer haben ein Interesse daran, ihren Arbeitsplatz zu erhalten, gute Arbeitsbedingungen zu haben und möglichst viel zu verdienen. Unternehmer möchten, dass der Gewinn möglichst hoch ausfällt und daher die Lohnkosten des Unternehmens möglichst niedrig bleiben. Interessen können also entgegengesetzt, aber gleichermaßen legitim sein.

Was ist ein Interessenverband?

Nach den Parteien bilden die Interessenorganisationen die wichtigste Vermittlungsinstanz zwischen Bürgern und Staat. Ein **Interessenverband** ist eine Vereinigung, die sich für die gemeinsamen politischen Interessen der Mitglieder einsetzt. Interessenverbände vertreten dabei ihre Interessen gegenüber konkurrierenden Organisationen (z. B. in den Verhandlungen von Gewerkschaften und Arbeitgeberverbänden) und versuchen, die gemeinsamen politischen Interessen der Verbandsmitglieder durch Einflussnahme auf Regierung, Parlament, Parteien und Öffentlichkeit zur Geltung zu bringen.

Interessenverbände, Parteien und Bürgerinitiativen

- **Interessenverbände** wollen den politischen Kurs nur in bestimmten für sie wichtigen Fragen beeinflussen. So interessiert sich etwa der Verband der Kassenärzte für die Gesundheitspolitik, nicht etwa für die Verteidigungspolitik.

- **Parteien** müssen mit ihrer Programmatik dagegen Aussagen zu allen Politikbereichen machen. Sie wollen die Regierungsverantwortung übernehmen. Interessenverbände wollen dies nicht und stellen sich daher auch nicht zur Wahl.

- Während die **Bürger** in der Regel nur Mitglieder einer einzigen Partei sein können, ist es ihnen möglich, mehreren Verbänden anzugehören. So kann ein Bürger Mitglied einer Gewerkschaft, des Deutschen Roten Kreuzes und einer Religionsgemeinschaft sein.

- **Bürgerinitiativen** sind eine spezielle Variante von Interessenverbänden, die zum Teil von diesen sogar grundsätzlich abgegrenzt werden. Es sind Vereinigungen von Bürgern, die eine bestimmte politische Maßnahme des Staats verhindern oder erreichen wollen. Abwehraktionen richten sich etwa gegen den Bau bestimmter Straßen, gegen den Bau von Flughäfen, Kläranlagen oder Kraftwerken.

Welche Aufgaben haben die Verbände?

Interessenverbände haben folgende Funktionen im politischen System:

1. **Bündelung und Artikulation von Interessen**
   Verbände sollen Interessen im Sinne ihrer Mitglieder so formulieren und verdichten, dass sie

Einfluss auf die politische Entscheidungsbildung nehmen (Interessenartikulation).

2. **Partizipation und Integration**
Das Engagement in Interessenverbänden wie z.B. Gewerkschaften ermöglicht es den Bürgern, auch außerhalb von Wahlen Einfluss auf politische Entscheidungen zu nehmen, die ihnen besonders wichtig sind (Interessenintegration).

3. **Interessenaggregation**
Verbände bündeln Interessen zu einigen wenigen klar umrissenen Entscheidungs- und Handlungsalternativen.

4. **Personalrekrutierung**
Die Interessenverbände dienen auch dazu, die politischen Eliten des Systems zu rekrutieren und auszubilden. Diese Funktion ist aber deutlich geringer ausgeprägt als bei den Parteien.

5. **Entlastung des Staates**
Interessenverbände erfüllen – etwa im sozialen und wirtschaftlichen Bereich – viele Aufgaben, die ansonsten der Staat übernehmen müsste, und nehmen so auch eine vor allem den Staat entlastende Funktion wahr; sie bieten häufig Dienstleistungen, die sonst durch den Staat oder zumindest mithilfe des Staates erbracht werden müssten.

Klassifizierung von Interessenverbänden

In Deutschland gibt es derzeit etwa **200.000 Verbände**, von denen etwa 5.000 im engeren Sinne politisch tätig sind. Die Verbände lassen sich je nach Schwerpunkt ihrer Tätigkeit verschiedenen Bereichen zuordnen (s.u.).

Methoden der Einflussnahme

Interessenverbände wollen erreichen, dass die Interessen ihrer Mitglieder bei den politischen Entscheidungsträgern Gehör finden. Die Beteiligung von Interessenverbänden am politischen Prozess ist erwünscht und auch rechtlich vorgesehen. So können nach der Geschäftsordnung des Deutschen Bundestags die Ausschüsse des Bundestags „öffentliche Anhörungen von Sachverständigen, Interessenvertretern und anderen Auskunftspersonen“ (§ 70) vornehmen.

Von der **Mitwirkung der Verbände** am politischen Entscheidungsprozess verspricht man sich, dass die Qualität der Entscheidungen besser wird, weil sie den Entscheidungsträgern zusätzliche Sachkompetenz und detaillierte Informationen zu den behandelten Problemen bereitstellen. Die Interessenverbände können auch als „Frühwarnsystem“ fungieren, das auf Probleme in bestimmten gesellschaftlichen Be-

Sektor	Beispiele
Wirtschaft und Arbeit	Deutscher Gewerkschaftsbund (DGB), Arbeitgeberverband, Bauernverband
Soziales	Deutsches Rotes Kreuz, Kinderschutzbund, Mieterbund
Umweltschutz	Greenpeace, Bund für Umwelt und Naturschutz (BUND)
Freizeit	ADAC, Sportbund, Sängerbund
Politik und Weltanschauung	Internationale Gesellschaft für Menschenrechte, Deutsch-Israelische Gesellschaft, Islamischer Weltkongress
Öffentliche Gebietskörperschaften	Deutscher Städtetag

reichen aufmerksam macht. Verbände bedienen sich dabei verschiedener Methoden, um Einfluss auf bestimmte Politiker oder politische Parteien zu nehmen. Es lässt sich dabei zwischen einer **direkten Beeinflussung** der politischen Entscheidungsträger und ihrer **indirekten Beeinflussung** über die Medien unterscheiden.

Einflussnahme in der Grauzone: Lobbyismus

Problematisch wird die Einflussnahme von Verbänden dann, wenn **Einzelinteressen als Gemeinwohl getarnt** werden und Interessenverbände in einer Form Einfluss etwa auf Gesetzgebungsverfahren nehmen, die weder bestimmten nachvollziehbaren Regeln folgt noch für Außenstehende durchschaubar ist. Diese Form der Einflussnahme ist nicht zwingend illegal, sie bewegt sich aber oft im Graubereich.

Der Begriff **Lobbyismus** bezieht sich auf die Vorhalle des Parlaments, die Lobby. Sie galt insbesondere in US-amerikanischen und britischen Parlamenten als der klassische Treffpunkt von Interessenvertretern und Abgeordneten. Lobbyismus beschreibt eine Methode der Einwirkung auf politische Interessenvertreter. Dabei geht es meist nicht um die Vermittlung allgemeiner Interessen, sondern um die gezielte Einflussnahme auf Gesetzesvorhaben. Lobbyisten versuchen, Gesetzentwürfe möglichst in der Phase ihrer Entstehung zu gestalten, für sie unliebsame Entwicklungen früh zu erkennen und möglichst noch im Entscheidungsprozess zu verhindern. Sie stellen den Mitgliedern der Ministerialbürokratie und den Parlamentariern im Gegenzug Informationen zur Verfügung, die diese sonst nicht bekämen.

Derzeit sind in der so genannten **Lobbyliste** des Deutschen Bundestags mehr als 1.800 Verbände registriert; die Zahl der Vertreter von Unternehmen oder Organisationen, die versuchen, die politischen Prozesse zu beeinflussen, dürfte aber weit höher sein. Umstritten ist die **personelle Durchdringung** von Parteien, Parlamenten und Regierungen: So ist es etwa vorgekommen, dass Mitarbeiter aus Privatwirtschaft und Verbänden als externe Mitarbeiter in Bundesministerien direkten Einfluss auf die Entstehung von Geset-

Parteien und Verbände in der BRD

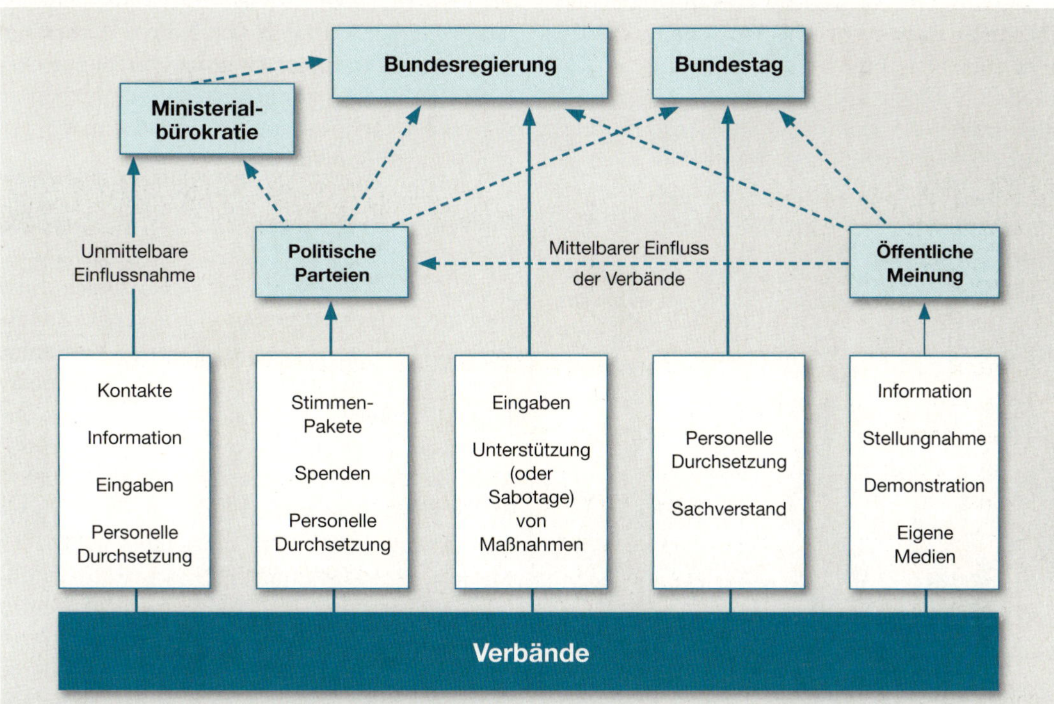

Wolfgang Rudzio, Die organisierte Demokratie. Parteien und Verbände in der Bundesrepublik, Stuttgart 1977, S. 41

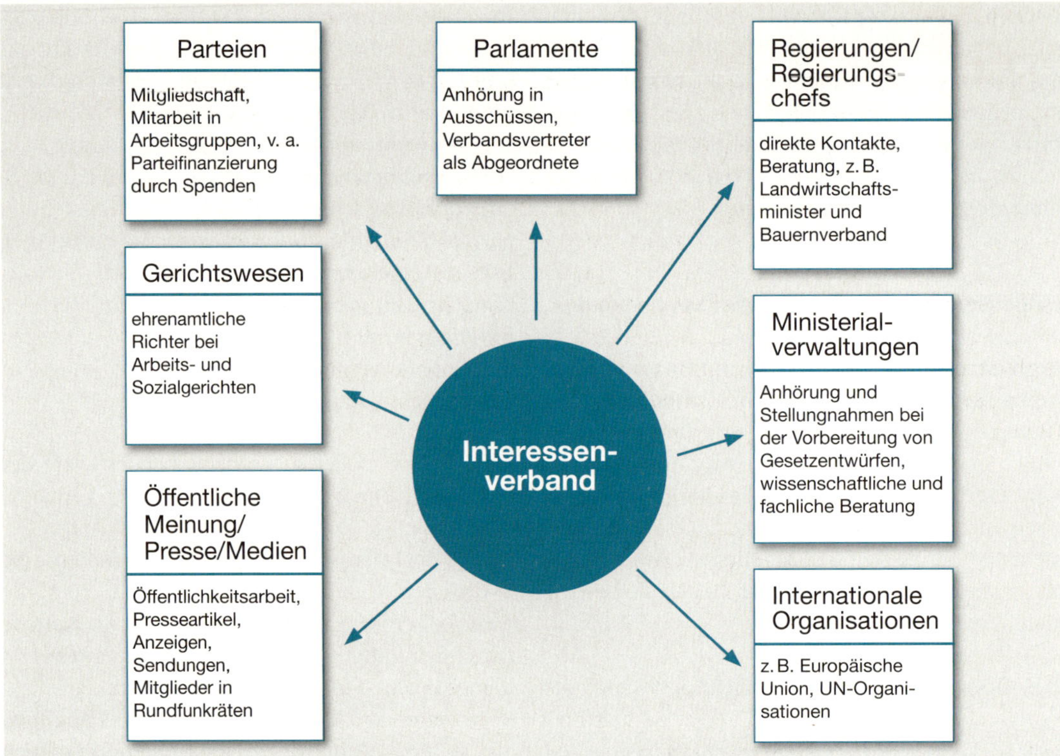

zestexten hatten. Der frühere Präsident des Bundesverfassungsgerichts Hans-Jürgen Papier hat den Lobbyismus als **„fünfte Gewalt"** bezeichnet. Da die Grenzen zwischen Interessenartikulation und unlauterer Einflussnahme bis hin zur Korruption fließend seien, gefährdet der Lobbyismus seiner Ansicht nach die demokratischen Grundprinzipien. Für den Bürger ist nicht ersichtlich, welche Verbände in welcher Form Einfluss auf die Entstehung von Gesetzen genommen haben. Immer wieder wird auch kritisiert, dass mächtige Verbände durch ihren Widerstand wichtige Reformen erschweren, verzögern oder sogar verhindern können. Damit werden sie zu einer Vetomacht im politischen System, die von der Verfassung nicht vorgesehen ist.

Mester / CCC,www.c5.net

Problematisch ist zudem die Tatsache, dass vom Lobbyismus ausschließlich die Interessenvertretungen mit ausreichenden **finanziellen und personellen Ressourcen** profitieren, etwa Industrieverbände und Gewerkschaften. Bestimmte Gesellschaftsgruppen wie Arme, Kinder oder Migranten haben dagegen kaum Chancen, ihre Interessen so mächtig vertreten zu lassen. Doch nicht nur der Einfluss der Verbände und Konzerne auf die Politik sorgt für Kritik: Auch die Tatsache, dass viele Politiker nach ihrer politischen Karriere in Ämter in der Privatwirtschaft wechseln, wird bemängelt. In solchen Fällen werden immer wieder Vorwürfe laut, die Politiker hätten sich diese Posten während ihrer Amtszeit durch Entscheidungen gesichert, von denen die betreffenden Unternehmen profitierten.

M1 Interessenkonflikte?

„Wenn ich in den Bundestag oder in einen Stadtrat gewählt werde, bedeutet das nicht, dass ich damit auch die Legitimation erhalte, in Aufsichtsräten, Verwaltungsräten und ähnlichen Gremien über wirtschaftliche Entscheidungen mitzubestimmen. Ich meine im Übrigen, dass dies auch rechtlich gar nicht mehr zu halten ist. Wie soll eigentlich jemand entscheiden, der im Aufsichtsrat einer Flughafengesellschaft sitzt und gleichzeitig Stadtrat ist und über die Frage des Nachtflugverbots zu befinden hat? Nach der Gemeindeordnung hat er den Auftrag, die Interessen der Bürger und des Gemeinwesens zu vertreten. Und die Bürger wehren sich gegen den nächtlichen Lärm. Als Mitglied des Aufsichtsrates hat er die Verpflichtung, den wirtschaftlichen Nutzen der Flughafengesellschaft zu mehren. Das erfordert, dass Nachtflüge stattfinden können. Zu beidem ist er gesetzlich verpflichtet. Dieses Problem ist doch nur lösbar, indem man hier wieder eine Trennung vornimmt."

Jürgen Rüttgers, in: Körber-Stiftung (Hg.), Bergedorfer Gesprächskreis. Protokoll Nr. 98 (1993), S.50
Rüttgers ist Ministerpräsident von Nordrhein-Westfalen. 1993 war er erster Parlamentarischer Geschäftsführer der CDU/CSU-Bundestagsfraktion.

M2 Die Energie der Interessenverbände

Cerstin Gammelin ist freie Journalistin und schreibt unter anderem für „Die Zeit" und die Financial Times Deutschland. Ihr Schwerpunkt: Wirtschaftsthemen. Im vergangenen Jahr hat sie zusammen mit Zeit-Redakteur Götz Hamann ein Buch herausgebracht: „Die Strippenzieher. Manager, Minister, Medien – Wie Deutschland regiert wird".

fluter: Wer sind diese Lobbyisten?

Cerstin Gammelin: Man kann grob zwei Typen von Lobbyisten unterscheiden. Da sind zum einen langjährige Politiker/innen oder Referenten/innen, die exzellente politische Kontakte haben und dann in die Wirtschaft wechseln, etwa zu VW. Das gilt auch für Mitglieder der rotgrünen Regierung: Ex-Wirtschaftsminister Wolfgang Clement ist Aufsichtsratsmitglied bei der RWE Power AG, sein Vorgänger Werner Müller sitzt seit seinem Ausscheiden aus der Politik als Vorstandsvorsitzender bei der RAG, der Wirtschaftsexperte der Grünen, Rezzo Schlauch, ist nun Beiratsmitglied bei EnBW und eine BMU-Staatssekretärin beriet E.on. Oder eben Gerhard Schröder, der jetzt Aufsichtsratsvorsitzender beim russischen Pipeline-Konsortium NEGP ist. Andere Lobbyisten kommen aus der Medienbranche: wie etwa zwei Kollegen vom Spiegel. Einer von ihnen ist inzwischen Politikchef bei EnBW, der andere bei der Deutschen Umwelthilfe.

In welcher Form werden die Medien denn von den Lobbyisten genutzt?

In der Berliner Zeitung war zum Beispiel einmal ein Interview mit Werner Müller, dem damals schon ehemaligen Wirtschaftsminister, in dem es um die Pensionszahlungen ging, die er zu seiner Ministerzeit von seinem früheren Arbeitgeber E.on erhielt. Ein paar Seiten dahinter gab es große Anzeigen von STEAG und RAG: Sie waren redaktionell gestaltet, das Wort Anzeige stand nur ganz klein oben in der Ecke. Zufall, hieß es bei der Berliner Zeitung. Auch Interviews mit Vorstandschefs werden gern

von der „positiven“ oder „negativen“ Berichterstattung abhängig gemacht. Die Energielobby taucht auch gerne zur Bundespressekonferenz auf, wenn entsprechende Themen verhandelt werden. Das ist kein Problem, sie haben ja alle Hausausweise des Bundestages.

Hausausweise?

Lobbyisten melden sich als Interessenvertreter/innen beim Bundestag an. Sie brauchen eine Bürgschaft von fünf Abgeordneten, dann bekommen sie einen Hausausweis und können in alle Bundesgebäude reingehen. In den Sitzungswochen ist der Bundestag voll mit Interessenvertretern/innen aus der Wirtschaft. Momentan gibt es 5.000 Lobbyisten mit Hausausweisen. Zum Vergleich: Nur 2.000 Journalisten/innen besitzen einen solchen Ausweis.

Wenn die Lobbyisten schon vor den Räumen sitzen und warten: Da ist doch sofort klar, dass es Mauscheleien gibt.

Die guten Lobbyisten arbeiten sehr effizient. Sie laden zum Beispiel zu prominent besetzten Hintergrundgesprächen ein. Als Journalist/in überlegt man sich schon, ob man da nicht hingehen soll. Energielobbyisten sind meist Profis. Es stehen Milliardengewinne auf dem Spiel. Die Konzerne investieren mehr als eine halbe Million Euro jährlich in ihre Repräsentanzen in Berlin. Nichts wird dem Zufall überlassen. [...] E.on zum Beispiel: Der Konzern baut keine Drohkulisse auf, sondern „hilft“ der Politik. Der Konzern gründet in Aachen ein Energieinstitut und schreibt drei Professuren aus. So wie Bundeskanzlerin Merkel sich das wünscht: mehr Geld in Forschung investieren und Effizienz erforschen. Und schon ist die Politik in Zugzwang.

Seit wann gibt es diese enge Verknüpfung von Wirtschaft und Politik eigentlich?

In der Energiewirtschaft waren öffentliche Hand und Privatwirtschaft seit Inbetriebnahme des ersten Kraftwerks im 18. Jahrhundert eng verzahnt. Das gilt auch jetzt noch, obwohl vieles privatisiert ist. Man darf dabei nie vergessen, dass Energie die Grundlage des Alltags ist. Der Strom kommt aus der Steckdose. Die Energiekonzerne haben die Macht, das Land quasi lahmzulegen – und alle Beteiligten wissen das.

Aus: Die Energie der Interessenverbände, in: fluter Nr. 50, Juli/August 2006.

Aufgaben

1. Erläutern Sie die Funktion von Verbänden in einer Demokratie.
2. Diskutieren Sie die Vor- und Nachteile eines bedeutenden Einflusses von Verbänden und anderen Lobbygruppen auf die politischen Prozesse in einer Demokratie.
3. Sollten Politiker neben ihrem Mandat auch Nebentätigkeiten annehmen dürfen? Begründen Sie Ihre Meinung!

3.3 Medien

Leitfragen	Welche politischen Aufgaben erfüllen Medien in einer Demokratie?	Wie sehen aktuelle Entwicklungen auf dem Medienmarkt aus?	Ist Deutschland auf dem Weg von einer Parteiendemokratie in eine „Mediendemokratie“?

Medien im politischen Prozess

Rechtliche Grundlagen

Art. 5 Abs. 1 GG garantiert **Meinungs-, Informations- und Pressefreiheit.** Während unter Meinungs- und Informationsfreiheit das Recht des Einzelnen gemeint ist, seine Meinungen „in Wort und Schrift oder Bild“ frei zu äußern bzw. „sich aus allgemein zugänglichen Quellen ungehindert zu unterrichten“, ist die Pressefreiheit mehr als ein Individualrecht. Das Bundesverfassungsgericht definiert die Existenz einer freien Presse als **konstitutives Merkmal einer freiheitlichen Grundordnung.** Der Staat hat die Pflicht, Pressefreiheit zu gewährleisten, d. h. jene Gefahren abzuwehren, die einer freien Presse drohen, etwa durch Konzentration auf dem Medienmarkt oder durch staatliche Kontrolle der Medien.

Art. 5 Abs. 2 und 3 GG legen allerdings auch fest, dass das Recht auf freie Berichterstattung nicht schrankenlos beansprucht werden darf; es wird durch allgemeine Gesetze, das Jugendschutzgesetz und durch das Recht auf persönliche Ehre beschränkt.

Aufgaben der Medien

Die Medien haben eine **Doppelfunktion** im politischen Prozess eingenommen, da sie nicht nur Forum, sondern zugleich bedeutende Akteure sind. Die Massenmedien – Presse, Radio, Fernsehen und zunehmend auch das Internet – nehmen verschiedene Aufgaben wahr:

- **Artikulation von Interessen:** Medien artikulieren die Interessen von Bürgern und machen die unterschiedlichen Ansichten innerhalb der Gesellschaft sichtbar.
- **Verbreitung von Informationen:** Medien sollen möglichst umfassend und sachlich Bericht erstatten über Ereignisse, Fakten und Ideen, die für die Bürger in politischer, gesellschaftlicher, wirtschaftlicher und kultureller Hinsicht bedeutsam sind.
- **Beitrag zur Meinungs- und Urteilsbildung:** Medien analysieren und bewerten das politische Geschehen und die Arbeit der Volksvertreter und machen den Bürgern komplizierte politische Prozesse verständlich.
- **Kritik und Kontrolle politischer Akteure:** Medien haben auch die Funktion, das Handeln der politischen Entscheidungsträger im Namen gesellschaftlicher Gruppen zu kritisieren und zu kontrollieren, auch Skandale aufzudecken. Daher gelten die Medien als **„vierte Gewalt“** neben Exekutive, Legislative und Judikative.

Damit Medien diese Aufgaben in einer Demokratie erfüllen können, müssen sie frei und ungehindert arbeiten können. Der Staat darf weder Veröffentlichungen überwachen und unterdrücken (Zensur) noch Journalisten dazu zwingen, ihre Quellen preiszugeben (Informantenschutz).

Öffentlich-rechtlicher Rundfunk und Fernsehen haben den Auftrag, eine Grundversorgung der Bevölkerung mit Information, Kultur und Unterhaltung sicherzustellen. Es gibt einen gesetzlich definierten Programmauftrag, die Vielfalt der bestehenden Meinungen soll sich in diesem Programm wiederfinden. Während sich die Presse fast komplett in Privatbesitz befindet, sind Hörfunk und Fernsehen teils öffentlich-rechtlich, teils privat organisiert (duales System).

Bei der Betrachtung von Medienunternehmen ist bedeutsam, dass sie im Unterschied zu Parteien in aller Regel nicht vorrangig gegründet werden, um politische Interessen durchzusetzen. Im Mittelpunkt des Interesses der Betreiber von Medien in Privatbesitz steht vielmehr das gewerbliche Interesse an möglichst hohem Gewinn. Den genannten Funktionen kommen daher nicht alle Medien gleichermaßen nach. Wichtig für die Funktionstüchtigkeit der Demokratie ist aber, dass diese politischen Aufgaben von der Gesamtheit der Medien in ausreichendem Maße erfüllt werden.

Trend: Medienkonzentration

Deutschland ist das **Ursprungsland der Zeitung:** 1650 erschien in Leipzig mit den „Einkommenden Zeitungen" die erste Tageszeitung der Welt. Bis heute ist das deutsche Zeitschriften- und Zeitungsangebot im internationalen Vergleich äußerst vielfältig. Dennoch gibt es einen Trend zur **Pressekonzentration**. Das bedeutet:

- **Verlagskonzentration:** Die gleiche Anzahl von Zeitschriften wird von immer weniger Verlagen herausgegeben.
- **Publizistische Konzentration:** Rückgang redaktionell selbständiger Tageszeitungen mit einer Vollredaktion.
- **Auflagenkonzentration:** steigende Gesamtauflagen bei einem Rückgang der Zeitungsredaktionen und Verlage. Objekte mit hohen Auflagen wachsen, während kleine Zeitungen oft aufgeben müssen.
- **Lokalkonzentration:** Es gibt immer mehr Ein-Zeitungs-Kreise, also Kreise oder kreisfreie Städte, in denen nur noch eine regionale oder lokale Tageszeitung erscheint.

Die meisten auflagenstarken Tageszeitungen und Zeitschriften in Deutschland stammen von **vier Konzernen:**

- **Springer:** Die Axel-Springer-Verlag AG ist der größte Zeitungsverlag in Europa und bringt mit „Bild", „Bild am Sonntag", „Welt am Sonntag" und „Hör zu" die auflagenstärksten Boulevard-, Sonntags-, und Fernsehzeitschriften heraus. Außerdem gehören dem Konzern zahlreiche Tageszeitungen, Zeitschriften und Anzeigenblätter.
- **Bertelsmann:** Die Bertelsmann-Aktiengesellschaft ist der größte europäische Medienkonzern Europas. Ihm gehören nicht nur Großdruckereien und Verlage, er hält auch Anteile an Filmproduktionen und Fernsehsendern. Die Bertelsmann-Tochter Gruner + Jahr gibt Zeitschriften wie „Stern", „Brigitte" und „Hamburger Morgenpost" heraus.
- **Bauer:** Dem Bauer-Verlag gehören mehrere Verlage für Fachzeitschriften und Romanhefte, Zeitschriften in Großbritannien und den USA.
- **Burda:** In Deutschland gibt der Verlag unter anderem „Bunte", „Focus" und „Freundin" heraus.

Ranking Deutsche Medienkonzerne 2007

		Medienumsatz 2007 (in Mrd. EUR)
1.	Bertelsmann AG	18,758
2.	ARD	6,079
3.	ProSiebenSat.1 Media AG	2,703
4.	Axel Springer Verlag AG	2,578
5.	Georg von Holtzbrinck GmbH	2,489
6.	Hubert Burda Media Holding GmbH & Co.	2,214
7.	ZDF	1,993
8.	Verlagsgruppe Bauer	1,790
9.	WAZ Mediengruppe	1,741
10.	Verlagsgruppe Weltbild GmbH	1,700

Institut für Medien- und Kommunikationspolitik, Köln; www.mediadb.eu/rankings/deutsche-medienkonzerne.html (24.11.2008)

Bedeutend in der deutschen Presselandschaft sind außerdem die **Georg von Holtzbrinck GmbH**, die Buchverlage besitzt und Zeitschriften wie „Tagesspiegel", „Die Zeit" und „WirtschaftsWoche" herausgibt und an verschiedenen Fernseh- und Hörfunkveranstaltern beteiligt ist, sowie die **Westdeutsche Allgemeine Zeitungsverlagsgesellschaft** E. Brost & Funke, die mehrere Tageszeitungen publiziert.

Zwischen Vielfalt und Meinungsmacht

In seinem **Rundfunkurteil** von 1986 stellte das Bundesverfassungsgericht fest: „Meinungsvielfalt, deren Erhaltung und Sicherung Aufgabe der Rundfunkfreiheit ist, wird in besonderem Maße gefährdet durch eine Entstehung vorherrschender Meinungsmacht." Weil eine zu starke Medienkonzentration die Meinungsvielfalt beschädigen könnte, entschied der Bundestag Mitte der 1970er Jahre, die publizistische Konzentration mit Mitteln des **Kartellrechts** zu begrenzen. Seither ist das Bundeskartellamt in Bonn für Zusammenschlüsse im Bereich der Presse zuständig und muss sie genehmigen. Der Versuch, **Pressefusionen** zu erleichtern, scheiterte 2005 am Widerstand der mittelständisch geprägten Zeitungsverleger.

Auch der Versuch medienübergreifender – so genannter cross-medialer – **Fusionen** wird von den Aufsichtsbehörden kritisch beobachtet. So untersagten die Kommission zur Ermittlung der Konzentration im Medienbereich (KEK) und das Bundeskartellamt 2006 die Übernahme der ProSiebenSat.1 Media AG durch die Axel Springer AG. Sie befürchteten, die starke Position der ProSiebenSat.1-Gruppe im privaten Fernsehen könnte in Kombination mit der überragenden Stellung der Axel Springer AG mit den Zeitungen „Bild" und „Welt" bei der Tagespresse zu einer vorherrschenden Meinungsmacht führen.

Damit es nicht zu einer zu starken Beeinflussung der Medien kommt, dürfen auch **Parteien** keinen Einfluss auf die Programmgestaltung von Rundfunksendern nehmen. Sie dürfen sich aber an privaten Sendern beteiligen. Diese Feststellung des Bundesverfassungsgerichts von März 2008 ist insbesondere für die SPD wichtig: Sie erwirtschaftet mit ihrer Medienholding DDVG jährlich Überschüsse von mehreren Millionen Euro.

Probleme der Medienmacht

Als Probleme des Zusammenspiels von Politik und Medien gelten:

- **ein Trend zur Inszenierung:** Der Trend, Politik zu einem öffentlichen Schauspiel zu machen, kommt aus den USA, wo insbesondere Parteitage und Wahlen perfekt organisierte und in Szene gesetzte Medienereignisse sind.

- **ein Trend zur Personalisierung:** Dabei stehen nicht mehr Inhalte und programmatische Ziele der Parteien im Mittelpunkt, sondern Kandidaten, die sich besonders gut präsentieren können. Emotionen werden u. U. wichtiger als Fakten.

- **ein Trend zur Verkürzung:** Komplizierte Sachverhalte und schwer zu erklärende politische Prozesse werden stark verkürzt dargestellt, weil für umfangreiche Erklärungen oft weder Platz noch Zeit ist. Das führt zu Informationsdefiziten.

- **ein Trend zur Polarisierung:** Medien neigen dazu, Auseinandersetzungen auf ein Gegenüber der Extrempositionen zuzuspitzen. Politiker kommen diesem Bedürfnis entgegen, indem sie zu Profilierungszwecken die Unterschiede zu Positionen anderer Parteien häufig überzeichnen. Über das, worüber hinter den Kulissen – etwa in den Ausschüssen des Bundestags – nur im Detail Uneinigkeiten bestehen, streiten Politiker in der Öffentlichkeit zum Teil heftig.

Immer öfter findet sich eine Verflechtung von Politik und Unterhaltungskultur. Wenn Politik nicht mehr nach den Erfordernissen des politischen Prozesses dargestellt wird, sondern nach Entertainment-Kriterien, spricht man auch von **Politainment**. Die Inszenierung erfolgt dabei meist von beiden Seiten: Politiker setzen sich in Szene und geben so viele Interviews oder Statements wie möglich, um ihre Popularität zu steigern. Dass dabei komplizierte Sachverhalte verkürzt dargestellt werden, wird in Kauf genommen. Gleichermaßen nehmen Medien vorrangig jene politischen Themen auf, von denen sie sich ein möglichst großes Publikumsinteresse versprechen – also Quoten und hohe Auflagen.

Medien, Wahlkampf und Meinungsforschung

Wahlkämpfe

Politik steht in Konkurrenz zu vielen anderen Lebensbereichen. Deshalb bemühen sich die Parteien immer aufs Neue um die Aufmerksamkeit der Bevölkerung. Dabei setzen sie zunehmend auf neue Trends und Techniken. Am deutlichsten wird das in Wahlkämpfen. Die Botschaften, die über Flugblätter, Wahlwerbespots, in Informationsveranstaltungen oder Interviews vermittelt werden, haben verschiedene Bezüge: personenbezogen (Spitzenpersonal der Parteien, Amtsinhaber oder Herausforderer), themenbezogen (Politikfelder, in denen die Kandidaten sich als besonders kompetent positionieren wollen) oder parteibezogen (ideologische Positionierung der Parteien und ihr Versuch, ein bestimmtes Image aufzubauen).

In den vergangenen Jahren ist zu beobachten, dass die Bedeutung der **kommunikativen Strategie** in Wahlkämpfen gegenüber jener der politischen Programme stetig wächst. Wahlforscher sprechen von einer **Amerikanisierung der Wahlkämpfe.** Das bedeutet:

- **Personalisierung:** Wahlkämpfe werden immer stärker auf die Spitzenkandidaten der Parteien ausgerichtet, politische Botschaften werden **durch Personen repräsentiert.** Dabei ist strategisch der Amtsinhaber meist im Vorteil. Damit der Kandidat die Hauptrolle im Wahlkampf spielen kann, braucht er die Geschlossenheit seiner Partei.

- **Mediatisierung:** Die meisten Bürger erleben Politik nicht direkt, sondern vermittelt. Dabei spielt das **Fernsehen** eine herausragende Rolle. Im Wahlkampf gilt es daher, auf dem Bildschirm so präsent wie möglich zu sein, ebenso in Nachrichten- wie Unterhaltungssendungen. Als relativ neues Medium gewinnt das **Internet** an Bedeutung: Hier können die Parteien ihre Botschaften ungefiltert verbreiten und den Bürgern über Diskussionsforen und Weblogs das Gefühl geben, direkt beteiligt zu sein.

- **Professionalisierung:** Wahlkämpfe werden nicht mehr nur in den Parteizentralen gemacht, sondern immer häufiger von externen Experten aus den Sozialwissenschaften, dem Management oder der Werbung geplant. Insbesondere in den USA hat sich mit den so genannten „spin doctors“ eine Gruppe **professioneller Wahlkampfberater** etabliert, die den Reden und Ereignissen um den Spitzenkandidaten den richtigen Dreh („spin“) geben sollen. Auch in deutschen Wahlkämpfen werden zunehmend PR-Agenturen damit beauftragt, für das richtige Image der Kandidaten und gute Kontakte zu den Medien zu sorgen.

Demoskopie

Untrennbar mit dem Konglomerat von Medien und Politik verbunden ist die politische Meinungsforschung, die **Demoskopie.** Der Begriff geht auf die altgriechischen Begriffe „démos“ (Volk) und „skopein“ (ausspähen) zurück und beschreibt die Ermittlung von Stimmungen, Wünschen und Überzeugungen der Bevölkerung. Durch Befragungen auf Basis eines **repräsentativen Querschnitts** der Bevölkerung werden Daten erhoben und ausgewertet. Die Demoskopie trat ihren Siegszug nach dem Zweiten Weltkrieg an, als zahlreiche private Befragungsinstitute gegründet wurden. Die für die Politik heute wichtigsten **Meinungsforschungsinstitute** in Deutschland sind das Institut für Demoskopie Allensbach, die Forschungsgruppe Wahlen, Infratest dimap, forsa und Emnid. Weil die traditionellen Parteibindungen der Wähler aufbrechen und es immer mehr Wechselwähler gibt, wird es für die Parteien vor Wahlen wichtiger zu wissen, was die Bevölkerung denkt und wünscht. Sie betrachten die Umfragedaten als Möglichkeit, um

- **Grundstimmungen** zu erkennen,
- **wichtige Themen** zu analysieren,
- das **Image** und die Wirkung ihrer Kandidaten zu überprüfen,
- die **Wahrnehmung der Wahlwerbung** zu überprüfen und Werbemittel zu testen,
- Wähler zu **mobilisieren** und
- Ergebnisse für **künftige Wahlkämpfe** abzuleiten.

Probleme der Demoskopie

Auch wenn die Meinungsforschung als sinnvolles **Frühwarnsystem** funktionieren und Politikern die Forderungen und Einschätzungen der Bevölkerung vermitteln kann, ist sie nicht unumstritten. Wenn die Politik nur danach strebt, in Umfragen gute Werte zu erhalten, besteht die Gefahr, dass sie unangenehme, aber nötige Entscheidungen und Reformen vermeidet und der **Populismus** überhand nimmt.

Es gibt keine eindeutigen Belege dafür, welche Wirkung die Veröffentlichung der demoskopischen Daten hat. Mehrere Effekte sind denkbar:

- **Mobilisierungs-Effekt:** Wird bekannt, dass es zwischen Kandidaten ein Kopf-an-Kopf-Rennen gibt, könnte das bislang unentschlossene Wähler dazu bringen, ihre Stimme abzugeben, um ihrem Kandidaten zum Sieg zu verhelfen.

- **Defätismus-Effekt:** Anhänger des Kandidaten, dessen Werte schlecht sind, könnten entmutigt werden und auf die Abgabe ihrer Stimme verzichten, weil ihr Kandidat den Prognosen zufolge ohnehin verlieren wird.

- **Lethargie-Effekt:** Wird umgekehrt ein Kandidat als sicherer Sieger gehandelt, könnten seine Anhänger darauf verzichten, ihn zu wählen, weil das Ergebnis vermeintlich bereits feststeht.

- **Bequemlichkeits-Effekt:** Deuten die Umfrageergebnisse darauf hin, die Wahl sei bereits entschieden, könnten unentschlossene Wähler daheim bleiben, weil sie glauben, ihre Stimme werde am Ergebnis ohnehin nichts mehr verändern.

Auf dem Weg zur Mediendemokratie?

Deutschland wurde von Beobachtern der politischen Entscheidungsprozesse häufig als Parteiendemokratie charakterisiert. Inzwischen wird das Land aber häufig auch als Mediendemokratie bezeichnet. In einer **Parteiendemokratie** sind Parteien das entscheidende **Scharnier zwischen Bürgern und Staat**. Sie sind dafür verantwortlich, für Kommunikation zwischen der Bevölkerung und den Staatsorganen zu sorgen und die Interessen gesellschaftlicher Gruppen zu artikulieren.

In einer **Mediendemokratie** hingegen nimmt die Partei- und Gruppenbindung ab, die Wähler werden immer individueller. Damit findet die Meinungs- und Willensbildung viel weniger über Parteien als über Massenmedien statt. Damit sind die Medien nicht mehr nur Informationsträger, sondern werden zu **eigenständigen Akteuren**, die das politische Geschehen beeinflussen.

Plaßmann / CCC,www.c5.net

M1 Gefährdete Medienvielfalt?

Wir müssen feststellen, dass im Fernsehen die Grenzen zwischen ernsthafter Information und spaßhafter Unterhaltung immer häufiger verschwimmen; dass „Bild" angesichts einer Reichweite, die von kaum einem Fernsehsender übertroffen wird, die Rolle eines Leitmediums erhält [...]. Die ohnehin immer prekäre innere Pressefreiheit gerät unter ökonomischen Wettbewerbsdruck und folglich auf den Rückzug. Selbst in so genannten Qualitätszeitungen fehlt immer öfter die Zeit zu einer sorgfältigen Recherche. [...]

In einer Berliner Obdachlosenzeitung las ich Folgendes: „Im Grunde genommen brauchen die Medien keine Wirklichkeit mehr. Sie sind durchaus in der Lage, ein System der Wirklichkeit zu inszenieren, auf das sie sich fortan beziehen." Tatsächlich haben wir natürlich noch eine pluralistische Medienlandschaft. Aber immer öfter gewinnt man den Eindruck, dass Meldungen „die Runde machen". Ein Medium fängt an, alle anderen folgen, fühlen sich verpflichtet, eine Sache zu behandeln, nicht weil sie als wichtig gilt, sondern weil andere sie wichtig gemacht haben. Dieses Leitmedium ist meist „Bild". Ein anderes das Fernsehen. [...]

Vor einigen Wochen wurde der Intendant des Hessischen Rundfunks mit der Auffassung zitiert, die Quote sei ein Indikator demokratischer Meinungsbildung. [...] welch bestürzender Irrtum! Meinungsbildung ist nicht das spontane Meinen, sondern vor der Meinung steht die Bildung. Das setzt Wissen, Mühewaltung, Auseinandersetzung, einen Standpunkt voraus. Am Markt der Waren kann ich spontan sagen: das will ich haben – wenn ich es mir leisten kann. Am „Markt" der Meinungen müsste ich es nach bisherigem Verständnis mit meinen ethischen Überzeugungen, Standpunkten zu tun bekommen, die mir helfen, eine verabscheuungswürdige rechtsextreme Meinung von einer freiheitlichen konservativen zu unterscheiden und nicht beiden den gleichen Wert zuzumessen. Die Gleichsetzung der Zuschauerquote mit dem demokratischen Prozess ist gleichbedeutend mit seiner Auslieferung an die Medienlogik oder an schieren Populismus. Wenn Politik auf der Bühne der Medien allein auf den Menschen als Marktteilnehmer, als Konsumenten schielt, dann ignoriert sie den Teilnehmer an der Beteiligungsdemokratie. Sie liefert sich schutzlos launischen Stimmungstrends aus. [...]

Wie wirkt die Quote als einziges Erfolgskriterium auf Politik? Sie bewirkt Reduktion. Quotenhörigen geht es – wie dem Boulevard – um Streit, um Rücktritte, um scheinbare oder tatsächliche Widersprüche, um Katastrophen und andere Sensationen. Während die Wirklichkeit komplizierter wird, interessiert er sich vorwiegend für Vereinfachungen oder lenkt gleich ganz von ihr ab. Das Fernsehen fühlt sich auch bei höchster Seriosität angehalten, Politiker und andere Teilnehmer an der öffentlichen Kommunikation nachgerade zu nötigen, umso einfacher und kürzer Stellung zu nehmen, desto komplizierter die Sachverhalte sind. Zwischen der Wirklichkeit und ihrer medial vermittelten Wahrnehmung entsteht eine Kluft, und wenn dieser Trend zur Vereinfachung anhält, wird die Wirklichkeit tatsächlich in den Medien nicht mehr stattfinden. [...] Die Sorge ist, dass vor lauter Unterhaltungsanspruch Medien nicht mehr sorgfältig berichten, die Wirklichkeit nicht mehr abbilden, den Ernst verlieren, Interessen und Interessenten nicht mehr kenntlich machen und so letztlich die Demokratie gefährden. Ich sehe eine solche Gefahr, wenn stimmt, dass „die Demokratie die einzige Herrschaftsform (ist), die in ständig neuer Kraftanstrengung gelernt werden muss" (O. Negt). Wie und wo soll dieses Lernen stattfinden, wenn alles dem Diktat der Unterhaltung unterworfen ist und über die Politik, die sich dem Unterhaltungsschema nicht unterwerfen lässt, schließlich gar nicht mehr informiert wird? [...]

Wenn politische Information unter dem Diktat der Unterhaltung schnell, flott, spannend, spaßig, hämisch, persönlich zu sein hat, werden sich die Produkte und die Informationen immer mehr angleichen; erst recht, wenn „Bild" als Leitmedium gesehen wird. Pluralität der Medien wird zu bloßer Vielfalt der Stile. Schon jetzt gibt es zu viele Nachrichten, die nicht erscheinen. Das reicht von den schwierigen Materien der Forschungs- und der Infrastrukturpolitik bis zu „vergessenen Kriegen" oder der Bioethik. Medienkritik, die auch das Handeln der Verleger einbezieht, ist hier ebenfalls zu erwähnen. Sie ist mindestens so notwendig, wie sie derzeit selten ist. Einförmigkeit und „Sparjournalismus" gefährden am Ende die Vielfalt der Medien und auf diese Weise die Demokratie selbst.

Aus einer Rede des ehemaligen Bundestagspräsidenten Wolfgang Thierse beim „MainzerMedienDisput" am 04.11.2003

M2 Bundeskartellamt sieht Kartellrechtsprobleme einer Fusion von Axel Springer und ProSiebenSat.1

Nach bisheriger Einschätzung des Bundeskartellamts wäre der Zusammenschluss der Axel Springer AG (Springer) mit der ProSiebenSat.1 Media AG (ProSiebenSat.1) kartellrechtlich nicht genehmigungsfähig. Betroffen wären von dem Zusammenschluss der Fernsehwerbemarkt, der Lesermarkt für Straßenverkaufszeitungen sowie der bundesweite Anzeigenmarkt für Zeitungen. Bundeskartellamtspräsident Ulf Böge: „Auf den drei betroffenen Märkten würde die Fusion von Deutschlands größtem Zeitungsverlag, der nach eigener Darstellung des Verlags auch international zu den führenden Medienunternehmen zählt, und dem TV-Unternehmen ProSiebenSat.1 nach derzeitiger Einschätzung zu einer nach dem Kartellrecht nicht genehmigungsfähigen Marktmacht führen."

Auf dem *Fernsehwerbemarkt* verfügen nach den Feststellungen des Bundeskartellamts ProSiebenSat.1 und die zu Bertelsmann gehörende RTL Sendergruppe mit einem seit Jahren konstanten Marktanteil von ca. 80 % über eine gemeinsame marktbeherrschende Position (ein sog. „wettbewerbsloses Duopol" ohne wesentlichen Wettbewerb durch Außenseiter). [...] Auf dem bundesweit abzugrenzenden *Lesermarkt für Straßenverkaufszeitungen* würde der Zusammenschluss zu einer Verstärkung der marktbeherrschenden Stellung von Springer führen. Der Verlag hat auf diesem Markt mit der BILD-Zeitung einen Marktanteil von ca. 80 %. Durch den Zusammenschluss erhielte Springer die Möglichkeit, die Stellung der BILD-Zeitung durch werbliche und redaktionelle medienübergreifende Unterstützung (crossmediale Promotion) weiter abzusichern und damit zu verstärken.

Schließlich würde der Zusammenschluss nach derzeitiger Erkenntnis auch zu einer Verstärkung der Marktstellung von Springer auf dem bundesweiten *Anzeigenmarkt für Zeitungen* führen. Dem Springer-Verlag kommt hier mit BILD und Welt bereits heute eine überragende Marktstellung mit rund 40 % Marktanteil zu. Springer erhielte durch die Fusion die Möglichkeit, Werbekampagnen für Produkte abgestimmt über mehrere Medien anbieten zu können und so crossmediale Werbekampagnen für Dritte zu schalten. Dies würde die marktbeherrschende Stellung von Springer auf dem Anzeigenmarkt für Zeitungen weiter absichern.

Pressemeldung des Bundeskartellamtes vom 21.11.2005

Aufgaben

1. Erläutern Sie die Funktionen von Medien in den modernen Demokratien. Erörtern Sie, welchen Beitrag zur Erfüllung der Funktionen jeweils ARD und RTL, die „Bild"-Zeitung und der „Spiegel" leisten.

2. Analysieren Sie, ob in den Medien Politik wirklich inszeniert, personalisiert, verkürzt und polarisiert dargestellt wird. Berichten Sie im Kurs über Ihre Beobachtungen.

3. Haben die Medien zu viel Macht im politischen Willensbildungsprozess? Beurteilen Sie, ob sich Deutschland von einer Parteien- zu einer Mediendemokratie wandelt.

4. Formulieren Sie in Ihren Worten, wo für Wolfgang Thierse Aufgaben und Funktionen der Medien liegen und wodurch er diese gefährdet sieht (M1). Stimmen Sie seinen Befürchtungen zu?

5. Recherchieren Sie, welche Unternehmen den deutschen Fernsehmarkt bestimmen. Welcher Sender gehört zu welchem Unternehmen? Diskutieren Sie die Folgen der zunehmenden Medienkonzentration (M2).

4 Das zentrale politische Entscheidungssystem

4.1 Die Verfassungsorgane im Überblick

Leitfragen | Welche sind die Verfassungsorgane? | Wie werden sie legitimiert?

Zentrale Verfassungsorgane

Als **Verfassungsorgane** werden Staatsorgane bezeichnet, deren Rechte und Pflichten in der Verfassung festgeschrieben sind. Sie stehen in einem gegenseitigen Treueverhältnis. Das heißt, dass sich kein Verfassungsorgan so verhalten darf, dass ein anderes an seiner Pflichtausübung gehindert wird. Dabei agieren sie allerdings nicht isoliert: Die Verfassungsorgane sind in ihren Funktionen aufeinander abgestimmt. Das einzige Verfassungsorgan, welches **direkt von der Bevölkerung gewählt** wird, ist der **Bundestag.** Er bildet das institutionelle Zentrum des politischen Systems der Bundesrepublik. Der Bundestag wählt dann die **weiteren Verfassungsorgane:**

- den **Bundeskanzler**
- den **Bundespräsidenten** (jeweils zur Hälfte mit Vertretern der Landesparlamente, gemeinsam: die Bundesversammlung) und
- die **Richter des Bundesverfassungsgerichts** (gemeinsam mit dem Bundesrat).

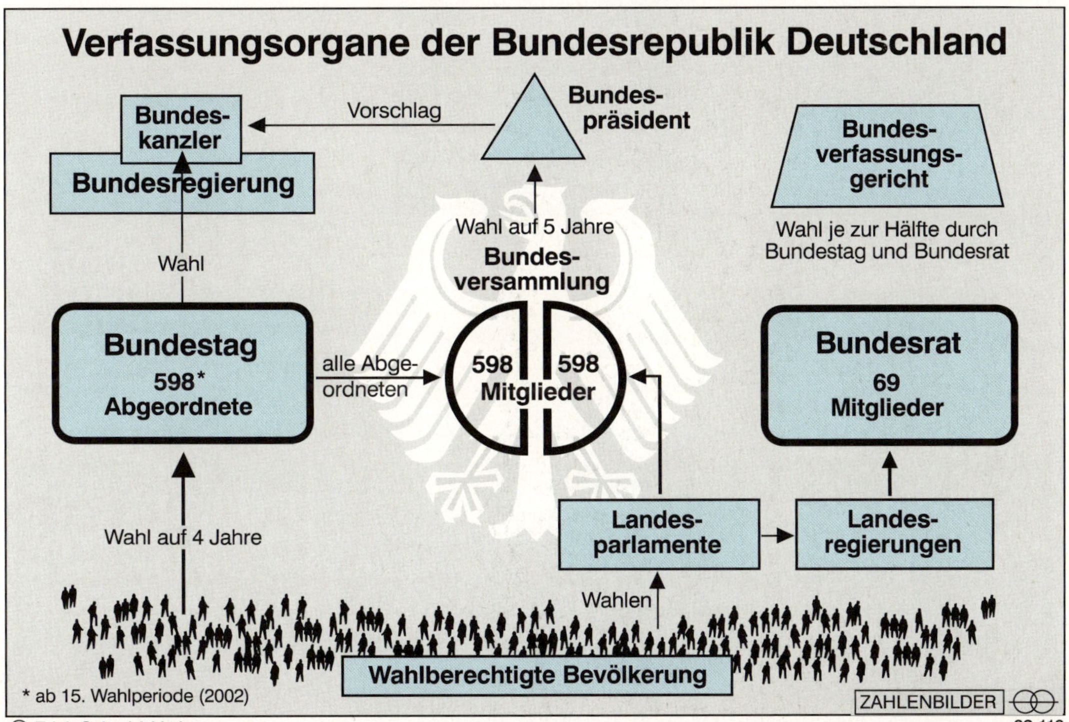

© Erich Schmidt Verlag

4.2 Die Bundesregierung

Leitfragen	Welche Aufgaben und Befugnisse hat die Bundesregierung?	Wie wird sie gebildet?	Wo liegen Unterschiede zwischen Verfassungstheorie und politischer Praxis?

Funktionen der Bundesregierung

In der parlamentarischen Demokratie der Bundesrepublik Deutschland ist die **Bundesregierung** zusammen mit den sie tragenden Regierungsfraktionen im Bundestag der wichtigste Akteur auf dem politischen Feld. Die Bundesregierung und die sie unterstützende Parlamentsmehrheit stehen den Oppositionsparteien gegenüber und versuchen, ihre politischen Zielvorstellungen durchzusetzen.

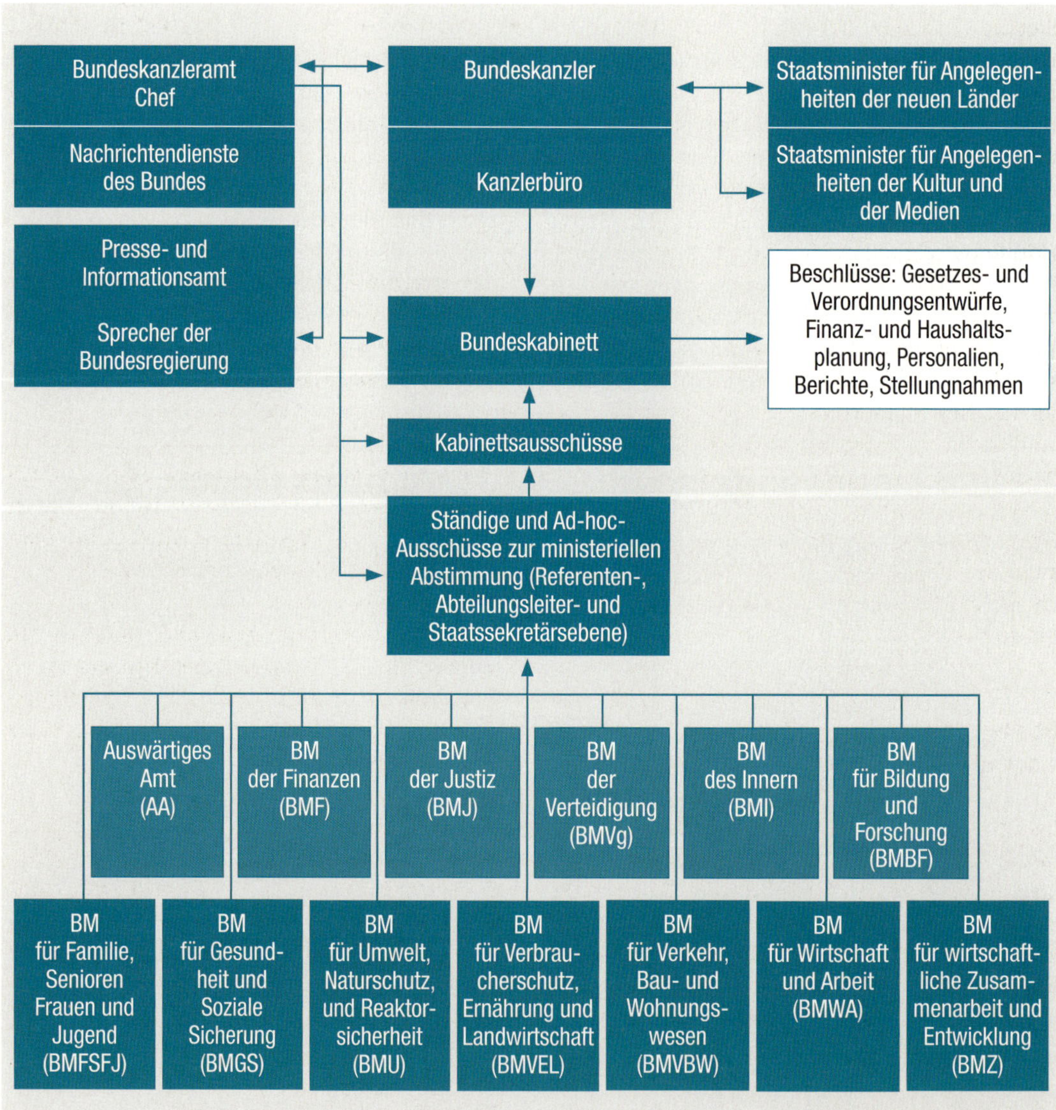

Organisationsplan des Bundeskanzleramts, 15. Wahlperiode

Aufgabe der Bundesregierung ist es, zusammen mit den sie stützenden Fraktionen im Bundestag das Staatswesen zu lenken. Dies geschieht in erster Linie über Gesetze. Da die Regierung in aller Regel die Parlamentsmehrheit hinter sich hat, kann sie mit der Verabschiedung ihrer Gesetzesentwürfe rechnen. Zustimmungspflichtige Gesetze müssen allerdings noch die Zustimmung des Bundesrats bekommen, bevor sie in Kraft treten können (→ Kapitel 1.6).

Besonders groß sind die Kompetenzen der Bundesregierung im Bereich der Außenpolitik und der EU-Politik. Nur die Bundesregierung kann **völkerrechtliche Verträge** abschließen und **außenpolitische Verhandlungen** führen. Weiterhin leitet die Bundesregierung als **oberstes Exekutivorgan** die Arbeit der Bundesbehörden. Dabei übernimmt jeweils ein Fachministerium die Verantwortung für einen bestimmten Teil der Bundesbehörden.

Bildung der Bundesregierung

Im Grundgesetz ist der Weg der Regierungsbildung klar festgelegt: Auf Vorschlag des Bundespräsidenten wählt der Bundestag den Bundeskanzler. Der Bundespräsident schlägt dabei den Kandidaten vor, der am ehesten in der Lage scheint, eine Regierung zu bilden. Der Bundeskanzler ist das einzige Kabinettsmitglied, das direkt vom Bundestag gewählt und damit indirekt durch das Volk legitimiert ist. Nach seiner Wahl schlägt der Kanzler dem Bundespräsidenten die Minister vor.

Arbeitsweise der Bundesregierung in der Verfassungstheorie

Das **Grundgesetz** gibt in **Artikel 65** einen Rahmen für die Arbeit der Bundesregierung vor. Es werden dabei Elemente einer **Alleinführung** des Bundeskanzlers mit Elementen einer **Kollegialführung** durch das Kabinett kombiniert. Es wird zwischen drei Prinzipien unterschieden, an denen sich die Arbeit der Bundesregierung ausrichten soll.

- **Kanzlerprinzip:** Der Bundeskanzler soll die Richtlinien der Politik bestimmen und die Verantwortung dafür tragen („Richtlinienkompetenz“). Dieses Prinzip hebt den Kanzler deutlich aus dem Kreis der Regierungsmitglieder heraus.

- **Ressortprinzip:** Im Rahmen der Richtlinien des Bundeskanzlers sollen die Minister in ihren Zuständigkeitsbereichen (Ressorts) in eigener Verantwortung handeln.

- **Kollegial- oder Kabinettsprinzip:** Wichtige Entscheidungen sollen vom Kabinett gemeinsam gefällt werden. Auch bei Meinungsverschiedenheiten zwischen Ministern soll das Kabinett entscheiden.

Kanzlerprinzip und Kollegialprinzip stehen allerdings in einem gewissen Spannungsverhältnis zueinander: Die Richtlinien der Politik sind zu den wichtigsten Entscheidungsfeldern der Politik zu zählen. Wenn diese aber vom Kanzler im Alleingang bestimmt werden sollen, dann können nicht zugleich alle wichtigen Fragen kollegial vom Kabinett entschieden werden.

Die wichtigste Person: der Kanzler*

In der Regierung nimmt der Bundeskanzler eine zentrale Stellung ein. Das Grundgesetz schreibt ihm eine große **Machtfülle** zu:

- Durch die **Richtlinienkompetenz** ist es ihm erlaubt, in allen Politikbereichen die politischen Grundlinien festzulegen, an denen sich die anderen Regierungsmitglieder orientieren müssen.

- Das **Kabinettbildungsrecht** unterstützt diesen Vorrang des Kanzlers. Er kann Minister durch den Bundespräsidenten ernennen oder entlassen. Außerdem kann der Bundeskanzler die Aufgabenbereiche der Minister festlegen.

- Der Kanzler darf die **Vertrauensfrage** stellen. Er kann diese mit einer beliebigen Sachentscheidung verbinden und so die Regierungsfraktionen dazu bringen, ihm bei einer umstrittenen Entscheidung den Rücken zu stärken. Versagt ihm die Mehrheit der Parlamentarier das Vertrauen, bleibt dem Kanzler nur der Rücktritt.

- Im Verteidigungsfall hat der Bundeskanzler den Oberbefehl über die **Streitkräfte**.

** Kanzler meint hier das Amt – nicht die Amtsperson – und ist daher nur in der männlichen Form geschrieben.*

Die Bundeskanzler

1949–1963
Konrad Adenauer (CDU)

1963–1966
Ludwig Erhard (CDU)

1966–1969
Kurt Georg Kiesinger (CDU)

1969–1974
Willy Brandt (SPD)

1974–1982
Helmut Schmidt (SPD)

1982–1998
Helmut Kohl (CDU)

1998–2005
Gerhard Schröder (SPD)

seit 2005
Angela Merkel (CDU)

Die Machtfülle des Kanzlers hat dazu geführt, dass das deutsche politische System als **Kanzlerdemokratie** bezeichnet wurde. Unumstritten gilt diese Bezeichnung allerdings nur für die Amtszeit von Konrad Adenauer. Unter seiner Führung konnten die Minister nur wenig Selbständigkeit entfalten. Seine Nachfolger ließen den Ministern dagegen mehr Spielraum.

Folgende Kriterien für eine Kanzlerdemokratie waren unter der Kanzlerschaft Konrad Adenauers gegeben:

- Der Kanzler verwirklicht nicht nur die Richtlinienkompetenz, sondern spielt auch eine zentrale Rolle bei der Vorbereitung der wichtigen Kabinettsentscheidungen und verkörpert die Regierungspolitik in der Öffentlichkeit.

- Der Kanzler verfügt über ein hohes persönliches Prestige sowohl im Regierungslager als auch in der Bevölkerung und steht im Mittelpunkt der Berichterstattung.

- Der Kanzler ist in seiner eigenen Partei unumstritten und übt ihren Vorsitz aus.

- Die politische Auseinandersetzung ist bestimmt durch die Gegnerschaft von Regierungslager und Opposition. Sie stehen sich deutlich erkennbar gegenüber.

- Der Bundeskanzler ist in der Außenpolitik stark engagiert und greift in das Ressort des Außenministers ein.

Grenzen der Kanzlermacht

Laut dem Grundgesetz kann der Bundeskanzler bestimmen, wer Mitglied der Regierung wird. Das trifft allerdings nur formal zu: In der Bundesrepublik bildeten nahezu immer verschiedene Parteien gemeinsam eine **Koalitionsregierung**, da sonst keine Parlamentsmehrheit zustandekam. Dabei konnte der Kanzler nie allein darüber entscheiden, wie sich die Regierung zusammensetzte, sondern musste stets auch die Wünsche seiner Koalitionspartner berücksichtigen. Das Grundgesetz räumt dem Bundeskanzler somit zwar eine herausragende Stellung ein (Verfassungsnorm), wie sehr er aber diese Stellung ausfüllen kann, hängt entscheidend von den Rahmenbedingungen seiner Regierungszeit – den Mehrheitsverhältnissen im Parlament und der Anzahl und Stärke seiner Koalitionspartner – ab (Verfassungsrealität).

Die entscheidenden Akteure bei den Koalitionsverhandlungen sind die Parteiführungen. Ihr Gewicht bei den Verhandlungen hängt in erster Linie vom Wahlergebnis ab. Eine Partei mit fünf Prozent der Stimmen muss mit weniger Ministerposten rechnen als eine Partei mit 40 Prozent der Stimmen. Vor den Verhandlungen zwischen den Regierungspartnern legen die Parteien fest, wen sie aus ihren Reihen in der Regierung sehen möchten. Bei Koalitionen fällt die Entscheidung darüber, wer im Kabinett Platz nimmt, welches Ressort er übernimmt und über welche Kompetenzen er verfügt, in der Regel im Rahmen der **Koalitionsvereinbarung.**

Verfassungsnorm – Verfassungsrealität

Unter „Verfassungsnorm" versteht man jene Normen, die in der Verfassung festgeschrieben sind. So wird etwa in Artikel 3 GG festgelegt: „Männer und Frauen sind gleichberechtigt." Diese Gleichberechtigung ist in der Realität jedoch noch nicht in allen Lebensbereichen verwirklicht. Diesen Zustand nennt man „Verfassungsrealität"; diese meint die tatsächliche Umsetzung und Verwirklichung einer im Grundgesetz festgeschriebenen Norm. Die Umsetzung einer Norm hinkt oft dem Verfassungsanspruch hinterher, d.h., die Umsetzung ist noch nicht vollständig verwirklicht. Nach der Verfassung ist der Staat z.B. dazu verpflichtet, die natürlichen Lebensgrundlagen zu schützen:

> Art. 20a: „Der Staat schützt auch in Verantwortung für die künftigen Generationen die natürlichen Lebensgrundlagen und die Tiere im Rahmen der verfassungsmäßigen Ordnung durch die Gesetzgebung und nach Maßgabe von Gesetz und Recht durch die vollziehende Gewalt und die Rechtsprechung."

Art. 20a ist die Verfassungsnorm. Die Verfassungsrealität wird dieser Norm nicht gerecht, da durch vielfältige Umwelteinwirkungen die natürlichen Lebensgrundlagen nach wie vor gefährdet sind.

Die Aufgaben der Minister

Jeder Minister betreut ein Ressort. Die **Bundesministerien** bilden die obersten Bundesbehörden. Die Minister sind die Vorgesetzten aller Mitarbeiter in dem ihnen zugeordneten Aufgabenbereich und werden in den Ministerien durch Staatssekretäre unterstützt. Parlamentarische Staatssekretäre halten den Kontakt der Ministerien zum Parlament. Die **fünf klassischen Ministerien bzw. Ressorts** sind: Außenpolitik, Finanzpolitik, Innenpolitik, Justiz und Verteidigung. Hinzu kommen die Ministerien für Wirtschaft und Soziales. Weitere Aufgabengebiete von Ministerien sind etwa Entwicklungszusammenarbeit, Forschung, Gesundheit, Familie, Umwelt und Verkehr (→ S. 66).

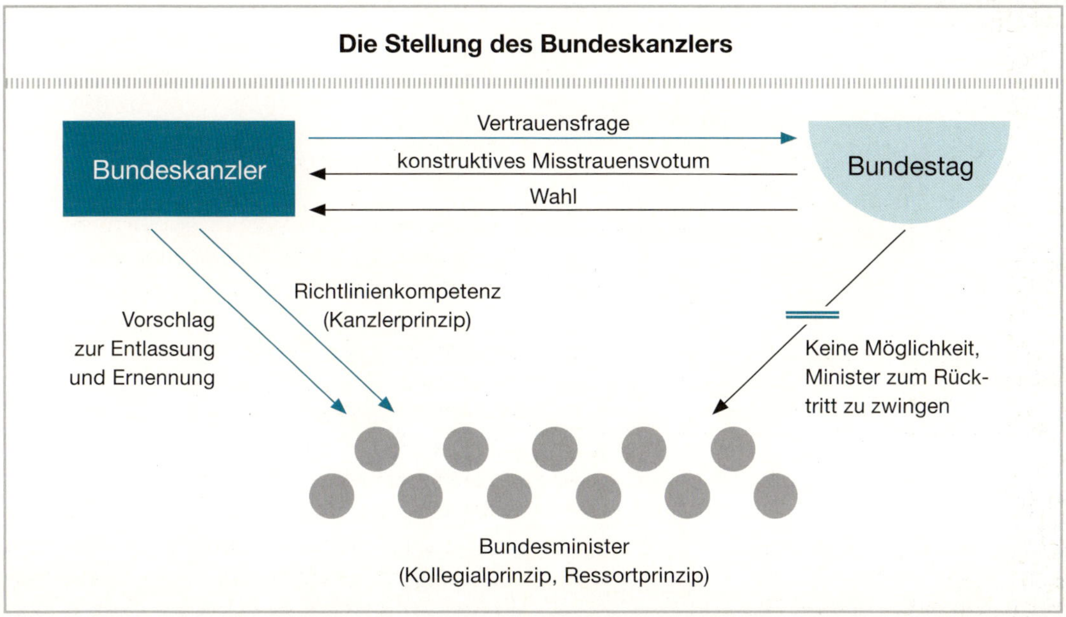

Arbeitsweise der Bundesregierung in der politischen Praxis

Die tatsächliche Arbeitsweise der Bundesregierung unterscheidet sich deutlich vom Verfassungstext. In der „Großen Koalition" kann etwa die Bundeskanzlerin Angela Merkel keine Richtlinien gegen den Widerstand der Unionsparteien oder der SPD festlegen. Die grundlegenden politischen Entscheidungen werden in aller Regel weder im Alleingang durch eine verbindliche Entscheidung der Kanzlerin getroffen (**Kanzlerprinzip**) noch durch einen Mehrheitsentscheid im Kabinett (**Kollegialprinzip**). Sie werden vielmehr in Koalitionsrunden auf der Grundlage der programmatischen Ausrichtung der Regierungsparteien ausgehandelt.

Koalitionsrunden als informelles Entscheidungszentrum

An Koalitionsgesprächen oder -runden nehmen die wichtigsten Koalitionspolitiker aus Regierung, Koalitionsfraktionen und -parteien teil: der Bundeskanzler und einige politisch profilierte Minister, die Vorsitzenden der Regierungsfraktionen und üblicherweise ihre ersten parlamentarischen Geschäftsführer, die Vorsitzenden der Koalitionsparteien und oft auch deren Generalsekretäre. Zu speziellen Fragen werden auch engagierte Abgeordnete und die entsprechenden Minister einbezogen. Dieser Kreis der Beteiligten sorgt für eine große Verbindlichkeit der dort getroffenen Entscheidungen; das Kabinett und die Koalitionsfraktionen folgen ihnen in der Regel. Koalitionsrunden sind laut dem früheren Kanzleramtsstaatssekretär Schreckenberger „das wichtigste Beratungs- und Entscheidungsorgan" im deutschen Regierungssystem.

Formen, Anforderungen und Funktionen informeller Entscheidungszentren

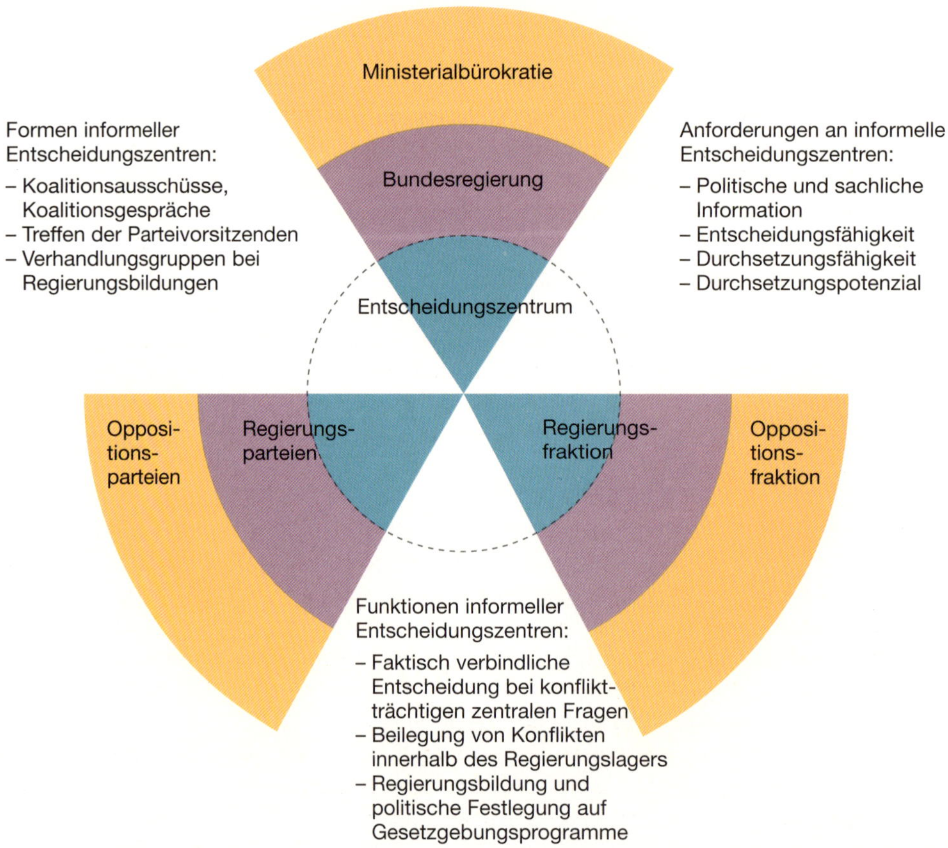

Wolfgang Rudzio, Das politische System der Bundesrepublik Deutschland, 7. Auflage, Wiesbaden 2006, S. 253

Der Kanzler – Lenker oder Moderator der Regierung?

M Durchregieren? Von wegen!

Ach, war das noch ein Durchregieren, anscheinend! Damals konnten noch Briefe geschrieben werden wie dieser vom 5.Mai 1951: „Sehr geehrter Herr Erhard! Wie ich sehe, werden Sie im Fraktionsvorstand Erklärungen über Ihre Wirtschaftspolitik abgeben, und zwar am nächsten Montag abends 19 Uhr. Ich ersuche Sie, mir vorher mitzuteilen, welche Erklärungen Sie dort abgeben werden. Es ist unmöglich, da Wirtschafts- und Finanzpolitik miteinander zusammenhängen, dass der Wirtschaftsminister allein solche Erklärungen abgibt. Ich bitte Sie, auch dessen eingedenk zu sein, dass die Richtlinien der Politik durch den Bundeskanzler bestimmt werden. Mit freundlichen Grüßen (Adenauer)."
Recht oft hat sich der erste Bundeskanzler auf seine Richtlinienkompetenz berufen. Dies zeigt zweierlei: zum einen, dass sich damit einiges durchsetzen ließ – zum anderen aber, dass diese Erinnerung offensichtlich immer wieder nötig war, vor allem Ludwig Erhard gegenüber. Knapp zwei Monate vor dem zitierten Brief hatte Adenauer seinen Wirtschaftsminister schon einmal grob angefahren: „Ihr ganzes Verhalten ist unmöglich. Ich muss Ihnen mein ernstes Befremden aussprechen. Sie verkennen völlig das Wesen einer Bundesregierung. Es hat kein Bundesminister das Recht, in entscheidenden Fragen Politik auf eigene Faust zu treiben und sich gegen die Beschlüsse des Kabinetts oder die Richtlinien des Bundeskanzlers an politische Parteien zu wenden." Solche Briefe könnten heute gar nicht mehr geschrieben werden.
Was aber ist von dieser Richtlinienkompetenz des Bundeskanzlers geblieben? Was bleibt davon für Angela Merkel übrig?
Immer wieder heißt es, wir lebten in einer „Kanzlerdemokratie". Noch in der mündlichen Verhandlung vor dem Bundesverfassungsgericht über die vorgezogenen Neuwahlen klang es so, als stünden wir vor der Alternative „Kanzlerdemokratie" oder „Parlamentsdemokratie". Und jetzt, nach den Wahlen, ist die Alternative so falsch wie selten zuvor. Dass der Bundeskanzler als „Durchregierer" auftreten könnte, steht so nicht einmal im Grundgesetz – ganz abgesehen davon, dass der einschlägige Artikel 65 längst von der Verfassungswirklichkeit überwachsen wurde wie ein Eichenstamm vom Efeu: „Der Bundeskanzler bestimmt die Richtlinien der Politik und trägt dafür die Verantwortung. Innerhalb dieser Richtlinien leitet jeder Bundesminister seinen Geschäftsbereich selbständig und unter eigener Verantwortung. Über Meinungsverschiedenheiten zwischen den Bundesministern entscheidet die Bundesregierung."
Drei Prinzipien stehen also in reichlich ungeklärter Beziehung zueinander – die Richtlinienkompetenz, das Ressortprinzip und das Kollegialprinzip. Und niemand kann unter Berufung auf eines dieser Prinzipien mit dem Kopf durch die Wand. Wesentliche Entscheidungen, zum Beispiel über Gesetzesvorlagen, fasst die Bundesregierung als Kollegialabstimmung, in welcher der Kanzler juristisch auch nur eine Stimme hat.
Aber bevor man sich zu tief in die verfassungsrechtliche Literatur stürzt, muss man die Verfassungswirklichkeit ins Auge fassen. In Reinkultur konnte man das Institut der Richtlinienkompetenz ohnedies nur von 1957 bis 1961 betrachten, als – bisher einmalig – eine Partei mit absoluter Mehrheit regierte. Doch in der Zeit bröckelte Adenauers Macht gewaltig. […] Erst recht aber haben sich die Dinge mit dem Beginn der Großen Koalition (1966 bis 1969) gründlich geändert. Dieses Bündnis zwischen Union und SPD stützte sich zum ersten Mal auf eine ausführliche Koalitionsvereinbarung. Aus einer juristisch strengen Sicht des Artikels 65 handelt es sich bei einem solchen Papier um eine außerkonstitutionelle, ja sogar verfassungswidrige „Wahlkapitulation" des Kanzlers. Aber seit es diese Vereinbarungen gibt, die man inzwischen öffentlich bei einem Gläschen Sekt unterzeichnet, ist die Zeit endgültig vorbei, in der zuerst ein

Kanzler gewählt wird und dieser anschließend die Richtlinien der Politik bestimmt. Vielmehr werden zuerst die Richtlinien der Politik definiert, und danach wird der Kanzler mit seiner Wahl de facto auf diese Grundlage verpflichtet – widrigenfalls: Koalitionskrise oder Koalitionsbruch. Selbst bei der anschließenden Regierungsbildung sind die verfassungsrechtlichen Kompetenzen des Kanzlers längst ausgehöhlt worden: Sind erst einmal die Ämter zwischen den Partnern aufgeteilt, so bestimmt jede Seite „ihre" Minister. Demzufolge hatte selbst ein so starker Kanzler wie Helmut Kohl sich nach einer chaotischen Abstimmung in der FDP-Fraktion schlicht Klaus Kinkel als Außenminister vorsetzen lassen müssen, ohne Widerrede. […]

Aber nicht nur die Richtlinienkompetenzen, sondern auch die beiden anderen Organisationsprinzipien der Bundesregierung, sowohl das Ressort- als auch das Kollegialprinzip, wurden von der Verfassungswirklichkeit überholt. Seit der Großen Koalition von 1966 bis 1969 wanderte die Steuerung der Regierungsarbeit aus in „Koalitionsausschüsse" […]. Die Zeiten, in denen das Kabinett *der* wichtige Ort politischer Diskussion und Entscheidungen war, sind längst vorbei. Unter Helmut Kohl hat sich die Auszehrung des Kabinettsprinzips rapide beschleunigt, und auch in der rot-grünen Koalition war ein Minister, der nicht im Koalitionsausschuss Sitz und Stimme hatte, faktisch ein machtloser Darsteller einer Politik, über die er nicht zu entscheiden hatte. In dem Maße aber, in dem die Macht des Kabinetts ausgelaugt wurde, hat das Instrument der Richtlinienkompetenz seinen Biss verloren. Das gilt umso deutlicher, je größer die Koalitionspartner sind. Ist deshalb der Kanzler gänzlich machtlos? Gewiss nicht in den Krisensituationen, in denen er (oder sie) allein und ad hoc handeln kann – und muss. Ansonsten kommt es für seine Durchsetzungsfähigkeit einzig darauf an, ob er seinen Partnern und Rivalen ernsthaft mit der Drohung „Dann macht doch euren Kram allein" Angst vor Stimmenverlusten einjagen oder ob er ihnen einen Wahlsieg versprechen kann – gestützt auf innere und äußere Autorität, auf politische Leidenschaft, sachliche Überzeugungskraft und durchschlagende Popularität. Doch selbst dann kann ein Kanzler scheitern. Das hat auf dramatische Weise Helmut Schmidt 1982 erlebt. […] Und Angela Merkel? Je weniger sie sich auf die Richtlinien der Politik berufen muss, desto besser. Denn unter den gegebenen Umständen stehen sie ihr nicht zu Gebote.

Robert Leicht, in: Die Zeit vom 13.10.2005

Aufgaben

1. Partnerarbeit: Machen Sie sich im Internet über die Zuständigkeitsbereiche eines Ministeriums kundig. Wählen Sie ein zentrales Gesetzesvorhaben im Zuständigkeitsbereich des Ministeriums aus und berichten Sie kurz darüber.
   - Um welches Problem geht es?
   - Welches Ziel wird angestrebt?
   - Welche alternativen Lösungsvorstellungen hat die Opposition?
2. Überlegen Sie, welche Regierungskoalitionen auf Bundesebene derzeit realistisch sind.
3. Prüfen Sie die Frage, ob sich Deutschland derzeit als Kanzlerdemokratie bezeichnen lässt.
4. Vergleichen Sie die Machtfülle des Kanzlers und die Arbeitsweise der Regierung in Theorie und Praxis. Wo sehen Sie Übereinstimmungen und wo Abweichungen (M)?

4.3 Der Bundestag

Leitfragen	Wie wird der Bundestag gebildet?	Wie arbeitet er?	Welche Rechte und Pflichten haben die Abgeordneten?

Grundstruktur des Bundestags

Regierung und Opposition

Der Bundestag ist die Versammlung der von den deutschen Bürgern gewählten Repräsentanten und ist das einzige Verfassungsorgan, das direkt vom Volk gewählt wird. Das Bild von der klassischen Gewaltenteilung in Exekutive und Legislative legt nahe, dass das Parlament eine Einheit bildet und der Regierung gegenübersteht. Tatsächlich stehen aber in Deutschland die Regierung und die sie im Parlament stützenden Parteien den Oppositionsparteien gegenüber. **Das Parlament** ist dabei der zentrale Ort, an dem **Regierungs- und Oppositionslager** aufeinandertreffen. Das Ziel von Oppositionsparteien ist in der Regel, bei den nächsten Wahlen selbst das Ruder übernehmen zu können.

Es gibt zwei unterschiedliche Strategien der Opposition:

- **Kooperative Opposition:** Die Opposition versucht durch Zusammenarbeit, Einfluss auf die Entscheidungen der Regierung zu nehmen.
- **Kompetitive Opposition:** Die Opposition lehnt jegliche Verantwortung für die Entscheidungen der Regierung ab, wirbt für ihre politischen Alternativen und versucht, Entscheidungen der Regierung nach Möglichkeit zu blockieren (in Deutschland z. B. über Mehrheiten im Bundesrat).

Aufgaben des Bundestags

1. **Gesetzgebung:** Gesetze können neben der Regierung auch von den Fraktionen des Bundestags und vom Bundesrat initiiert werden. Allerdings gehen die Gesetze überwiegend (zu rund 75 Prozent) von der Bundesregierung aus. Auch den Entwurf für das Haushaltsgesetz bringt stets die Regierung ein. Die Opposition hat beim Haushaltsgesetz kaum Chancen, Änderungen zu erreichen. Neben Gesetzen stimmt der Bundestag auch über den Beitritt zu internationalen Verträgen und Abkommen ab (Ratifizierung). Er kann diese allerdings nicht ändern, sondern nur den von der Bundesregierung getroffenen Vereinbarungen zustimmen oder sie ablehnen.

2. **Kontrolle der Regierung:** Der Bundestag überwacht die Arbeit der Regierung. Die Regierungsfraktionen kontrollieren und kritisieren die Regierung im Vorfeld der Entscheidungen. Sie wachen darüber, ob die Regierung den gemeinsam festgelegten politischen Kurs hält. Die Aufgabe des Parlaments, die Regierung zu kontrollieren und zu kritisieren, übernimmt in der Öffentlichkeit in erster Linie die **Opposition.** Die Oppositionsparteien versuchen den Regierungsparteien Fehler nachzuweisen und stellen der Regierungspolitik ihre politischen Alternativen gegenüber.

3. **Bestellung anderer Staatsorgane:** Der Bundestag wählt den Bundeskanzler und stellt die Hälfte der Delegierten der Bundesversammlung, die den Bundespräsidenten wählt. Außerdem wählt der Bundestag die Hälfte der Richter des Bundesverfassungsgerichts und wirkt an der Bestellung der Richter der obersten Bundesgerichte mit. Indem sie von den Volksrepräsentanten im Parlament gewählt werden, erhalten die anderen Staatsorgane eine indirekte demokratische Legitimation.

4. **Artikulation von Interessen:** Der Bundestag ist das Forum der politischen Auseinandersetzung. Hier sollen alle gesellschaftlich wichtigen Themen und Standpunkte öffentlich diskutiert werden. Die Debatten vermitteln den Bürgern die politischen Vorstellungen der Parteien und geben ihnen die Chance, sich ein eigenes Urteil zu den politischen Sachfragen zu bilden. Die Abgeordneten sollen zwar die Interessen ihrer Wähler repräsentieren; dies bedeutet aber nicht, dass jede soziale Schicht gemäß ihres Bevölkerungsanteils im Bundestag vertreten sein muss. Die soziale Zusammensetzung des Bundestags ist kein Spiegelbild der Bevölkerung: Arbeiter und Frauen sind stark unter-, Beamte stark überrepräsentiert.

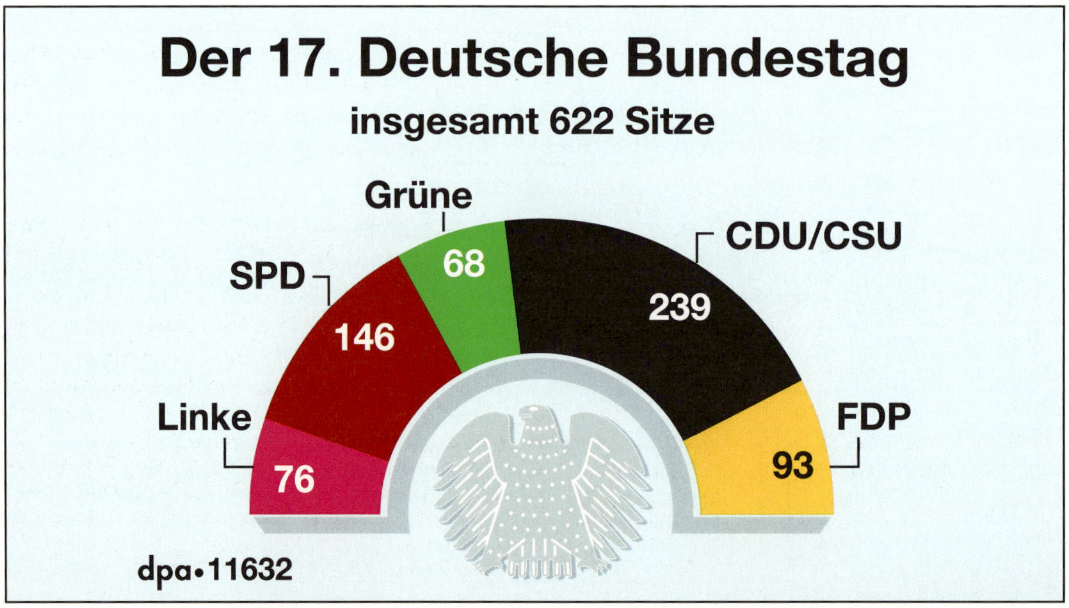

Arbeitsweise des Bundestags

Die Öffentlichkeit nimmt die Arbeit des Bundestags fast ausschließlich über die **Debatten im Plenum** des Bundestags wahr. Doch das Plenum – die Vollversammlung aller Abgeordneten – ist nur eines der Organe des Bundestags. Dort debattieren die Abgeordneten vor den Augen der Öffentlichkeit und stimmen über Gesetzesvorlagen und internationale Verträge ab. Es wird dort nicht verhandelt oder nach einem Kompromiss zwischen den Positionen gesucht.

Die sachliche Vorarbeit zu den Plenardebatten findet in den **Ausschüssen** statt. In der Regel gibt es analog zum Arbeitsbereich eines Ministeriums einen Ausschuss. Die Ausschüsse spiegeln die Mehrheitsverhältnisse im Bundestag wider; in ihnen diskutieren die Experten der Fraktionen Gesetzesvorlagen und Anträge. Um Abgeordneten, die in anderen Fachausschüssen arbeiten und nicht mit den Feinheiten der Problematik vertraut sind, die Arbeit zu erleichtern, fassen die Ausschüsse nach ihren Beratungen Beschlussempfehlungen für die Abstimmung im Plenum.

Die Ausschusssitzungen finden in der Regel hinter verschlossenen Türen statt. So sollen die Abgeordneten die Möglichkeit haben, ungezwungener und sachlicher zu debattieren als im Plenum; tatsächlich stehen sich in den Ausschüssen aber gewöhnlich die unterschiedlichen Ansichten der Parteien gegenüber. Sie werden nur selten in der Diskussion mit den anderen Ausschussmitgliedern geändert.

Der Bundestag – ein Parlament der Fraktionen

Im Bundestag schließen sich die Abgeordneten mit gleicher Parteizugehörigkeit in **Fraktionen** zusammen. Fraktionen sind gewissermaßen die Parteien im Parlament. Weil nicht jeder Abgeordneter ein Spezialist für alle politischen Fragen sein kann, teilen die Fraktionen das politische Feld in Arbeitsgebiete auf, die einzelnen Abgeordneten zugewiesen werden. Der Bundestag wird daher als **„Fraktionenparlament“** bezeichnet. Das zentrale Beschlussgremium einer Fraktion ist die Fraktionsversammlung. Diese wählt jeweils den Fraktionsvorstand mit dem Fraktionsvorsitzenden an der Spitze. Neben den Regierungsmitgliedern und den Parteivorsitzenden der Bundestagsparteien gehören die Fraktionsvorsitzenden zu den mächtigsten Akteuren auf dem politischen Parkett.

Kontrolle der Regierung

Um die Regierung zu kontrollieren, verfügt die Opposition über ein umfangreiches Instrumentarium, das grundsätzlich auch den Fraktionen der Regierungsparteien zur Verfügung steht, von diesen aber seltener genutzt wird.

- **Abwahl der Regierung** durch ein konstruktives Misstrauensvotum. Hierfür ist eine absolute Mehrheit der Stimmen notwendig.
- **Ablehnung oder Änderung** von Gesetzesentwürfen der Regierung. Auch dafür braucht es eine absolute Mehrheit.
- **Verweigerung des Vertrauens** in den Kanzler, wenn dieser Sachentscheidungen mit einer Abstimmung über seine Person verbindet (Vertrauensfrage).
- **Zurückweisung des Haushaltsentwurfs** der Regierung und eine Rechenschaftspflicht des Finanzministers gegenüber dem Parlament über die Entwicklung des Haushalts.
- Einsetzung von **Untersuchungsausschüssen** durch den Bundestag, um Vorwürfe gegen die Regierung zu untersuchen. Dieser Antrag kann von einem Viertel der Bundestagsabgeordneten gestellt werden.

Das schärfste Schwert des Parlaments: das Misstrauensvotum

Der Bundestag kann den Kanzler durch ein Misstrauensvotum stürzen. Nach den Erfahrungen der Weimarer Republik wurde dafür aber bewusst eine hohe Hürde geschaffen. Beim konstruktiven Misstrauensvotum kann der Regierungschef nur dann abgewählt werden, wenn zugleich eine absolute Mehrheit der Bundestagsabgeordneten einen **neuen Regierungschef** wählt. Bislang gab es zwei Anläufe des Bundestags, den Kanzler zu stürzen. 1972 scheiterte ein konstruktives Misstrauensvotum gegen Willy Brandt (SPD), 1982 löste Helmut Kohl (CDU) auf diesem Weg Helmut Schmidt (SPD) ab.

- Umfangreiche **Informationsrechte** jedes Parlamentariers: Jeder Abgeordnete hat das Recht, in einer **Großen** oder **Kleinen Anfrage** Fragen an die Regierung zu stellen, die diese beantworten muss. Weiterhin kann die Regierung in **Aktuellen Stunden** zu einem aktuellen Thema und zu Beginn jeder Plenarsitzung thematisch unbegrenzt befragt werden. Eine Mehrheit der Parlamentarier kann zudem Minister in Bundestagssitzungen zitieren, um von ihnen Informationen zu erhalten.

Die Bundestagsabgeordneten

Rechte der Abgeordneten

Die Parlamentarier Deutschlands genießen gegenüber den anderen Bürgern gewisse **Sonderrechte:**

- **Indemnität:** Abgeordnete dürfen für Äußerungen oder ihr Abstimmungsverhalten im Parlament nicht bestraft werden.

- **Immunität:** Abgeordnete dürfen nicht strafrechtlich verfolgt werden; das Bundestagspräsidium kann die Immunität jedoch aufheben.

- **Zeugnisverweigerungsrecht:** Abgeordnete müssen vor Gericht nicht aussagen, wenn die Aussage mit ihrer Abgeordnetentätigkeit zu tun hat.

Diese Sonderrechte stammen aus den Anfangszeiten des Parlamentarismus, um die Parlamentarier vor Übergriffen durch den Monarchen wegen unliebsamer Äußerungen und Nichtzustimmung zu seinen Gesetzen zu schützen. Es lässt sich darüber streiten, ob diese Sonderrechte in einer modernen Demokratie noch notwendig sind.

Bezahlung der Abgeordneten

Abgeordnete erhalten **Diäten**. Diese sollen ihnen Unabhängigkeit gewährleisten. Die Höhe der Diäten legt der Bundestag fest. Sie orientiert sich an den Bezügen von Richtern am obersten Bundesgericht. Deutlich besser gestellt als alle anderen Berufsgruppen sind Abgeordnete bislang bei der Altersversorgung. Schon nach zwei Legislaturperioden – also nach acht Jahren – haben sie einen Pensionsanspruch, den Bürger, die in die Rentenversicherung einzahlen, frühestens nach 40 Beitragsjahren erreichen.

© Erich Schmidt Verlag
66 250

Fraktionszwang

Nach dem Grundgesetz verfügen die Abgeordneten über ein so genanntes **freies Mandat**. In Art. 38 Abs. 1 GG heißt es: „Die Abgeordneten des Deutschen Bundestages [...] sind Vertreter des ganzen Volkes, an Aufträge und Weisungen nicht gebunden und nur ihrem Gewissen unterworfen.“ Ideengeschichtlich war es immer umstritten, ob die Volksvertreter im Parlament nach ihrem Gewissen abstimmen sollen (**freies Mandat**) oder im Sinne ihrer Wähler, die sie repräsentieren (**imperatives Mandat**). In modernen Demokratien hat der Abgeordnete weder ein freies noch ein imperatives Mandat, sondern folgt in der Regel einer **Fraktionsdisziplin**.

Aushöhlung der parlamentarischen Demokratie?

Kernaufgabe des Parlaments ist nach dem Prinzip der Gewaltenteilung die Beratung, Ausarbeitung und Verabschiedung von Gesetzen. In diesem Zusammenhang wird von Kritikern beklagt, dass der Deutsche Bundestag im Rahmen der Gesetzgebung an Einfluss verlieren würde. Oft werden die Parlamentarier mit komplexen Gesetzesentwürfen konfrontiert, die sie unter hohem Zeitdruck bearbeiten und beurteilen müssen. Die eigentlichen Entscheidungen oder Vorentscheidungen würden in anderen Gremien getroffen, der Bundestag selbst hätte nur noch geringen Einfluss. Dies würde im Kern bedeuten, dass die parlamentarische Demokratie ausgehöhlt wird und andere Institutionen oder Organe erheblich an Einfluss gewännen. Als problematisch für die Demokratie wird in diesem Zusammenhang gesehen, dass die Wähler die politischen Entscheidungen nicht mehr zweifelsfrei Amtsträgern oder Institutionen zuordnen können. Dadurch verliere das Prinzip der politischen Verantwortung an Bedeutung. Neben den verfassungsmäßigen Institutionen – Bundestag und Bundesregierung – gewinnen so genannte informelle Entscheidungszentren an Einfluss auf die Politik (→ S. 70). Darunter werden Expertengruppen, Kommissionen, aber auch Koalitionsausschüsse verstanden, die wichtige Vorentscheidungen treffen. Einigen sich die Spitzen der Parteien, die eine Regierung bilden, auf zentrale politische Vorhaben, dann können die Abgeordneten des Deutschen Bundestages nur noch graduelle Änderungen vornehmen. Kritiker behaupten, dass sich die politische Entscheidungskompetenz aus den Verfassungsorganen in Koalitionsrunden und Expertenkommissionen verlagern würde.

Stuttmann / CCC,www.c5.net

M1 Fraktionen im Bundestag

Ein Interview mit dem Politikwissenschaftler Prof. Heinrich Oberreuter.

Blickpunkt Bundestag: Ist die Rolle von Fraktionen in der Demokratie zwangsläufig so, wie wir sie in Deutschland heute vorfinden?

Heinrich Oberreuter: Ein Organ, das aus mehreren Hundert einzelnen Abgeordneten besteht, ist zu einer effizienten Beschlussfassung überhaupt nicht fähig. Schon in der Frühzeit des Parlamentarismus, in der es noch gar keine gefestigten Parteiverhältnisse gab, haben sich ja Abgeordnete nach politischen Schwerpunkten zusammengetan, um die Willensfindung und Entscheidungsfindung des Parlaments zu erleichtern. Diese Organisation ist nicht nur politisch, sondern auch von der Sache her auch im modernen Parlamentarismus geradezu geboten.

Kann man am Funktionieren von Fraktionen ablesen, ob eine Demokratie auch funktioniert?

Das ist eine Fangfrage, denn es wird ja oft unterstellt, dass Fraktionen geradezu demokratiefeindlich seien. Die Öffentlichkeit assoziiert mit „Fraktion“ in aller Regel den „Fraktionszwang“. Das ist natürlich unsinnig, denn die Abgeordneten werden ja nicht als Einzelgänger gewählt, sondern als prominente Exponenten ihrer Parteien. Die freiwillige Bindung an eine Fraktion dient dazu, das Mandat halbwegs effizient wahrnehmen zu können. Insofern sind funktionsfähige Fraktionen geradezu eine Voraussetzung für das Funktionieren der Demokratie. Sie stehen auch insofern nicht im Widerspruch zu demokratischen Postulaten, als die Willensbildung in den Fraktionen demokratisch organisiert ist.

Aus: Blickpunkt Bundestag, Februar 2006

M2 Kampf den „Abweichlern“ im Parlament

Hinter verschlossenen Türen und ohne Mitarbeiter beraten die SPD-Abgeordneten über den Umgang mit „Abweichlern“ bei Abstimmungen im Parlament. Anfang Februar haben 20 Sozialdemokraten gegen die Gesundheitsreform gestimmt. Fraktionschef Peter Struck hat vor allem die Mitglieder des Gesundheitsausschusses aufgerufen, „vor der Fraktion klarzustellen, welches Selbstverständnis sie bei ihrer Arbeit haben“. Von den elf SPD-Mitgliedern im Gesundheitsausschuss hatten bei der Schlussabstimmung über die Reform fünf gegen das Gesetz gestimmt; zwei hatten sich enthalten. In Kürze entscheidet der Bundestag über die Rente mit 67 und die Unternehmensteuerreform; beide Projekte stoßen in Teilen der SPD auf Widerstand. Bei der heutigen Fraktionssitzung geht es also um nichts weniger als die Frage, wie es die Sozialdemokraten mit dem Spannungsverhältnis zwischen freiem Mandat und Fraktionsdisziplin halten. Vereinzelt ist in diesem Zusammenhang gar vom „Fraktionszwang“ die Rede – völlig zu Unrecht, wie der Ausgang der jüngsten Abstimmung im Bundestag zeigt. Wo bitte war hier etwas von Zwang zu spüren? Die Abgeordneten der CDU/CSU gaben sich bei der Gesundheitsreform gar noch zwangloser als die der SPD. Aus ihren Reihen stimmten 23 Abgeordnete gegen die „Jahrhundertreform“.

Die Geschichte hat eben Sinn für Ironie: Im Vergleich zur großen Koalition war die rot-grüne Regierung ein Hort der Disziplin. Und doch hat Gerhard Schröder zu Recht auf das „Erpressungspotenzial“ verwiesen, das bei seiner knappen Mehrheit bereits eine Handvoll Parlamentarier besaß. Diese SPD-Abgeordneten, die von Schröders Sozialreformen nichts hielten, besiegelten das Ende von Rot-Grün und ebneten Angela

Merkel den Weg ins Kanzleramt. Die breite Regierungsmehrheit von CDU/CSU und SPD im Bundestag nun verleitet zu widerspenstigem Verhalten ihrer Abgeordneten. Weil heute auch 40, 50 oder 60 Parlamentarier formal kein „Erpressungspotenzial“ mehr darstellen, ist eine solche Zahl an Gegenstimmen rasch beisammen. Dies stellt die Mehrheitsbeschlüsse wie die Führung der Fraktionen (und nebenbei der Regierung) infrage. Abgeordnete drücken sich auf diese Weise vor unangenehmen Entscheidungen, gerieren sich als eigensinnige Unabhängige und distanzieren sich von der ungeliebten Koalition. Im Wahlkreis kommt das gut an.

Der SPD-Fraktionsvorsitzende Peter Struck hat schon aus eigenem Autoritätsanspruch mehrfach deutlich gemacht, was er vom Verhalten der „Abweichler“ im eigenen Lager hält: nichts. [...] Im Kern aber hat Struck recht: Abgeordnete können nicht fortwährend gegen die Mehrheit ihrer Fraktion agieren. Sie dürfen sich nicht aus Bequemlichkeit oder schlicht, weil die Mehrheit auch ohne sie gesichert ist, auf die Gewissensentscheidung des Abgeordneten berufen. Erklärt ein Parlamentarier eine bestimmte Abstimmung für sich zur Gewissensfrage, wird die Fraktionsspitze kaum protestieren oder ihn gar sanktionieren. Stammzellenforschung oder Entsendung von Soldaten mögen Gewissensentscheidungen sein – aber Gesundheitsreform und Rente mit 67?

Die parlamentarische Demokratie funktioniert nur, wenn die ihr zugrunde liegenden Regeln eingehalten werden. Es wäre das Ende einer Fraktion, würde bei jeder Abstimmung ein Fünftel oder ein Drittel der Abgeordneten gegen ihre Mehrheit stimmen. Eine solche Fraktion wäre handlungsunfähig. Entsprechend austariert ist der Weg zu einem Fraktionsbeschluss: Vor einer Entscheidung für das Plenum steht ein mühsamer, langwieriger interner Diskussionsprozess. Es wird abgewogen und integriert. Viele Interessen, manche sagen zu viele, fließen in einen solchen Beschluss ein. Erst dann wird abgestimmt. Müssen die „Abweichler“ bei der Gesundheitsreform sich nicht fragen lassen, warum sie sich zu wenig beteiligt, warum sie zu wenig durchgesetzt haben? Der Bundestag ist keine Versammlung von 614 einzelnen, eigenständig agierenden Individuen. Er ist ein Fraktionenparlament. Anders kann er gar nicht funktionieren. Selbst die Paulskirchenversammlung arbeitete bereits so. Der Abgeordnete ist frei, an Weisungen nicht gebunden und seinem Gewissen unterworfen. Daran will niemand rütteln. Doch der Abgeordnete ist nicht freischaffend. Er ist – seit Jahrzehnten ausnahmslos – als Kandidat einer Partei ins Parlament gewählt worden, jeder Zweite über eine allein von der Partei aufgestellte Liste.

Daniel Friedrich Sturm, in: Die Welt vom 27.02.2007

Aufgaben

1. Erläutern Sie die Funktionen des Bundestags im politischen System Deutschlands. Diskutieren Sie die Frage, ob der Bundestag seinen Aufgaben gerecht wird.

2. Recherchieren Sie die Begriffe „Redeparlament“ und „Arbeitsparlament“. Wo würden Sie das deutsche Parlament verorten?

3. a. Bringen Sie in Erfahrung, wer Ihren Heimatort im Bundestag vertritt. Erkundigen Sie sich, wann er/sie Sprechstunde hat, wie er/sie telefonisch und schriftlich erreichbar ist.

   b. Überlegen Sie sich Vorschläge, wie die direkt gewählten Abgeordneten des Bundestags ihren Kontakt zu den Bürgern verbessern könnten.

4. Erläutern Sie das Spannungsverhältnis zwischen freiem Mandat und Fraktionsdisziplin (M1, M2).

4.4 Der Bundesrat

Leitfragen | Welche Aufgaben nimmt der Bundesrat wahr? | Wie ist sein Verhältnis zum Bund geregelt?

Politische Funktion des Bundesrats

Durch den Bundesrat sind die **Länder** an der **Gesetzgebung des Bundes** beteiligt. Er soll es ermöglichen, dass die Länder die Gesetze mitgestalten, die ihre Interessen berühren. Zugleich soll die **Qualität der Gesetzgebung** durch die Einbeziehung der Länder verbessert werden. Die Verwaltungsaufgaben üben nämlich in aller Regel die Länder aus; diese Erfahrungen sollen bei der Gestaltung der Gesetze genutzt werden.

Der Bundesrat ist das für den deutschen Föderalismus typische Organ. Er ist in dieser Form einmalig auf der Welt. Er ist kein Ausdruck einer vertikalen Gewaltenteilung, sondern einer **vertikalen Gewaltenverschränkung** zwischen Bund und Ländern. Die Bundesratsmitglieder sollen keineswegs ausschließlich Länderinteressen vertreten, sondern „Bundes- und Länderinteressen in möglichste Übereinstimmung bringen" (Art. 50 GG).

Zusammensetzung und Bestellung des Bundesrats

Der Bundesrat hat **69 Mitglieder.** Meist ist bei Beschlüssen eine absolute Mehrheit erforderlich, bei Verfassungsänderungen eine Zweidrittelmehrheit. Bundesratswahlen gibt es nicht. Der Bundesrat besteht aus Mitgliedern der 16 Länderregierungen; er ist ein so genanntes **„ewiges Organ"** ohne abgegrenzte Legislaturperioden. In nahezu jedem Jahr findet mindestens eine Landtagswahl statt. Nach vielen Landtagswahlen verändert sich die Regierungszusammensetzung auf Länderebene und damit auch die parteiliche Ausrichtung der Bundesratsdelegierten des Landes.

Anders als die Abgeordneten des Bundestags haben die Delegierten der Länderregierungen im Bundesrat ein **imperatives Mandat**, das heißt, sie sind an bestimmte Weisungen und Aufträge gebunden. Außerdem müssen die Delegierten eines

Landes ihre **Stimme einheitlich abgeben.** Damit sind die Mitglieder des Bundesrats die Boten der Entscheidungen ihrer Landesregierungen.

Kompetenzen des Bundesrats

Der Bundesrat hat folgende Kompetenzen:

1. **Mitwirkung an der Gesetzgebung:** Er kann eigene Gesetzesvorlagen einbringen und zu Gesetzesentwürfen der Bundesregierung Stellung nehmen. Bei verfassungsändernden Gesetzen sowie bei Gesetzen, die Länderinteressen berühren, ist seine Zustimmung erforderlich (**Zustimmungsgesetze**). Bei allen anderen Gesetzen kann er einen Einspruch erheben (**Einspruchsgesetze**). (→ S. 96)

2. **Mitwirkung an der Verwaltung:** Der Bundesrat wirkt beim Erlass von Rechtsverordnungen des Bundes mit. Auch bei allgemeinen Verwaltungsvorschriften ist die Zustimmung des Bundesrats erforderlich. Aufgrund der starken Einbindung in die Verwaltung des Bundes lässt sich der Bundesrat auch als eine Art **„Zweite Regierung"** interpretieren.

3. **Mitwirkung an der Europapolitik:** Wenn eine EU-Angelegenheit ausschließlich in die Länderkompetenz fällt, dann muss die Bundesregierung auf europäischer Ebene die in einer Stellungnahme des Bundesrats ausgedrückten Länderinteressen berücksichtigen.

4. **Kontrolle von Bundesregierung** und Bundestag im Sinne der **Repräsentation und Artikulation der Länderinteressen** auf Bundesebene: Der Bundesrat soll darüber wachen, dass Bundesregierung und Bundestag nicht Kompetenzen an sich ziehen, die Befugnisse der Länder aushöhlen. Bei den zustimmungspflichtigen Gesetzen kontrolliert er, ob die Interessen der Länder ausreichend berücksichtigt wurden. Damit der Bundesrat diese Kontrollfunktion erfüllen kann, ist die Bundesregierung verpflichtet, ihn über die Führung der Geschäfte auf dem Laufenden zu halten.

5. **Mitwirkung an der Bestellung anderer Staatsorgane:** Der Bundesrat wählt die Hälfte der Richter des Bundesverfassungsgerichts.

Konfliktlinien im Bundesrat

Im Bundesrat gibt es zwei grundlegende Konfliktlinien, die sich bei bestimmten Entscheidungsprozessen überlagern können:

- eine parteiliche Konfliktlinie **zwischen den Parteien** aufgrund der programmatischen Orientierung und/oder dem Streben nach einer Stimmenmaximierung;

- eine Konfliktlinie **zwischen den Länderblöcken** im Bundesrat, etwa zwischen finanzstarken und finanzschwachen Ländern.

Die **parteipolitische Konfliktlinie** beherrscht gewöhnlich das Abstimmungsverhalten im Bundesrat. Dies führt bei gegenläufigen Mehrheiten in Bundestag und Bundesrat zur Verbreitung des Vorwurfs, die Oppositionsparteien missbrauchten den Bundesrat für ihre Zwecke. Der Vorwurf ist jedoch nicht so tragfähig, wie es auf den ersten Blick scheint. Die Mitglieder des Bundesrats sind Delegierte der Landesregierungen. Die Landesregierungen kommen indirekt durch Landtagswahlen in ihr Amt. Bei den Landtagswahlen stehen aber Parteien zur Wahl. Die Landesparteien formulieren in ihren Wahlkampfprogrammen stets auch miteinander konkurrierende bundespolitische Forderungen. Die Wähler auf Landesebene können von den Regierungen durchaus erwarten, dass sie diese bundespolitischen Interessen über ein Engagement im Bundesrat nach der Wahl verfolgen. Dass wiederum die Vertreter einer Partei auf Bundes- und Landesebene in den meisten Fällen ähnliche Ansichten vertreten, liegt in der Natur einer Parteiendemokratie.

Problematisch wird die **Parteipolitisierung** nur dann, wenn es nicht mehr um die legitime Vertretung parteilich gefärbter Politikinhalte geht, sondern einzig darum, die Wahlkampfchancen der Oppositionsparteien zu Lasten der Regierungsparteien zu verbessern und durch die häufige Ablehnung von genehmigungspflichtigen Gesetzesentwürfen eine „Blockadepolitik" zu betreiben.

M Schafft den Bundesrat ab!

Wolfgang Schäuble hat viel Widerspruch provoziert und Spott geerntet, als er in der vergangenen Woche gefordert hat, die Enthaltungen im Bundesrat nicht mehr zu zählen. [...] Der Zeitpunkt, den Schäuble gewählt hat, war denkbar ungünstig, sein Anliegen hingegen ist nicht völlig falsch. Denn mit seiner Forderung nach einer Begrenzung der Bundesratsmacht weist er zumindest auf ein veritables* Problem der föderalen Ordnung hin: Deutschland könnte schon in der kommenden Legislaturperiode unregierbar werden. Angesichts eines Fünfparteiensystems und einer noch nie dagewesenen föderalen Vielfalt droht eine parteipolitisch motivierte Dauerblockade im Bundesrat.

Schon nach der Bundestagswahl 2009 wird voraussichtlich keine denkbare Bundesregierung auf eine Bundesratsmehrheit zurückgreifen können. Nicht Schwarz-Gelb, nicht Jamaika, nicht Rot-Rot-Grün und auch nicht eine Große Koalition. Es droht ein völliger politischer Stillstand. Schon jetzt zeigt sich, dass sich die Hoffnungen, die mit der Föderalismusreform verbunden waren, nicht erfüllt haben. Die Verabschiedung des ersten Teils hat weder das Zuständigkeitswirrwarr zwischen Bund und Ländern wirklich entflochten, noch sind die Gesetzgebungsverfahren transparenter und schneller geworden. Die Verhandlungen über den wichtigen zweiten Teil der Föderalismusreform, die Neuordnung der Finanzbeziehungen zwischen Bund und Ländern, ist inzwischen am kleinkarierten Parteiengezänk ganz gescheitert.

Tatsächlich jedoch hat Wolfgang Schäuble seinen Vorschlag nicht konsequent zu Ende gedacht. Denn statt nur das Abstimmungsverfahren im Bundesrat zu ändern, sollte man den Bundesrat in seiner jetzigen Form ganz abschaffen. Er ist ein politischer Anachronismus. An seine Stelle sollte zum Beispiel nach dem Vorbild des US-Senats eine tatsächliche Länderkammer treten, die vom Wähler unmittelbar legitimiert wird. Der Bundesrat ist schließlich längst nicht mehr das, was er einmal war. Er war nach dem Zweiten Weltkrieg ursprünglich nur als föderales Korrektiv vorgesehen, in dem die Bundesländer ihre Interessen gegenüber dem Gesamtstaat geltend machen sollten. Nach den Erfahrungen mit dem totalen NS-Staat sollte so die Macht der Zentralregierung begrenzt werden. Doch mit der Zunahme der zustimmungspflichtigen Gesetze wandelte sich die Länderkammer seit den 1970er Jahren mehr und mehr zu einem parteipolitisch funktionalisierten Blockadeinstrument. Quasi durch die verfassungsrechtliche Hintertür haben sich die Ministerpräsidenten und die Landesregierungen großen Einfluss auf die Bundespolitik gesichert – mehr, als ihnen die Väter des Grundgesetzes zugedacht hatten.

Trotzdem war die föderale Welt lange Zeit noch übersichtlich, weil sich die Parteien und ihre Wähler zwei Lagern zuordnen ließen. Jeder wusste: Schwand die Mehrheit der Parteien, die die Bundesregierung stellten, im Bundesrat und begann die Opposition, dort eine gesetzgeberische Blockade zu organisieren, ob unter Kohl oder später bei Rot-Grün, stand auch der Bund vor einem Machtwechsel. So war es 1982, 1998 und auch 2005.

Doch nun droht die Blockade zur Anarchie und zum Dauerzustand zu verkommen. Schon jetzt sind im Bundesrat sechs verschiedene Regierungskonstellationen vertreten, und wenn es in den Bundesländern demnächst auch Dreierbündnisse gibt, könnten es noch mehr werden. Jede der beteiligten Parteien wird versuchen, über die Länderebene Einfluss auf die Bundespolitik zu nehmen, der ihr im Bundestag fehlt. Deutschland würde unregierbar und stünde vor einer veritablen Verfassungskrise.

Die Lösung kann jedoch nicht sein, die föderale Macht der kleinen Parteien über einen verfahrenstechnischen Umweg zu begrenzen. Schließlich würden sich die beiden großen Volksparteien so nur mehr Macht sichern, als ihnen angesichts ihrer bröckelnden Verankerung bei den Wählern zusteht. Stattdessen wäre es an der Zeit, dem gewachsenen Einfluss der Länderkammer und der veränderten Parteienlandschaft durch eine echte Bundesrats-Reform Rechnung zu tragen. Die Mitglieder sollten nicht mehr von den Landesregierungen gestellt werden, sondern sie sollten sich alle vier Jahre an einem Termin in allen Ländern gleichzeitig zur Wahl stellen. Endlich erhielte der Bundesrat so eine unmittelbare demokratische Legitimation, der seinem gewachsenen demokratischen Einfluss entspräche. Deutschland bekäme ein echtes Zweikammern-Parlament. Zudem könnte so dem Missstand begegnet werden, dass jede Landtagswahl mittlerweile eine kleine Bundestagswahl ist, und die Landespolitik, für die die Ministerpräsidenten eigentlich gewählt werden, in den Hintergrund treten lässt. Deutschland braucht eine Demokratiereform. Es wird Zeit, den Föderalismus wieder vom Kopf auf die Füße zu stellen.

Christoph Seils, auf: Zeit online vom 24.11.2008
** veritabel = ernsthaft, schwerwiegend*

Aufgaben

1. Erläutern Sie die Stellung des Bundesrats im politischen Gefüge der Bundesrepublik.
2. Diskutieren Sie den Vorschlag des Bundesinnenministers Wolfgang Schäuble, das Abstimmungsverfahren im Bundesrat zu ändern (M).
3. Erörtern Sie die These des Autors, der Bundesrat sei zu einem Blockadeinstrument verkommen und solle abgeschafft werden (M).

4.5 Der Bundespräsident

Leitfragen

- Welche Stellung hat der Bundespräsident in der parlamentarischen Demokratie?
- Welche Rechte und Pflichten hat er?

Bedeutung und Aufgaben

Der Bundespräsident ist das **Staatsoberhaupt** der Bundesrepublik und repräsentiert den Staat nach innen und nach außen. Zur Kernfunktion des politischen Systems, für den Staat und die Bürger verbindliche Entscheidungen herbeizuführen, leistet er nur einen geringen Beitrag. Der Bundespräsident hat kein Gesetzesinitiativrecht und verfügt bei der politischen Willensbildung über keine formalen Einflussmöglichkeiten. Seine Amtshandlungen müssen vom Kanzler oder den Fachministern gegengezeichnet werden. Bedeutungslos ist der Bundespräsident aber keineswegs. Er erfüllt folgende Aufgaben:

- **Prüfung und Unterzeichnung** der Gesetze;
- **Ernennung und Entlassung** von Bundeskanzler, Bundesministern und Bundesrichtern;
- **Unterzeichnung** von völkerrechtlichen Verträgen, die vorher durch die Regierung ausgehandelt wurden;
- **Entscheidung** über Begnadigungen.

Bei diesen Aufgaben handelt es sich i.d.R. um rein **formale Kompetenzen.** In politischen Krisenzeiten mit unklaren Mehrheitsverhältnissen im Bundestag kommen dem Bundespräsidenten jedoch zwei verfassungsrechtlich bedeutsame Einflussmöglichkeiten zu:

- Da er das **Vorschlagsrecht** für das **Amt des Bundeskanzlers** besitzt, kann er bei unklaren Mehrheitsverhältnissen nach Bundestagswahlen durch den Vorschlag eines Kandidaten ggf. die Wahl des Bundeskanzlers beeinflussen. Im Normalfall schlägt er den Kandidaten vor, der die Mehrheit im Bundestag hinter sich hat.

- Eine **echte Entscheidungskompetenz** kommt ihm zu, wenn nach einer gescheiterten Vertrauensfrage der Bundeskanzler den Antrag auf Auflösung des Bundestags und die Ausschreibung von Neuwahlen stellt. Dies kann der Bundespräsident auch ablehnen.

Der Einfluss des Bundespräsidenten auf die innere und äußere Politik als höchster Repräsentant des Staates beruht auf seiner Überzeugungskraft und seinem Ansehen. So kann er durch Ansprachen auf Fehlentwicklungen hinweisen und Anstöße für politische Veränderungen geben sowie durch sein Auftreten bei Staatsbesuchen im Ausland das internationale Ansehen Deutschlands fördern.

Die Wahl des Bundespräsidenten

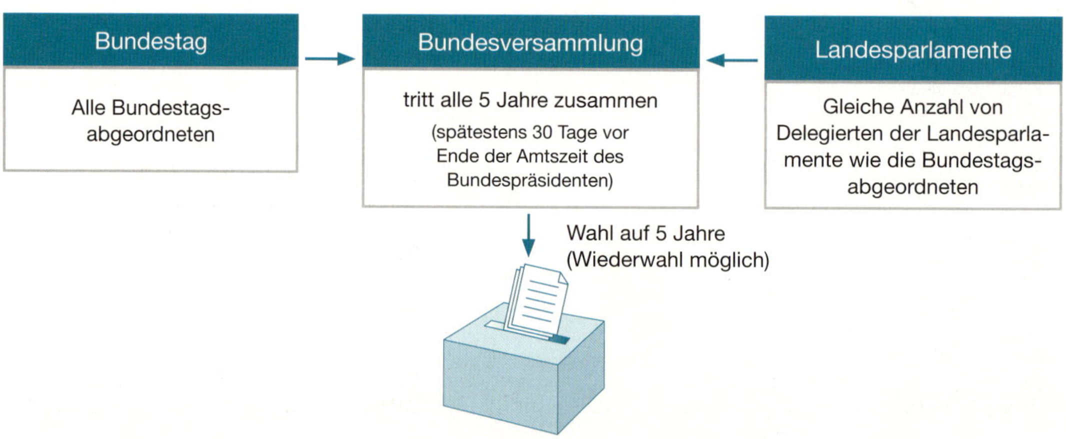

Wie kommt der Bundespräsident ins Amt?

Die Amtszeit des Bundspräsidenten beträgt **fünf Jahre.** Er kann nur einmal wiedergewählt werden. Anders als etwa in der Weimarer Republik oder auch heute in Österreich wählt nicht das Volk, sondern die eigens für diese Wahl zusammengestellte **Bundesversammlung** das Staatsoberhaupt. Außer der Wahl des Staatsoberhaupts hat die Bundesversammlung keinerlei Funktion.

Die von den Landesparlamenten in die Bundesversammlung gewählten Vertreter müssen keine Mitglieder der Landesparlamente sein. Häufig sind es Prominente wie etwa die Schauspielerin Nina Hoss oder die Sportlerin Claudia Pechstein.

Amtsführung

Die bisherigen Amtsinhaber haben das Amt des Bundespräsidenten so ausgestaltet, dass es als eine Art **„Gewissen der Nation"** fungiert. Durch Reden zu grundsätzlichen politischen Fragen übt der Präsident zwar keine formale Macht aus, er kann aber die öffentliche Debatte wirksam beeinflussen. Für großes Aufsehen sorgte etwa Bundespräsident Richard von Weizsäcker mit seiner **Parteienkritik.** Bei Reden innerhalb Deutschlands muss sich der Bundespräsident dabei nicht mit dem Bundeskanzler abstimmen. Wenn der Bundespräsident dagegen als Vertreter Deutschlands im Ausland unterwegs ist, muss er seine Rede zuvor dem Bundeskanzler vorlegen. Gewöhnlich genießt die Person des Bundespräsidenten in Deutschland ein höheres Ansehen als der Bundeskanzler.

Die Bundespräsidenten

1949–1959
Theodor Heuss (FDP)

1959–1969
Heinrich Lübke (CDU)

1969–1974
Gustav Heinemann (SPD)

1974–1979
Walter Scheel (FDP)

1979–1984
Karl Carstens (CDU)

1984–1994
Richard von Weizsäcker (CDU)

1994–1999
Roman Herzog (CDU)

1999–2004
Johannes Rau (SPD)

2004–2010
Horst Köhler (CDU)

seit 2010
Christian Wulff (CDU)

M1 Mann ohne Möglichkeiten

Das Amt des Bundespräsidenten hat sich gewandelt – und nicht zu seinem Vorteil. Ist es Zeit, es abzuschaffen? Eine Provokation

Bekleidet der Bundespräsident nicht wirklich ein überflüssig gewordenes Amt? Natürlich muss dieser Gedanke jeden Amtsinhaber schrecken, und so folgt auf die Wochen des Bellevue-Blues meist angestrengte Aktivität: Kommissionen werden eingerichtet, Projekte ins Auge gefasst, Journalisten umgarnt. Und erneut binnen Jahresfrist hat der Bundespräsident sich ein Universum errichtet, das eigenen Gesetzen gehorcht. Es schafft Bedeutung aus sich heraus, und es verleiht Bedeutung allen, die darin mitspielen. [...] Eine Frage treibt die Präsidenten dabei notorisch um: Warum achtet die politisch-publizistische Klasse ihre Mühen so gering, wo das Volk sie doch so schätzt? Nun ist die Popularität des Präsidenten eine ungetestete. Der Präsident erhöht keine Steuern, er rechtfertigt keine unliebsamen Gesetze, er muss sich nicht behaupten im Meinungskampf.

Vor allem aber hat sich die Rolle der Präsidenten gewandelt. Auch in der Bonner Republik musste der Bundespräsident um sein Profil ringen, aber erst in der Berliner Republik hat sich seine Aufgabe entleert. [...] Jahrzehntelang schöpfte das Amt seine Bedeutung aus der Sehnsucht der Deutschen nach dem großen Onkel. Und die junge Republik hatte ihre Onkel durchaus nötig. Im besten Falle, von Heuss bis Weizsäcker I, waren sie Anwalt der Demokratie und Moderator des politischen Geschehens, sie versöhnten die zerrissene Nachkriegsgesellschaft mit ihrem parlamentarischen System. Die andere Sorte Onkel, die Gutmütigen, überlebte nur im nationalen Anekdotenschatz. [...] Doch der Abschied von der Bonner Republik läutete auch das Ende der Onkel-Republik ein. [...] in der neuen Zeit mussten plötzlich auch Präsidenten um Aufmerksamkeit kämpfen.

Jedes politische Amt ist eine Überforderung, aber keines so wie dieses. Lange Zeit war der Bundespräsident der Mann gegen den inneren Bürgerkrieg gewesen, doch der Bürgerkrieg ist ausgeblieben. Gleichzeitig ließen Bedarf wie Bereitschaft der Deutschen nach, sich erziehen zu lassen. Woraus wollten, ja konnten die Präsidenten künftig ihre Popularität erwirtschaften? [Sie sind] auf der Suche nach der richtigen Ausrichtung für ein Amt, das aus den genannten historischen Gründen seinen inneren Kompass verloren hat. [...] Wenn die Bundespräsidenten ihr Amt also nicht zu einer neuen Bestimmung führen, droht es wirklich überflüssig zu werden.

Dabei sollten sich die Bundespräsidenten nicht darauf verlassen, dass das Amt operativ unabschaffbar wäre. Entgegen manchem Anschein ist der Bundespräsident eine gefährdete Institution. Von vornherein schwach angelegt, ist das Amt eines, dessen Befugnisse sich ohne große Verluste auf andere Institutionen verteilen ließen. Der Bundespräsident fertigt die Gesetze aus? Das könnte der Präsident des Bundestages machen, so wie auch Landesgesetze von den Landtagspräsidenten in Kraft gesetzt werden. Staatsbesuche, wenn sie denn eine Wirkung haben sollen, unternimmt ohnehin bereits die Kanzlerin. Und die Prüfung zweifelhafter Gesetze ist zwar ein Privileg des Präsidenten, in letzter Instanz landen diese Vorgänge aber meist doch dort, wo sie hingehören: beim Bundesverfassungsgericht. Gerade in praktischen Fragen ist der Präsident also entbehrlicher, als es seinen Verteidigern lieb sein kann. Sein praktischer Nutzen beantwortet jedenfalls nicht den einfachsten, bohrendsten Einwand gegen das Amt: Wozu ist es eigentlich da?

Natürlich ist seine zentrale Rolle die zeremonielle. Der Präsident polstert im besten Fall das nüchterne Institutionen-Mobiliar einer parlamentarischen Demokratie etwas heimeliger aus. Aber reicht das aus: der Präsident als glücklicher Sonntag unter den grauen Wochentagen des politischen Alltagsgeschäfts?

Patrik Schwarz, in: Die Zeit vom 17.04.2008

M2 Die Unverzichtbaren

Der Bundespräsident ist eine Reserveautorität und eine Integrationsfigur. Wer das Amt abschaffen will, versteht nichts von politischer Symbolik. Eine Replik

Den Bundespräsidenten könne man ruhig abschaffen, Gesetze könne auch der Bundestagspräsident ausfertigen, Staatsbesuche unternehme die Kanzlerin ohnedies, und zweifelhafte Gesetze landeten sowie in Karlsruhe – dieses Plädoyer erinnert in seinem Funktionen-Positivismus zunächst an die Parodie einer als McKinsey-Gutachten aufgezogenen Evaluierung der Berliner Philharmoniker. Wozu brauche man einen gesonderten teuren Musiker für den Triangel? In den wenigen Augenblicken, in denen dieses Instrument zum Einsatz komme, könne das primitive Metalldreieck ohne Weiteres auch von einem der vielen Geiger angeschlagen werden. [...] Aber der Triangel wird genau dann benötigt, wenn das ganze Orchester im hellsten Aufruhr tobt und zur Erzeugung der letzten Klangkrone auch am Triangel ein Virtuose benötigt wird, der sein Instrument beherrscht. Wer das Amt des Bundespräsidenten allein unter Effizienzgesichtspunkten betrachten wollte, müsste die Bedeutung der Symbolik in der Politik und Staatsbildung völlig ausblenden. [...]

Das Amt des Bundespräsidenten fügt in der Staatsleitung dem Amt des Kanzlers Dimensionen hinzu, die von den Letzteren gerade nicht elementar aufzubringen sind: gegen den überaus legitimen Pluralismus der kämpfenden Parteien die ebenso notwendige Einheit des Gemeinwesens; gegenüber der dynamischen Auseinandersetzung die Statik des konstitutionellen Rahmens; gegenüber der antagonistischen Natur der Politik das integrative Wesen des wohlgeordneten Staates.

Dies alles hatte der britische Parlamentstheoretiker Walter Bagehot vorweggenommen, als er 1867 den Unterschied zwischen den effizienten und den ehrwürdigen Verfassungsinstitutionen herausarbeitete; den Letzteren fehlte an Notwendigkeit keinesfalls, was den Ersteren an Macht ohnedies zufiel. Von Bagehot stammt im Übrigen die treffendste Beschreibung der Kompetenzen eines Staatsoberhauptes und also auch des Bundespräsidenten: „das Recht, konsultiert zu werden, das Recht zu ermutigen und das Recht zu warnen." Oder wie es Theodor Eschenburg am 18. September 1959 in der ZEIT schrieb: „Die Aufgaben des Bundespräsidenten liegen nicht im Regieren, sondern im Regulieren, nicht im Befehlen, sondern im Beraten und Behüten." Pflicht und Recht zur Konsultation des Präsidenten kommen übrigens in der öffentlichen Bewertung zu Unrecht regelmäßig zu kurz, nicht zuletzt, weil sich dieser Austausch nur in äußerster Diskretion pflegen lässt. Der Bundespräsident ist, zumal in allen Krisennormen des Grundgesetzes, in der Tat „nur" eine Reserveautorität – Neuwahlen, Gesetzgebungsnotstand, Einberufung des Bundestages. Aber auch den Feuerlöscher wirft man nicht aus dem Haus, nur weil es vierzig Jahre lang nicht gebrannt hat.

Robert Leicht, in: Die Zeit vom 24.04.2008

Aufgaben

1. Immer wieder wird diskutiert, ob die Bürger den Bundespräsidenten direkt wählen sollten. Recherchieren Sie im Internet, welche Argumente für und welche gegen eine Direktwahl angeführt werden. Beziehen Sie eine eigene Position!
2. Halten Sie das Amt des Bundespräsidenten für wichtig oder für eher verzichtbar? Begründen Sie Ihre Position und beziehen Sie dabei die Argumente aus M1 und M2 ein.

5 Staatsaufbau

Leitfragen				
	Was bedeutet Föderalismus?	Wie ist das föderale System in Deutschland organisiert?	Wodurch unterscheiden sich Zentral- und Bundesstaaten?	Warum wurde eine Föderalismusreform notwendig, und welche Änderungen wurden vorgenommen?

Die vertikale Gewaltenteilung

Die Frage der vertikalen Machtverteilung richtet sich darauf, in welchem Maße die politische Macht auf der zentralstaatlichen Ebene und damit in der nationalen Regierung konzentriert ist.

Man unterscheidet **Föderalismus** und **Zentralismus**: Die Begriffe Föderation und Föderalismus gehen auf das lateinische Wort „foedus“ für „Bund“ zurück. Das staatliche Organisationsprinzip des **Föderalismus** zielt darauf, die politische Macht zwischen einer zentral- und einer bundesstaatlichen Ebene zu teilen, d.h. es besteht eine Aufgabenteilung zwischen dem Bund und den einzelnen Bundesländern. Das Organisationsprinzip des **Zentralismus** hingegen konzentriert die politische Macht auf der nationalen Ebene.

Bundesstaatliche Ordnung

GG Artikel	Was dazu im Grundgesetz steht
20	„Die Bundesrepublik Deutschland ist ein demokratischer und sozialer Bundesstaat“
79	Das bundesstaatliche Prinzip darf nicht aufgehoben oder geändert werden
30	Eigenstaatlichkeit der Länder
50 23	Mitwirkung der Länder an der Gesetzgebung des Bundes und in Angelegenheiten der Europäischen Union durch den Bundesrat
70-74	Gesetzgebung: Aufteilung der Zuständigkeiten zwischen Bund und Ländern
83-87	Zuordnung der staatlichen Verwaltungsaufgaben
104 a -107	Finanzhoheit. Verteilung des Steueraufkommens zwischen Bund und Ländern

ZAHLENBILDER

60 060

Staatsaufbau

	Gesetzgebung (Legislative)	**Vollziehende Gewalt** (Exekutive)	**Rechtsprechung** (Judikative)
Bund	**Bundestag Bundesrat** Ausschließliche Gesetzgebung (Art. 71, 73 GG) Konkurrierende Gesetzgebung (Art. 72, 74 GG)	**Bundesregierung Bundesverwaltung** (Art. 86-87b, 87d-89 GG)	**Gerichte des Bundes** (Art. 93-96 GG) Bundesverfassungsgericht Oberste Gerichtshöfe des Bundes
Länder	**Parlamente der Länder** Gesetzgebung der Länder Konkurrierende Gesetzgebung (Art. 72, 74 GG)	**Länderregierungen Länderverwaltungen** Ländereigene Verwaltung Ausführung der Bundesgesetze – als eigene Angelegenheit (Art. 83, 84 GG) – im Auftrage des Bundes (Art. 85 GG)	**Gesetze der Länder** z. B. Oberlandesgericht, Landesgericht, Amtsgericht, Landesarbeitsgericht, Arbeitsgericht
Kommunen	**Kreistage/ Gemeindevertretungen/ Stadtverordneten-versammlungen/ Gemeinde-, Stadträte** Kommunale Selbstverwaltung (Art. 28 GG)	**Landräte/Oberkreisdirek-toren/Kreisausschüsse – (Ober-)Bürgermeister/ (Ober-)Stadtdirektoren/ Gemeindevorstände/ Magistrate** Verwaltung im Rahmen der Gesetze und der Kommunalverfassung	**Gerichte der Länder sind zuständig**

Schülerduden Politik, Berlin 2004, S. 79, geringfügig geändert

Deutschland ist ein **Bundesstaat** (Föderation). Dieses Modell des Staatsaufbaus liegt zwischen einem Modell des **Staatenbunds** (Konföderation) und dem Modell eines **Zentral- oder Einheitsstaats.** Im Bundesstaat wird die politische Macht zwischen einer zentralen Regierung und regionalen Regierungen geteilt. Dabei muss jede Regierungsebene bestimmte politische Kompetenzen haben, die sie unabhängig von der anderen Regierungsebene wahrnehmen kann.

Obwohl der Föderalismus in Deutschland auf eine lange Tradition zurückblickt, entschied man sich nach dem Zweiten Weltkrieg vor allem aus einem Grund für dieses Organisationsprinzip: Man wollte eine Machtkonzentration verhindern, die die Herrschenden zu Missbrauch hätte verleiten können.

Prinzipien des deutschen Föderalismus

Das deutsche Grundgesetz erklärt die föderale Ordnung Deutschlands für unabänderbar (Art. 79 Abs. 3). Dies bedeutet:

- In Deutschland muss es eine **zentralstaatliche** und eine **bundesstaatliche Ebene** geben. Es ist aber möglich, Ländergrenzen zu ändern, bestehende Länder aufzulösen oder miteinander zu vereinigen. 1996 unternahmen Berlin und Brandenburg einen – gescheiterten – Versuch, zu einem gemeinsamen Bundesland zu fusionieren.

- Die zentral- und die bundesstaatliche Ebene müssen **eigenständige politische Kompetenzen** sowie jeweils eine gewisse **finanzielle Eigenständigkeit** haben.

Das Kernelement einer föderativen Ordnung ist die Verteilung der Aufgaben zwischen den staatlichen Ebenen. Grundsätzlich sollen die Aufgaben von der Ebene erfüllt werden, die dafür am besten geeignet ist (**Subsidiaritätsprinzip**). Laut dem Grundgesetz ist für bestimmte Aufgaben einzig der Bund zuständig, für andere sind es ausschließlich die Länder. Im Bereich der **konkurrierenden Gesetzgebung** ist es dem Bund erlaubt, für alle Länder verbindliche Gesetze zu erlassen, wenn „die Herstellung gleichwertiger Lebensverhältnisse im Bundesgebiet oder die Wahrung der Rechts- oder Wirtschaftseinheit im gesamtstaatlichen Interesse eine bundesgesetzliche Regelung erforderlich macht" (so genannte „Bedürfnisklausel"; Art. 72 GG). Die Länder konnten bis zur Föderalismusreform 2006 dann keine abweichenden Regelungen mehr treffen. Diese Regelung war das Einfallstor dafür, dass sich im Namen gleichwertiger Lebensverhältnisse im gesamten Staatsgebiet die Gesetzgebungskompetenzen immer stärker auf zentralstaatlicher Ebene konzentrierten.

Kooperativer Föderalismus

Mit dem Begriff des kooperativen Föderalismus wird die wechselseitige Unterstützung von Bund und Ländern bei ihrer Aufgabenerfüllung bezeichnet, ihre gemeinsamen Absprachen und Entscheidungen. Der kooperative Föderalismus soll regionale Spezialisierung mit dem Ziel verbinden, ausgleichend und umverteilend eine Gleichwertigkeit der Lebensverhältnisse in Deutschland zu erreichen. Die enge Verzahnung und Zusammenarbeit der Exekutiven auf Bundes- und Landesebene bei vergleichsweise geringem Einfluss der Länderparlamente wird als **Exekutivföderalismus** bezeichnet. Das Gegenmodell zum kooperativen Föderalismus ist ein **kompetitiver Föderalismus.** Er ist durch eine strenge Trennung der Ebenen von Bund und Ländern sowie einen politischen Wettbewerb der Länder um die beste politische Lösung gekennzeichnet.

Die Gesetzgebungskompetenzen von Bund und Ländern

Ausschließliche Gesetzgebung des Bundes:
z. B. Auswärtige Angelegenheiten, Verteidigung, Außenhandel

Konkurrierende Gesetzgebung: Die Länder haben das Gesetzgebungsrecht, wenn der Bund nicht aktiv wird. Der Bund übernimmt nur dann die Gesetzgebung, wenn es darum geht, für alle Bürger „gleichwertige Lebensverhältnisse" zu schaffen, etwa im Straßenverkehr oder im Versammlungs- und Wirtschaftsrecht

Ausschließliche Gesetzgebung der Länder:
z. B. Kommunalwesen, Schulwesen, Kultur

Föderalismusreform 2006

Kritiker warfen dem System des kooperativen Föderalismus in den 1990er Jahren zunehmend vor, dass er notwendige politische **Reformen behindere.** Sie bemängelten, dass der **politische Entscheidungsprozess zu lange** dauere. Außerdem könne niemand mehr genau sagen, wer für welche **politische Entscheidung verantwortlich** sei. Ins Kreuzfeuer der Kritik geriet vor allem, dass der Bundesrat bei nahezu allen Entscheidungen auf Bundesebene mitentscheiden konnte. Außerdem hätten die Länder nicht mehr genügend Möglichkeiten, Politik zu gestalten. Eine Föderalismusreform sollte diese Probleme lösen.

Die im Jahre 2006 von Bundestag und Bundesrat beschlossene Föderalismusreform ist die umfassendste Änderung des Grundgesetzes in der Geschichte der BRD. Im Zuge dieser Reform wurden die Länderrechte vor allem dadurch gestärkt, dass die Länder im Bereich der konkurrierenden Gesetzgebung auch dann abweichende Regelungen treffen können, wenn der Bund bereits ein Gesetz erlassen hat. Eine Reihe von Kompetenzen fällt nun in die **alleinige Zuständigkeit** der Länder. Vor allem sind die Länder in Zukunft nahezu allein für die Bildungspolitik verantwortlich.

Der Anteil der Bundesgesetze, die einer Zustimmung des Bundesrats bedürfen, soll von rund 60 Prozent auf rund 35 bis 40 Prozent sinken. Dies soll gelingen, indem künftig bei Bundesgesetzen, die Regelungen zum Verwaltungsverfahren enthalten, die **Zustimmungspflicht entfällt.** Die Länder dürfen dafür nun das Verfahren auch abweichend regeln. Weiterhin darf der Bund den Gemeinden künftig durch Bundesgesetze keine Aufgaben oder Kosten mehr übertragen. In einer zweiten Runde der Föderalismusreform sollen die komplizierten Finanzbeziehungen zwischen Bund und Ländern neu geregelt werden.

Modelle des Staatsaufbaus zwischen Einheitsstaat und Bundesstaat

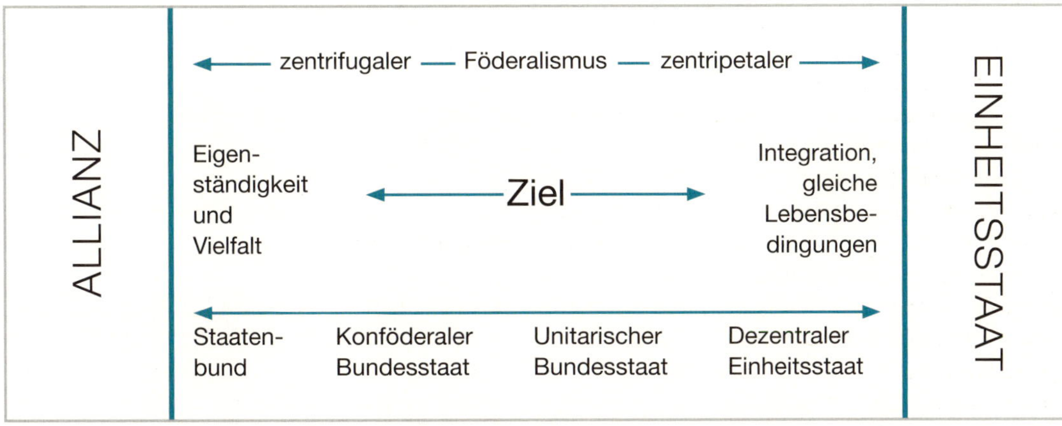

Die Bundesländer

Die Länder der Bundesrepublik Deutschland besitzen „Staatsqualität“, sind also nicht nur große Selbstverwaltungskörper wie die Gemeinden, Kreise oder Bezirke. Die Landesverfassungen gelten unabhängig und selbständig neben dem Grundgesetz. Keine der beiden Ebenen im Bundesstaat kann allein die Befugnisse der anderen Ebene beschneiden. Für eine Grundgesetzänderung ist demnach nicht nur eine Zweidrittelmehrheit im Bundestag, sondern auch eine Zweidrittelmehrheit im Bundesrat erforderlich (→Kapitel 1.6).

Die Länder verfügen über definierte eigene Herrschaftsbereiche und sind insofern nicht nur Vollzugs- oder Ausführungsorgane des Zentralstaates. Daher müssen die Länderregierungen eigene, vom Bund nicht angreifbare Entscheidungskompetenzen besitzen, die ausschließlich in ihrer Verantwortung liegen.

Gemeinden

Die Gemeinden bilden keine eigene Ebene im Staatsaufbau; sie gehören zu den Ländern. Über die Gemeindegrenzen und die Kommunalverfassungen wird in den Landtagen entschieden.

Wichtigste **Pflichtaufgaben** der Gemeinden sind:

- Müllabfuhr, Versorgung mit Strom, Gas und Wasser, Straßenreinigung, öffentlicher Nahverkehr;
- Kinderbetreuung durch Kindergärten und Horte;
- Bau und Wartung von Schulgebäuden;
- Auszahlung von Wohn- und Heizgeld nach Hartz IV;
- Bereitstellung von Feuerwehr, Rettung, Katastrophenschutz;
- Durchführung von Wahlen (Kommune, Land, Bund);
- Bau- und Wohnungswesen sowie Verkehr.

Plaßmann / CCC,www.c5.net

Wichtigste **freiwillige Aufgaben** der Kommunen sind:

- Betrieb von Schwimmbädern und Sportanlagen;
- Betrieb von Musikschulen, Bibliotheken, Begegnungsstätten, Jugendclubs, Altenheimen;
- Unterhaltung von Grünanlagen.

Zu unterscheiden ist mit Blick auf die Aufgaben zwischen **weisungsfreien** und **weisungsgebundenen Aufgaben** im Auftrag von Land oder Bund. Bei weisungsgebundenen Aufgaben haben die Gemeinden teilweise keinen Spielraum, wie etwa bei der Durchführung von Wahlen oder der Auszahlung von Leistungen für Empfänger von Arbeitslosengeld II. Bei anderen weisungsgebundenen Aufgaben gibt es einen gewissen Spielraum. So müssen die Gemeinden Schulen bauen; wie diese aussehen, können sie selbst bestimmen.

Geht es um die Erfüllung der weisungsfreien Aufgaben, hat der Gemeinderat das letzte Wort, sonst trifft der Bürgermeister die Entscheidung. Die Arbeit der Gemeinden ist nicht einheitlich geregelt. Es haben sich **zwei Typen** der Kommunalverfassung durchgesetzt: die **Bürgermeisterverfassung** und die **Magistratsverfassung.**

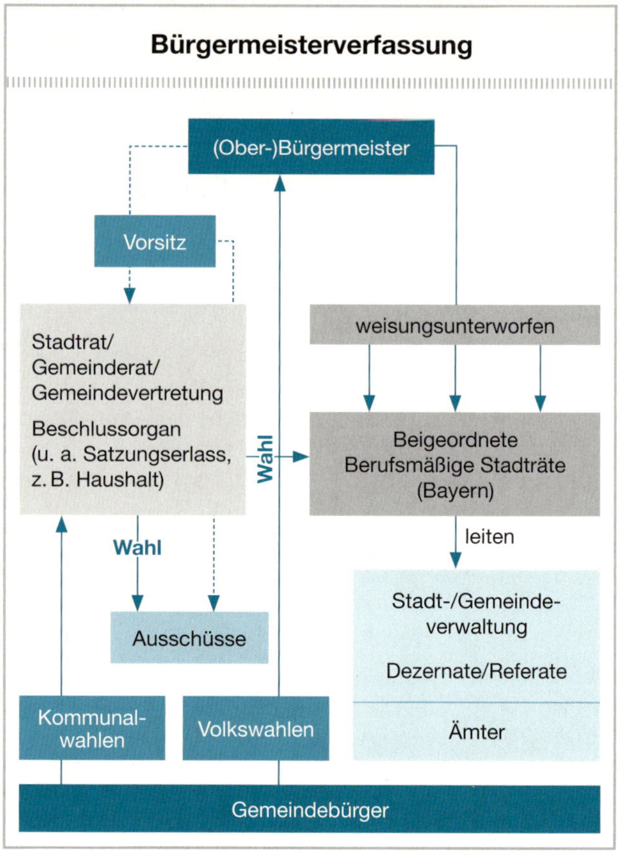

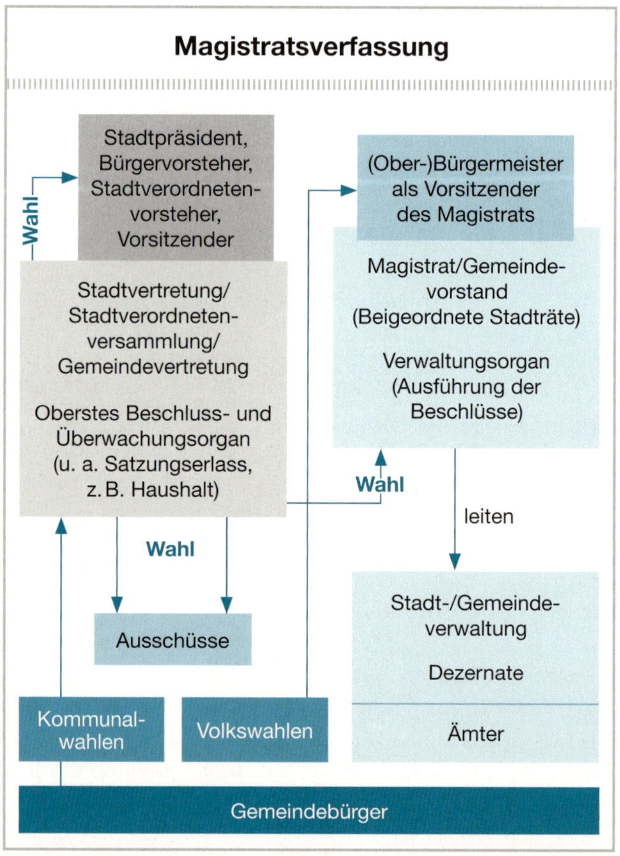

Schülerduden Politik, Berlin 2004, S. 82

Deutschland – ein Flickenteppich?

M1 Föderalismusmüde?

Wie viele Bundesländer will sich Deutschland in einem zusammenwachsenden Europa überhaupt noch leisten – und welche Rolle sollen diese Länder in Zukunft spielen? Fragt man [...] die Bürger nach ihrer Meinung, wie das jetzt das Infas-Institut im Auftrag der Bertelsmann Stiftung getan hat, sind die Antworten überraschend eindeutig: Die meisten Deutschen wünschen sich, dass ihre Stadt oder Gemeinde, der Bund und die Europäische Union in Zukunft eine stärkere Rolle spielen – und zwar in dieser Reihenfolge. Abgeschlagen auf Platz vier und damit letzter: die Bundesländer. 25 Prozent der Befragten halten die Länder sogar für gänzlich überflüssig, in acht von 16 Ländern spricht sich eine Mehrheit der Bevölkerung für einen Zusammenschluss mit einem Nachbarland aus. Selbst im traditionsbewussten Freistaat Bayern kommt immer noch ein Fusionsbefürworter auf zwei -gegner.

Die Skepsis vieler Deutscher gegenüber den Ländern passt zum Wunsch einer übergroßen Mehrheit nach bundesweit einheitlichen Lebensverhältnissen. Gut 90 Prozent der Befragten plädieren für vergleichbare Standards in Kindergärten, Schulen und Universitäten, nur unwesentlich weniger Bürger wünschen sich, dass es bei bundesweit einheitlichen Steuersätzen bleibt. [...] Die große Mehrheit der Bundesbürger, rund 88 Prozent, zieht [...] die Solidarität zwischen den Ländern dem Wettbewerbsgedanken vor. Das gilt auch für Bayern und Baden-Württemberg, wo die Zustimmungsraten immer noch 83 beziehungsweise 85 Prozent betragen. Sorgen machen sollten sich die Landesregierungen vor allem darüber, dass sich viele Bürger zwar mit Deutschland, nicht aber mit ihrem Bundesland identifizieren. In Nordrhein-Westfalen und in Niedersachsen konnte jeder vierte Befragte seinem Land aus einer Liste von zehn Antwortmöglichkeit kein einziges positives Merkmal zuordnen. Überwiegend einig sind sich die Deutschen, dass in einem zusammenwachsenden Europa allein die Bundesregierung die Interessen Deutschlands in der EU vertreten sollte.

Claus Hulverscheidt, „Ungeliebter Föderalismus", in: Süddeutsche Zeitung vom 11. Februar 2008

M2 Bildungspolitische Vielfalt im föderalen System

Dass die Bundesrepublik Deutschland föderal organisiert ist, zeigt sich schon im Alltag vielerorts, seit einigen Jahren sogar in Werbeslogans der einzelnen Bundesländer: Während Schwaben und Badener seit 1999 mit dem Hinweis kokettieren „Wir können alles. Außer Hochdeutsch", heißt es weiter östlich: „Sachsen-Anhalt. Wir stehen früher auf". Mecklenburg-Vorpommern bringt es auf den Punkt: „MV tut gut", und Rheinland-Pfalz stellt fest: „Wir machen's einfach". Thüringen sieht sich als „Deutschlands starke Mitte", und „an Hessen führt kein Weg vorbei". Doch Föderalismus umfasst weit mehr als flotte Werbesprüche.

Gerade Schülerinnen und Schüler, Studentinnen und Studenten erfahren regelmäßig, dass ihr Alltag an Schulen und Universitäten und ihre Zukunft auch davon abhängt, in welchem Bundesland sie leben: So sehen einige Länder die freie Wahl der Sekundarschule durch die Eltern vor, andere hingegen (Baden-Württemberg, Bayern, Sachsen, Thüringen und inzwischen auch Nordrhein-Westfalen) machen den Übergang ins Gymnasium vor allem von der Grundschulempfehlung oder einem Notenkriterium so-

wie gegebenenfalls dem Ergebnis einer entsprechenden Aufnahmeprüfung abhängig. In den letztgenannten Ländern findet die Auswahl für weiterführende Schulen bereits während des vierten Schuljahres statt, die Länder Berlin und Brandenburg lassen Kindern und Eltern dafür mehr Zeit.

Deutliche Unterschiede zwischen den deutschen Ländern zeigen sich auch bei den Ergebnissen der Pisa-Tests: Auf der einen Seite liegen die Jugendlichen in den Stadtstaaten, aber auch in einigen Flächenstaaten, in ihrem schulischen Fortschritt teilweise deutlich hinter den Altersgenossen gerade in den süddeutschen Ländern zurück. Auf der anderen Seite erreichen jedoch viele der stark leistungsorientierten Länder eine so niedrige Abiturientenquote (in Bayern circa ein Drittel eines Jahrgangs), dass ihr Land seinen Wohlstand ohne Akademiker aus anderen Ländern kaum halten könnte. Das Spannungsverhältnis ist erkennbar: Während die einen diese Vielfalt bei der Gestaltung von Bildungswegen als Ausdruck eines produktiven Wettbewerbs in der Schulpolitik werten, stößt sie bei anderen – besonders bei den direkt Betroffenen – häufig auf Ablehnung. Und das vor allem deshalb, weil diese bildungspolitische Vielfalt mit einer beruflichen Mobilität der Eltern nur schwer vereinbar ist. Nicht von ungefähr plädiert in Umfragen eine Mehrheit der Befragten dafür, dass der Bund und nicht die Länder für die Schulen zuständig sein sollte, und auch die Forderung nach einem bundesweiten Zentralabitur stößt auf mehrheitliche Zustimmung.

Aber auch bei Studierenden und ihren Eltern schafft das föderale Bildungssystem häufig Verdruss: Während eine Studentin, die einen (aus Sicht der Steuerzahler teuren) Medizinstudienplatz in Mainz bekommen hat, im sozialdemokratisch regierten Rheinland-Pfalz keine Studiengebühren bezahlen muss, wird ihr Freund, der an der Universität des Saarlandes Romanistik studiert, für die ersten zwei Semester jeweils mit 300 Euro und später jedes Semester mit 500 Euro zur Kasse gebeten. Im CDU-regierten Saarland hat der Landtag nämlich ein Gebührengesetz beschlossen.

Die Beispiele zeigen: Der Wettbewerb zwischen den Ländern, den die föderalen Strukturen ermöglichen, verlangt den Bürgerinnen und Bürgern die Bereitschaft und Kompetenz ab, sich zu informieren sowie den Aufwand und die Auswirkungen von Landespolitik zu beurteilen. Die Fähigkeit und Bereitschaft zur Mobilität vorausgesetzt, eröffnet er den Bürgerinnen und Bürgern dann aber auch deutlich mehr Chancen, als in einem Einheitsstaat mit Einheitslösungen zur Wahl stehen.

Ursula Münch, Charakteristika des Föderalismus, in: Föderalismus in Deutschland. Informationen zur politischen Bildung (Heft 298), Bonn 2008

Aufgaben

1. Arbeiten Sie aus M1 und M2 die Bewertung des deutschen Föderalismus heraus. Welche Aspekte nehmen die Autoren in den Blick?

2. Entwickeln Sie eigene Standpunkte. Zu welchem Urteil kommen Sie nach einer Abwägung der Argumente?

3. Überprüfen Sie, inwieweit die bundesstaatliche Ordnung einen Beitrag zur Gewaltenteilung und zur Akzeptanz politischer Entscheidungen leisten kann.

6 Die Gesetzgebung

Leitfragen

Welche Verfassungsorgane können Gesetzgebungsverfahren einleiten?

Welche Stufen muss ein Entwurf nehmen, bevor er zum Gesetz wird?

Prozess der Gesetzgebung

Gesetzgebungsfunktion des Bundestages

Die klassische Aufgabe des Parlaments ist die Gesetzgebung. Durch Gesetze regelt der Staat das Zusammenleben in der Gesellschaft. Er verabschiedet verbindliche Spielregeln und wacht über deren Einhaltung. Mit Hilfe von Gesetzen regelt er auch die Umverteilung im modernen Wohlfahrtsstaat, z.B. über das Steuerrecht oder die Sozialgesetzgebung. Gesetze, die der Staat zur Erfüllung seiner Aufgaben erlässt, weisen im Allgemeinen drei Merkmale auf:

- Gesetze kommen durch vorgeschriebene Verfahren zustande (**Rechtsstaatlichkeit**).
- Gesetze sind als allgemeingültige Normen auf alle entsprechenden Fälle anzuwenden (**Allgemeingültigkeit**).
- Gesetze haben verbindlichen Charakter und müssen deshalb von allen Betroffenen eingehalten werden (**Bindungswirkung**).

Stufen der Gesetzgebung im Bundestag

1. Am Beginn des Verfahrens steht das **Initiativrecht**, d.h. das Recht, einen Gesetzesentwurf einzubringen. Bundesregierung, Bundesrat und Bundestag (mindestens 5% der Abgeordneten) besitzen das Initiativrecht. In der politischen Praxis kommen mehr als die Hälfte der Initiativen aus den Reihen der Bundesregierung. Die Entwürfe der Bundesregierung werden in den Fachministerien ausgearbeitet. Dort können bereits private Interessen – z.B. Interessenverbände – Einfluss nehmen und an der Ausarbeitung des Gesetzes mitwirken.

2. In der **ersten Lesung** debattiert der Bundestag die Grundzüge des Gesetzentwurfes. Anschließend wird der Entwurf an die **Ausschüsse** verwiesen, in denen eine eingehende Prüfung und Beratung stattfindet. In diesem komplizierten Prozess werden auch Experten und Vertreter von Interessenverbänden gehört. Die Ausschüsse tagen in der Regel nicht öffentlich.

3. Anschließend berät das Plenum in **zweiter Lesung** die Änderungen und Ergänzungen, die in den Ausschüssen vorgenommen wurden. In der **dritten Lesung** findet nach der abschließenden Debatte die Schlussabstimmung statt. Bei einfachen Gesetzen reicht die einfache Mehrheit der anwesenden Parlamentarier aus, bei verfassungsändernden Gesetzen sind die Stimmen von zwei Dritteln der Mitglieder des Bundestages notwendig.

Mitwirkung des Bundesrats an der Gesetzgebung

Hat der Bundestag den Gesetzesentwurf angenommen, wird die Vorlage an den Bundesrat weitergeleitet. Mit Blick auf den Einfluss des Bundesrats auf die Gesetzgebung ist die Unterscheidung in **Einspruchsgesetze** und **Zustimmungsgesetze** von grundlegender Bedeutung (→ Kapitel 1.4.4).

- Bei den **Einspruchsgesetzen** kann der Bundesrat lediglich einen Einspruch einlegen und dies auch erst, wenn er einen Kompromiss mit dem Bundestag gesucht hat. Wenn eine einfache Mehrheit des Bundesrats einen Einspruch einlegt, kann der Bundestag diesen mit einfacher Mehrheit überstimmen. Sollten aber zwei Drittel der Mitglieder des Bundesrats Einspruch einlegen, kann das Gesetz nur in Kraft treten, wenn der Einspruch von zwei Dritteln der Mitglieder des Bundestags überstimmt wird. Im politischen Alltag ist dies allerdings noch nie vorgekommen.

- **Zustimmungsgesetze** sind Gesetze, die nur verabschiedet werden können, wenn eine Mehrheit der Bundesratsmitglieder zustimmt. Der Bundesrat kann in diesen Fällen also die „rote Karte" für ein Gesetzesvorhaben zücken. In diesen Bereich fallen alle Bundesgesetze, die Länderinteressen berühren. In der Vergangenheit waren alle Bundesgesetze zustimmungspflichtig, die Vorgaben zur Behördenorganisation oder zum Verwaltungsverfahren enthielten, da dies üblicherweise Aufgabenbereiche der Länder sind. Dies hat sich durch die Föderalismusreform von 2006 geändert; dadurch soll der Anteil der Zustimmungsgesetze deutlich sinken.

Der Vermittlungsausschuss

Funktionen

Wenn ein im Bundestag verabschiedetes Gesetz auf die Ablehnung einer Mehrheit des Bundesrats stößt, kommt ein bedeutsames, wenn auch in der Öffentlichkeit wenig bekanntes Organ der deutschen Demokratie ins Spiel: der **Vermittlungsausschuss**. Er soll Konflikte zwischen Bundestagsmehrheit und Bundesratsmehrheit lösen. Er kann nicht von sich aus tätig werden, sondern nur auf Antrag von Bundesrat, Bundestag oder Bundesregierung. Meist geht die Initiative vom Bundesrat aus; dieser kann bei allen Gesetzen den Vermittlungsausschuss anrufen.

Der Vermittlungsausschuss wird zu Beginn jeder Legislaturperiode des Bundestags neu gebildet. Seine Zusammensetzung kann sich aber durch Landtagswahlen verändern. Wird z. B. bei Landtagswahlen in Nordrhein-Westfalen eine SPD-geführte Koalition durch eine CDU-geführte abgelöst, dann wird im Vermittlungsausschuss auch der SPD-Vertreter Nordrhein-Westfalens durch einen CDU-Vertreter ersetzt. Bei den Abstimmungen im Vermittlungsausschuss sind die Delegierten der Landesregierungen im Gegensatz zu den Sitzungen im Bundesrat formal nicht an Weisun-

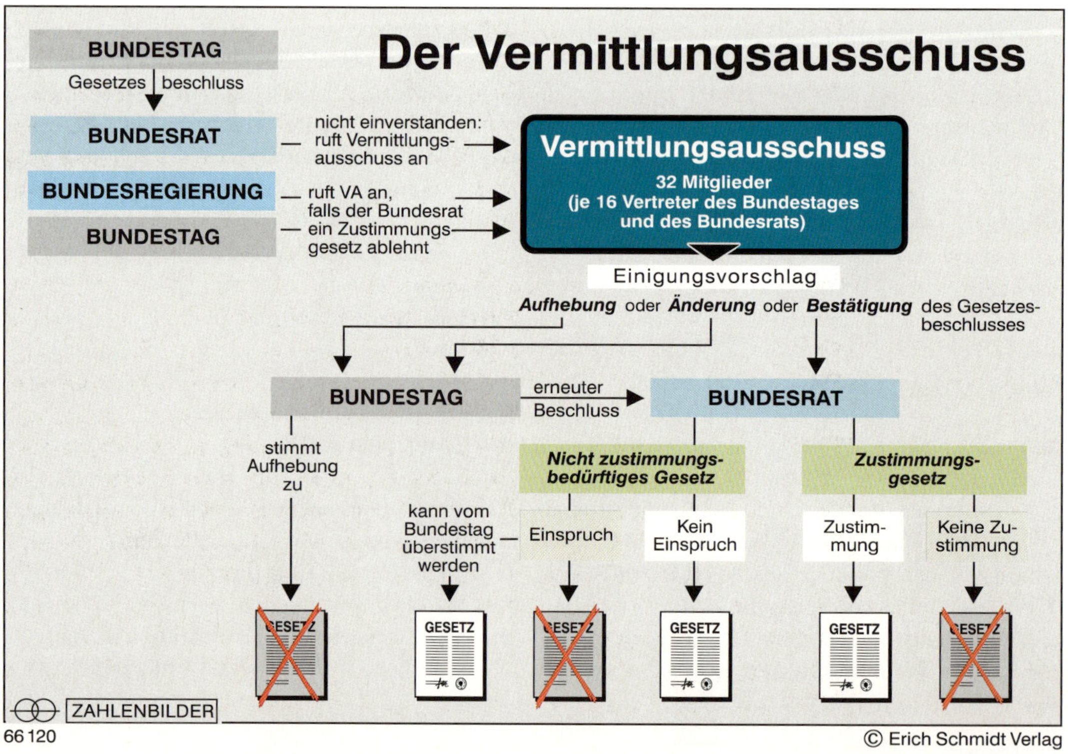

gen ihrer Regierungen gebunden. Die Sitzungen des Vermittlungsausschusses sind **streng vertraulich.** Über seine aktuelle Arbeit dringt recht wenig ans Licht. Die Sitzungsprotokolle dürfen stets erst in der übernächsten Wahlperiode nach der Sitzung – also frühestens fünf Jahre später – eingesehen werden. Der Grund für die Geheimniskrämerei ist, dass die Mitglieder anderenfalls kaum in der Lage wären, durch gegenseitiges Nachgeben einigungsfähige Kompromisse zu erzielen. Hinter den verschlossenen Türen des Vermittlungsausschusses wird manches Problem gelöst, über das zuvor lautstark und hitzig in den Talkshows der Republik debattiert wurde.

Verfahren nach einem Vermittlungsvorschlag

Schlägt der Vermittlungsausschuss Änderungen eines vom Bundestag verabschiedeten Gesetzesentwurfs vor, dann ist eine **vierte Lesung** im Bundestag notwendig. Der Bundestag hat dabei das Recht, den Vermittlungsvorschlag anzunehmen oder ihn abzulehnen. Es wird aber – und dies ist mit Blick auf die Machtstellung des Vermittlungsausschusses von großer Bedeutung – nicht mehr über die Positionen zu den Veränderungen des Entwurfs debattiert.

Da die Alternative zur Zustimmung zum Vermittlungsvorschlag bei Zustimmungsgesetzen ein Scheitern des Gesetzgebungsverfahrens ist und bei Einspruchsgesetzen zumindest die Gefahr eines Scheiterns entsteht, stimmen die Abgeordneten des Bundestags in aller Regel den Vermittlungsvorschlägen zu. Anschließend muss der Bundesrat entscheiden, ob er den Vermittlungsvorschlag akzeptiert und damit dem Gesetzesentwurf zustimmt oder ihm die Zustimmung verweigert.

Ausfertigung von Gesetzen

Stationen

Hat ein Gesetz Bundestag und Bundesrat passiert, wird es vom Bundeskanzler und den zuständigen Ministern unterzeichnet. Anschließend geht das Gesetz zum **Bundespräsidenten.** In aller Regel unterzeichnet er das Gesetz. Wenn er allerdings der Ansicht ist, dass der Inhalt des Gesetzes oder das Zustandekommen verfassungswidrig ist, kann er die Unterschrift verweigern. Nach der Unterschrift des Bundespräsidenten muss das Gesetz im Bundesgesetzblatt der Öffentlichkeit bekannt gemacht werden. Zwei Wochen nach der Verkündung tritt das Gesetz in der Regel in Kraft.

Warum ist das Gesetzgebungsverfahren so kompliziert?

Das Gesetzgebungsverfahren ist in Deutschland streng formalisiert. Die wichtigen Gesetzgebungsverfahren beanspruchen vom ersten Anstoß bis zur Verabschiedung eine recht lange Zeit. Schnellschüsse sollen bewusst vermieden werden, weil ansonsten eine undurchdachte und vorschnelle Gesetzgebung zu befürchten ist. Die Machtverteilung hat zudem den Zweck, dass im Sinne des Pluralismus möglichst viele gesellschaftliche Interessen auf das Gesetzgebungsverfahren einwirken können. Dabei muss das Gesetzgebungsverfahren auch offen sein für Stimmen außerhalb des politischen Entscheidungszentrums von Bundesregierung, Bundestag und Bundesrat. So finden etwa bei Arbeitsmarktregelungen die Stimmen der Gewerkschaften und Arbeitgeberverbände Gehör.

Da bei den wichtigen Gesetzgebungsverfahren – die fast immer der Zustimmung des Bundesrats bedürfen – in Deutschland überwiegend die Unionsparteien und die SPD eingebunden sind, gibt es bei Regierungswechseln selten grundlegende politische Kurskorrekturen. Die Kehrseite davon ist, dass wichtige politische Entscheidungen häufig als eine Politik des kleinsten gemeinsamen Nenners angesehen werden können.

Gesetzgebungsnotstand

Der **Gesetzgebungsnotstand** kann von der Bundesregierung beantragt werden, wenn der Bundestag ihr das Vertrauen verweigert und anschließend ein von der Bundesregierung als dringlich bezeichnetes Gesetz nicht verabschiedet. Der Bundestag kann dies vermeiden, wenn er einen neuen Kanzler wählt. Bislang ist es in der Geschichte Deutschlands noch nie zu einem Gesetzgebungsnotstand gekommen.

Der Gang der Gesetzgebung

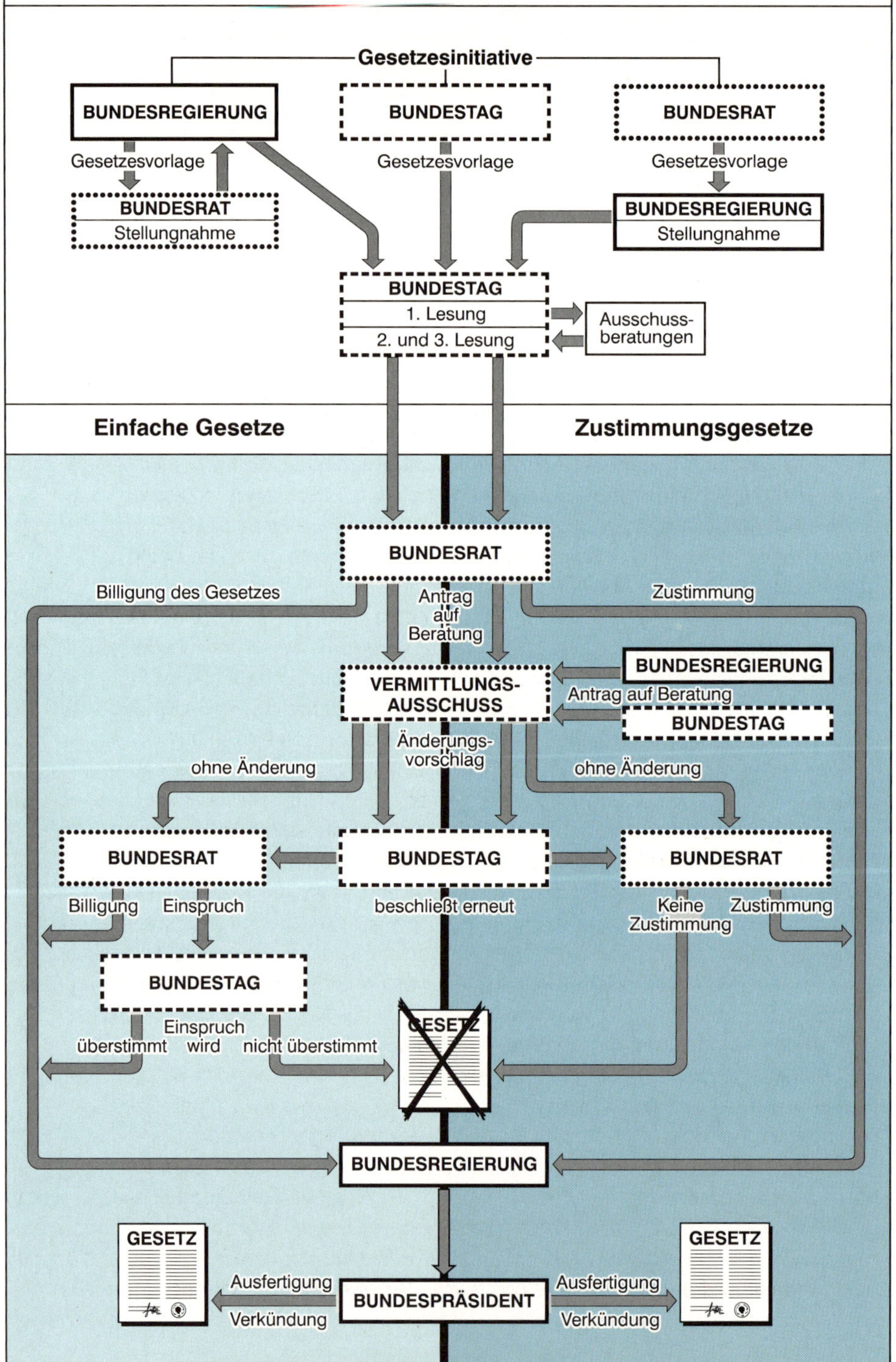

Verfassungsändernde Gesetze erfordern eine 2/3-Mehrheit im Bundestag und im Bundesrat

66 005

ZAHLENBILDER

M Ihr Wort wird Gesetz

Ihr Name: Hogan & Hartson Raue L.L.P., Potsdamer Platz, Berlin, Ableger einer mehr als 100 Jahre alten Anwaltskanzlei aus den Vereinigten Staaten. Geschäfte im Spannungsfeld zwischen Wirtschaft und Politik sind das Spezialgebiet dieser *law firm,* und neuerdings mischen ihre Juristen auch bei der deutschen Gesetzgebung mit. „Die heutige Rechtsmaterie ist so komplex, dass sie mit den Mitteln, die den Ministerien und den Abgeordneten zur Verfügung stehen, kaum noch bewältigt werden kann", sagt Kornelius Kleinlein, Partner bei Hogan & Hartson. Er hat der SPD-Bundestagsfraktion beim Entwurf eines Gesetzes geholfen, das den 700 Milliarden Euro schweren Investitionsstau in Deutschland mit auflösen soll. In nur drei Wochen wurde es von Bundestag und Bundesrat abgesegnet, Anfang September trat es in Kraft.

Neue Spieler haben die Berliner Arena betreten und beginnen, im politischen Leben ihre Spuren zu hinterlassen. Es sind weltweit operierende Rechtskonzerne, von denen sich in Berlin inzwischen gut zwei Dutzend niedergelassen haben. Ihre juristische Expertise ist zunehmend gefragt – unabhängig davon, wer gerade regiert. Ihre Handschrift findet sich im Gesundheits- ebenso wie im Energie-, Telekommunikations- oder Arbeitsrecht. Dass sich die Legislative bei ihrer Arbeit helfen lässt, hat zwar Tradition – Wissenschaftler schreiben seit Jahrzehnten ihre Gutachten, Kommissionen entwickeln Reformvorschläge, der Bundesverband der Deutschen Industrie prägte bereits in den fünfziger Jahren das Kartell- und Wettbewerbsrecht. Dennoch erhält die Rechtsetzung durch die jüngste Entwicklung eine neue Dimension, weil der Staat seine juristischen Berater immer früher in den Prozess einbindet. Neuerdings sogar so früh, dass diese gemeinsam mit den Ministerialbeamten ein Gesetz von Anfang an entwickeln. Als „absolutes Novum" bezeichnet der Abgeordnete Michael Bürsch die Entstehungsgeschichte des vor wenigen Wochen in Kraft getretenen Gesetzes über Öffentlich-Private Partnerschaften (ÖPP). Bürsch hat die verantwortliche Arbeitsgruppe der SPD-Fraktion geleitet und das klassische Verfahren praktisch umgedreht. Während früher ein Ministerium Gesetzestexte entworfen und andere erst dann nach ihrer Meinung gefragt habe, sagt er, „war es hier ein umgekehrter und völlig offener Prozess, bei dem wir unsere Berater um Vorschläge gebeten haben".

Dieses Vorgehen bringt Risiken mit sich. „Gesetzesentwürfe müssen von der Ministerialbürokratie erdacht und geschrieben werden", sagt Everhard Holtmann, Professor für Politikwissenschaft an der Universität Halle-Wittenberg. „Wenn sie externe Berater schon am Anfang der Entwicklungsarbeit mit einbezieht, läuft sie Gefahr, einen Teil ihrer Gestaltungsmacht aus der Hand zu geben." Doch dessen ungeachtet suchen die Politiker den Sachverstand und die Anwälte ihrerseits die Nähe zur Politik. Es ist ein Geschäft auf Gegenseitigkeit [...]. Rechtlich gesehen sei die enge Zusammenarbeit mit den Beratern „kaum angreifbar", sagt Martin Burgi. Er ist Professor für öffentliches Recht an der Universität Bochum und forscht über die Zusammenarbeit von Staat und Unternehmensberatern. „Solange das Parlament letztendlich die Entscheidung fällt, ist das nicht zu beanstanden." Juristisch nicht. Aber politisch? Der Politologe Holtmann glaubt, dass viele Weichen schon gestellt werden, bevor die öffentliche Debatte beginnt. „Je intensiver der Staat mit außenstehenden Beratern zusammenarbeitet, desto undurchsichtiger wird der Prozess der politischen Willensbildung", sagt er.

Marcus Rohwetter, in: Die Zeit vom 06.10.2005

Aufgaben

1. Untersuchen Sie ein wichtiges, aktuell in Kraft getretenes Gesetz – z. B. das Elterngeld – vom ersten Entwurf bis zur Verabschiedung des Gesetzes.
2. Diskutieren Sie, inwieweit das in M beschriebene Verfahren demokratisch legitimiert ist.

7 Rechtsordnung der Bundesrepublik Deutschland

7.1 Grundzüge der Rechtsordnung

Leitfragen | Was ist ein Rechtssystem? | Wie funktioniert das deutsche Rechtssystem?

Funktion des Rechtssystems

Das **Rechtssystem** ist ein System verbindlicher Normen und Regeln in einem Staat. Der Staatsapparat hat das **Gewaltmonopol**, d. h., allein der Staat hat die Möglichkeit, die Verletzung der verbindlichen Normen und Regeln zu ahnden. Zu klären, ob ein Rechtsverstoß vorliegt und wie schwer dieser ist, ist Aufgabe der Gerichte. Sie regeln auf Grundlage der Gesetze auch Konflikte zwischen Bürgern oder zwischen Staat und Bürgern. Erst ein Rechtssystem ermöglicht die friedliche Regelung von Konflikten. Es bietet die Möglichkeit der Gerechtigkeit, indem nicht automatisch der körperlich oder finanziell Stärkere den Sieg davonträgt. In Unrechtsstaaten sind allerdings auch die Gerichte nicht unabhängig. Die sog. Rassengesetze im Nationalsozialismus etwa waren ein Indikator dafür, dass das „Dritte Reich" zwar formal ein Rechtsstaat, aber materiell ein Unrechtsstaat war.

Rechtsquellen

- **Verfassungsnormen:** Diese legen die Grundrechte und die Grundzüge der politischen Ordnung fest. Die im Grundgesetz festgelegten Verfassungsnormen stehen über allen anderen Rechtsnormen. Die anderen Rechtsnormen dürfen nicht verfassungswidrig sein.
- **Gesetze:** Die Gesetze werden in Deutschland in den Parlamenten auf Bundes- oder Länderebene verabschiedet. Fast alle Gesetze, die erfolgreich verabschiedet werden, stammen aus den Reihen des Regierungslagers auf Bundes- oder Länderebene.
- **Rechtsverordnungen:** Verordnungen werden von Regierungen ohne Rücksprache mit den Parlamenten erlassen. Sie regeln spezielle Aspekte und die Ausführung von Gesetzen. In Deutschland kann eine Verordnung nur erlassen werden, wenn dies in einem Parlamentsgesetz ausdrücklich vorgesehen wird.
- **Satzungen:** In Satzungen regeln Gemeinden und andere öffentliche Institutionen ihre Angelegenheiten.
- **EU-Recht:** Eine weitere Rechtsquelle ist zunehmend das auf europäischer Ebene verabschiedete Europarecht. Große Teile der neuen Rechtsnormen sind auf europäischer Ebene entstanden.

Umstritten ist, ob manche Entscheidungen des **Bundesverfassungsgerichts** ebenfalls als Rechtsquelle anzusehen sind oder ob das Bundesverfassungsgericht grundsätzlich nur die Verfassungsnormen interpretiert.

Privatrecht und öffentliches Recht

Es gibt zwei große Rechtsbereiche: das **Privatrecht** und das **öffentliche Recht.** Das **Privatrecht** regelt die Beziehungen zwischen den Bürgern. In diesen Bereich gehören beispielsweise die Regelungen von Kauf und Verkauf oder von Eheschließungen und Ehescheidungen. Zum Bereich des **öffentlichen Rechts** zählen etwa die Regelungen zum Aufbau des Staates sowie der Beziehungen der Staatsorgane, das Strafrecht, das Verwaltungsrecht und das Völkerrecht.

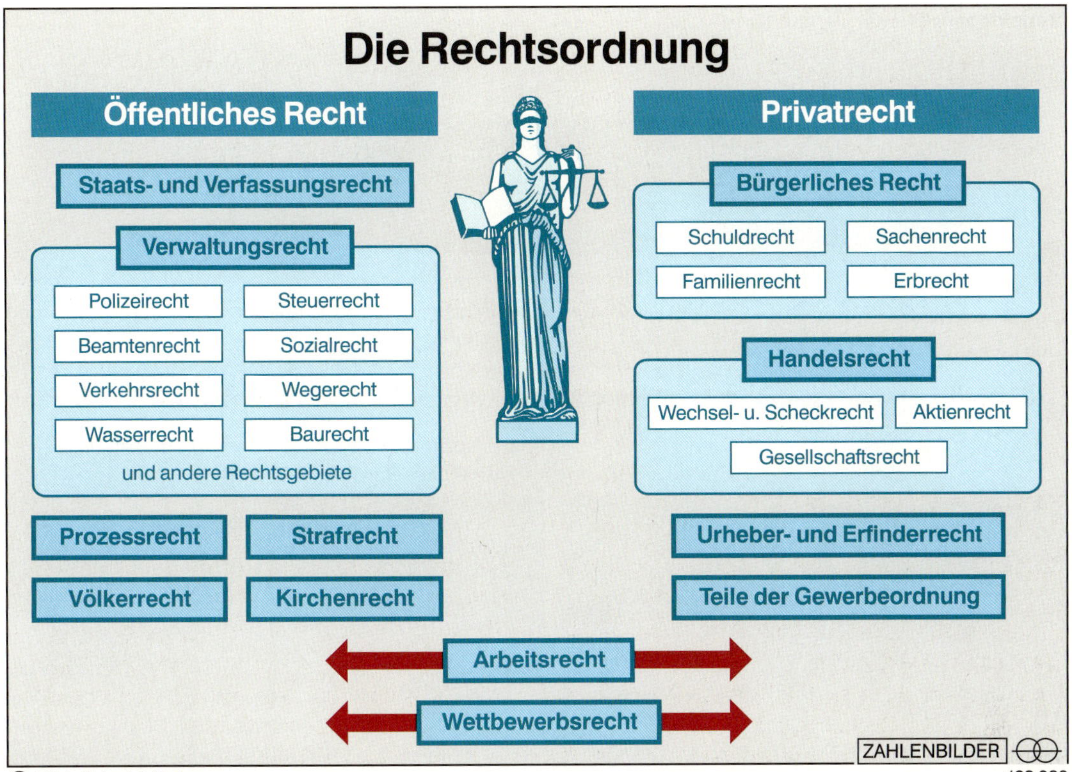

 128 020

Grundsätze der Rechtsprechung

Neben der Polizei sind die **Gerichte** dafür verantwortlich, das von den demokratisch legitimierten politischen Entscheidungsträgern gesetzte Recht zu wahren und durchzusetzen. Unter allen staatlichen Ausführungsorganen – Polizei, Einwohnermeldeamt etc. – sind die Gerichte stark herausgehoben. Die Richter sollen sich bei ihren Entscheidungen nur an das Recht halten und von Weisungen unabhängig sein. Dabei muss der Richter auch dann sein Urteil auf der Grundlage des Rechts sprechen, wenn die – von Politikern gesetzten – Regelungen seinen eigenen Überzeugungen widersprechen. Nur wenn ein von ihm anzuwendendes Gesetz nach seiner Auffassung dem Verfassungsrecht widerspricht, muss er dies dem Bundesverfassungsgericht mitteilen und das Gesetz prüfen lassen.

Die richterliche **Unabhängigkeit** wird dadurch geschützt, dass Richter nur entlassen werden können, wenn sie sehr schwer gegen das Dienstrecht verstoßen, indem sie etwa Beweismaterial unterschlagen oder Bestechungsgelder annehmen.

Zweige der Gerichtsbarkeit

Die Gerichtsbarkeit Deutschlands besteht aus fünf Zweigen:

- Die **„ordentlichen" Gerichte** wie z. B. das Amtsgericht verhandeln Strafsachen und Zivilsachen einschließlich der Ehe- und Familiensachen.
- Die **Arbeitsgerichte** verhandeln arbeitsrechtliche Streitigkeiten. Obgleich es sich um zivilrechtliche Konflikte handelt, wurde für diesen zentralen Bereich des Lebens eine eigene Gerichtsbarkeit geschaffen.
- Die **Verwaltungsgerichte** sind zuständig für alle öffentlich-rechtlichen Prozesse im Verwaltungsrecht.
- Die **Sozialgerichte** verhandeln über Rechtsstreitigkeiten, die die Sozialversicherungen und soziale Leistungen wie das Kindergeld betreffen.
- Die **Finanzgerichte** befassen sich mit Steuer- und Abgabesachen. Meist geht es in den Prozessen um Einsprüche gegen Steuerbescheide.

Gerichtsbarkeiten in Deutschland

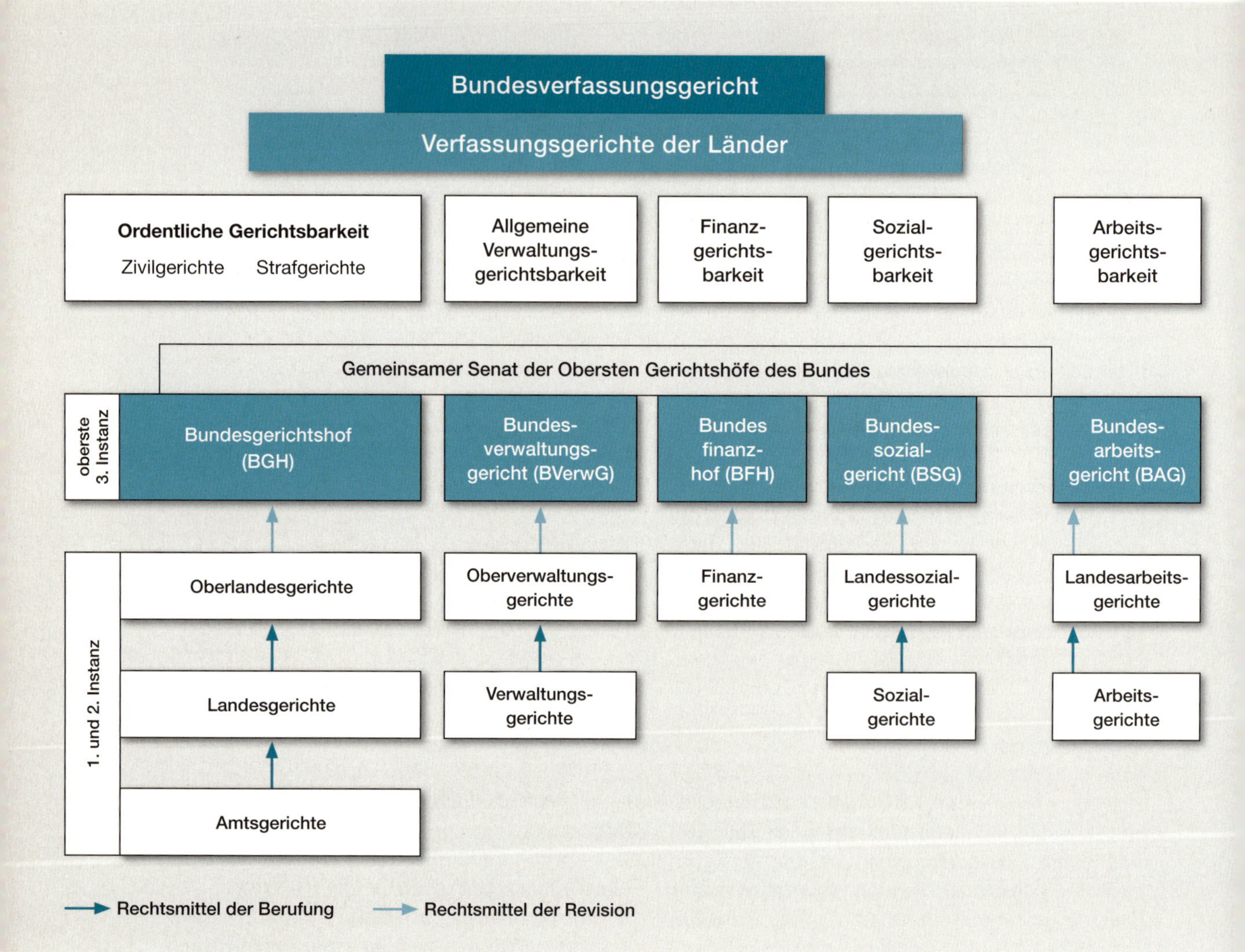

Schülerduden Politik, Berlin 2005, S. 176

7.2 Das Bundesverfassungsgericht

Leitfragen	Welche Aufgaben hat das Bundesverfassungsgericht?	Welchen Platz nimmt es im politischen System der Bundesrepublik ein?

Bedeutung und Aufbau

Das Bundesverfassungsgericht ist die übergeordnete Rechtsinstanz zum umfassenden Schutz des Rechtsstaates. Es ist in Streitfällen dafür zuständig, das **Verfassungsrecht** verbindlich auszulegen. Es soll Verstöße gegen das Grundgesetz unterbinden, Rechtsnormen interpretieren und weiterentwickeln. Das Bundesverfassungsgericht kann Gesetze für nichtig erklären, die es für verfassungswidrig hält. Die **Entscheidungen** sind für alle staatlichen Organe **verbindlich**. Es gibt also keine Möglichkeit der Berufung gegen einen Entscheid des Bundesverfassungsgerichts.

Die Einrichtung einer Verfassungsgerichtsbarkeit geht auf die Idee zurück, dass das Verfassungsrecht Vorrang vor einfachen Gesetzen hat. Es soll politischen Mehrheiten unmöglich sein, nach Belieben alles in Gesetzesform zu gießen. Der Gesetzgeber ist somit an das Verfassungsrecht gebunden und der richterlichen Kontrolle unterworfen. Ihren Siegeszug in den westlichen Demokratien trat die Idee der Verfassungsgerichtsbarkeit verstärkt nach dem Zweiten Weltkrieg an. Der Grund waren Erfahrungen mit dem Machtmissbrauch durch die Nationalsozialisten.

Verfassungsgerichte sind bei ihrer Arbeit zur **Selbstbeschränkung** aufgerufen. Sie dürfen keine Politik betreiben, d. h. anstelle des Parlaments oder der Regierung politische Entscheidungen in die Wege leiten. Wie jedes Gericht kann das Bundesverfassungsgericht nur aktiv werden, wenn es eine Klage gibt. Das deutsche Bundesverfassungsgericht gilt aufgrund seiner weit ge-

129 015

fassten Aufgabenbereiche als das **mächtigste Verfassungsgericht der Welt.** Es besteht aus **zwei Senaten** mit klar abgegrenzten Bereichen. In beiden Senaten urteilen je acht Richter.

Rechtsprechung des Bundesverfassungsgerichts

Jeder Bürger kann Verfassungsbeschwerde einlegen (Art. 93 Abs.1 GG), wenn er sich durch staatliche Handlungen in seinen Grundrechten verletzt glaubt. Allerdings muss der vorherige Rechtsweg über die zuständigen Gerichte ausgeschöpft sein, d.h. eine Klage am Bundesverfassungsgerichts ist die letzte Instanz. Die Rechtsprechung des Bundesverfassungsgerichts umfasst nach Art. 93 GG vier Bereiche.

Bestellung der Verfassungsrichter

Die eine **Hälfte der Verfassungsrichter** wählt ein zwölfköpfiger Richter-Wahlausschuss des **Bundestags,** die andere **Hälfte der Bundesrat.** Der Wahlausschuss des Bundestags spiegelt dessen Mehrheitsverhältnisse. Im Bundesrat wie im Wahlausschuss des Bundestags ist bei der Wahl eines Verfassungsrichters eine **Zweidrittelmehrheit** notwendig. Diese hohe Hürde verhindert, dass eine Partei ihren Kandidaten im Alleingang durchsetzen kann. Oppositions- und Regierungsparteien müssen vielmehr in aller Regel die Kandidaten aushandeln. Die Folge sind teilweise heftige, öffentlich ausgetragene Kontroversen.

Bereiche der Rechtsprechung am Bundesverfassungsgericht

Verfassungsbeschwerde: Schutz der Grundrechte der Bürger und des verfassungsmäßig garantierten Rechts. Verfassungsbeschwerden machen den größten Anteil an den Vorgängen aus – etwa 5.000 jährlich, wobei etwa 97 % als unzulässige oder unbegründete Beschwerden erst gar nicht zur Entscheidung angenommen werden. Normenkontrollverfahren stehen an zweiter Stelle der Bearbeitung.	1983: Volkszählungsurteil 1995: „Kruzifix"-Urteil
konkrete Normenkontrolle: Überprüfung eines Gesetzes im Rahmen eines konkreten Rechtskonflikts	1975: Urteil zum so genannten „Radikalen-Beschluss"
abstrakte Normenkontrolle: allgemeine Überprüfung eines Gesetzes auf Verfassungsmäßigkeit	1975: Urteil zum Abtreibungsparagrafen 218
Verfassungsstreitigkeiten zwischen staatlichen Organen: Streitigkeiten zwischen Bundesorganen, Landesorganen und zwischen Bund und Land	1994: Urteil zu „out of area"-Einsätzen der Bundeswehr 1999: Urteil zum Länderfinanzausgleich
allgemeiner Schutz von Demokratie und Verfassung: Beschwerden im Wahlprüfungsverfahren des Bundestags, Parteiverbote, Verwirkung von Grundrechten, Anklagen gegen Bundespräsidenten und gegen Richter	1956: KPD-Verbot 2003: Scheitern des NPD-Verbotsantrags

Nach: Schülerduden Politik, Berlin 2004, S. 150

M Apo in roten Roben

So langsam sollte die Botschaft angekommen sein. In Berlin und auch beim letzten Innenpolitiker in den Ländern. Oder wie oft muss das Bundesverfassungsgericht eigentlich noch die Gesetzgeber rüffeln, die zusehends nachlässiger mit der Verfassung umgehen, wenn es nur der Sicherheit dient? In rascher und imposanter Folge haben die Richter in Karlsruhe in den vergangenen Monaten die Grundrechte gegen überstürzte Zugriffe verteidigt. Der „große Lauschangriff“ – verboten. Das „Luftsicherheitsgesetz“, eigentlich ein Gesetz zum Abschuss von entführten Flugzeugen – verfassungswidrig und nichtig. Die Onlinedurchsuchung – weitgehend kassiert, vor zwei Wochen erst. Jetzt wurde das wahllose, massenhafte Scannen von Autokennzeichen unterbunden, das der Polizei erlaubt hätte, sekundenschnell zu erfassen, wer wann wohin fährt – und diese Bewegungsmuster auch noch monatelang zu speichern.

Die nächsten Entscheidungen stehen schon an. Gegen die Speicherung ausnahmslos aller Telefonverbindungsdaten für die Dauer vieler Monate etwa haben erst kürzlich Tausende von Bürgern gemeinschaftlich Verfassungsbeschwerde eingelegt. Kaum vorstellbar, dass Karlsruhe ausgerechnet dieses Gesetz, das jeden Telefonkunden wie einen Verdächtigen behandelt, unbeanstandet durchwinken wird.

All dies ist eine wenig erbauliche Bilanz der Rechtspolitik. Es ist eine Bilanz, die allemal Grund genug sein sollte für ein Umdenken bei Exekutive und Legislative. Dabei hat man sich an die irritierende Arbeitsteilung zwischen Parlament und Gericht beinahe schon gewöhnt. Die Innenpolitiker in Bund und Ländern, ob nun Schily (SPD), Schäuble (CDU) oder der Nordrhein-Westfale Wolf (FDP), schreiben erst einmal munter ins Gesetz, was ihnen – und den Fahndern, den Geheimdienstlern und den Polizeipraktikern – an neuen Ermittlungsinstrumenten so einfällt. Irgendwer erhebt Klage dagegen. Und das Bundesverfassungsgericht stutzt die Maximalpositionen dann auf ein konstitutionell erträgliches Maß zurück.

Dieses abstruse staatsrechtliche Prinzip hat aus Sicht der Politik gewiss Vorzüge. Die Law-and-Order-Fraktion kann sich im Kampf wider das Verbrechen als knallhart und konsequent inszenieren und damit bei den Bürgern reüssieren, die in Zeiten des Terrors durchaus geneigt sind, immer mal wieder ein bisschen Freiheit für das Versprechen von mehr Sicherheit dreinzugeben. Die versprengten Bürgerrechtler bei Liberalen und Grünen wiederum vermögen ihre permanente parlamentarische Ohnmacht ein wenig zu überspielen, wenn sie nur fleißig in Karlsruhe klagen. Und wenn einem selbst partout nichts einfällt, wie der SPD zur Onlinedurchsuchung, dann kann man sich bequem zurücklehnen und auf die Vorgaben der Richter warten.

So wird das Bundesverfassungsgericht nicht nur zum Reparaturbetrieb einer hochtourig laufenden Gesetzgebungsmaschine. Sondern gleich auch noch zur neuen „Apo“ – zur außerparlamentarischen Opposition in roten Roben. Bislang ist die Republik mit diesem Outsourcing des Grundrechtsschutzes nach Karlsruhe nicht schlecht gefahren. Und doch ist die Entwicklung, die sich zusehends verfestigt, fundamental falsch. Sicherheit und Freiheit mühsam auszubalancieren, immer wieder neu, im großen Ganzen und im feinsinnigen juristischen Detail, mit Gelassenheit und Nervenstärke, ist nicht Aufgabe der Gerichte, sondern des Gesetzgebers selbst. Kein Parlament darf sich davor auf Dauer drücken oder Zuflucht nehmen zu schlampig gemachten Gesetzen, deren vage, dehnbare Formulierungen geradezu nach einer Korrektur aus Karlsruhe schreien, wie jetzt beim Kennzeichen-Scan oder kurz zuvor bei der nordrhein-westfälischen Regelung der Onlinedurchsuchung geschehen.

Mit jeder Niederlage vor dem Verfassungsgericht verspielen Regierung und Volksvertretung mehr von ihrer Legitimation. Zurückzugewinnen ist sie nur auf einem Wege: durch bessere Gesetze. Durch Gesetze, die die Verfassung nicht als Grenze sehen, sondern als Inspiration. Durch Gesetze, die so gut sind, dass Karlsruhe darüber arbeitslos wird.

Heinrich Wefing, in: Die Zeit vom 13.03.2008

Aufgaben

1. Erläutern Sie die Zuständigkeiten der Zweige der Gerichtsbarkeit in Deutschland.

2. Beschreiben Sie die Position der Bundesverfassungsrichter in diesem System und die Aufgaben des Bundesverfassungsgerichts.

3. Beschäftigen Sie sich mit dem Urteil des Bundesverfassungsgerichts zu Online-Durchsuchungen vom Februar 2008.

a) Recherchieren Sie die Problematik des Falls und den Inhalt des Urteils.

b) Setzen Sie sich kritisch mit dem Urteilsspruch auseinander.

4. In Deutschland kann das Bundesverfassungsgericht Gesetze, die von den Volksvertretern verabschiedet wurden, für verfassungswidrig erklären. Wo liegen Chancen, wo Probleme dieser Korrekturfunktion des Gerichts (M)?

2 Weltwirtschaft und internationale Politik

1 Globalisierung der Wirtschaft

1.1 Wirtschaft im Wandel

Leitfragen	Was bedeutet wirtschaftlicher Strukturwandel?	Welche Ursachen und Dimensionen des Strukturwandels lassen sich unterscheiden?	Welche Auswirkungen hat der Strukturwandel?

Was Strukturwandel bedeutet

Wenn Menschen ihren Arbeitsplatz verlieren oder um diesen bangen, von Arbeitnehmern lebenslanges berufliches Lernen erwartet wird, zahlreiche Einzelhandelsgeschäfte in den Stadtzentren schließen und wir über Handy und Internet kommunizieren, hat dies alles mit tief greifenden Veränderungen in Wirtschaft und Gesellschaft zu tun, die wir im Begriff **„Strukturwandel"** zusammenfassen. Strukturwandel ist nichts Neues. Umwälzende Veränderungen, wie der Übergang von der Agrar- zur Industriegesellschaft, haben mit der industriellen Revolution im 19. Jahrhundert begonnen und setzen sich heute beschleunigt im Übergang von der Industrie- zur Dienstleistungsgesellschaft fort. Der technische Fortschritt gilt als Triebfeder der Wandlungsprozesse in der Wirtschaft. Er verändert Produktionsverfahren, Produkte, Konsumverhalten und Arbeitsbedingungen. So genannte Basisinnovationen wie etwa die Erfindung des Automobils prägen und wandeln ganze Wirtschaftsepochen. Der Einzelne erfährt die damit verbundenen Veränderungen z.B. im Berufsleben durch wachsende Anforderungen an seine Ausbildung, Qualifikation oder Mobilitätsbereitschaft. Konnten frühere Generationen einen Beruf erlernen und darauf vertrauen, diesen Beruf ein Leben lang auszuüben, veraltet das heute erworbene Wissen und Können schnell. Alte Berufe, z.B. im Handwerk, sterben aus und neue Berufe entstehen, zunehmend in der Informationstechnologie. Unternehmen können sich heute und in Zukunft nur als anpassungsfähige und lernende Organisationen im **internationalen Wettbewerb** behaupten. Besonders schmerzhaft sind die Auswirkungen des Strukturwandels auf Arbeitnehmer beim Verlust des Arbeitsplatzes. Gerade die strukturell bedingte **Arbeitslosigkeit** erweist sich als problematisch, weil die Ursachen dieser Form der Arbeitslosigkeit nicht kurzfristig zu beheben sind. Als maßgebliche Ursachen gelten:

- der rasante technische Fortschritt,
- die damit verbundene Rationalisierung der Produktion und
- die vom internationalen Wettbewerb diktierten Produktivitätssteigerungen.

Dies kann am Beispiel der Textilbranche in Deutschland verdeutlicht werden: Einerseits ist es der deutschen Textilwirtschaft nicht möglich, im weltweiten Lohnwettbewerb mitzuhalten, andererseits finden Beschäftigte in der Textilbranche aufgrund mangelnder Qualifikation und/oder mangelnder Mobilitätsbereitschaft nicht ohne weiteres eine neue Arbeit in anderen Branchen. D. h., gelingt die Anpassung des Einzelnen an die vom Strukturwandel hervorgerufenen Veränderungen nur langsam oder gar nicht, entsteht Arbeitslosigkeit.

Dimensionen des Strukturwandels

Der marktwirtschaftliche Wettbewerb und die internationale Arbeitsteilung verursachen eine fortwährende Veränderung der wirtschaftlichen Strukturen. Strukturwandel ist – ob politisch gefördert oder gebremst – Kennzeichen einer Marktwirtschaft. Im Wesentlichen lassen sich **drei Dimensionen** des Strukturwandels unterscheiden.

Erwerbstätige in den Wirtschaftssektoren

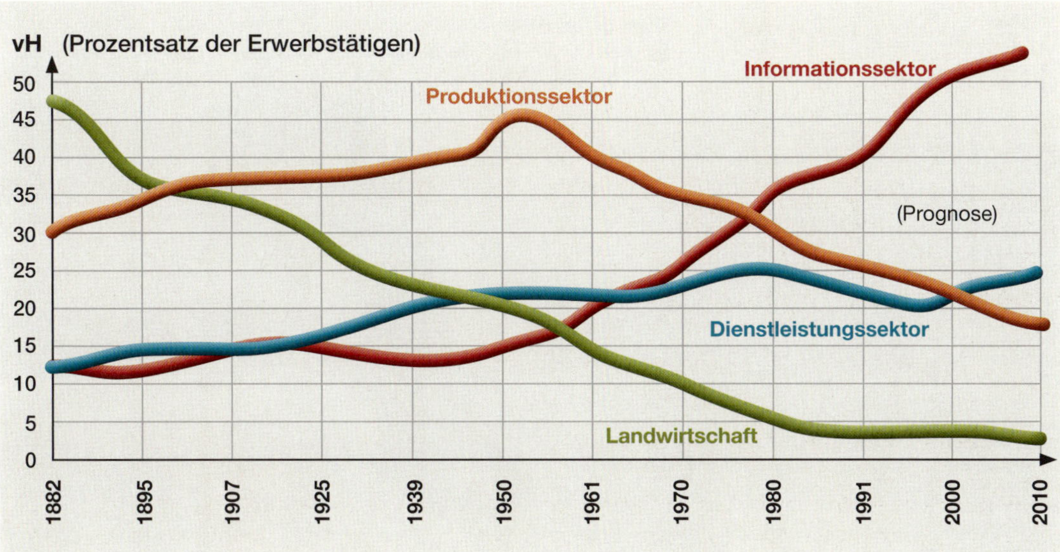

Henning Klodt u. a., Tertiarisierung in der deutschen Wirtschaft, Tübingen 1997, S. 68

- **Intersektoraler Strukturwandel:** Damit ist der in allen entwickelten Volkswirtschaften seit dem 19. Jahrhundert zu beobachtende Übergang von einer Agrar- in eine Industriegesellschaft und seit Mitte dieses Jahrhunderts in eine Dienstleistungsgesellschaft gemeint. Mittlerweile sind die Beschäftigten überwiegend in den Dienstleistungsbranchen bzw. im Informationssektor tätig. Besonders expansiv entwickeln sich z.B. gesundheits- und unternehmensnahe Dienste wie Werbung, Finanzierung, Kundenservice. Letztere zeigen, dass Industrie und Dienstleistungen häufig eng miteinander verzahnt sind. Angesichts der wachsenden Bedeutung der Informations- und Kommunikationstechnologien wird in jüngster Zeit bereits von einem Übergang in die Informationsgesellschaft gesprochen.

- **Intrasektoraler Strukturwandel:** Auch innerhalb der großen Wirtschaftssektoren – Agrarwirtschaft, Industrie, Dienstleistungen – finden strukturelle Veränderungen statt. So übernehmen z.B. in der Industrieproduktion Maschinen gefährliche, schwere oder belastende Arbeiten. Auch der Arbeitseinsatz verändert sich; gerade in den Industrieländern gewinnen gut qualifizierte Arbeitskräfte immer mehr Beschäftigungsanteile hinzu, während es immer weniger Arbeit für Geringqualifizierte gibt.

- **Regionaler Strukturwandel:** In einzelnen Regionen verändern sich die wirtschaftlichen Strukturen immer wieder, teils mit einschneidenden Konsequenzen für den Arbeitsmarkt. Ein anschauliches Beispiel ist das Ruhrgebiet, das sich mit dem Niedergang des Bergbaus und der Montanindustrie von einer Schwerindustrieregion in ein Zentrum für hochtechnologische Industrien (z.B. im Umweltschutzbereich) und moderne Dienstleistungen gewandelt hat. Ein wesentlicher Trend im Strukturwandel heute ist die funktionale Konzentration. Damit ist die Ballung vor allem bestimmter Dienstleistungen auf einige Zentren gemeint: Banken in Frankfurt am Main, Versicherungen in München, Medienunternehmen in Hamburg, Berlin und Köln.

Dimensionen des Strukturwandels im Überblick

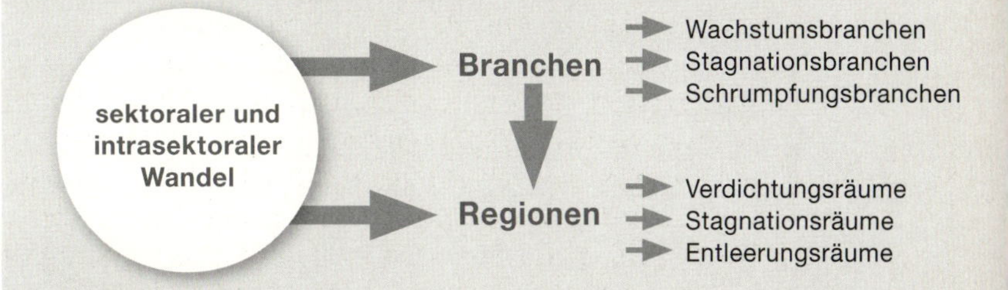

Die Kräfteverteilung in Europa

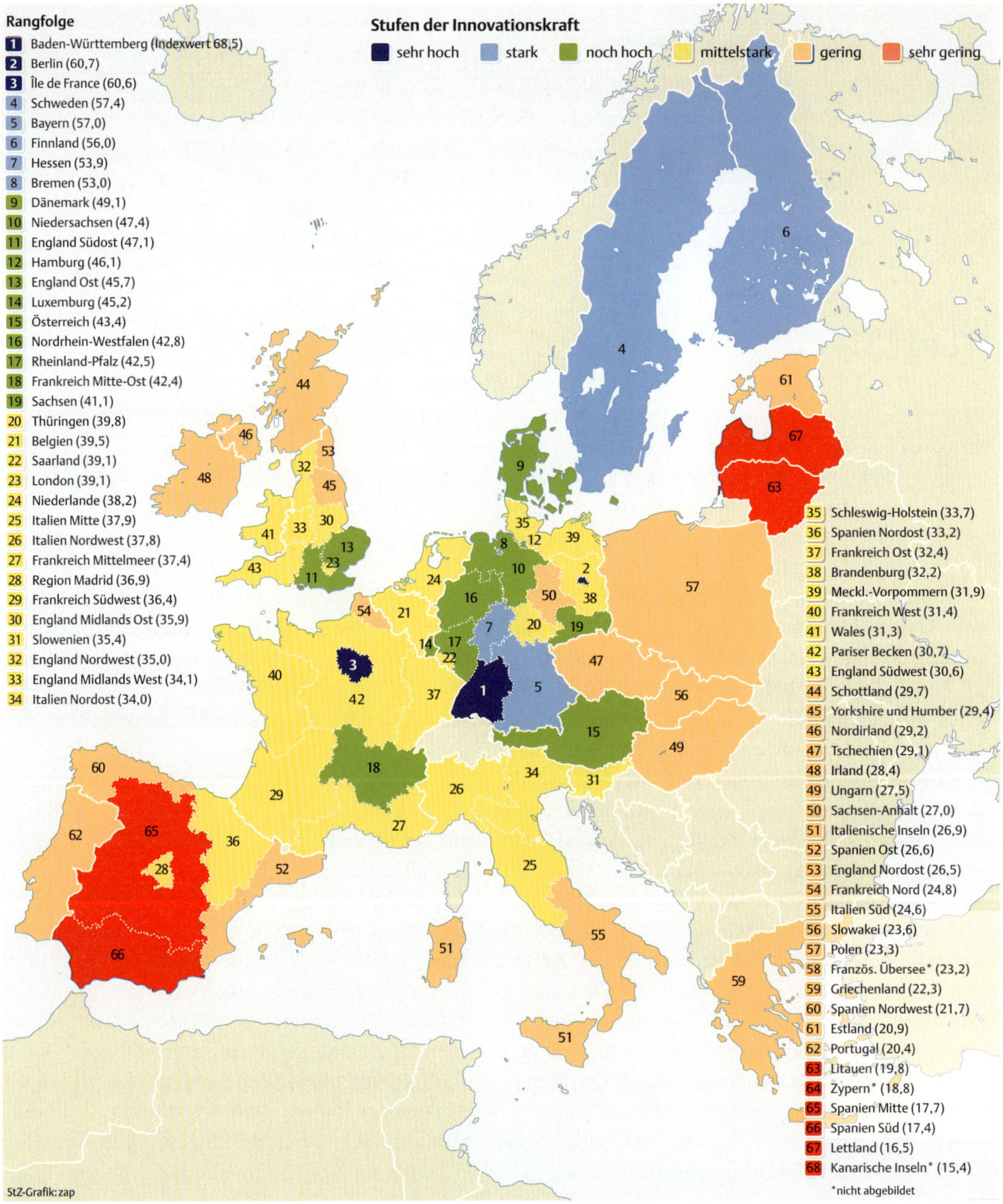

Anmerkungen: In die Berechnung des Innovationsindikators für Europa fließen sechs Faktoren ein:

- Forschungs- und Entwicklungsausgaben, bezogen auf das Bruttoinlandsprodukt
- Personal in Forschung und Entwicklung, bezogen auf alle Erwerbstätigen
- Erwerbstätige in Hochtechnologiebranchen, bezogen auf alle Erwerbstätigen
- Erwerbstätige in wissensintensiven Dienstleistungsbranchen, bezogen auf alle Erwerbstätigen
- Erwerbstätige in wissenschaftlich-technischen Berufen, bezogen auf alle Erwerbstätigen
- Patentanmeldungen beim Europäischen Patentamt je eine Million Einwohner

Stuttgarter Zeitung vom 20.11.2006, S. 11

M Auswirkungen der Wissensgesellschaft auf die Beschäftigungsentwicklung und die Arbeitswelt

Ein weiteres Hauptmerkmal des beschriebenen Strukturwandels ist in der langfristigen Perspektive die Verschiebung der Beschäftigtenstruktur zugunsten der höher Qualifizierten in allen Wirtschaftszweigen, während die Beschäftigung von Personen ohne Ausbildungsabschluss immer stärker zurückgeht. [...] In Folge dieser Wissensintensivierung der Wirtschaft kommt dem Qualifikationsniveau der Erwerbspersonen eine steigende Bedeutung für die langfristige Erhaltung der technologischen Leistungsfähigkeit der deutschen Wirtschaft zu. Denn Wissen und Qualifikationen in einer Volkswirtschaft determinieren ganz wesentlich ihre Entwicklungsmöglichkeiten und ihre internationale Wettbewerbsposition und spielen damit für die langfristige Perspektive der Erhaltung und Stärkung der technologischen Leistungsfähigkeit eine zentrale Rolle. Der Wandel von der Industrie- zur Wissensgesellschaft bleibt naturgemäß nicht ohne gravierende Folgen für die Arbeitswelt. Das traditionelle System der Erwerbsarbeit verändert sich grundlegend, sowohl in Bezug auf das bisherige starre Raum-Zeit-Gefüge der Arbeitswelt, als auch in Bezug auf die Arbeitsformen und Arbeitsverhältnisse. Alte, vertraute Kategorien, wie das Normalarbeitsverhältnis, die Homogenität von Sektoren, die inhaltliche Stabilität von Berufen, die normierende Bedeutung von Qualifikationsebenen werden verschwimmen und sich neu entwickeln. Die klaren, relativ dauerhaften und hierarchisch organisierten Betriebs- und Arbeitsstrukturen werden durch immer flexiblere Formen von Berufstätigkeit ersetzt. Vernetzte bzw. virtuelle Unternehmen mit temporären Organisationsformen werden zunehmen. Man kann vier große sich wechselseitig beeinflussende Trends feststellen, die die etablierten Strukturen der industriegesellschaftlich geprägten Arbeitswelt verändern:

- Forcierte Rationalisierung von Arbeit
- Beschleunigte Globalisierung von Arbeit
- Räumliche und soziale Zersplitterung von Arbeit
- Erleichterte Flexibilisierung von Arbeit.

Die neue Vielfalt unterschiedlicher Varianten der Selbstständigkeit lässt die Grenzen zwischen abhängiger Beschäftigung und neuer Selbstständigkeit weiter verschwimmen und führt zu Unübersichtlichkeit und Unsicherheit von Arbeits-, Biografie- und Lebensformen. Arbeitsrechtliche Schutzmechanismen und sozialrechtliche Stabilitäten des Industriezeitalters könnten künftig für einen großen Teil der abhängig Beschäftigten der Vergangenheit angehören. Beispielhaft für die Veränderungen der Arbeitswelt ist der massive Anstieg der Telearbeitsplätze. [...] Politisch münden diese Trends für Deutschland in einer ordnungspolitischen Grundfrage: Wie muss sich unser Wirtschaftssystem der sozialen Marktwirtschaft verändern, um diesen neuen Herausforderungen in der Arbeitswelt zu begegnen? Die Antwort auf diese Frage könnte – überspitzt formuliert – in zwei Grundrichtungen gehen: 1. mehr Bildung, 2. mehr Teilhabe und Flexibilität.

1. Mehr Bildung Zu allen Zeiten der Wirtschaftsgeschichte war eine gute Bildung ein maßgeblicher Vorteil für die Menschen, um bessere Einkommen, ein höheres Wohlstandsniveau und größere soziale Anerkennung zu erzielen. Allerdings bot die Industriegesellschaft auch den weniger Qualifizierten noch vergleichsweise gute wirtschaftliche Einstiegschancen: Die Spezifika der industriellen Technologie, vor allem die enge Verbindung von Mensch und Maschine in großen Fabrikanlagen, sorgte für eine vergleichsweise hohe Produktivität und damit gute Entlohnung auch geistig anspruchsloser Tätigkeiten. Die Wissensgesellschaft bietet diese Chance nicht mehr: Selbst relativ einfache Arbeiten in der Arbeitsteilung des Wissens erfordern die Beherrschung der grundlegenden Kulturtechniken und ihre in Grenzen kreative Anwen-

dung an Terminals von Netzwerken. Für denjenigen, der darüber nicht verfügt, bleiben nur Tätigkeiten im „low productivity service sector“ der Wirtschaft offen. Dabei handelt es sich allerdings zumeist um Tätigkeiten, die geringe Verdienst- und Aufstiegsmöglichkeiten bieten. Diesem neuen wirtschaftlichen Stellenwert der Bildung muss unser Bildungssystem Rechnung tragen. Es muss so ausgestaltet sein, dass die Anzahl derjenigen, die mit mangelhafter Bildung in den Arbeitsmarkt entlassen werden, möglichst gering gehalten wird.

2. Mehr Teilhabe und Flexibilität Die Abwertung der rein physischen Arbeitskraft und die damit verbundene bildungspolitische Herausforderung haben eine positive Kehrseite: Jenen Menschen, die über ein gutes Bildungsniveau verfügen, aber in der Industriegesellschaft wegen mangelnder physischer Mobilität und/oder körperlichen Gebrechen am Erwerbsleben nicht vollwertig teilhaben konnten, eröffnen die neuen Techniken neue Chancen und Optionen. Sie können über elektronische Netzwerke ihre volle Produktivität und Leistungskraft entfalten. [...] Mit der zunehmenden Verlagerung der Kommunikation, des wirtschaftlichen Handelns, aber auch der politischen Willensbildung und -äußerung in das Internet, stellt sich die Frage nach einer gerechten Partizipation aller Staaten und Bevölkerungskreise an den durch die neuen Techniken eröffneten Möglichkeiten. Als digitale Spaltung – oft auch als „digital divide“ bezeichnet – wird die Spaltung derjenigen in der Gesellschaft, die Zugang zu Informationen und neuen Techniken haben, von denjenigen, die keinen Zugang dazu haben, bezeichnet. Der Begriff der digitalen Spaltung beschreibt zudem die weltweit extrem ungleiche Verteilung von Informations- und Kommunikationstechniken. Dabei ist zwischen der digitalen Spaltung zwischen Industrie- und Entwicklungsländern und der digitalen Spaltung innerhalb der Industrieländer zu unterscheiden. Zum einen zeigt sich, dass die Diskrepanz zwischen den „Information-Haves“ und den „Information-Have-Nots“ im globalen Maßstab größer geworden ist, zum anderen hat die wirtschaftliche und gesellschaftliche Bedeutung des Zugangs zu Informationen im Übergang zu einer stärker wissenszentrierten Ökonomie erheblich zugenommen. Die digitale Spaltung von heute kann die soziale Spaltung von morgen bedeuten. [...] Aus politischer Sicht muss die Zielsetzung aller Initiativen sein, die hinreichende Teilnahme aller Bevölkerungsgruppen zu ermöglichen, neue digitale Klüfte zu verhindern und sich auf internationaler Ebene für eine bessere Chancengleichheit in den Entwicklungsländern einzusetzen.

Aus dem Schlussbericht der Enquete-Kommission Globalisierung der Weltwirtschaft, Kap. 5.1.3, Berlin 2002

Aufgaben

1. Erläutern Sie den intrasektoralen Wandel anhand von Beispielen im primären, sekundären und tertiären Sektor.
2. Beschreiben Sie für Ihre Region regionale und sektorale Wandlungsprozesse.
3. Erläutern Sie Auswirkungen des intersektoralen Wandels auf Ausbildung, Berufswahl und Beschäftigung.
4. Fassen Sie die Auswirkungen der Wissensgesellschaft auf die Arbeitswelt und Gesellschaft thesenartig zusammen (M).

1.2 Weltwirtschaftliche Globalisierung

Leitfragen

- Was bedeutet die wirtschaftliche Globalisierung?
- Welche Ursachen und Dimensionen hat der weltwirtschaftliche Strukturwandel?
- Welche Rolle spielen multinationale Unternehmen im Globalisierungsprozess?

Plakatmotiv aus einer Imagekampagne von DaimlerChrysler

Ursachen und Voraussetzungen der Globalisierung

Der weltwirtschaftliche Strukturwandel wird heute mit dem Schlagwort der **Globalisierung** bezeichnet. Kern der Globalisierung ist die Ausweitung der **internationalen Arbeitsteilung.** Dabei bilden sich weltweite Märkte heraus, auf denen Waren und Dienstleistungen gehandelt, Investitionen getätigt, Technologien übertragen und Informationen ausgetauscht werden. Die britischen Ökonomen Adam Smith (1723–1790) und David Ricardo (1772–1823) haben nachgewiesen, dass es für alle Volkswirtschaften von Vorteil ist, wenn sich ein Land auf die Produktion jener Güter oder Dienstleistungen spezialisiert, die es am besten, d.h. zu den geringsten Produktionskosten, herstellen kann (→ M1, M2).

Die Karriere des Begriffes „Globalisierung“ nach 1990 lässt sich historisch begründen: Die 1990er Jahre waren durch einschneidende Entwicklungen gekennzeichnet, die zu einer neuen Qualität der **Internationalisierung der Wirtschaft** führten. Ermöglicht wird Globalisierung u. a. durch deutlich **gesunkene Transportkosten,** die es erlauben, Einzelteile eines in Europa oder den USA montierten und angebotenen Endprodukts in weit entfernten Regionen mit niedrigen Arbeits- und Umweltkosten zu produzieren. Zwischen 1980 und 1998 sanken auch die Rohölpreise und somit die **Energiekosten,** was steigende Wachstumsraten und den Warenhandel zusätzlich begünstigte. Einen entscheidenden Schub erhielt die Globalisierung zudem durch die Revolution der **Informations- und Kommunikationstechnologie,** die Nachrichten und Bilder zu drastisch gesunkenen Kosten jederzeit weltweit verfügbar macht. So verbindet das Internet weltumspannend seine Nutzer und erlaubt es Unternehmen überall auf der Welt, in Sekundenschnelle zu kommunizieren. Damit können auch komplexe Dienstleistungsaufgaben wie etwa die Software-Entwicklung in Länder mit niedrigen Produktionskosten und hoch qualifizierten Arbeitskräften verlagert werden; auch sekundenschnelle weltweite Finanztransaktionen und Instant-Preisvergleiche wurden möglich, alles mit der Folge eines intensivierten Kostenwettbewerbs.

Die Globalisierung wird auch beschleunigt durch die **Liberalisierung der internationalen Märkte** für Industriegüter und Kapital in den Jahrzehnten seit dem Zweiten Weltkrieg. Mit der Senkung von Zöllen, dem Wegfall von Handels-, Investitions- und Kapitalverkehrsbeschränkungen sind die politischen Rahmenbedingungen für die Aktivitäten weltweit tätiger Unternehmen geschaffen worden. Auch der Zusammenbruch der sozialistischen Systeme in Osteuropa und nachfolgend der Übergang vom vorwiegend politisch definierten Systemwettbewerb (zwischen Marktwirtschaft und Sozialismus) zum vorwiegend ökonomisch definierten Standortwettbewerb nahezu aller Staaten miteinander verstärkte die wirtschaftliche Verflechtung erheblich, da die Ostblockstaaten nur wenig in die Weltwirtschaft integriert waren. Das Ausmaß wirtschaftlicher Globalisierung lässt sich am Grad der **globalen Handelsverflechtungen** messen: Sie nimmt zu, wenn die Weltexportquote steigt, also der Anteil der Exporte an der Weltproduktion.

Die Globalisierung erfasst heute nahezu alle Bereiche des Wirtschaftens. Die Akteure in diesem Prozess sind vor allem **internationale Konzerne**. Strukturelle Veränderungen meinen einerseits die Zunahme des intra-industriellen Handels (der Handel von Fertigprodukten zwischen den Industrienationen), andererseits der Aufstieg von Schwellenländern – vor allem südostasiatischer Staaten – zu wichtigen Exportnationen.

Auf der Nachfrageseite zeigt sich eine deutliche Tendenz zur **Angleichung der Verbraucherbedürfnisse** weltweit (Konvergenzthese). Hervorgerufen wird dies durch eine Annäherung des Wissensstands infolge des weltweiten Einsatzes immer effizienterer Kommunikationsmittel, welche einen länderübergreifenden Wissens- und Erfahrungsaustausch ermöglichen. Dazu trägt auch die zunehmende Reisetätigkeit bei (Akkulturation).

Wesentliche **Ursachen** der Globalisierung auf der Angebotsseite sind:

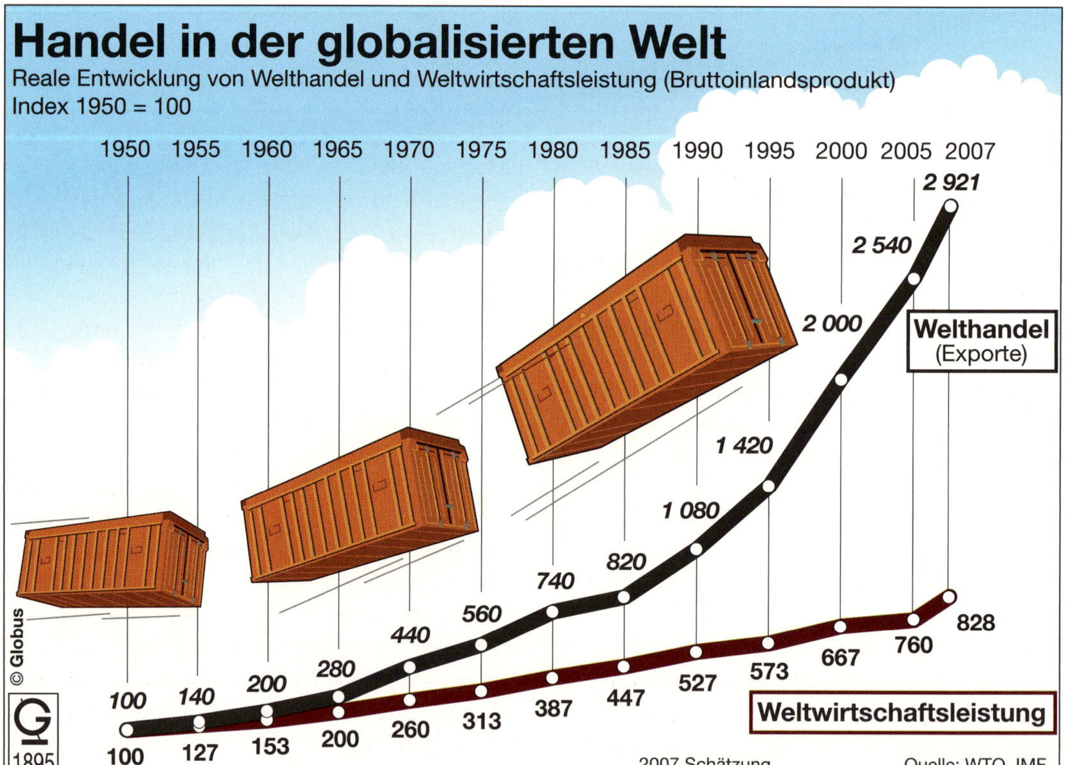

Transport- und Kommunikationskosten

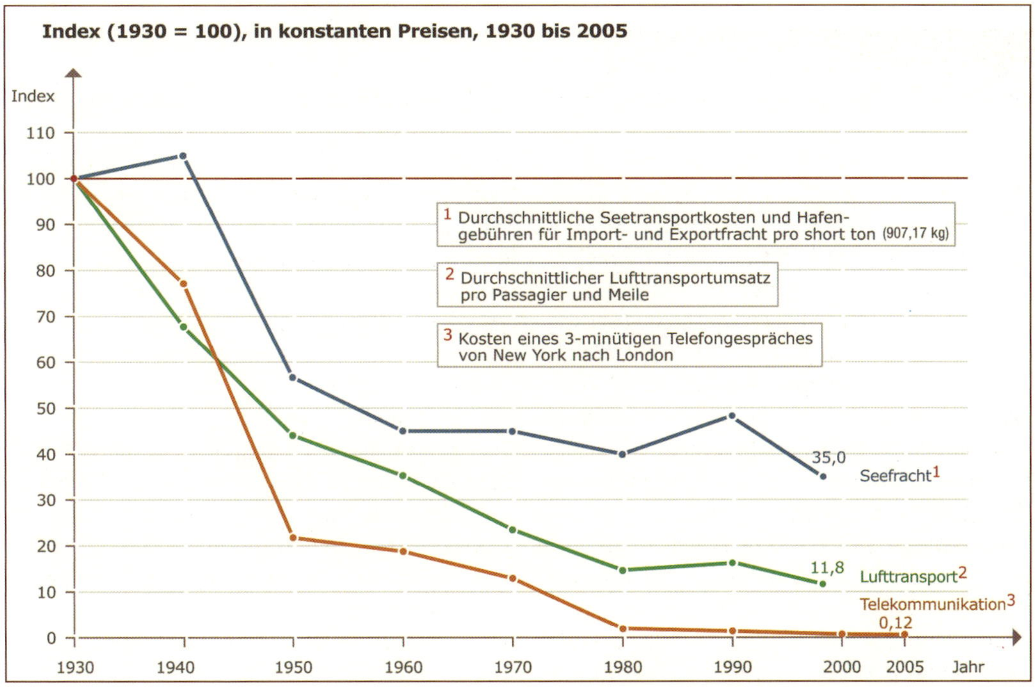

Bundeszentrale für politische Bildung, www.bpb.de

- **Marktsättigungstendenzen** auf bestimmten Märkten (z. B. den Automobilmärkten);
- die **Öffnung der Märkte** durch den Abbau von Handelshemmnissen (Liberalisierung der Märkte);
- das Aufkommen **neuer internationaler Konkurrenten** (Schwellenländer, wie z. B. China).

Da sich die Lebensdauer von Produkten auf den Märkten durch den scharfen internationalen Wettbewerb ständig verkürzt (kürzere Produktzyklen), lassen sich die Forschungs- und Entwicklungskosten bei einer rein nationalen Vermarktung nicht mehr decken. Deshalb agieren Unternehmen global, um so über hohe Umsätze Gewinne zu ermöglichen.

Multinationale Unternehmen

Multinationale Unternehmen sind in mehreren Staaten – oft weltweit – operierende und produzierende Konzerne, wobei die in einem Staat angesiedelte Muttergesellschaft über meist rechtlich selbstständige Tochtergesellschaften in anderen Staaten Umsätze tätigt. Die umgangssprachlich auch „Multis" oder **„Global Player"** genannten Unternehmen entstehen durch internationale Kapitaltransaktionen (Direktinvestitionen). Obwohl auch mittelständische Unternehmen international tätig sind, werden unter multinationalen Unternehmen meist Großunternehmen mit entsprechender Wirtschafts- und Finanzkraft verstanden. Neben multinationalen wird auch von internationalen, globalen oder transnationalen Unternehmen gesprochen, wobei die Begriffe oft uneinheitlich verwendet werden. Teilweise werden die Adjektive synonym gebraucht, teilweise werden darunter jeweils spezifische Konzepte international tätiger Konzerne verstanden.

Die internationale Tätigkeit erschließt den multinationalen Unternehmen neue und gegebenenfalls größere Absatzmärkte und bringt Kostenvorteile (Arbeits-, Rohstoff-, Energie- und Transportkostenersparnis). Zudem wird so die Abhängigkeit der Unternehmen von nationaler Wirtschaftspolitik und Gesetzgebung sowie von nationalen Konjunkturschwankungen vermieden bzw. abgeschwächt.

Die größten Unternehmen der Welt (nach Umsatz)

2006	2005	Börsennotierte Unternehmen	Land	Branche	Umsatz in Mio. Euro
1	1	Royal Dutch Shell	NL	Mineralöl/Gas	255 546
2	3	Wal Mart	USA	Einzelhandel	249 614
3	2	Exxon Mobil	USA	Mineralöl/Gas	242 447
4	4	BP	GB	Mineralöl/Gas	213 117
5	5	Daimler-Chrysler	D	Automobil	151 616
6	6	General Motors	USA	Automobil	150 025
7	9	Toyota	J	Automobil	142 905
8	7	Chevron	USA	Mineralöl/Gas	141 336
9	10	Total	F	Mineralöl/Gas	132 689
10	11	Conoco-Philips	USA	Mineralöl/Gas	121 249
Weitere deutsche Konzerne unter den TOP 50					
13	13	Volkswagen	D	Automobil	104 875
15	15	Siemens	D	Elektro und Technologie	87 325
27	39	Eon	D	Versorger	64 197
33	23	Deutsche Telekom	D	Telekommunikation	61 347
35	50	Deutsche Post	D	Transport und Logistik	60 545
36	32	Metro	D	Handel	59 882
44	–	BASF	D	Chemie	52 610

Zum Vergleich

Land	Einwohner	BIP in Mio. Euro
Baden-Württemberg	10,5 Mio.	352.640
Deutschland	81,0 Mio.	2.423.800
Türkei	74,0 Mio	339.000

Handelsblatt, 30.07.2007

Schrittmacher der Globalisierung

Die transnationalen Unternehmen gelten vielen als **„Schrittmacher der Globalisierung"**. Ihre Organisationsform ist ein Netzwerk mit einer Reihe wechselseitig abhängiger und geografisch verteilter Zentren, die von gemeinsamen Strategien, Normen und einem intensiven Austausch von Informationen, Erfahrungen und Ressourcen zusammengehalten werden. Mit ihren Direktinvestitionen vernetzen transnationale Unternehmen nationale Volkswirtschaften und werden damit zum Herzstück der globalen Weltwirtschaft. Transnationale Unternehmen treiben den grenzüberschreitenden Transfer von Finanzkapital, Technologie und Managementfähigkeiten voran.

Eine Ursache für die wieder wachsende Zahl von Fusionen und Übernahmen liegt in der **Deregulierung** nationaler Märkte (z.B. in den Bereichen Telekommunikation, Energiewirtschaft, Bau). Dazu kommen weitere Motive der Unternehmen, die von Branche zu Branche variieren können: Sie reichen von besserer Marktpräsenz in neuen geografischen Räumen, dem Schließen von Angebotslücken bis hin zu Synergieeffekten in Forschung und Entwicklung, Produktion und Vertrieb.

Einerseits können transnationale Unternehmen für die Entwicklung des jeweiligen „Gastlandes" positive Beiträge leisten durch:

- attraktive und im Landesvergleich gut bezahlte Arbeitsplätze,
- Forschung und Entwicklung,
- die Qualität der Produkte und Dienstleistungen,
- Devisen erwirtschaftende Exporte,
- Technologietransfer,
- die Ausbildung der Mitarbeiter und
- die Nutzung und Förderung heimischer Zulieferbetriebe.

Sie tragen zur Verbesserung der internationalen Arbeitsteilung bei, zur Verbreitung von technischem und wirtschaftlichem Know-how, zur Ausweitung des Welthandels und somit häufig auch zu Fortschritt, Wohlstand und Wettbewerbsfähigkeit. Andererseits werden sie kritisiert wegen

- wirtschaftlicher Machtkonzentration,
- möglicher politischer Einflussnahme,
- Wettbewerbsverzerrungen,
- Steuerflucht und
- der bislang unzureichenden öffentlichen Kontrolle, etwa durch eine internationale Wettbewerbsbehörde.

In der kontroversen Diskussion um Global Player sind auch die Wirkungen auf die Beschäftigung im Stammland umstritten. Die Bedeutung der Auslandsgeschäfte transnationaler Konzerne (These vom „globalen Dorf") darf aber auch nicht überschätzt werden, weil der überwiegende Teil der unternehmerischen Aktivitäten weiterhin national bleiben wird.

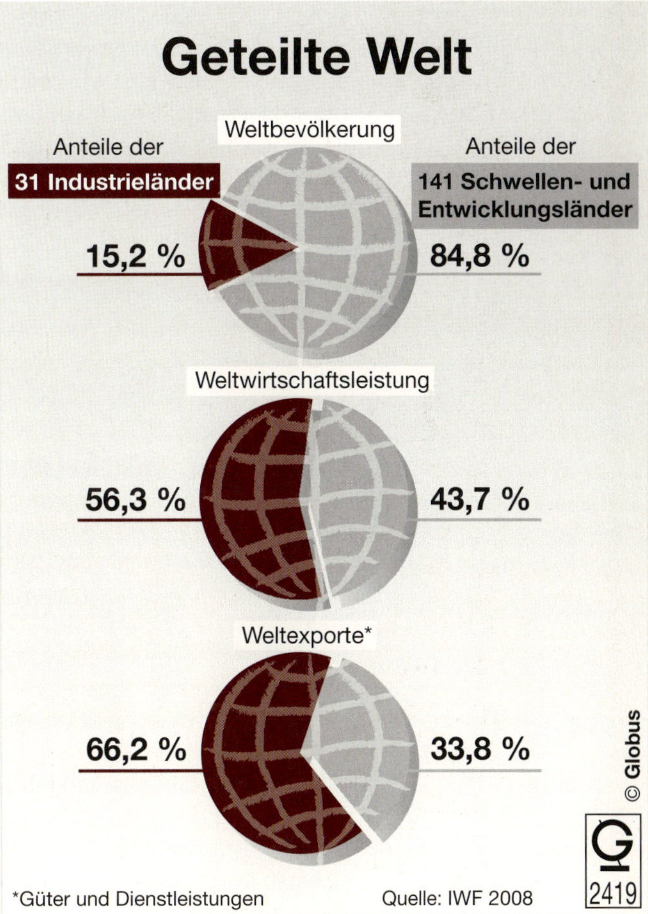

M1 Wohlstand für alle durch internationale Arbeitsteilung?

Die Aussage der absoluten Kostenvorteile von Adam Smith besagt: Die Steigerung der Wohlfahrt durch den Außenhandel für die Welt ist am höchsten, wenn sich jedes Land auf jene Güter spezialisiert, die es am kostengünstigsten herstellen kann, d. h., wenn es einen absoluten Kostenvorteil besitzt. Wird z. B. ein qualitativ gleichwertiges ausländisches Produkt (einschließlich Transport- und Zollkosten) kostengünstiger als das entsprechende einheimische Produkt angeboten, ist es in der Regel sinnvoll, diesen Kostenvorteil auch zu nutzen. D. h., um die Vorteile von Arbeitsteilung und Spezialisierung realisieren zu können, wird der internationale Handel gebraucht und gleichzeitig gefordert. [...] Die Überlegungen von Adam Smith können jedoch nicht erklären, warum Länder Güter exportieren, die keine absoluten Preisvorteile besitzen. Eine Weiterentwicklung erfolgte durch David Ricardo, der eines der berühmtesten Theoreme der Wirtschaftswissenschaften formuliert hat. [...] Angenommen, die Länder A und B produzieren beide Weizen und Leinen. 100 Arbeitseinheiten werden dazu alternativ wie folgt eingesetzt [vergleiche Tabelle].

	Land A	Land B
Weizen	20 ME*	10 ME
Leinen	16 ME	14 ME

Mit 100 Arbeitseinheiten produzierter Weizen und produziertes Leinen in Land A und Land B
** ME = Mengeneinheiten*

Land A besitzt sowohl bei Weizen als auch bei Leinen einen absoluten Kostenvorteil, da es bei gleich großem Arbeitseinsatz mehr erzeugen kann als Land B. Dennoch ist es lohnend, dass sich ein Land jeweils auf die Produktion eines Gutes spezialisiert: Der Kostenvorteil von A bei der Produktion von Weizen ist mit 20:10 größer als bei der Produktion von Leinen (16:14). Land B hat einen komparativen (vergleichsweisen) Kostenvorteil bei der Produktion von Leinen. Die Wertschöpfung in beiden Ländern könnte erhöht werden, indem sich Land A auf die Produktion von Weizen und Land B auf die Produktion von Leinen spezialisierte. Dann könnte Land A mehr Weizen gegen Leinen eintauschen und Land B mehr Leinen gegen Weizen.

Hans Kaminski u. a.: oec., Westermann Verlag, Braunschweig 2005, S. 459

M2 Nicht alle Menschen profitieren von der Globalisierung

Ein Gespräch mit dem US-amerikanischen Wirtschaftswissenschaftler Paul Samuelson (geb. 1915). Samuelson gilt als einer der bedeutendsten Ökonomen der Gegenwart; er erhielt 1970 den Nobelpreis für Wirtschaftswissenschaften.

Spiegel: Professor Samuelson, [...] Franzosen und Niederländer haben den EU-Verfassungsvertrag abgelehnt, weil sie Wettbewerber aus Osteuropa fürchten, Jobverlagerungen machen den Menschen Angst. Ist die Idee des freien Handels auf dem Rückzug?

Samuelson: Über jeder modernen Gesellschaft schwebt das Gespenst des Protektionismus. [...] Vielleicht sind unsere darwinistischen Wurzeln dafür verantwortlich: Im Dschungel überlebt man nur, wenn man Fremden gegenüber vorsichtig ist.

Spiegel: Im Hörsaal wird Studenten der Wirtschaftswissenschaften etwas ganz anderes beigebracht.

Samuelson: Das stimmt. Es ist einer der wichtigsten Grundsätze, die wir lehren, dass der freie Handel notwendigerweise die Lebensbedingungen für jeden verbessert und dass Spezialisierung und Diversifizierung für alle von Vorteil sind, für arme Länder wie für reiche. Den ersten Beweis dafür lieferte 1817 der große englische Ökonom David Ricardo.

Spiegel: Und das trifft heute nicht mehr zu?

Samuelson: Waren Sie schon einmal in einem Wal Mart? [...] Das Besondere an Wal Mart ist, dass das Unternehmen so günstig Waren einkaufen kann, vor allem in China. Wenn Sie einen Supermarkt von Wal Mart besuchen, werden Sie dort üblicherweise arme Amerikaner treffen, die billige Produkte kaufen, dadurch können sie ihren Lebensstandard enorm verbessern. Gleichzeitig aber müssen sie fürchten, ihren Job zu verlieren oder auf eine schlechter bezahlte Stelle wechseln zu müssen. [...] Globalisierung führt nicht immer dazu, dass es nur Gewinner gibt. Es ist nicht wahr, dass alles, was die Globalisierung fordert, automatisch jedem nutzt. Das ist heute die Realität von Ricardos komparativen Kostenvorteilen.

Spiegel: Sie klingen beinahe wie ein Globalisierungsgegner.

Samuelson: Um Missverständnissen vorzubeugen: Das Leben in einer globalisierten Welt bedeutet im Großen und Ganzen, dass sich der materielle Wohlstand vergrößert. [...] Aber nicht jeder profitiert gleichermaßen davon.

Spiegel: Wenn also die Globalisierung auch negative Seiten hat, wie sollte man damit umgehen?

Samuelson: Vielleicht sollten wir den Prozess ein wenig bremsen, aber man kann ihn nicht stoppen, und man sollte das auch nicht tun. Was wir tun können: den Menschen helfen, die an den Folgen leiden. Wir könnten die Kraft des Steuersystems nutzen, um Geld von reichen Menschen, wie mir, an die weniger reichen Menschen umzuverteilen.

Frank Hornig, Alexander Jung: „Der Markt hat kein Herz“, in: Spiegel Special, 7/2005, S. 150ff.

M3 Das Streben der Menschen nach Glück verändert die Welt

Die Globalisierung ist weder Naturereignis noch allein Folge des technischen Fortschritts. Sie wird seit Jahrhunderten angetrieben vom friedlichen Handel und Wandel. Sie ist politisch gewollt und bewusst beschleunigt worden durch die Öffnung der Märkte und die Schaffung internationaler Institutionen. Sie hat dann einen zusätzlichen Schub erhalten durch den Fall des Eisernen Vorhangs und den Eintritt Chinas und Indiens in die Weltwirtschaft. Milliarden Menschen tragen mit ihrer Arbeit und ihren Wünschen dazu bei. Ihr Streben nach Glück durchdringt und verändert die Welt.
Diese Veränderungen machen in den westlichen Industrienationen vielen Menschen Sorgen. Sie fragen: Können unsere Staaten auch weiterhin die Voraussetzungen für Freiheit, Arbeit, Wohlstand und sozialen Ausgleich bieten? Haben sie die Kraft, der Entwicklung der Weltwirtschaft Regeln zu setzen und Probleme wie die grenzüberschreitende Umweltverschmutzung und das organisierte Verbrechen wirksam zu bekämpfen? Gefährdet die Globalisierung am Ende unser ganzes Sozialmodell? Solche Fragen sind berechtigt, denn in der Tat: Der weltweite Wettbewerbsdruck stellt vieles auf die Probe, die Wirtschaftsunternehmen genauso wie die Umsicht und Wirksamkeit allen staatlichen Handelns. Kein Zweifel: Es gibt soziale Härten. Doch der Sozialstaat hat Bestand. Wir haben in den westlichen Industrienationen auch bei den öffentlichen Einnahmen oder beim Umweltschutz keine Abwärtsspirale. Der Vergleich innerhalb Europas macht deutlich: Erstens ist ein Sozialstaat, der kontinuierlich in das Können seiner Bürger investiert, im weltweiten Wettbewerb keine Belastung, sondern eine Stärke. Dabei gibt es unverändert viel Spielraum für landestypische Mischungen beispielsweise in der Arbeitsmarkt-, Steuer- und Sozialpolitik. Zweitens schaffen Geldwertstabilität und internationaler Handel bessere Voraussetzungen für soziale Politik als Inflation und Abschottung. Drittens kann über die Verteilung des erwirt-

schafteten Wohlstands nach wie vor gutteils innerstaatlich entschieden werden. Viertens stellen sich offensichtlich einige Nationen klug und schnell auf den globalen Wandel ein: Sie bauen um vom betreuend-fürsorglichen zum ertüchtigend-vorsorglichen Staat. Wo das gelingt, da herrschen Weltoffenheit und Zuversicht vor. [...]

Alle Erfahrung zeigt: Dauerhafter wirtschaftlicher Erfolg braucht Rechtssicherheit, sozialen Frieden, gut ausgebildete und fleißige Menschen mit freien Entfaltungsmöglichkeiten und eine gute Infrastruktur. Je mehr davon ein Land zu bieten hat, desto erfolgreicher ist es in der Globalisierung und desto mehr Ordnung trägt es in sie hinein. Darum hat gerade der freiheitliche und soziale Rechtsstaat Zukunft. Er ist weder handlungsschwach noch überflüssig geworden. Er ist international und innenpolitisch der wichtigste Akteur, um die Chancen des weltweiten Wandels zu nutzen, seine Risiken zu begrenzen und seine unvermeidlichen Lasten sozial gerecht zu verteilen. Er bleibt die wichtigste Ordnung, um im Widerstreit der Partikularinteressen mit demokratischer Legitimität zu entscheiden, was dem heimischen und dem weltweiten Gemeinwohl dient. Es wurde auch vorhergesagt, die Globalisierung würde die Entwicklungsländer immer mehr verarmen lassen. Die Not dort würde immer größer werden, die Arbeitsbedingungen immer schlechter, die Ausbeutung immer brutaler. Aber die Bilanz sieht anders aus: Die Kindersterblichkeit ist in den meisten Entwicklungsländern deutlich zurückgegangen, und die Lebenserwartung dort hat sich um Jahre erhöht. Niemals zuvor hat ein so großer Teil der Weltbevölkerung so große Zuwächse an Lebensstandard genossen wie in den vergangenen zwanzig, dreißig Jahren. Allein in China haben sich seit 1980 fast eine halbe Milliarde Menschen aus krasser Armut herausgearbeitet. Die Kinderarbeit geht zurück. Der Anteil der Menschen an der Weltbevölkerung, die nicht lesen und schreiben können, ist deutlich gesunken, und Frauen haben einen spürbar besseren Zugang zu Bildung. Kein Staat kann mehr die Menschenrechte ignorieren, auch wenn sie leider längst nicht überall verwirklicht sind. Schwerste Menschenrechtsverletzungen werden zunehmend von internationalen Gerichten geahndet. Auch wenn noch unendlich viel zu tun bleibt – unter dem Strich hat die Globalisierung in den ärmeren Ländern große Fortschritte bewirkt. Das ist für unvorstellbar viele Menschen ein Segen. [...] Noch immer lebt ein großer Teil der Menschheit in tiefster Armut. Ganz Afrika mit seinen rund eine Milliarde Menschen zum Beispiel steht nicht mehr Einkommen zur Verfügung als den etwa 20 Millionen Einwohnern von Bayern und Niedersachsen. Diese Armut und Schwäche hat vor allem zwei Ursachen: unzureichende Teilhabe an der Globalisierung – meist mangels Wirtschaftskraft und mangels guter Regierungsführung – und Benachteiligung durch Staaten und private Akteure, die ihre eigenen Interessen ohne jede Rücksicht verfolgen. Das ist die hässliche Seite der Globalisierung, die Rücksichtslosigkeit des Stärkeren, und leider ist daran auch Europa beteiligt. [...] Auch Europa errichtet Handelsbarrieren gegen die Entwicklungsländer, überschwemmt sie – auf Kosten der hiesigen Steuerzahler – mit Lebensmitteln zu Dumpingpreisen und zerstört damit dort die Erwerbs- und Lebensgrundlagen der bäuerlichen Gesellschaften. Auch Europa fischt Afrikas Küsten leer und verweist Kritiker kalt lächelnd auf geschlossene Verträge. Und dann reagiert Europa mit Erstaunen, Mitleid und einem Gefühl der Belästigung, wenn immer mehr Afrikaner sich in ihren Nussschalen auf den Weg übers Meer machen, um etwas Besseres zu finden als Armut und Elend. [...]

Natürlich werden nicht alle Menschen Brüder; das wäre auch viel zu anstrengend. Aber die Nationen der Welt sind mehr als nur eine Wirtschaftsgemeinschaft: Sie sind zur Schicksalsgemeinschaft geworden und müssen darum endlich auch zur Verantwortungsgemeinschaft und zur Lerngemeinschaft werden. Nur dann bleibt die Erde ein wohnlicher Stern. [...] Behindert werden die Entwicklungsmöglichkeiten der armen Länder zusätzlich durch die Zollpolitik der Industrieländer, die bearbeitete Produkte deutlich stärker belastet als Rohstoffe. So erschwert man es den Entwicklungsländern, eigenes Verarbeitungsgewerbe aufzubauen, das den Menschen dort mehr Beschäftigung und mehr Einkommen bietet. Für die Entwicklungsländer wäre ein verbesserter Zugang zu den Märkten der Industriestaaten die beste Hilfe zur Selbsthilfe. Die entwicklungspolitische Zusammenarbeit muss darauf zielen, die eigenen Talente und Fähigkeiten der Entwicklungsländer zur Entfaltung zu bringen. Und ihr Rohstoffreichtum muss vor allem den Völkern dort zugute kommen. Darum brauchen wir dringend eine entwicklungsfreundliche Welthandelsordnung. [...]

Gerade uns Deutschen ist die Globalisierung besonders zugute gekommen. Dass nach dem Zweiten Weltkrieg der Wiederaufbau gelang und wir heute an der Spitze der weltweiten Exportstatistik stehen, das haben wir vor allem der Integration unseres Landes in die Weltwirtschaft zu verdanken. Wir genießen heute ein so hohes Maß an Wohlstand wie nie zuvor in unserer Geschichte. Wahr ist allerdings auch: Die Ungleichheit der Einkommensverteilung in Deutschland hat zugenommen – nicht zuletzt, weil die Einkünfte aus Kapitalerträgen viel stärker gestiegen sind als die Arbeitslöhne. Die Erwerbsbiographien sind unsicherer geworden und verlaufen weniger stetig. Viele westliche Industrienationen erleben eine ähnliche Entwicklung. Die Arbeitslöhne sind unter Druck geraten, weil der weltweite Wettbewerb schärfer geworden ist und weil der technische Fortschritt immer mehr einfache Arbeiten ersetzt. Es geht der breiten Mittelschicht in Deutschland zwar unverändert recht gut, aber es greifen Abstiegsängste um sich, und viele Menschen aus einkommensschwachen und bildungsferneren Schichten kommen aus eigener Kraft nicht voran. Aus diesem Befund leite ich vier Schlussfolgerungen ab. Erstens: Wir haben in der Vergangenheit eine wachsende Ungleichheit der Einkommen nur hingenommen, weil die Kurve für alle nach oben wies. Das muss so bleiben. Der Aufstieg der einen darf nicht der Abstieg der anderen sein! Zweitens: Die Arbeitnehmer sollten stärker als bisher an den Erträgen und am Kapital der Unternehmen beteiligt werden. Das verschafft ihnen eine zusätzliche Einkommensquelle. Drittens: Wer unverschuldet in Not gerät, soll sich auch künftig auf das soziale Netz verlassen können und eine wirksame Starthilfe erhalten, um schnell wieder aus eigener Kraft voranzukommen. Und viertens: Es müssen endlich alle wirklich gleiche Zugangschancen zu guter Bildung, wirtschaftlichem Erfolg und sozialem Aufstieg haben. Bildung ist die wichtigste Voraussetzung für gesellschaftliche Gerechtigkeit und soziale Mobilität. Wahr ist ferner: Der weltweite Wettbewerb beschleunigt den wirtschaftlichen Strukturwandel und trägt dazu bei, dass vor allem Menschen arbeitslos werden, die keine gute Ausbildung haben. Zugleich beobachten wir, dass Branchen wie der Maschinenbau oder die Medizintechnik von der Nachfrage in den aufstrebenden Ländern profitieren und deshalb wachsende Schwierigkeiten haben, ihren Bedarf an qualifizierten Arbeitskräften zu decken.

Kluge Beobachter sagen deshalb: Der wirkliche Konflikt über die Globalisierung spielt sich nicht zwischen den ärmeren und den reicheren Ländern ab, denn alle Länder können von fairem Handel und internationaler Arbeitsteilung profitieren. Der eigentliche Konflikt entsteht innerhalb der Länder, zwischen den Gewinnern und den Verlierern des Strukturwandels. Diese Entwicklung ist nicht neu. Der technische Fortschritt, die Veränderung der Konsumgewohnheiten und der betriebliche Wettbewerb führten schon immer zum Wegfall von Arbeitsplätzen. Die Mechanisierung der Landwirtschaft zum Beispiel zwang Hunderttausende von Bauern und Landarbeitern zum Berufswechsel. Wir müssen den Strukturwandel als Charakteristikum einer modernen und

erfolgreichen Wirtschaft annehmen – und zwar nicht nur als Belastung für die unmittelbar Betroffenen, denen wir helfen müssen, sondern viel mehr noch als Chance, denn solche Veränderungen modernisieren ein Land und schaffen dadurch neue Grundlagen für die Bewahrung von Wohlstand und sozialer Sicherheit. Wir alle müssen bereit sein, lebenslang zu lernen und uns in immer neue Zusammenhänge hineinzufinden. Die Vermögenden in unserem Land möchte ich ermutigen, sich noch stärker für das Gemeinwohl einzubringen.

Berliner Rede des ehemaligen Bundespräsidenten Horst Köhler, 01.10.2007

Aufgaben

1. Definieren Sie Globalisierung.

2. Beschreiben Sie verschiedene Ursachen des Globalisierungsprozesses.

3. Begründen Sie, warum multinationale Konzerne als „Schrittmacher der Globalisierung" bezeichnet werden können.

4. Erläutern Sie verschiedene Dimensionen der Globalisierung.

5. Erläutern Sie anhand des Textes und der Tabelle in M1 das Theorem des komparativen Kostenvorteils. Welche Vorteile haben beide Länder vom internationalen Handel?

6. In welchen Punkten modifiziert Samuelson Ricardos Theorem (M2)? Welche Chancen, welche Risiken bietet die Globalisierung demnach für Beschäftigte in Deutschland?

7. Zeigen Sie auf, wie Horst Köhler Globalisierung beurteilt, und nehmen Sie dazu Stellung (M3).

1.3 Deutschland als Wirtschaftsstandort

Leitfragen	Welche Stellung hat Deutschland im internationalen Handel?	Was sind Standortfaktoren, und was versteht man unter Standortqualität?	Wie attraktiv ist der Standort Deutschland?

Die deutsche Wirtschaft im Welthandel

Deutschland gehört zu den führenden Industrienationen der Welt und konnte sich 2008 das sechste Jahr in Folge mit dem Titel **„Exportweltmeister“** schmücken. Deutschland weist einen sehr hohen Verflechtungsgrad mit der Weltwirtschaft auf: Der Weltmarktanteil deutscher Exporte beträgt etwa zehn Prozent, in den Schlüsselbranchen Fahrzeugbau, Maschinenbau und chemische Industrie ist der Weltmarktanteil deutscher Produkte teilweise noch höher. Der expandierende Welthandel führt zu einer verstärkten internationalen Arbeitsteilung und gerade für die deutsche Wirtschaft zu intensiveren Handelsbeziehungen mit dem Ausland.

Die Ausfuhren haben für die deutsche Gesamtwirtschaft eine enorme Bedeutung. 1995 waren in Deutschland rund 15 Prozent der Erwerbstätigen vom Export abhängig, elf Jahre später waren es mit über 8,9 Millionen Erwerbstätigen fast 23 Prozent. Der deutsche Export trägt damit wesentlich zur Sicherung und Schaffung von inländischen Arbeitsplätzen bei – und dies, obwohl oder gerade weil Teile der Produktion ins billiger produzierende Ausland verlagert wurden. Im verarbeitenden Gewerbe arbeitet heute über die Hälfte aller Erwerbstätigen für den Export. In der Automobilindustrie hängen fast drei von vier Arbeitsplätzen am Außenhandel, im Maschinenbau und

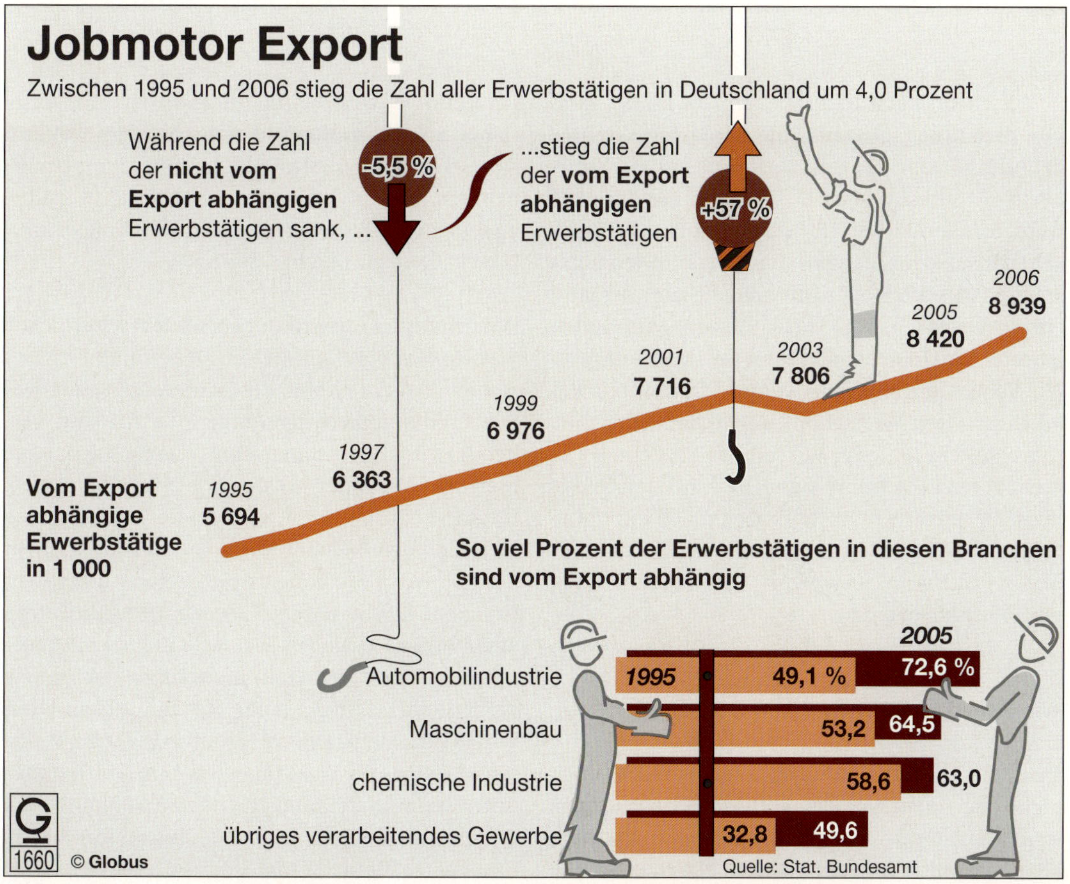

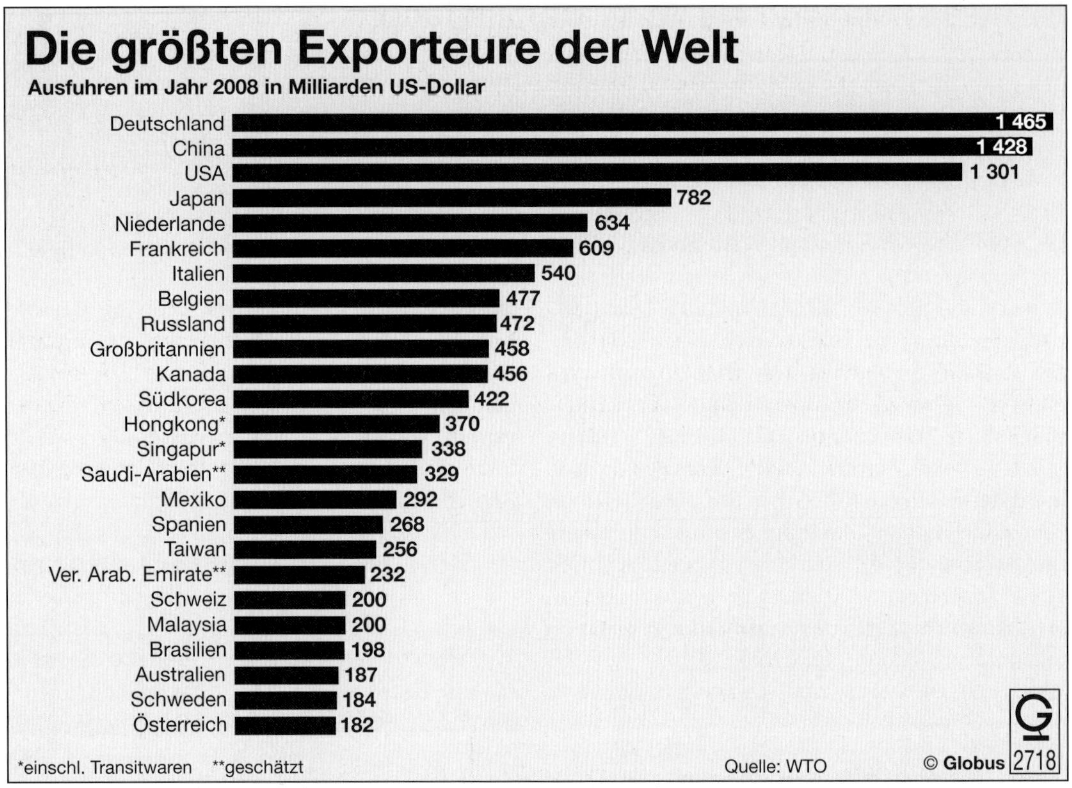

in der chemischen Industrie sind es knapp zwei von drei Arbeitsplätzen. Eine herausragende Bedeutung für den deutschen Handel hat die Europäische Union – über 60 Prozent des Handels werden innerhalb der EU abgewickelt. Die deutschen Ausfuhren hängen allerdings auch immer stärker von Vorleistungen ab, die im Ausland erbracht werden, z.B. die Fertigung von Teilen jenseits der Grenzen, die dann im Inland etwa in ein Fahrzeug eingebaut werden. Der Anteil der **ausländischen Wertschöpfung** an den deutschen Exportgütern lag 2005 bei rund 41 Prozent. Diese Auslagerung (**Outsourcing**) der Produktion relativiert die positiven Auswirkungen der Exporterfolge vor allem auf den deutschen Arbeitsmarkt und ist mit dem Schlagwort der „Basar-Ökonomie" kritisiert worden.

Wie attraktiv ist der Standort Deutschland?

Durch die Globalisierung, aber insbesondere auch durch die Aufnahme der mittel- und osteuropäischen Staaten in den EU-Binnenmarkt im Zuge der Osterweiterung steht Deutschland in einem verstärkten **weltweiten Standortwettbewerb.** Dabei ist die zentrale Frage, ob der Standort Deutschland noch attraktiv genug ist, um Unternehmen und Investitionen im Lande zu halten bzw. neue Unternehmen und Investitionen nach Deutschland zu holen.

Die negativen Auswirkungen des wirtschaftlichen Strukturwandels spüren in Deutschland insbesondere Arbeitnehmer, die ihren Arbeitsplatz wegen Produktionsverlagerungen ins Ausland verlieren. Die Schließung eines Nokia-Werkes in Bochum im Januar 2008 hat gezeigt, dass selbst für gut qualifizierte Arbeitnehmer in profitablen Unternehmen keine Arbeitsplatzsicherheit mehr besteht, wenn die hohen Gewinnerwartungen vor Ort nicht erfüllt werden können (→ M2). Daraus den Schluss zu ziehen, Deutschland sei als Wirtschaftsstandort generell unattraktiv, ist jedoch nicht gerechtfertigt, denn für die Attraktivität von Wirtschaftsstandorten gibt es keinen absoluten Maßstab. Die Qualität eines Wirtschaftsstandortes ist nur in Relation zu anderen Standorten zu definieren. Zudem sind Standortfaktoren von Branche zu Branche und selbst für Unternehmen einer Branche unterschiedlich zu gewichten. Allgemein gilt, dass Standorte mit hohem Innovationspotenzial, in welchen die Produktionsfaktoren flexibel auf den Strukturwandel reagieren können und damit die Anpassungslasten einer Volkswirtschaft reduzieren, begehrt sind. Ein Indikator für die Attraktivität von Standorten stellen die Investitionen von Ausländern dar, die so genannten **Direktinvestitionen.**

Direktinvestitionen

Direktinvestitionen sind Kapitalanlagen von Inländern im Ausland (oder von Ausländern im Inland).
Dazu zählen Gründungen von oder Beteiligungen an Unternehmen, Produktionsstätten und Niederlassungen sowie Kreditgewährungen. Hohe Direktinvestitionen fließen in den Aufbau von Tochterunternehmen multinationaler Konzerne.

Allerdings ist dieser Indikator nicht unumstritten, da in die Investitionsentscheidung auch Motive eingehen können, die nicht unmittelbar mit der Standortqualität zu tun haben. Dazu gehören z.B. Marktnähe durch lokale Präsenz, geografisch angepasste Produktdifferenzierung und lokale Strategien in der Produktentwicklung und -werbung. Durch Investitionen im Ausland können Unternehmen so ihre internationale Wettbewerbsfähigkeit sichern und damit auch ihr Überleben. Letztlich lässt sich die Frage, wie attraktiv der Standort Deutschland heute und in der Zukunft ist, nicht allgemein abschließend beantworten, auch weil den unternehmerischen Standortentscheidungen unterschiedliche Motive zugrunde liegen.

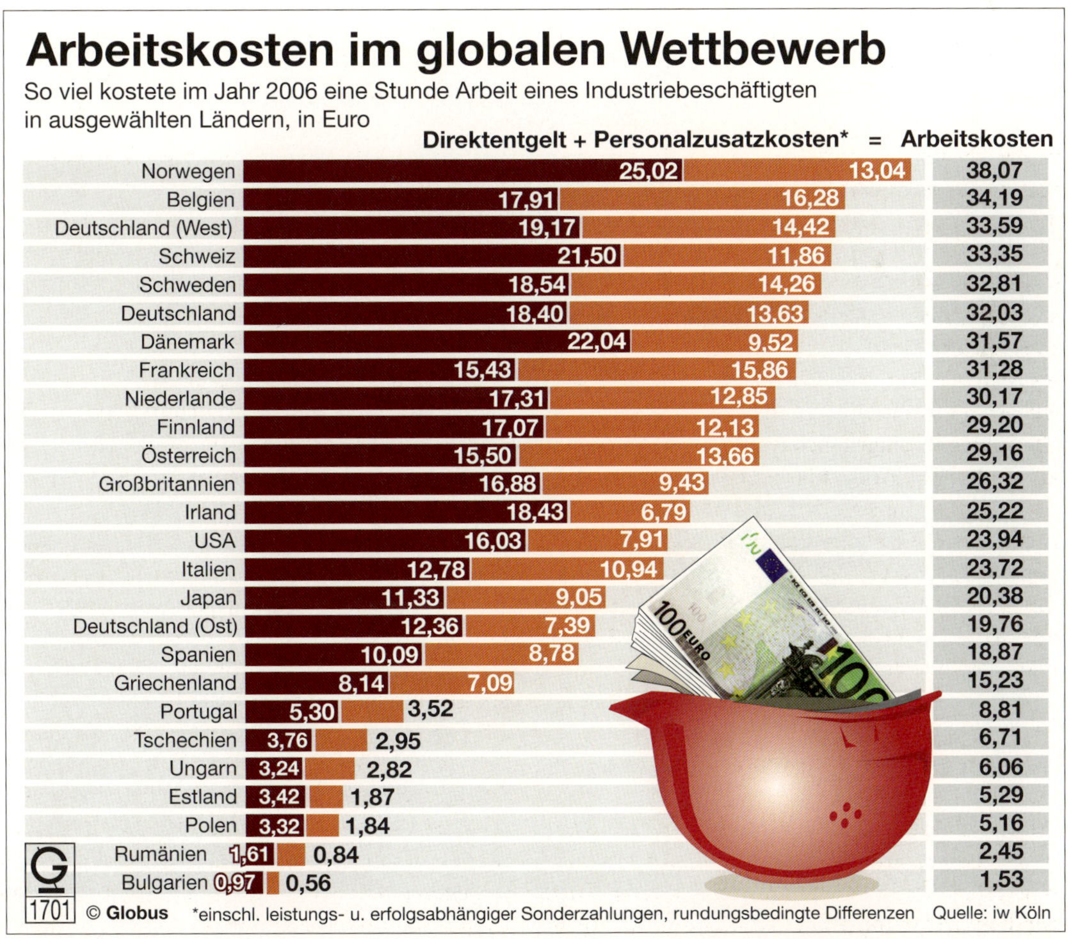

M1 Stärken und Schwächen des Wirtschaftsstandorts Deutschland

Standort Deutschland

Stärken *„Wie bewerten Sie Deutschland hinsichtlich folgender Standortfaktoren?“*

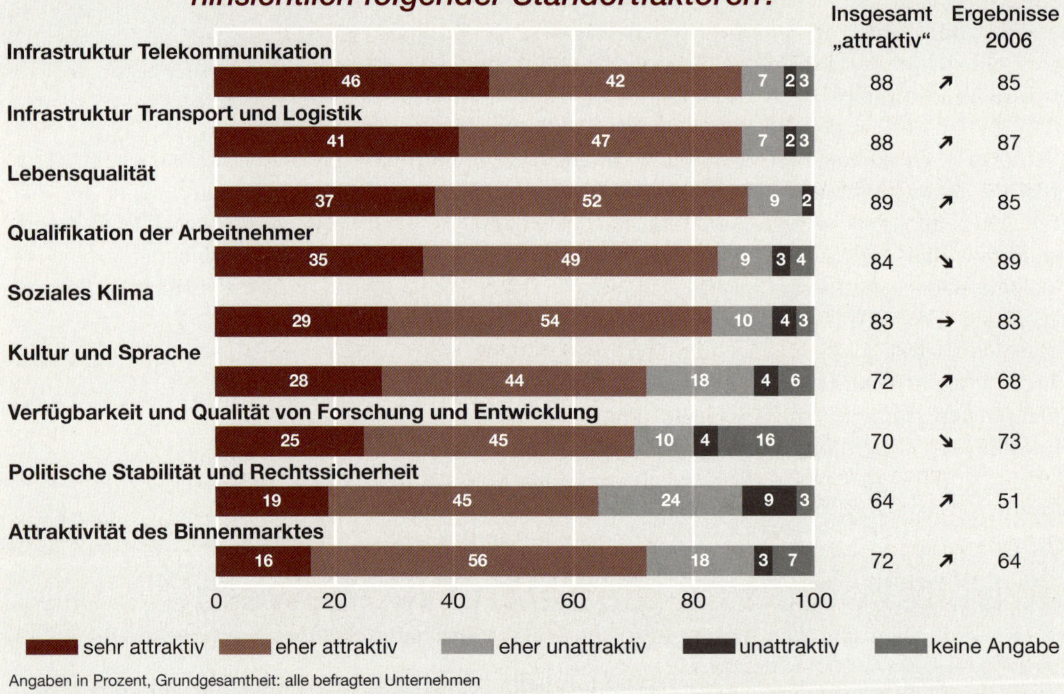

Schwächen *„Wie bewerten Sie Deutschland hinsichtlich folgender Standortfaktoren?“*

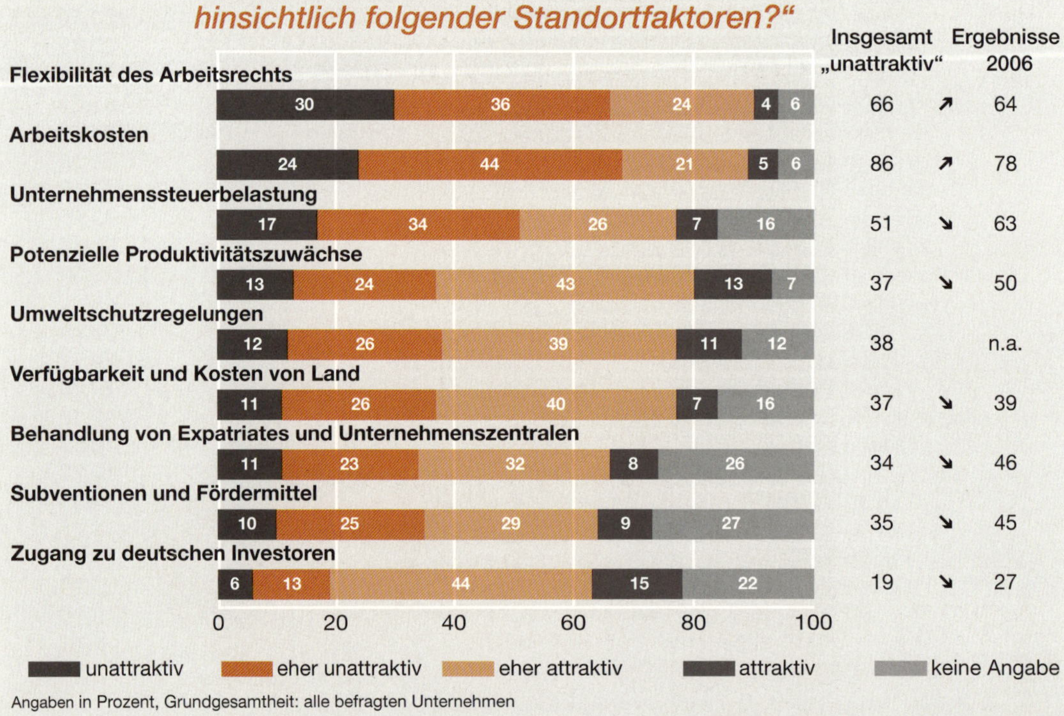

Studie von Ernst & Young, 29.06.2007, http://www.ey.com/Global/content.nsf/Germany/Presse_-_Pressemitteilungen_2007_-_Standort_Deutschland

M2 Der Fall Nokia – ein Beispiel für den globalen Strukturwandel

Wut, Tränen und Enttäuschung: Schockiert nehmen die Mitarbeiter von Nokia im Werk Bochum in Betriebsversammlungen die Nachricht vom Aus der Handyproduktion entgegen. „Ich bin tief enttäuscht. Das ist Habgier einer Firma, die Milliardengewinne macht“, sagte anschließend ein wütender Betriebsrat. Der globale Standortwettbewerb kostet die Stadt, bereits mit 10,2 Prozent Arbeitslosenquote geschlagen, weitere 2.300 Arbeitsplätze. „Das ist eine schlimme Entscheidung“, trauert Bochums Bürgermeisterin Ottilie Scholz. Der Aderlass war absehbar. Heute erlöst Nokia je Handy nur noch halb so viel wie vor zehn Jahren. Zuletzt waren es 82 Euro. Während die Geräte technisch immer aufwändiger werden, sind die Preise fast im freien Fall. Inzwischen kämpfen die Hersteller um jeden Cent, den sie einsparen können. Nur so können sie dem Druck von Netzbetreibern und Verbrauchern standhalten. Nokia gilt dabei unter Branchenexperten als besonders effizient geführt. Dieser Wettlauf um höchste Wirtschaftlichkeit hat dem Werk in Bochum nun das Genick gebrochen. „Der Markt verändert sich rasch. Wir haben in den vergangenen Jahren immer wieder versucht, die Wettbewerbsfähigkeit Bochums zu erhalten. Das ist uns zuletzt nicht mehr gelungen“, sagte Nokia-Vorstand Veli Sundbäck. Weitere Investitionen in den Standort würden sich nicht rechnen. Um langfristig bestehen zu können, sei die Entscheidung notwendig gewesen. Schon seit Jahren streben die Handyhersteller und zulieferer nach Osten. Gewinner sind neben Billiglohnländern in Asien auch die neuen EU Staaten in Osteuropa. So wird der Großteil der Produktion aus Bochum ins rumänische Cluj verlagert. Dort hat Nokia eine neue Fabrik für 60 Mio. Euro errichtet für zunächst 500, später bis zu 3.500 Mitarbeiter. Standorte in Westeuropa lassen sich kaum rentabel betreiben. Im Sommer 2007 hatte US Produzent Motorola sein einst modernstes Handywerk in Flensburg aufgegeben, ein knappes Jahr zuvor war BenQ Siemens am Standort Kamp Lintfort gescheitert mit 2.000 Beschäftigten. Lediglich Sony Ericsson betreibt noch ein Werk in Elsass Lothringen und Nokia im finnischen Salo. [...] Auch wenn die Bedeutung der Mobiltelefone für Umsatz und Gewinn in Zukunft zurückgehen wird, ist Nokia weiter darauf angewiesen, in großem Stil Geräte zu verkaufen. Denn nur so kann gesichert werden, dass es stets genug potenzielle Abnehmer für die eigenen Dienste gibt. Den Mitarbeitern in Bochum hilft das nicht mehr.

Clemens Bomsdorf, Volker Müller, in: Financial Times Deutschland vom 16.01.2008

Aufgaben

1. Entwerfen Sie einen Steckbrief, der die Rolle Deutschlands im Welthandel verdeutlicht.

2. Erläutern Sie, warum die Qualität eines Standorts nicht einfach zu ermitteln ist.

3. Überlegen Sie, ob und inwieweit starkes Wirtschaftswachstum auf Kosten von Standortfaktoren wie Rechtssicherheit, Menschenrechten oder Umweltstandards gehen darf.

4. Konstruieren Sie ein Standortprofil für Deutschland, aus dem die Stärken und Schwächen und die Entwicklung der Faktoren deutlich werden (M1).

5. „Der Fall Nokia zeigt die negativen Auswirkungen der Globalisierung auf Deutschland.“ Nehmen Sie Stellung zu dieser Aussage (M2).

1.4 Die Welthandelsordnung

Leitfragen

- Warum ist eine politische Steuerung des Globalisierungsprozesses notwendig?
- Welche Möglichkeiten und Grenzen hat Global Economic Governance?
- Worin bestehen die Aufgaben von Welthandelsorganisation und Internationalem Währungsfonds?

Autorengrafik

Global Economic Governance

Die zunehmende wirtschaftliche Verflechtung der Welt erfordert Möglichkeiten der Beeinflussung der internationalen Wirtschaftsbeziehungen durch supranationale Organisationen – sei es, dass diese den Abbau von Schranken für den freien Güter- und Kapitalverkehr fördern, sei es, dass regionale oder globale ökonomische Fehlentwicklungen oder Risiken korrigiert werden sollen. Supranationale Lösungen werden umso notwendiger, je mehr sich die Unternehmen internationalisieren und durch nationalstaatliche Politik kaum mehr erreicht werden können. Die Versuche einer weltwirtschaftlichen Ordnungspolitik werden unter dem Begriff der **Global Economic Governance** zusammengefasst. Im Zentrum der Global Economic Governance-Architektur stehen dabei internationale Organisationen wie die Welthandelsorganisation, der Internationale Währungsfonds und die Weltbank.

Die Welthandelsorganisation WTO

Die Gründung der WTO (World Trade Organization, Welthandelsorganisation) geht auf die Initiative der Freihandelsbefürworter zurück, welche die Meinung vertraten, dass freier und ungehinderter Handel sich positiv auf den Wohlstand aller Nationen auswirkt. Daher wurde kurz nach dem Zweiten Weltkrieg das GATT (General Agreement on Tarifs and Trade) geschlossen. Seine Nachfolgerin, die WTO, nahm 1995 ihre Tätigkeit auf. Ihre 153 Mitgliedstaaten (2008) haben folgende **Ziele und Aufgaben:**

- die Liberalisierung des internationalen Handels,
- den Abbau von Handelsbeschränkungen sowie
- die Schlichtung von Handelsstreitigkeiten zwischen den Mitgliedstaaten.

Die WTO gilt als **„Hüterin des Freihandels"** und schafft mit der Beseitigung von Handelshemmnissen entscheidende Voraussetzungen für den Globalisierungsprozess. Die Organisation legt seit 1995 als einzige international anerkannte Vertragsinstitution Regeln für den Welthandel fest. Die für die Mitglieder bindenden Beschlüsse werden nach dem Konsensprinzip gefasst, wobei jedes Land eine Stimme hat. Damit soll erreicht werden, dass starke Wirtschaftsmächte die schwächeren Staaten nicht majorisieren können. Die Arbeit der WTO gründet sich auf der **Freihandelsdoktrin**, nach der ein freier Handel Wohlstandsgewinne für alle Beteiligten ermöglicht. Im Zentrum der Organisation stehen dabei folgende **Prinzipien**, die von den Mitgliedstaaten anerkannt werden müssen:

- **Meistbegünstigung:** Alle handelspolitischen Zugeständnisse, die sich zwei Staaten untereinander machen, gelten automatisch auch für alle anderen Staaten;

- **Reziprozität:** Handelsvorteile, die einem Handelspartner eingeräumt werden, muss dieser in gleicher Weise erwidern;

- **Inländerbehandlung/Nichtdiskriminierungsgrundsatz:** Keine Begünstigung inländischer Güter und Dienstleistungen gegenüber ausländischen Produkten.

Zur Beilegung von Handelskonflikten steht der WTO ein **Streitschlichtungsmechanismus** zur Verfügung, der eine einvernehmliche Einigung zwischen den Konfliktparteien herbeiführen soll und Vergeltungsmaßnahmen durch eine Partei (z.B. Strafzölle) sanktionieren kann. Die innere Struktur der WTO umfasst drei Teilabkommen, die den Warenverkehr, den Handel mit Dienstleistungen und den Schutz geistigen Eigentums regeln:

- GATT (General Agreement on Tariffs and Trade),
- GATS (General Agreement on Trade in Services) und
- TRIPs (Trade Related Intellectual Property Rights).

Die Erfolge der WTO bei der Liberalisierung des Welthandels werden unterschiedlich beurteilt. Während Befürworter einer weitgehenden Liberalisierung auf die Wohlfahrtseffekte einer zunehmend arbeitsteiligen Weltwirtschaft verweisen, kritisieren Globalisierungsgegner die negativen Folgen der Liberalisierung. Sie werfen der WTO Versagen bei der Durchsetzung einer **gerechten Weltwirtschaftsordnung** vor, die auch den ärmeren Ländern durch eine moderate Umverteilung des Wohlstandes die Einhaltung von sozialen und ökologischen Mindeststandards ermöglichte. Der WTO wird vorgeworfen, sie stelle das liberale Handelsrecht über ökologische und soziale Erfordernisse. So müsse sich z.B. das Handelsrecht in Zukunft dem Prinzip der Nachhaltigkeit und dem Umweltschutz unterordnen.

Protektionistische Maßnahmen, die trotz der Erfolge der WTO bei der Liberalisierung immer noch gebräuchlich sind, bieten einerseits Schutz für die eigene Volkswirtschaft vor wirtschaftlich überlegenen Konkurrenten und deren Gütern, die inländische Umweltstandards oder ethische Standards nicht erfüllen. Andererseits verzögert der Protektionismus notwendige Strukturanpassungen, so dass eine abgeschirmte Wirtschaft in der Regel langsamer wächst als eine offene Volkswirtschaft.

Protektionismus

Viele Industrieländer schützen sich durch hohe Zölle und weitere Zugangshürden vor der wirtschaftlichen Konkurrenz aus Schwellen- und Entwicklungsländern. Diese Schutzmaßnahmen der inländischen Industrie vor ausländischer Konkurrenz umfassen **tarifäre Handelshemmnisse** (z.B. Zölle) und **nichttarifäre Handelshemmnisse** (Einfuhrquoten, Ein- und Ausfuhrverbote, Genehmigungsvorschriften, Subventionen für heimische Unternehmen). Innerhalb des europäischen Binnenmarktes sind protektionistische Maßnahmen verboten. Von Drittstaaten werden die „Zollmauern" der EU als Verstoß gegen den Freihandel kritisiert, insbesondere die Abschöpfungen im Agrarbereich.

Nach: Bruno Zandonella, Pocket Europa, Bundeszentrale für politische Bildung, Bonn 2007

Der Internationale Währungsfonds IWF

Der Internationale Währungsfonds steht im Mittelpunkt der internationalen Finanzmarktarchitektur. Er wurde 1944 mit dem zentralen Ziel gegründet, das internationale Währungs- und Finanzsystem zu ordnen und zu überwachen und so für eine **stabile Weltwährungsordnung** zu sorgen. Bei Zahlungsbilanzschwierigkeiten unterstützt er Mitgliedstaaten mit Krediten und versucht so, größere Turbulenzen auf den internationalen Finanzmärkten zu verhindern.

Staaten, die sich bei hohen Defiziten im Austausch von Waren und Dienstleistungen mit dem Ausland nicht mehr auf dem internationalen Kapitalmarkt finanzieren könnten, würden sonst zahlungsunfähig und könnten dabei eine schwere Störung des internationalen Geld- und Kapitalverkehrs verursachen.

Die Kreditvergabe durch den IWF ist allerdings in der Regel mit Auflagen zur Sanierung der Staatsfinanzen verbunden, die im Empfängerland oft als unangemessene Einmischung in die Wirtschafts- und Sozialpolitik empfunden werden.

Die Stimmengewichte im Entscheidungsorgan des IWF, dem Internationalen Währungs- und Finanzkomitee, richten sich nach den Quoten der einzelnen Mitgliedstaaten. Dies ergibt – im Gegensatz zur WTO – ein **deutliches Übergewicht der großen Industrieländer**, so dass der IWF von Kritikern als verlängerter Arm der Industriestaaten gesehen wird.

Diese Tatsache und auch das Verhalten des IWF bei Finanzkrisen schwächerer Länder werden einerseits oft als Bevormundung der Entwicklungsländer durch die großen Industrieländer kritisiert; andererseits hat der IWF nach Ansicht seiner Befürworter durch seine Kreditvergaben häufig schlimmere Krisen verhindert.

625 110

Die Weltbank

Die Weltbank wurde 1945 zusammen mit dem Internationalen Währungsfonds (IWF) auf der Grundlage des Abkommens von **Bretton Woods** gegründet und nahm 1946 ihre Tätigkeit auf. Sie ist eine Sonderorganisation der Vereinten Nationen mit Sitz in Washington, D.C./USA. Die Weltbank hat 186 Mitgliedstaaten (Juli 2009), beschäftigt etwa 10.000 Mitarbeiter und ist in über 100 Staaten mit Büros vertreten.

Die Weltbank umfasst **zwei Institutionen**: die International Bank for Reconstruction and Development (IBRD) und die 1960 geschaffenen International Development Association (IDA). Die Kapitaleigner der Weltbank sind ihre Mitgliedstaaten. Neben einem Grundstock an Stimmrechten bestimmt der Kapitalanteil der einzelnen Staaten maßgeblich über die Stimmenverteilung bei der IBRD und der IDA. Der Kapitalanteil hängt wiederum von der Wirtschaftsleistung der Länder ab. Die IBRD hat 186 Mitglieder, die IDA 166 (2009). Mit drei weiteren Institutionen bilden sie zusammen die Weltbankgruppe.

Aufgabe der Weltbank ist es, den **Lebensstandard** in den ökonomisch sich entwickelnden Staaten zu steigern und Maßnahmen zur **Armutsbekämpfung** zu fördern. In ihren Anfangsjahren vergab die Weltbank überwiegend Kredite für den Wiederaufbau Europas, heute stehen die Entwicklungsländer im Mittelpunkt ihrer Arbeit.

- Zur Entwicklungsförderung in armen Staaten vergibt die Weltbank zinsgünstige Darlehen, zinsfreie Kredite und so genannte Mikrokredite.
- Sie leistet technische Hilfe, koordiniert Entwicklungsprojekte und unterstützt Entwicklungsländer in den Bereichen Bildung, Infrastruktur und Kommunikation.
- Die Weltbank betreibt ein Programm zur Korruptionsprävention und engagiert sich im Kampf gegen HIV/AIDS (mit über 1,3 Milliarden US-Dollar pro Jahr).

Die Weltbankkredite sind an **Bedingungen und Auflagen** gekoppelt, mit denen die Weltbank auf die Politik der Entwicklungsländer Einfluss nimmt. Dies wird immer wieder als unzulässige Einmischung der westlichen Industrieländer in die Sozial- und Wirtschaftspolitik der Kreditnehmer kritisiert. Zudem wurde von Kritikern die oft eindimensionale Ausrichtung auf ökonomische Wachstumsraten und die starke Förderung von ökologisch und sozial bedenklichen Großprojekten bemängelt.

Allerdings hat in den vergangenen Jahren ein Strategiewechsel der Weltbank stattgefunden: Der Schwerpunkt hat sich von der ökonomischen Wachstumsförderung hin zur Armutsbekämpfung verlagert. Dies beruht auf der Erkenntnis, dass Wachstum allein nicht automatisch die Armut verringert.

Die internationalen Finanzmärkte

Die **internationalen Finanzmärkte** (Kreditmärkte, Wertpapiermärkte und Devisenmärkte) entwickelten sich mit der Liberalisierung seit den 1970er Jahren enorm. So stieg in den 1990er Jahren das Weltsozialprodukt um 50 Prozent, während die Direktinvestitionen sich mehr als verfünffachten. Spekulative Finanztransfers können, wie die Immobilienkrise in den USA zeigte, das gesamte verflochtene Weltfinanzsystem erschüttern.

Ungleichgewichte im Außenhandel vor allem zwischen den USA und den aufstrebenden Ländern Asiens und damit verbundene Leistungsbilanzüberschüsse bzw. -defizite stellen ein weiteres Risiko dar, ebenso wie die gewaltigen Geldsummen, die von **Hedgefonds** unkontrolliert transferiert werden.

Bretton Woods

1944 tagte in dem Ort Bretton Woods (New Hampshire/USA) die Währungs- und Finanzkonferenz der UNO mit 44 Teilnehmerstaaten. Auf der Konferenz wurde die Errichtung des Internationalen Währungsfonds und der Weltbank beschlossen. Die Verträge von Bretton Woods traten 1946 in Kraft; sie dienten der Neuordnung der Weltwirtschaft und bildeten die Grundlage für eine neue Weltwährungsordnung mit festen Wechselkursen. So sollte verhindert werden, dass sich Protektionismus und Abwertungswettläufe der Zwischenkriegszeit wiederholten. 1973 wurde das Bretton-Woods-System außer Kraft gesetzt, die Wechselkurse wurden freigegeben.

Hedgefonds

Hedgefonds sind seit Jahrzehnten am Markt aktiv; 1966 existierten 168 Hedgefonds, heute rund 8.000. 1940 gründete Alfred W. Jones, ein Investmentmanager der Wall Street, den ersten Fonds dieser Art. Er versuchte erstmals aufgrund seines fundamentalen Wissens aus der Aktienanalyse, das Investmentrisiko zu neutralisieren (zu „hedgen"), indem er Aktien kaufte, die ihm billig erschienen (long position) und jene Aktien verkaufte, die er für überbewertet hielt (short position). Hedging (to hedge: absichern; to hedge a bet: auf beide Möglichkeiten wetten) bedeutet eigentlich die Absicherung eines Geschäfts durch den Aufbau einer Gegenposition in derselben Geschäftsart, um Verluste auf der einen durch Gewinne auf der anderen Seite auszuschließen und so jedes Risiko auszuschalten. Mit der fortschreitenden Entwicklung der Finanzindustrie kamen zahlreiche neue Instrumente hinzu (z. B. Derivate, Futures), auf die man den Begriff Hedgefonds ausgedehnt hat. Diese neuen Investmentarten betreiben in Wahrheit aber eine hochspekulative Anlagepolitik, die zu einem hohen Wertzuwachs, aber auch zu herben Verlusten führen kann. Die Bezeichnung Hedgefonds ist also eigentlich irreführend, da sie dem Anleger eine besonders wirksame Risikoabsicherung vortäuscht. Praktiziert wird genau das Gegenteil: hochspekulative Anlagen in überaus risikobehaftete Kapitalgeschäfte.

Nach: Ursula Fano-Leszczynski, Hedgefonds für Einsteiger, Berlin 2005, S. 8ff.

Internationale Netzwerke

Neben dem IWF existiert heute ein **Netzwerk globaler transgouvernementaler Zusammenarbeit**, das für die Stabilität internationaler Finanzmärkte sorgen soll. Im Mittelpunkt stehen dabei immer noch die westlichen Industriestaaten (**G8-Staaten**). 1999 wurde ein informelles Dialogforum der Finanzminister und Notenbankgouverneure aus Industrie- und Schwellenländern geschaffen, die **G20**, die über 90 Prozent des Weltsozialprodukts produzieren und knapp zwei Drittel der Erdbevölkerung repräsentieren.

Zweck der G20 ist es, in einem informellen Dialog zwischen Industrie- und Schwellenländern Fragen zu erörtern, die für die Stabilität des internationalen Finanz- und Währungssystems bedeutsam sind. Hierzu gehören z. B. Fragen der Angemessenheit des Wechselkursregimes oder Fragen einer geordneten Liberalisierung des Kapitalverkehrs. Um die destabilisierenden Finanzspekulationen zu unterbinden, wird z. B. die Einführung einer Devisentransaktionssteuer gefordert, um die teilweise enormen Schwankungen zwischen den Währungen zu bekämpfen. Bei jedem Währungsumtausch soll demnach eine Steuer von bis zu 0,5 Prozent auf den Umsatz der Transaktion erhoben werden. Die Einnahmen aus der Steuer (**Tobin-Steuer**) sollen armen Ländern direkt zugute kommen. Damit könnte die Arbeit der Weltbank, die vor allem Entwicklungsprojekte finanziert, unterstützt werden. Wirkung und Realisierbarkeit der Tobin-Steuer werden allerdings unterschiedlich beurteilt.

M1 Die Rückkehr des Protektionismus

Laut Internationalem Währungsfonds (IWF) befindet sich die Weltwirtschaft in einer tiefen Rezession, viele Länder leiden unter Nachfrageeinbrüchen, Kernindustrien fahren die Produktion zurück, Exportquoten brechen ein. Wie schlimm die Krise wirklich ist, zeigt sich am Welthandel. Seit Ende des Zweiten Weltkriegs war dieser Motor des globalen Wachstums, selbst in den großen Wirtschaftskrisen 1990 und 2001 wuchsen die globalen Exporte weiter und entfalteten dadurch eine stabilisierende Wirkung. 2009 könnte das erste Jahr der Nachkriegszeit werden, in dem der Welthandel nicht mehr wächst [...]. Jetzt droht sich die Krise noch zu verschlimmern: Denn der Welthandel könnte durch neue Handelsbarrieren zusätzlich abgewürgt werden. „Harte Zeiten lösen Bestrebungen nach Protektionismus aus", sagte Pascal Lamy, Chef der Welthandelsorganisation (WTO), vergangene Woche auf dem Weltwirtschaftsforum in Davos. Die Folgen einer solchen Entwicklung sind bekannt: Als Staaten wie die USA 1929 ihre Schutzzölle erhöhten, verschlimmerte sich die Weltwirtschaftskrise zur Großen Depression. Ökonomen fürchten nun, dass sich die Geschichte wiederholen könnte – und dass durch die Krise die Globalisierung zurückgedreht werden könnte. Sorge bereitete Ökonomen [...] vor allem ein Vorschlag im US-Senat, der, sofern er umgesetzt worden wäre, wohl weltweit protektionistische Tendenzen befeuert hätte. Die von den Demokraten beherrschte Parlamentskammer hatte gefordert, dass nur Stahl und Eisen aus den USA für Infrastrukturinvestitionen aus dem neuen Konjunkturpaket der US-Regierung genutzt werden dürften. Der Senat forderte sogar, dass zusätzlich auch alle anderen Industriegüter, die im Rahmen von staatlich geförderten Projekten verwendet werden, in den USA hergestellt worden sein müssen. In Europa und China war die Empörung groß. Europäische Stahlhersteller drängten die EU-Kommission, notfalls gegen die USA zu klagen. Der chinesische Ministerpräsident Wen Jiabao warnte vor einer neuen Protektionismuswelle. [...]
Was die Protestierenden allerdings verschweigen: Auch sie selbst greifen im Angesicht der Krise längst auf staatliche Schutzprogramme zurück. Zwar schotten sie ihre Märkte nicht offensiv gegen andere Staaten ab – verdeckt jedoch päppeln auch die Franzosen und Griechen, die Chinesen und Inder und auch die Deutschen mit Aktionen, die den internationalen Wettbewerb zumindest verzerren. Die Europäische Union etwa will Exporthilfen für Milchprodukte wieder einführen. China subventioniert Tausende Exportgüter. Deutschland erwägt Staatskredite für Unternehmen. Die USA machen dies längst. Die Protektionisten sind also – zumindest verdeckt – längst zurück.

Stefan Schultz, auf: Spiegel online vom 04.02.2009

M2 Der reiche Westen schottet sich ab

Die Welthandelsgespräche liegen auf Eis, die westlichen Staaten denken darüber nach, wie sie ihre Unternehmen vor unerwünschten Investoren schützen können. [...] Dabei sind die Vorteile von freiem Welthandel und Kapitalflüssen spätestens seit 200 Jahren in der ökonomischen Theorie bekannt. Wenn jeder das herstellt, was er selbst am besten kann, und seine Produkte mit anderen tauscht, haben alle etwas davon. Doch im Ringen um Exportweltmeistertitel und knappe Ressourcen gerät das zusehends in Vergessenheit. Wie sehr, das zeigt vor allem das Beispiel der Welthandelsrunde von Doha. Seit sechs Jahren schon bemüht sich der Generalsekretär der Welthandelsorganisation, Pascal Lamy, die Interessen der 150 Mitgliedsländer auf einen gemeinsamen Nenner zu bringen. [...] Nach zig Gipfelgesprächen, gescheiterten Schlichtungsversuchen und wieder neuen Anläufen ist nicht mehr viel übrig geblieben

von dem gemeinsamen Wunsch, freiere Handelsbedingungen zu schaffen [...] Stattdessen haben sich die verhandelnden Mächte, allen voran die EU, die USA, Brasilien und Indien, in erbitterten Streitereien um das Klein-Klein aus Sojabohnenquoten, Maiszöllen und nationalen Reisreserven verloren. „In diesem Spiel blockiert sich jeder selbst, da die Verhandlungspartner nicht honorieren, was die jeweilige Gegenseite bereits an Marktöffnung außerhalb der Handelsrunde geleistet hat", sagt Rolf Langhammer, Vizepräsident des Kieler Instituts für Weltwirtschaft. Leidtragende sind die ärmsten Staaten. Bei den regionalen Verträgen, die längst abseits der erstarrten WTO abgeschlossen werden, bleiben sie außen vor oder bekommen die Regeln von den Großen diktiert. Dabei würde eine gütliche Einigung der Doha-Runde gerade ihnen mehr helfen als alle G8-Gipfel der vergangenen Jahre zusammen. Trotzdem fällt es vor allem den Industriestaaten schwer, sich von lieb gewordenen Pfründen zu trennen. 43 Cent fließen von jedem Euro aus dem EU-Haushalt in die Landwirtschaft. Zum Vergleich: Um die eigene Wettbewerbsfähigkeit zu fördern, gibt die EU nur acht Cent von jedem Euro aus ihrem Budget aus. Die USA wiederum sperren sich vehement dagegen, die hohen Einfuhrzölle für Baumwolle zu senken, um die eigenen Farmer zu schützen.

Anja Struve, Viktoria Unterreiner, in: Die Welt vom 01.07.2007

M3 Deregulierung und Globalisierung der Finanzmärkte – Wie es allgemein zu Krisen kommt

Die Finanzierungen werden von Mal zu Mal riskanter. Immer stärker umgehen Banken Regulierungen, so durch die Herausnahme von Krediten aus den Bilanzen, um sie in Wertpapieren zu bündeln, versehen mit einem vermeintlichen Werteetikett. Dann werden sie um den Globus geschickt und jenen verkauft, die Rendite über alles lieben und Risiken nicht zur Kenntnis nehmen. Zudem zwingt der Wettbewerb Banken, immer wieder neue, noch komplexere Finanzprodukte auf den Markt zu werfen, deren Konstruktion kaum noch zu verstehen ist. Je länger der Boom anhält, desto waghalsiger werden die Finanzierungen. Nach Kreditnehmern, die den Schuldendienst ordentlich verrichten, kommen schließlich auch Schwindler zum Zuge, [...] nämlich Unternehmen oder Privatpersonen, die allein bei sehr niedrigen Zinssätzen den Schuldendienst leisten können, weil sie auf künftige Preissteigerungen von Vermögensgütern setzen, die sie auf Kredit gekauft haben. Dieses Kartenhaus bricht zusammen, wenn die Vermögenspreise nicht weiter steigen oder Zinssätze angehoben werden. Das kann die gesamte Finanzbranche in eine Krise stürzen. Kommt es dazu, so sind Aufsichtsbehörden und Zentralbanken gefordert, den Kollaps von Finanzsystemen abzuwenden. Das ist seit August 2007 als Folge des Zusammenbruchs des Marktes geringwertiger Hypothekenkredite in den USA zu beobachten. Schwere wirtschaftliche Verwerfungen können die Folge sein, wenn Finanzmärkte ein Eigenleben entwickeln und nicht das leisten, wozu sie geschaffen worden sind, nämlich Dienste für Produktion, Einkommen und Beschäftigung zu erbringen. [...]

Nach Freigabe der Wechselkurse lösten sich Finanzmärkte zunehmend von Gütermärkten. Zusammen mit zunehmenden Salden in Leistungsreihen – so Leistungsbilanzsalden und steigende Staatsverschuldung – ergaben sich drei Probleme an Finanzmärkten, die miteinander verwoben sind.

Erstens ein Mengenproblem. Es beinhaltet, dass das Geldvermögen weitaus stärker wächst als das Sozialprodukt oder das Sachvermögen der Welt. [...] Damit kommt es zu einem Abkoppeln des finanzwirtschaftlichen Bereichs von der Güterwirtschaft, zu dem Bestreben von Vermögensanlegern aus reinen Finanztransaktionen kurzfristig die höchsten Erträge zu erzielen. Das führt zu rasch reversiblen Kapitalströmen zwischen

Ländern, immer auf der Suche nach den besten Anlagemöglichkeiten. Die Summe der Auslandsforderungen und Auslandsverbindlichkeiten bezogen auf das Bruttoinlandsprodukt ist in den Industrieländern in den letzten dreißig Jahren von knapp 50 auf über 300 Prozent gestiegen. Die täglichen Umsätze an Devisenmärkten stiegen von 650 Mrd. US-Dollar im April 1989 auf 3,2 Billionen im April 2007. Zum Vergleich: Der weltweite Güterexport machte 2006 14,7 Billionen US-Dollar aus. Zur Abwicklung des internationalen Leistungsaustauschs hätte es genügt, die Devisenmärkte für drei Tage zu öffnen.

Dieses Mengenproblem löste zweitens ein Preisproblem aus: Die Schwankungen von Preisen, Kursen und Zinssätzen an Finanzmärkten haben drastisch zugenommen. Schon das geringste Rumoren führt nun zu abrupten Preisänderungen an Vermögensmärkten, so für Aktien, Devisen und Immobilien. Damit können sich spekulative Blasen herausbilden, die auch aus nichtigem Anlass platzen können, mit katastrophalen Auswirkungen für Wirtschaftswachstum, Beschäftigung und Lebenssituation der Menschen. Das Preisproblem bewirkte drittens ein rasantes Wachstum derivativer Finanzprodukte. Finanzderivate, von einem finanziellen Grundgeschäft abgeleitete Instrumente, haben mit Finanzierung im Grunde nichts zu tun. Derivate werden genutzt, um die mit der Finanzierung verbundenen Risiken handelbar zu machen. Freilich gelingt es dadurch nicht, Risiken aus Finanzkontrakten auszuschalten. Finanzderivate sind mit Wetten auf künftige Preisänderungen verbunden. Geht die Wette aber nicht auf, so erleiden jene Verluste, die Finanzderivate erworben haben. Diese Verluste können in einer Kettenreaktion auf andere Finanzmarktteilnehmer übertragen werden, auch auf den güterwirtschaftlichen Bereich, auf andere Länder; Kontaminierung kann die Folge sein, und das weltweit.

Diese drei Problembereiche sind miteinander verbunden. Verschärft sich das Mengenproblem, etwa wegen hoher Leistungsbilanzsalden der Länder, so nimmt bei Umschichtungsvorgängen des Geldvermögens zwischen Währungsräumen die Anfälligkeit des Finanzsystems für abrupte Preis- und Renditeschwankungen zu. Zugleich steigt der Bedarf an Finanzderivaten. Sie erleichtern die Verteilung von Risiken, verlocken aber auch – und vor allem – zur Spekulation, laden dazu ein, sich an Wetten über Kurs- und Renditeänderungen zu beteiligen, mit der Folge, dass die Mengen- und Preisprobleme weiter zunehmen. Der Teufelskreis ist perfekt. Das ist das Systemrisiko instabiler Finanzmärkte.

Der Verlauf eines Finanzzyklus und dessen Auswirkungen auf die Realwirtschaft werden folgendermaßen beschrieben: „Ihren Ursprung haben Finanzzyklen in der Regel in einer Woge von Optimismus, die von günstigen Entwicklungen in der Realwirtschaft ausgelöst wird. Folgen dieser optimistischen Erwartungshaltung sind die Unterschätzung von Risiken, eine überhöhte Kreditgewährung, ein übermäßiger Anstieg der Preise von Vermögenswerten, Überinvestitionen in Sachanlagen und in einigen Fällen ein allzu ausgabefreudiges Verbraucherverhalten. Wenn sich dann schließlich realistischere Erwartungen durchsetzen, müssen die während des Booms entstandenen Ungleichgewichte wieder korrigiert werden, was manchmal sowohl im Finanzsystem als auch in der Realwirtschaft zu erheblichen Störungen führt.“

Hierin zeigt sich die gewachsene Einsicht, dass es mit der früher als garantiert erachteten jederzeitigen Effizienz von Finanzmärkten nicht weit her ist. Finanzmärkte können von Panik oder Manie geprägt werden, nicht von einem rationalen Abwägen. Zudem laden Deregulierung und Internationalisierung der Finanzbeziehungen ein, schwankende Zinssätze, Kurse und Preise an Finanzmärkten allein für Spekulation zu nutzen. Und nichts stellt sicher, dass spekulative Transaktionen zu Gleichgewichtswerten führen. Eine Ursache hierfür sind Informationsprobleme. [...] Deshalb gehört es zu einem wesentlichen Kennzeichen effizienter Märkte, dass die Teilnehmer über die relevanten Entscheidungsparameter gut und möglichst kostenlos informiert sind.

Dabei aber tun sich in der Wirklichkeit die größten Schwierigkeiten auf, vor allem an Finanzmärkten. Monetäre Märkte haben die wichtige Funktion, Ersparnisse in besonders rentable Investitionsmöglichkeiten zu lenken (Allokationseffizienz). Keine Wirtschaft kann gut funktionieren, wenn das Finanzsystem dieser Aufgabe nicht optimal nachkommt. [...] An Gütermärkten sind Informationsprobleme vergleichsweise selten, wenngleich nicht ausschließbar. Wer Waschpulver kauft, der weiß, worauf er sich einlässt. Er kann in Testberichten etwas über die Qualität erfahren, er kann den Preis mit Konkurrenzprodukten vergleichen. [...]

Finanzkontrakte erfordern einen Blick in die Zukunft. Bei jeder Kreditfinanzierung eines Investitionsprojekts müssen Erwartungen über die künftige Zahlungsfähigkeit des Schuldners gebildet werden. Zudem hat der Investor die Profitabilität seines Vorhabens einzuschätzen. Beides ist unsicher, beinhaltet also ein spekulatives Element. Spekulation bedeutet, mit einer unsicheren Zukunft umzugehen. Und weil niemand die Zukunft genau kennt, können Erwartungen über die Zukunft später durch Fakten widerlegt werden. Niemand kann das ausschließen, aber jeder hat das bei einem zukunftsgerichteten Handeln zu akzeptieren. Deshalb verlangen Finanzgeschäfte den Umgang mit Wahrscheinlichkeiten über künftige Gewinne und Risiken, über die Solvenz des Partners. Niemand kann sich des Verhaltens eines Kontraktpartners sicher sein. Regelmäßig hat die Versicherungsbranche zu konstatieren, dass sich Versicherte unvorsichtiger verhalten, als sie es täten, hätten sie die Folgen ihres Handelns selbst zu tragen. [...] Bei ungleich verteilten Informationen kann ein Marktteilnehmer einen Informationsvorsprung zum Nachteil des anderen nutzen. So sind Kreditgeber über die Erfolgsaussichten und Risiken der Investitionsprojekte von Kreditnehmern schlechter informiert als diese selbst. Und Kreditnehmer werden es vermeiden, dem Gläubiger schlechte Nachrichten preiszugeben, weil beim Offenlegen der Karten die Finanzierung platzen könnte. Der Nachfrager nach Finanzmitteln aber ist allein an der Auszahlung interessiert, die er für Investitionen mit Aussichten auf hohen Gewinn aber großem Verlustrisiko verwenden kann, wenn das dem Kreditgeber verborgen bleibt. Läuft das Geschäft gut, ist der Kreditnehmer der Gewinner, geht es nicht auf, so ist der Gläubiger der Dumme.

Von Effizienz der Finanzmärkte kann dann keine Rede sein. Die gegenwärtige Finanzkrise als Folge einer Risiken ausblendenden und von Profitgier getriebenen Hypothekenkreditblase in den USA ist hierfür Beleg.

Wolfgang Filc, Stabilität des internationalen Finanzsystems, in: Aus Politik und Zeitgeschichte, 07/2008

M4 Die weltweite Finanzkrise

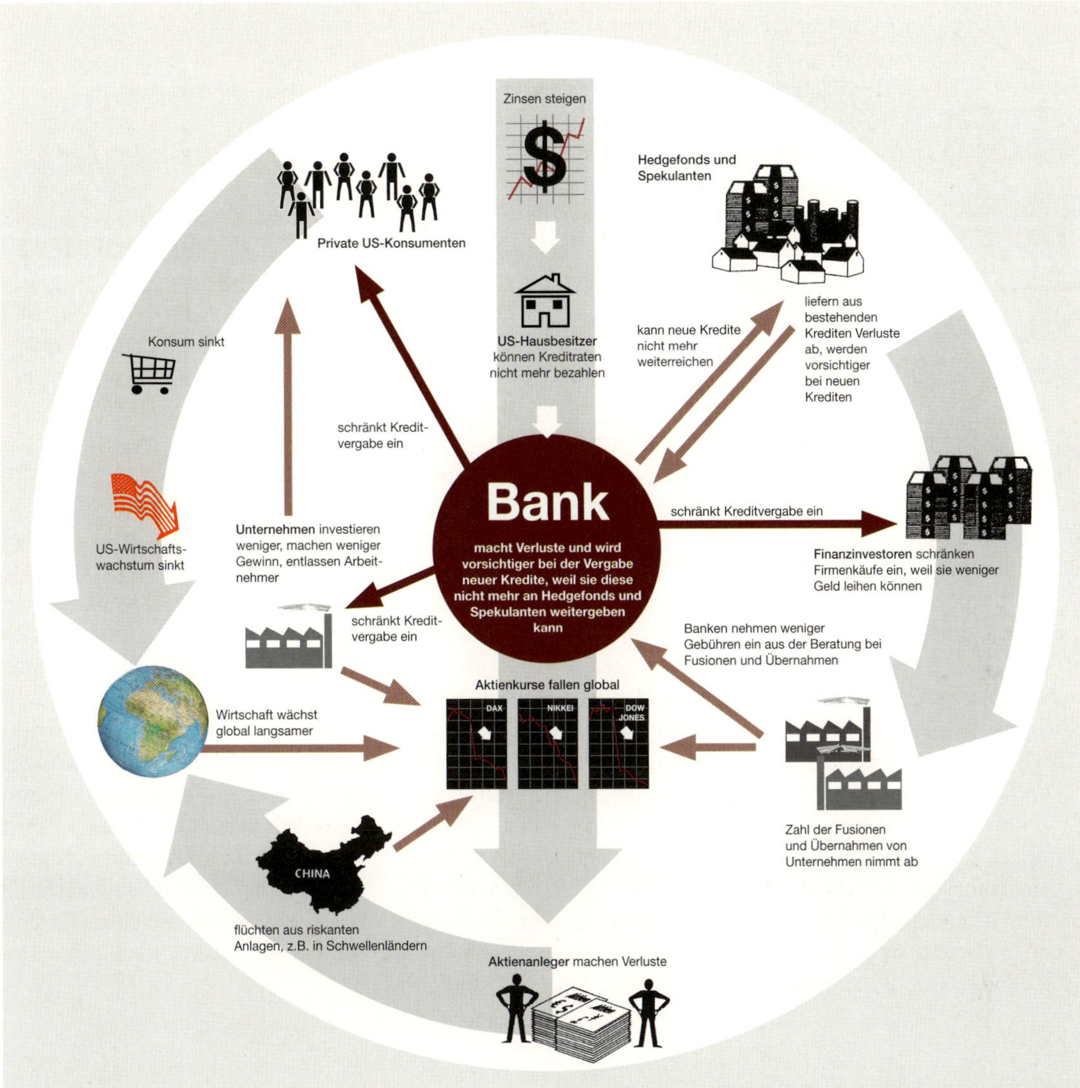

Grafik: Wolfgang Sischke/DIE ZEIT, Nr. 33/2007

Aufgaben

1. Entwerfen Sie ein Lernplakat zur WTO.
2. „Freier Handel macht alle reicher." Diskutieren Sie diese These.
3. Beschreiben Sie die Hürden, die der Umsetzung einer liberalen Welthandelsordnung noch im Wege stehen (M1, M2).
4. Diskutieren Sie das Für und Wider protektionistischer Maßnahmen aus der Sicht unterschiedlicher Akteure wie z.B. Industriestaaten, Entwicklungsländer und der Agrarwirtschaft (M1, M2).
5. Finanzmarktkrisen gelten als größte Gefahr für die Stabilität des Weltfinanzsystems. Beschreiben Sie, wie es zu Finanzmarktkrisen kommen kann, und diskutieren Sie, wie Stabilität erreicht werden kann (M3).
6. Geben Sie Ursachen und Wirkungen der weltweiten Finanzkrise anhand der Grafik in eigenen Worten wieder (M4).

2 Merkmale der heutigen Weltordnung

2.1 Das internationale System zu Beginn des 21. Jahrhunderts

Leitfragen

Wie hat sich das Staatensystem in den vergangenen Jahrzehnten verändert?

Welche Akteure wirken heute in der internationalen Politik mit?

Internationale Beziehungen

Internationale Politik meint die Beziehungen, Institutionen und Normen, welche die Staaten und die internationalen staatlichen Organisationen unterhalten und entwickeln. Internationale Politik wird heute von einer Vielzahl unterschiedlicher Akteuren betrieben. Nationalstaaten – zu Beginn des 20. Jahrhunderts beinahe die alleinigen Akteure – prägen zwar auch heute noch durch ihre unterschiedliche Machtfülle, ihre Bündnisse, Feindschaften und Konkurrenzbeziehungen die Struktur des internationalen Systems, geben aber zunehmend Souveränitätsrechte an internationale Organisationen ab. Die Beziehungen zwischen den Staaten sind durch völkerrechtliche Grundsätze geregelt (→ Kapitel 2.5).

Die bipolare Weltordnung bis 1990

Die ersten fünf Jahrzehnte nach dem Zweiten Weltkrieg waren bestimmt durch den **ideologischen Gegensatz** zwischen den Supermächten USA und Sowjetunion. Viele andere Staaten gehörten freiwillig oder gezwungenermaßen den jeweiligen Blöcken an.

Die übrigen Staaten, vor allem jene der sogenannten Dritten Welt, versuchten, eine bewusst „blockfreie" Politik zu verfolgen oder gerieten in den Einflussbereich einer der beiden Supermächte. Die gesamte Weltpolitik wurde so durch den Gegensatz der beiden Supermächte geprägt. Diese Weltordnung wird deshalb als **bipolar** bezeichnet.

Die bipolare Weltordnung des Ost-West-Konflikts

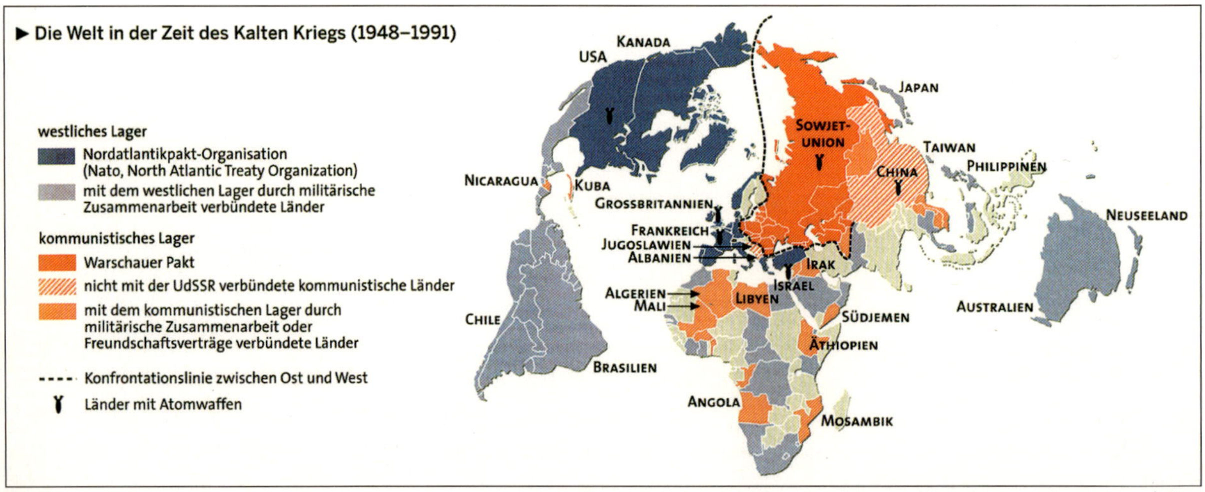

Atlas der Globalisierung, Berlin 2006, S. 53

Die multipolare Weltordnung zu Beginn des 21. Jahrhunderts

Russland als größter Erbe der zerfallenen Sowjetunion ist zwar eine bedeutende militärische und politische Macht geblieben, konnte aber die frühere Supermachtrolle nicht aufrechterhalten. Die USA sind seither allen anderen Staaten in militärischer und wirtschaftlicher Hinsicht weit überlegen und neigen dazu, die Weltordnung nach ihrem Willen zu gestalten. Die Grenzen dieser Entwicklung zu einer **unipolaren Ordnung** (durch eine unangefochtene Supermacht dominierte Ordnung) wurden aber rasch sichtbar:

- Die USA erkennen, dass sie zur Lösung vieler Weltprobleme auf andere Mächte angewiesen sind (z. B. zur Begrenzung der iranischen Atompolitik auf Russland und China).

- Es haben sich neue regionale Machtzentren gebildet, die sich zwar noch nicht auf Augenhöhe mit den USA befinden, aber durchaus das Potenzial zu einer künftigen Weltmachtrolle besitzen (etwa Indien und China).

- Die Situation in Krisenregionen wie Afghanistan lässt vermuten, dass die USA auch militärisch an die Grenzen ihrer Macht stoßen.

Trotz der gegenwärtigen Vormachtstellung der USA ist durch den Aufstieg von Staaten wie Indien und China die Tendenz zu einer **multipolaren Weltordnung** erkennbar, die durch ein Nebeneinander mehrerer annähernd gleich starker Machtzentren mit Führungsanspruch gekennzeichnet ist.

Das heutige System internationaler Akteure

Zentrale Akteure auf internationaler Ebene sind die Regierungen der Nationalstaaten. Sie betreiben die jeweilige Außenpolitik ihres Landes und gestalten zusammen betrachtet die internationale Politik.

Neben die Staaten ist in den vergangenen Jahrzehnten eine Vielzahl von Akteuren der internationalen Politik getreten – von internationalen Organisationen, die von Staaten gebildet werden (z. B. Vereinte Nationen) bis hin zu transnationalen Unternehmen und Nichtregierungsorganisationen wie etwa Amnesty International oder Attac. Die internationalen Beziehungen werden also durch verschiedene Akteure geprägt. Diese wirken in unterschiedlichen Aktionsformen mit mehreren Handlungsmöglichkeiten (→ S. 140).

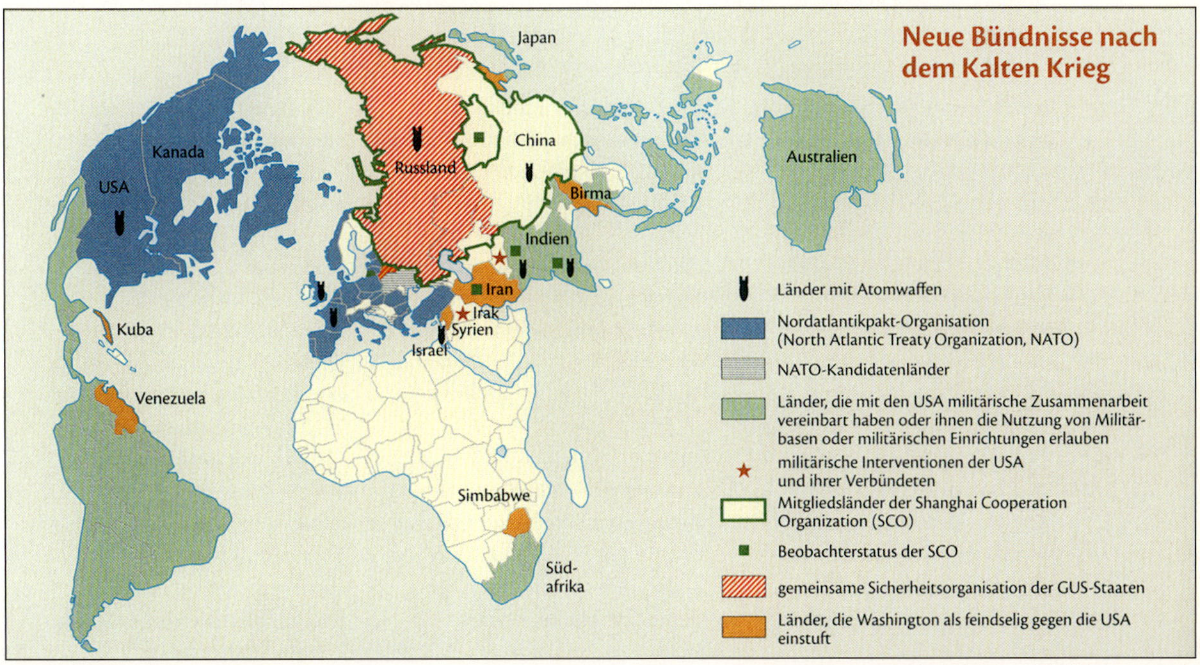

nach: Atlas der Globalisierung, a.a.O.

Akteure in der internationalen Politik

Akteure	Aktionsformen und Handlungsoptionen	Beispiele
Alle Akteure	internationale Beziehungen	Gesamtheit der politischen, wirtschaftlichen, kulturellen Beziehungen auf internationaler Ebene
Supranationale (übernationale, überstaatliche) Einrichtungen	supranationale Politik und Verfahren (Wahrnehmung von Weisungs- und Strafbefugnissen gegenüber Staaten und Personen)	• Internationaler Strafgerichtshof • Kriegstribunale • Streitschlichtungsverfahren der WTO
Staatenverbund	supranationale und zwischenstaatliche Politik (Integration als regionale Friedens- und Wertegemeinschaft, auf Problemlösungen orientiert)	• Europäische Union
Staatengruppen **Internationale Organisationen** **Bündnisse**	internationale Politik (Gestaltung der Beziehungen zwischen den Staaten und den internationalen staatlichen Organisationen)	• G8 (Gruppe der führenden Industrieländer) • UNO, Weltbank, IWF, OSZE • NATO, Rio-Pakt
Einzelne Regierungen	Außenpolitik (Wahrnehmung der allgemeinpolitischen, wirtschaftlichen, militärischen und soziokulturellen Interessen eines Staates in seinem internationalen Umfeld)	• amerikanische Irak-Politik • deutsche Entwicklungspolitik • australische Einwanderungspolitik
Einzelressorts, substaatliche Verwaltungseinheiten	transstaatliche Politik (grenzüberschreitende Kooperation mit Einrichtungen anderer Staaten)	• Zusammenarbeit von Ministern verschiedener Staaten in EU-Fachministerräten • Städtepartnerschaften
Nationale Zivilgesellschaft (innergesellschaftliche Organisationen, Verbände, soziale Bewegungen)	außenpolitische Einflussnahme (durch Lobbyarbeit oder Mobilisierung der öffentlichen Meinung)	Haltungen von • Gewerkschaften • Industrieverbänden • Friedensgruppen zum Einsatz der Bundeswehr in Krisenregionen
Internationale Zivilgesellschaft (Parteien, Kirchen, Interessengruppen, soziale Bewegungen)	transnationale Politik (grenzüberschreitende Einflussnahme auf Entscheidungsträger in der internationalen Politik – begrenzte Handlungsmöglichkeiten)	• Internationale Industrie- und Handelskammer • Greenpeace oder Amnesty International • NGO-Gegenkonferenzen zu Wirtschaftsgipfeln

Schülerduden Politik, Berlin 2004, S. 275

M Das Ende unserer Weltordnung

Die Welt, ihre Ordnung und ihre Bewegungsrichtung werden sich im nächsten halben Jahrhundert ebenso rapide und rasant ändern wie in den zurückliegenden fünf Jahrzehnten. [...] Es wird, wie stets in der Geschichte, auch in der vor uns liegenden Epoche Überraschungen geben; das Unvorhergesehene, Unvorhersehbare wird die Zeitläufe mindestens so stark prägen wie das Erwartbare. Keine Langfristprognose hat den Zusammenbruch des Sowjetimperiums vorausgesagt, die Eruption des islamischen Dschihad-Terrorismus, den heraufdräuenden Klimawandel, die rasche Ausbreitung der Informationstechnik und den Siegeszug von Computer, Internet und Handy. [...] Mit einiger Sicherheit lässt sich sagen, dass drei Faktoren die nächsten Jahrzehnte bestimmen werden: die Demografie, die fortdauernde Globalisierung und – ewig unverändert – die Frage nach Krieg und Frieden.

Der demografische Faktor [...] Der demografische Wandel vollzieht sich in den alten Industrienationen schneller als in den Entwicklungsländern. Dort leben heute acht von zehn Erdenbürgern; in 20 Jahren werden es neun von zehn sein: 7,2 von 8 Milliarden Menschen im Jahre 2025, davon allein 4,7 Milliarden in Asien und 1,3 Milliarden in Afrika. Das heißt: Der Westen schrumpft. [...] Im Jahre 1900 machen die Europäer – im weitesten geografischen Sinn – 20 Prozent der Menschheit aus, ein stolzes Fünftel. Inzwischen ist ihr Anteil auf gerade noch 11 Prozent gesunken. Und er wird weiter fallen: auf knapp 7 Prozent im geografischen Europa zur Mitte des 21. Jahrhunderts und ganze 4 Prozent bis zu seinem Ende. [...] Im Jahre 1900 machten Europäer und Nordamerikaner fast ein Viertel der Weltbevölkerung aus. 200 Jahre später werden es nur noch ein Neuntel sein. 500 Millionen Europäer und ebenso viele Nordamerikaner werden 8 Milliarden Menschen in der übrigen Welt gegenüberstehen. Zugleich werden die EU-Bürger älter; das Durchschnittsalter steigt auf 44,5 Jahre. Unverkennbar wird Europa zahlenmäßig an den Rand gedrängt – paradoxerweise in einem historischen Augenblick, wo die Europäer zivilisatorisch und kulturell auf der ganzen Linie gesiegt haben; denn was wäre die Globalisierung in Wahrheit anderes als der Siegeslauf des europäischen way of life rund um den Globus? [...] Europa wird all seinen Genius, sein Integrationsvermögen und seinen Überlebenswillen aufbieten müssen, wenn es sich in der heraufdämmernden Welt von morgen behaupten will. Der demografische Faktor nagt nicht nur an unserer Rentenformel, er schwächt unsere Weltstellung. Was den Europäern an Masse abgeht, werden sie künftig durch Artgewicht, Dynamik und Einfallsreichtum ersetzen müssen. Vor allem aber: durch forcierte Willenseinheit.

China und Indien Nun zur Globalisierung. In ihrem Zeichen wird die Weltwirtschaft in den nächsten Jahrzehnten weiter wachsen – unaufhaltsam, wiewohl regional ungleich. Die vier größten Schwellenländer – die sogenannte BRIC-Gruppe: Brasilien, Russland, Indien und China – werden am stärksten von der Entwicklung profitieren, daneben in Asien Malaysia, Thailand, Vietnam, Indonesien und Korea, in Lateinamerika Mexiko, Chile, Argentinien. Hingegen hinkt Schwarz-Afrika nach wie vor zurück. Seine 5 bis 6 Prozent Wachstum in jüngster Zeit sind sehr uneben verteilt; sie begünstigen vor allem die rohstoffreichen Staaten. Überall südlich der Sahara behindern kleine Märkte, mangelhafte Infrastruktur, niedrige Sparraten die Entwicklung. Die dortigen Nationalökonomien gründen zumeist auf Rohstoffen und deren Preisen auf dem Weltmarkt; wirtschaftliche Diversifizierung findet kaum statt; der private Sektor hat wenig Entfaltungsmöglichkeiten. Dazu kommen vielerorts die Pest der Korruption, bad governance – katastrophale Regierungsführung – und löchrige Bildungssysteme. Nur Südafrika darf dank seiner gut entwickelten Infrastruktur und dem soliden Geschäftssinn seiner Unternehmer ein besseres Abschneiden als die übrigen Länder

erhoffen, in denen die Bevölkerungsexplosion – in Afrika auf 2 Milliarden Menschen bis zur Jahrhundertmitte – allen wirtschaftlichen Fortschritt zu untergraben droht. Die Musik wird in den nächsten Jahrzehnten in Asien spielen, zumal in China und Indien. Das amerikanische National Intelligence Council prognostiziert, dass China 2025 die zweitgrößte, Indien die viertgrößte Nationalökonomie der Welt sein wird. Asiens Anteil am Weltsozialprodukt, in Kaufkraftparität berechnet, wird bis 2030 von 24 Prozent im Jahr 2000 auf 38 Prozent ansteigen, während der Anteil der OECD-Länder von 55 auf 40 Prozent zurückgeht. [...] Wiederum erhebt sich hier die Frage: Wo bleiben angesichts des rasanten asiatischen Aufschwungs die alten Industriestaaten? [...]

Krieg und Frieden Bleibt die Schicksalsfrage nach Krieg und Frieden im 21. Jahrhundert. [...] Es wird Kriege geben, Bürgerkriege, auch Umstürze, Revolutionen, Staatszerfall, Anarchie. [...] Nach dem Zusammenbruch des Sowjetimperiums droht Europa keine Gefahr mehr von irgendeinem auf Expansion und Vorherrschaft erpichten Staat. An die Stelle der sowjetischen Bedrohung ist der grenzüberschreitende Dschihad-Terrorismus getreten, aber doch nur partiell. Er wird uns noch einige Zeit in Atem halten, mit sporadischen Attentaten und Attacken, deren Umfang und Tödlichkeit durchaus zunehmen mögen. Aber er wird nicht in gleicher Weise das Überleben unserer Nationen bedrohen wie ehedem der atombewehrte Systemkonflikt zwischen Ost und West. Das Gleiche gilt für Amerika. Die Vereinigten Staaten sind keiner existenziellen Bedrohung mehr ausgesetzt, die von einem Staat ausgeht. Russland und China betreiben Großmachtpolitik, nicht Konfrontationspolitik. Sie werden ihre Interessen verteidigen und durchzusetzen suchen, wie dies Großmächte seit jeher getan haben, und dies wird auch nicht ohne Friktionen abgehen. Doch strebt weder Moskau noch Peking die Weltherrschaft an. Washington aber? Die sich heute schon abzeichnende Multipolarität wird der Allmacht der USA Schranken setzen. Indes bleiben sie militärisch wie wirtschaftlich ein Schwergewicht. Sie werden nicht mehr viel im Alleingang durchdrücken können, aber keines der großen Weltprobleme wird sich ohne sie lösen lassen. [...] Der Westen wird an Einfluss verlieren, die Welt nicht mehr dem weißen Mann gehören. Gewiss auch werden die nicht-westlichen Kulturkreise ihre eigenen Werte und Prinzipien gegenüber dem Universalismus-Anspruch des westlichen Wertesystems herauskehren. Aber dass es deswegen zu einem Kampf der Kulturen kommen müsste, ist keineswegs gesagt. Sehr viel mehr Wahrscheinlichkeit als der Huntington'sche Krieg der Zivilisationen hat der Krieg innerhalb der Zivilisationen für sich.

Theo Sommer, in: Die Zeit vom 03.01.2008

Aufgaben

1. Erklären Sie, durch welche Faktoren die Entwicklung einer multipolaren Weltordnung gefördert wird.

2. Erörtern Sie, unter welchen Voraussetzungen die europäischen Staaten eine Chance haben könnten, in der Weltpolitik eine zentralere Rolle einzunehmen.

3. Erarbeiten Sie aus dem Text, welche Entwicklungen der Weltordnung sich derzeit abzeichnen. Welche Faktoren für die Weltmachtstellung eines Staates werden genannt (M)?

4. Diskutieren Sie, was der Autor mit der Notwendigkeit „forcierter Willenseinheit" der Europäer gemeint haben kann (M)!

2.2 Globalisierung als Bedingung der internationalen Politik

Leitfragen

- Was ist unter Globalisierung zu verstehen?
- Unter welchen Voraussetzungen konnte sich Globalisierung entwickeln?
- Worin liegt die Bedeutung der Globalisierung für die Politik?

Was bedeutet Globalisierung?

In Politikerreden, Zeitungsartikeln und wissenschaftlichen Aufsätzen hat der Begriff Konjunktur: **Globalisierung**. Die Suchmaschine Google bietet unter diesem Begriff über fünf Millionen Einträge. Doch was ist mit dem Begriff gemeint?

„Die **Globalisierung** bedeutet, dass Ereignisse in einer Region der Erde sich auch auf andere Regionen auswirken, da sich Ideen und Wissen, Güter und Dienstleistungen, Kapital und Menschen leichter über Grenzen bewegen. Epidemien haben sich zwar noch nie von Grenzen aufhalten lassen, aber mit der Zunahme des globalen Reiseverkehrs breiten sich Infektionskrankheiten schneller aus. In den Industriestaaten produzierte Treibhausgase verursachen die globale Erwärmung, die sich überall auf der Erde bemerkbar macht. Auch der Terrorismus ist global geworden. Mit zunehmender Verflechtung wächst außerdem die wechselseitige Abhängigkeit. Und eine stärkere wechselseitige Abhängigkeit erfordert zunehmend kollektives Handeln zur Lösung gemeinsamer Probleme."

Joseph Stiglitz, Die Chancen der Globalisierung, Bonn 2006, S. 348

Die Globalisierung hat somit viele Dimensionen: politische, wirtschaftliche, soziale, kulturelle, ökologische und rechtliche. Allen Dimensionen gemeinsam ist die globale Vernetzung, Interdependenz (wechselseitige Abhängigkeit) und Entgrenzung von Lebensbereichen, die vormals relativ autonom und begrenzt gestaltet waren. U.a. folgende Aspekte von Globalisierung lassen sich unterscheiden:

- **Wirtschaftliche Globalisierung:** Angetrieben von weltweit agierenden **transnationalen Unternehmen,** die ihren Hauptsitz in den großen Industrieländern haben, kommt es zu einer im-

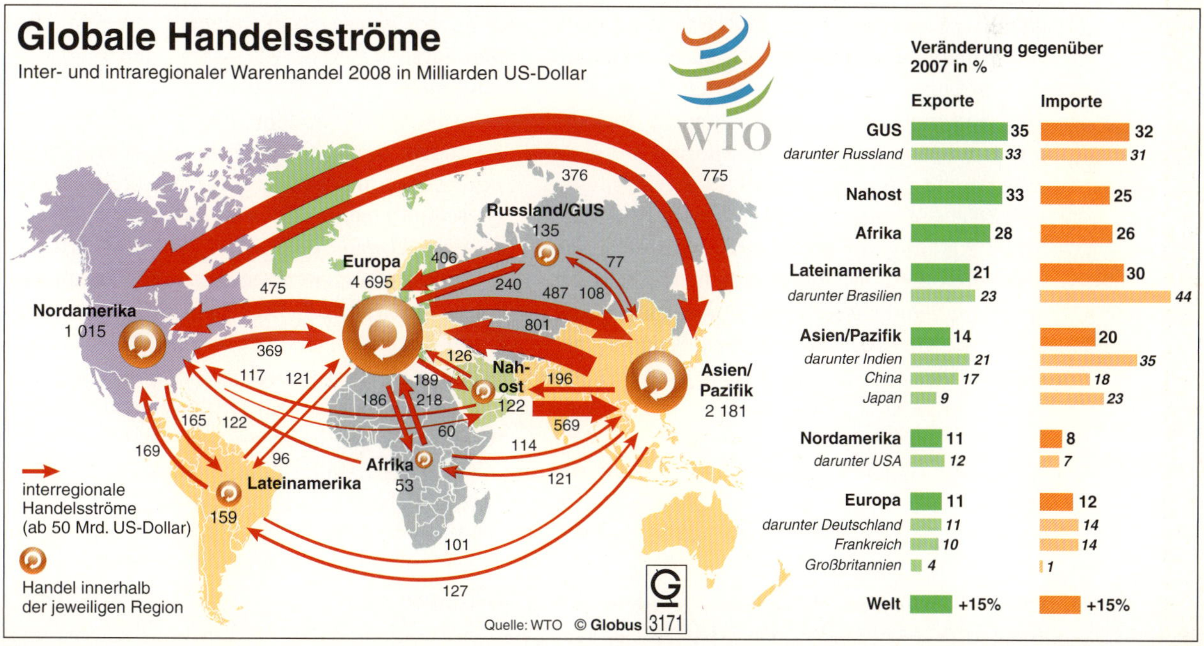

Autorengrafik

mer intensiveren Verflechtung von räumlich oft weit getrennten Regionen (→ Kap. 2.1). So hat sich der internationale **Warenaustausch** in den vergangenen 25 Jahren doppelt so schnell wie die weltweite Gesamtproduktion entwickelt, während die **Kapitalströme** auf ein Vielfaches davon gewachsen sind. Im internationalen Devisenhandel wurden im Jahr 2007 täglich im Durchschnitt 3,2 Billionen Dollar umgesetzt. Transnationale Unternehmen steuern Investitionen und Produktion an Standorten in vielen Ländern der Erde und vermarkten ihre Produkte weltweit. Sie nutzen Kostenvorteile, günstige Standortbedingungen und Absatzchancen, sodass zumindest theoretisch die gesamte Welt zu ihrem möglichen Produktionsstandort und Absatzmarkt wird. Die einzelnen Produktionsstufen vieler Produkte sind heute auf mehrere Länder aufgeteilt.

- **Kulturelle Globalisierung:** Begleitet wird die ökonomische Seite der Globalisierung von einer Angleichung der Konsumwünsche, des Freizeitverhaltens, des Lebensstils. Angehörige der Mittelschicht in Hongkong, Bangkok und New York bevorzugen den gleichen Bekleidungsstil, hören dieselbe Musik, sehen dieselben Filme und träumen von der gleichen Art von Urlaub. Das Bild der asiatischen, europäischen und amerikanischen Metropolen wird durch die gleichen Bürohochhäuser, Leuchtreklamen und Schaufenster bestimmt. Die Tendenz zu einer – vor allem durch die USA geprägten – globalen Konsum- und Popkultur wird auch als **„McDonaldisierung“** bezeichnet. Der damit verbundene Verlust von regional geprägter Identität kann jedoch u. U. zu Gegen- und Abwehrbewegungen führen, die in religiösen Fundamentalismus bis hin zu Terrorismus münden können (→ Kapitel 2.3.1). Es darf dabei nicht übersehen werden, dass durch den massiven Einfluss westlicher Konsumgüter und Konsummuster gerade die lokalen kulturellen Traditionen wiederentdeckt werden. Die Vermischung unterschiedlicher kultureller Traditionen kann zu einer neuen bunten Vielfalt kulturellen Lebens führen. Das Internet, das gleichsam als Symbol der Globalisierung gelten kann, revolutioniert die Kommunikation hinsichtlich ihrer Raum- und Zeitdimensionen.

- **Globalisierung der Bedrohungen:** Besonders deutlich wird die weltweite Wirkung von Gefahren im Bereich der **Ökologie.** So gefährdet die durch die Nutzung fossiler Energieträger vor allem in den industriellen und städtischen Ballungsräumen verursachte Erwärmung der Erdatmosphäre das Leben auf dem gesamten Globus. Aber auch **Kriege** oder **terroristische Bewegungen** können die Sicherheit weit entfernter Regionen berühren (→ Kapitel 2.3, 2.4).

Bedeutung der Globalisierung für die internationale Politik

Wirtschaftliche Aktivitäten sind heute kaum mehr durch nationale Grenzen behindert. Es hat sich deshalb zwischen den Staaten ein Wettbewerb um Investitionen und Kapital entwickelt, der die nationale Politik zwingt, dafür günstige Rahmenbedingungen zu bieten. So haben die Staaten z. B. bei der Gestaltung der Steuern für Unternehmen und auf Kapitalerträge sowie bei der Höhe der Sozialabgaben und bei Umweltauflagen einen Teil ihrer Souveränität eingebüßt. Auch bei der Lösung grenzüberschreitender Probleme, wie z. B. Umweltgefährdungen, internationaler Terrorismus oder Verbreitung von Massenvernichtungswaffen sind Nationalstaaten allein meist überfordert. Somit erzwingt – und ermöglicht – Globalisierung verschiedene Formen internationaler Kooperation und Regelungen in Wirtschaft, Politik und Recht, was in den vergangenen Jahren die Zahl und Bedeutung internationaler Organisationen und Netzwerke deutlich anwachsen ließ (→ Kapitel 2.5).

Globalisierung – Zusammenhänge im Überblick

VORAUSSETZUNGEN

Kommunikation *„Vernetzte Welt"*

Innovationen der Telekommunikation, globale Vernetzung

Logistik

Ökonomie *„Weltbinnenmarkt"*

Liberalisierung der internationalen Märkte für Güter und Kapital

Mobilität der Produktionsfaktoren (Kapital, z. T. Arbeit)

freie Standortwahl
sinkende Transportkosten

▼

Unternehmen als „global players"

WIRKUNGEN

Gesellschaft *„Welt als globales Dorf"*

Souveränitätsverlust für Nationalstaaten

Probleme/Chancen regionaler Identität

Homogenisierung des Lebensstils („Weltgesellschaft")

Aufhebung räumlicher Distanz

Umwelt *„Welt als Risikogemeinschaft"*

Globale Umweltgefährdungen und Ressourcenverschwendung durch Steigerung der Transportströme und Nutzung niedriger Umweltstandards in Staaten der Dritten Welt

▼

„Global Governance"[1] als Antwort des internationalen politischen Systems?

[1] s. Kapitel 2.5

M Die Bedeutung der Globalisierung – zwei Meinungen

Der Kritiker

Prof. Dr. Ernst Ulrich von Weizsäcker war von 1999–2002 Vorsitzender der Enquete-Kommission „Globalisierung der Weltwirtschaft“ des Bundestages. Vor seiner Tätigkeit im Bundestag leitete Weizsäcker von 1991 bis 2000 das renommierte Wuppertal-Institut für Klima, Umwelt, Energie. Er ist Mitglied im Club of Rome, einem „Think Tank“ zu Umweltfragen, und Ko-Vorsitzender des International Panel für Sustainable Resource Management.

fluter: Herr Weizsäcker, welche Chancen und Risiken liegen in der Globalisierung?
von Weizsäcker: Die Globalisierung ist ein zweischneidiges Schwert. Es gibt Verlierer und Gewinner dieses Prozesses. Sie beschert uns zum Beispiel eine riesige Warenauswahl, aber die Vielfalt an Saatgut und Nutzpflanzen hat dramatisch abgenommen. Es gibt zwar gelbe, rote und orangene Maiskolben – aber die kommen alle vom selben Labor. Insgesamt ist es so, dass die Schwachen wenig von der Globalisierung haben und die Starken von ihr profitieren.

Welche Auswirkungen hat die Globalisierung auf den Staat?
Die Rolle des Staates hat sich nach dem Ende des Ost-West-Konflikts dramatisch verändert. Durch Wanderungsbewegungen und Drohgebärden der Wirtschaft wurden Staaten zunehmend veranlasst, Steuerentlastungen zugunsten der Reichen durchzuführen. Früher mussten Millionäre prozentual mehr Steuern zahlen als Mittelverdiener. Nun sehen wir eine systematische Senkung aller Steuern, die mit Kapital und Unternehmen zusammenhängen, während gleichzeitig Verbrauchssteuern sowie die Versteuerung von weniger bezahlten Arbeiten zugenommen haben. Das ist ein ganz erheblicher Einschnitt.

... bringt die Globalisierung auch Positives für den Staat?
Im Bereich der Demokratisierung und Pressefreiheit sind wir durch den Prozess der Globalisierung ein paar Schritte vorangekommen.

Kann man von einem Legitimationsdefizit sprechen, wenn Wirtschaftsvertreter durch ihren Einfluss Politik mitbestimmen und gewählte Mandatsträger beeinflussen?
Das kann man in der Tat. Hinzu kommt, dass oftmals dieselben Menschen zwischen Wirtschaft und Staatsdienst hin- und herwechseln und man nicht sicher sein kann, dass sie im Staatsdienst frei von Wirtschaftsinteressen handeln. Dieses Phänomen nennt man das Revolving-Door-Prinzip, das auch in den USA mittlerweile sehr kritisch betrachtet wird.

Ist das auch die Kritik der zahlreichen Globalisierungsgegner, die auf den Straßen von Seattle, Prag, Göteborg und Genua protestiert haben?
Die Globalisierungskritiker haben richtig diagnostiziert, dass einzelne Staaten der geballten Macht der Finanzmärkte wenig entgegenzusetzen haben. Viele Globalisierungskritiker empfinden ganz massiv, dass Staaten die Interessen der schwächeren Gesellschaftsmitglieder nicht mehr vertreten.

Wie könnten die negativen Folgen eingedämmt werden?
Sicherlich kann eine bessere Zusammenarbeit der Staaten untereinander helfen. Dies wird auch als Global Governance bezeichnet. Somit können Regeln aufgestellt werden, die auch von der internationalen Wirtschaft respektiert werden müssen. Das Vermeiden von Steueroasen, internationale Regeln gegen Dumping, Maßnahmen zur

Achtung der Menschenrechte, die Einhaltung der Kern-Arbeitsnormen – all dies können wir über internationale Organisationen und eine bessere Zusammenarbeit der Staaten untereinander erreichen. Die UNO, die WTO und die Internationale Arbeitsorganisation machen dies schon in manchen Bereichen. Wir müssen ihrem Beispiel auf sehr viel breiterer Basis folgen.

Der Euphoriker

Prof. Dr. Hans-Olaf Henkel war bis 2000 Präsident des Bundesverbandes der Deutschen Industrie (BDI). Henkel sitzt in mehreren Aufsichtsräten und war bis 2005 außerdem Präsident der Wissenschaftsgemeinschaft Gottfried Wilhelm Leibniz, ein Zusammenschluss von 79 Forschungsinstituten in Deutschland.

fluter: Herr Henkel, was bedeutet für Sie Globalisierung?

Henkel: Für mich ist die Globalisierung nach der Aufklärung und der Erklärung der Menschenrechte die größte gute Nachricht für die Menschheit überhaupt. Globalisierung bedeutet ja nicht nur, dass Waren, Güter und Dienstleistungen um die Welt gehen. Sie beinhaltet vielmehr einen Austausch der besten Ideen.

Welche Chancen und Risiken birgt die Globalisierung?

In der Regel werden die Risiken der Globalisierung überschätzt und es gibt leider massenhaft Bestseller, die die Globalisierung in schwarzen Farben malen. Die Vorteile sind das, was ich als magisches Dreieck bezeichnen würde: Demokratie, Menschenrechte und Soziale Marktwirtschaft. Diese Ideen haben durch die Globalisierung einen wahren Siegeszug um die Welt gefeiert.

Ist die deutsche Wirtschaft für die Globalisierung gerüstet?

Die deutsche Wirtschaft ist als zweitgrößter Exporteur der Welt an die Verhältnisse der Globalisierung durchaus gewöhnt. Neu ist für uns, dass sich immer mehr Länder an der Globalisierung beteiligen wollen und uns damit Konkurrenz machen. Und wenn Deutschland auf diese Konkurrenten nicht eingeht, dann wird es zu einem Globalisierungsverlierer.

Die Globalisierungsgegner kritisieren, dass der Staat an Macht verliert. Welche Aufgabe hat der Staat in Zeiten der Globalisierung?

Jeder Staat muss garantieren, dass die Menschen an der Globalisierung teilhaben und von ihr profitieren können. Wir müssen aber auch verstehen, dass die Wirtschaft nicht nur Nutznießer einer gesellschaftlichen Entwicklung ist, sondern erheblich zu ihr beträgt. Um ein Beispiel zu nennen: Der südafrikanische Präsident Thabo Mbeki hat mir kürzlich versichert, dass es ohne die Präsenz ausländischer Unternehmen heute noch immer die Apartheid in Südafrika geben würde.

Allerdings setzen Unternehmen die Politik ja auch unter Druck und drohen mit dem Abzug von Arbeitsplätzen und der Verlagerung von Produktionsstätten ins Ausland.

Auf den ersten Blick mag dies so aussehen. Aber wir dürfen nicht vergessen, dass Firmen selbst bedroht werden, nämlich von Konsumenten. Und wir erleben immer wieder, dass der Konsument letztendlich über große Bereiche der Unternehmenspolitik entscheidet. Signalisiert der Konsument etwa, dass er in Deutschland hergestellte Waren nicht mehr kauft, weil sie ihm zu teuer sind, dann hat ein Unternehmer nur zwei Handlungsmöglichkeiten: Er kann Politiker auffordern, Rahmenbedingungen zu verbessern, oder er geht gleich ins Ausland.

Kritiker sprechen mittlerweile von einem Legitimationsdefizit, wenn Wirtschaftsvertreter die Entscheidungen von Volksvertretern beeinflussen – zu Recht?
Was heißt hier Legitimationsdefizit? Es sind doch gewählte Regierungen, die Gesetze verabschieden, die wiederum jedes Unternehmen zu beachten hat. [...]

Wie erklären Sie sich denn, dass immer mehr Menschen gegen die Globalisierung auf die Straße gehen?
Ich habe mich mit diesen Gruppen in den letzten Jahren intensiv auseinandergesetzt und es ist schwer, sie alle über einen Kamm zu scheren. Ich habe immer wieder im Dialog mit vernünftigen und nachdenklichen Menschen erlebt, dass man tatsächlich eine Einigung erzielen kann. Sie stimmen in der Regel mit mir überein, dass die Globalisierung etwas Tolles ist und dass sie der Menschheit hilft. Die so genannten Verlierer der Globalisierung, die armen Menschen in Afrika und islamischen Ländern zum Beispiel, nehmen nicht an den Früchten der Globalisierung teil und leiden darunter. Sie leiden nicht unter der Globalisierung als solcher, vielmehr wird ihnen der Zugang zur Globalisierung durch feudalistische und diktatorische Regime verwehrt.

Ist das nicht eine sehr individuelle und beschönigende Sichtweise?
Nein, wir sollten mit den Globalisierungskritikern Arm in Arm gegen die feudalen Systeme in Afrika, Asien und Lateinamerika demonstrieren. Auf die Amerikaner und die Wirtschaft zu schimpfen, bringt hingegen nichts.

Aus: fluter Nr. 9 „Total global“, Juli/August 2002

Aufgaben

1. Stellen Sie Beispiele kultureller Globalisierung zusammen.

2. Überprüfen Sie anhand eines konkreten Länderbeispiels, inwieweit die These eines „weltweiten Siegeszugs von Demokratie, Menschenrechten und Sozialer Marktwirtschaft“ durch die Globalisierung zutrifft.

3 Globale Risiken und Herausforderungen

3.1 Der internationale Terrorismus

Leitfragen	Was versteht man unter Terrorismus?	Was sind die Merkmale des islamistisch-fundamentalistischen Terrorismus?	Wo liegen mögliche Ursachen für die Entwicklung terroristischer Bewegungen?

Was versteht man unter Terrorismus?

Bei einer Analyse terroristischer Aktionen ergeben sich folgende Merkmale:

- Es handelt sich um Anschläge von meist relativ kleinen, **nicht-staatlichen Gruppierungen**, die im Untergrund operieren.
- Die Anschläge richten sich gegen Zivilisten und sollen allgemeine **Verunsicherung, Angst und Schrecken** erzeugen.
- Es werden damit **politische Ziele** angestrebt, wodurch sich Terrorismus von „gewöhnlicher" Kriminalität unterscheidet.

Terrorismus als eine Form politisch motivierter Gewaltanwendung reicht weit in die Geschichte zurück. Bis in die 1980er Jahre waren terroristische Gruppierungen dominierend, die sich dem linksextremen politischen Spektrum zuordnen ließen, wie z. B. die RAF, und Organisationen, deren Ziel die nationale Autonomie bzw. der „nationale Befreiungskampf" ist oder war (etwa die ETA in Spanien, die IRA in Nordirland). Seit Beginn der 1980er Jahre gewinnt neben diesem national orientierten Terrorismus zunehmend der internationale Terrorismus an Bedeutung. Gegenwärtig sind **drei Erscheinungsformen** des Terrorismus wesentlich: nationaler, internationaler und transnationaler Terrorismus (→ S. 150).

Heute setzen Terroristen oft auf die publikumswirksame „Inszenierung" von Anschlägen und auf die Verbreitung von Drohungen durch Massenmedien, um die psychologische Wirkung zu verstärken. Durch allgemeine Angst und Verunsicherung bei der betroffenen Bevölkerung sollen die Mächtigen (Regierung, Wirtschaftsführer) zu einer Verhaltensänderung gezwungen werden. Außerdem hofft man, dass Gleichgesinnte durch breite Berichterstattung zur Beteiligung an terroristischen Aktionen motiviert werden können.

Die Abgrenzung des (negativ bewerteten) Terrorismus vom (positiv bewerteten) Freiheitskampf gegen einen unterdrückenden Staat ist international umstritten. Auch in der UNO konnte man sich bisher nicht auf eine Definition einigen, da manche Staaten den „legitimen Kampf für Selbstbestimmung" nicht als Terrorismus bezeichnen wollen. So werden Anschläge palästinensischer Selbstmordattentäter auf israelische Zivilisten je nach politischem Standpunkt als legitimer Kampf gegen die israelische Regierung verteidigt oder als kriminelles Handeln von Terroristen verurteilt.

Häufig lässt sich eine Vermischung und Überschneidung der Ziele und Begründungen beobachten. Palästinensische terroristische Gruppen wie Hisbollah („Partei Gottes") oder Palästinensischer Islamischer Dschihad („Heiliger Krieg") etwa verfolgen vorrangig das politische Ziel der Vernichtung Israels, verbunden mit der Vorstellung, dass der zu errichtende palästinensische Staat auf der Grundlage der Scharia, also auf islamischem Recht, beruhen soll.

Formen des Terrorismus

nationaler Terrorismus	internationaler Terrorismus	transnationaler Terrorismus
Anwendung von Gewalt innerhalb eines Staates – Täter und Opfer unterliegen der gleichen staatlichen Autorität; zielt auf die Veränderung einer nationalen Ordnung	Anschläge auf Bürger oder das Territorium eines anderen Staates – Täter und Opfer gehören verschiedenen Staaten an; zielt auf die Veränderung einer nationalen Ordnung	Agieren in transnationalen Netzwerken und Räumen – ohne lokale Verortung; der Westen (bes. Weltmacht USA) ist erklärter Gegner; zielt auf Veränderung der internationalen Ordnung
„Klassische“ Form des Terrorismus, bildete sich im 19. und 20. Jh. heraus; stand/steht im Zusammenhang mit antikolonialen Befreiungsbewegungen, sozialrevolutionären Ideologien, ethnonationalem Separatismus oder religiösem Fundamentalismus; ist weltweit vorherrschend	• Bilden von Außenstellen, ohne Stammsitz aufzugeben • Kooperation zwischen Terrorgruppen, z. B. beim OPEC-Attentat 1975 in Wien • Arbeitsteilung zwischen Kommandostrukturen und rekrutierten Attentätern • Internationalisierung der Finanzierung und Logistik	• transnationale Ideologie • dezentrale, netzwerkartige Organisationsformen • Leitungsebene, „Operateure“, Terrorzellen mit kooperierenden Terrorgruppen verbunden • multinationales Unternehmen mit zahlreichen Finanzierungsformen
Typische Beispiele für die Zeit nach 1945: • baskische ETA • kurdische PKK • deutsche RAF • nordirische IRA	Beispiele: • palästinensische Hamas • libanesische Hisbollah jeweils mit weltweiten Verbindungen bis nach Lateinamerika und Westafrika	Prototyp: transnationales Netzwerk Al-Qaida (Attentat auf das World Trade Center 2001)

Schülerduden Politik, Berlin 2004, S. 329

Der islamistisch-fundamentalistische Terrorismus

Mit Beginn der 1990er Jahre und dem Auftreten des Terrornetzwerks Al-Qaida hat der religiös-fundamentalistische Terrorismus eine neue Qualität erreicht hinsichtlich seiner Ziele, Mittel und Motive.

- **Ideologie:** Sie gründet sich auf entsprechend interpretierte religiöse Lehren und gipfelt in der Errichtung eines Gottesstaates. Der islamistische Terrorismus wendet sich gegen eine „Verwestlichung“ islamischer Weltregionen und ruft zum „Heiligen Krieg“ gegen die „Ungläubigen“ auf.

- **Strategie:** Mögliche Ziele von Terroranschlägen sind Einrichtungen westlicher Staaten in den islamischen Ländern (z. B. Botschaften, Büros von Hilfsorganisationen) oder Symbole der Macht in westlichen Ländern wie etwa das World Trade Center 2001. Zudem zielen die Anschläge zunehmend auf „weiche“ Ziele wie Bahnhöfe oder Diskotheken. Der „neue“ Terrorismus operiert transnational, indem er sich alle Möglichkeiten der globalisierten Weltgesellschaft zunutze macht (moderne Kommunikationstechnik, globale Finanzgeschäfte).

- **Organisation:** Der islamistisch-fundamentalistische Terrorismus bedient sich transnationaler, dezentraler Netzwerke; Leitungsebene und Terrorzellen sind unterschiedlich eng miteinander verknüpft.

- **Durchführung der Anschläge:** Typisch für den Terrorismus neuartiger Qualität sind koordinierte und zeitlich aufeinander abgestimmte Anschlagsserien; kennzeichnend für den religiös-fundamentalistischen Fanatismus ist auch die große Zahl von Selbstmordanschlägen.

Terrorismus und seine Folgen

Obwohl die Opferzahlen durch terroristische Aktionen im Vergleich etwa zu Verkehrstoten relativ gering sind, hat der internationale Terrorismus wesentliche Auswirkungen auf die **internationalen Beziehungen** und **wirtschaftliche sowie psychologische Folgen**. Der internationale „Kampf gegen den Terror" ist zu einem wichtigen Faktor der Weltpolitik geworden.

Strategien gegen den Terrorismus

Die **Terrorbekämpfung** steht sowohl auf nationaler als auch auf internationaler Ebene vor neuen Herausforderungen. Konzepte und Strategien, die im Kampf gegen den Terror in den vergangenen Jahrzehnten angewendet wurden, sind weitgehend bedeutungslos geworden. So kann das transnationale Terrornetzwerk mit vielen teilweise nur lose verknüpften lokalen Untergruppen kaum mit militärischen Mitteln bekämpft werden. Ein offener Krieg bleibt wirkungslos, da die Terroristen kein klar identifizierbarer, greifbarer Gegner sind. Langfristige Strategien erfordern neben anderem

- eine **verstärkte internationale Zusammenarbeit** von Polizeien, Geheimdiensten und Justiz;
- eine Bekämpfung des **Waffenhandels**;
- die Stabilisierung fragiler Staaten bzw. die **Befriedung von Konfliktregionen** und
- Maßnahmen gegen die **Finanzquellen** der Terrornetzwerke.

Folgen des internationalen Terrorismus

Wirtschaftliche Folgen	Politische Folgen	Psychologische und diskursive Folgen
Direkte Anschlagsschäden	Verschärfung, weitere Destabilisierung und Internationalisierung von Regionalkonflikten; Schwächung lokaler Regime	Zusätzliche Belastung der westlich-muslimischen Beziehungen
Indirekte Folgekosten	„Krieg gegen den Terrorismus" und dessen Auswirkungen	Verhärtung internationaler Diskurse, größere Glaubwürdigkeit und Betonung von Sicherheitsargumenten
Zusätzliche Sicherheitskosten	Indirekte Folge: Schwächung von UN und Völkerrecht	

Tobias Debiel u.a. (Hg.), Globale Trends 2007, Bonn 2006, S. 115

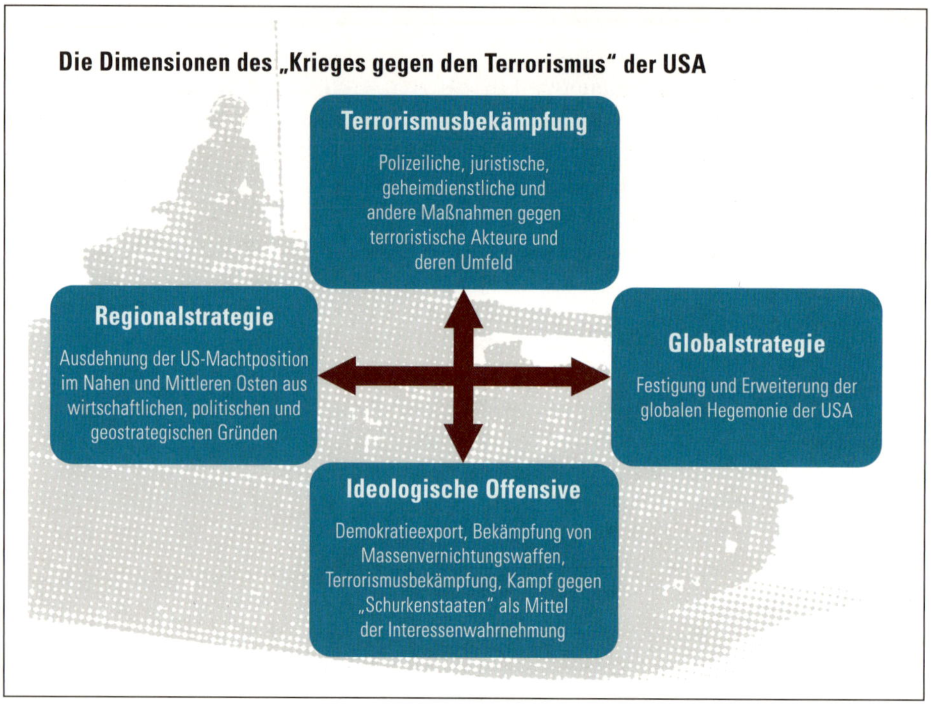

Tobias Debiel u. a., a. a. O., S. 120

Zahl der Terroranschläge 2007

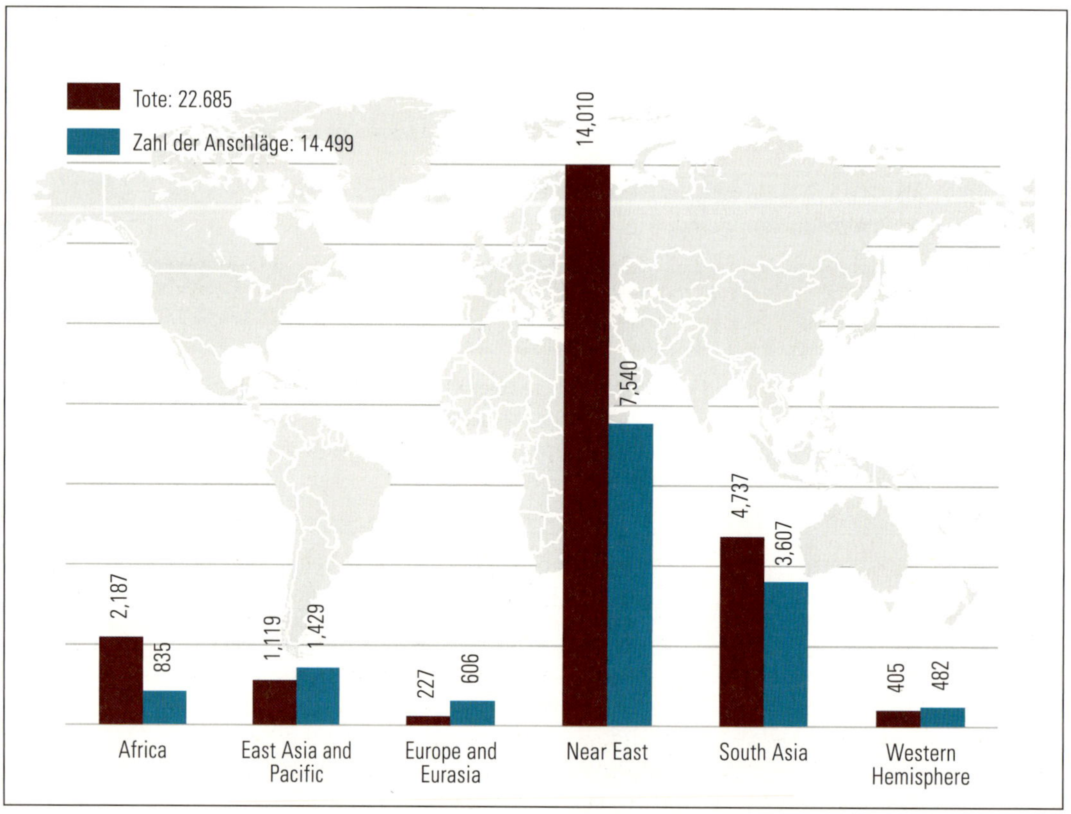

National Counterterrorism Center, 2007 Report on Terrorism, 30. April 2008

M1 Merkmale des „neuen“ Terrorismus

Die Anschläge des 11. September 2001 bedeuten eine Zäsur in der Geschichte des Terrorismus. Sie sind der dramatische Ausdruck eines „neuen“ Terrorismus, der sich sukzessive im Laufe der 1990er Jahre entwickelt hat. [...] Wie läßt sich dieser „neue“ Terrorismus beschreiben und verstehen? Wie unterscheidet er sich von anderen, bekannten Typen des Terrorismus sowie von verwandten Formen politischer Gewalt? Worin bestehen seine besonderen Charakteristika und Strukturen? Welche Konsequenzen ergeben sich daraus für die nationale und internationale Terrorbekämpfung? Der „neue“ Terrorismus, der eine Weiterentwicklung des herkömmlichen nationalen / internen Terrorismus sowie des international operierenden Terrorismus der 1970er und 1980er Jahre darstellt, wird [...] transnationaler Terrorismus genannt. Erst der transnationale Terrorismus, paradigmatisch verkörpert durch das islamistische Netzwerk Al-Qaida, erreicht ein globales Gefährdungspotential, während der nach wie vor virulente Terrorismus „alten“ Typs im wesentlichen lokale oder regionale Probleme aufwirft. Der transnationale Terrorismus unterscheidet sich von seinen Vorläufern in folgenden Aspekten:

- Er verfolgt die Zielsetzung, primär die bestehende internationale Ordnung – [keine] spezifische nationale Ordnung – zu attackieren, weshalb sich dieser Terrorismus in erster Linie gegen jene richtet, die eine Vormachtstellung in der Welt ausüben.
- Er setzt als einigendes Band auf eine transnationale Ideologie, die es ermöglicht, Kämpfer und Attentäter mit unterschiedlichem nationalem, ethnischem, kulturellem oder sprachlichem Hintergrund zu einer handlungsfähigen (Glaubens-)Gemeinschaft zusammenzuschweißen.
- Seine spezifische Organisationsform sind dezentrale, netzwerkartige Strukturen, die sich über den gesamten Globus erstrecken, wenn auch mit regionalen Schwerpunkten. Dabei sind Leitungsebene, „Operateure“, Terrorzellen sowie assoziierte und „befreundete“ Terrorgruppen in unterschiedlicher Intensität miteinander verbunden. Auszugehen ist von einem Modell, bei dem mehrere Knotenpunkte hochgradig miteinander vernetzt sind, während andere Teile des gesamten Netzwerkes halbautonom agieren [...].
- Beim transnationalen Terrorismus handelt es sich zudem um ein multi-nationales Unternehmen, wie sich an der weltweiten Rekrutierung von Personal zeigt.
- Er verfügt über mehrere legale oder illegale Finanzquellen und nutzt zahlreiche Finanzierungswege und wird zudem vorrangig von nicht-staatlichen Akteuren unterstützt. Seine taktische Vorgehensweise versetzt ihn in die Lage, mehrere Anschläge parallel zu planen und zeitgleich an unterschiedlichen Orten durchzuführen.
- Das Zerstörungspotential ist deutlich höher als bei herkömmlichen Terrorgruppen. Dies betrifft sowohl die Bereitschaft als auch die operativen Fähigkeiten zur Zerstörung. Einkalkuliert werden dabei nicht nur eine hohe Zahl an Todesopfern, sondern auch ökonomische, soziale und psychologische Folgen.

Dieses Profil des transnationalen Terrorismus erschwert in mehrfacher Hinsicht die nationale und internationale Terrorbekämpfung und stellt Erfahrungen der Vergangenheit auf den Prüfstand. Die wichtigsten Herausforderungen bestehen darin, auf ein verändertes Tatprofil [...], auf ein verändertes Täterprofil, auf dezentrale Netzwerkstrukturen, auf eine Diversität an Finanzquellen, auf schwer greifbare, nicht-staatliche Unterstützer und Förderer sowie auf die besonderen taktischen Fähigkeiten reagieren zu müssen. Erforderlich sind Maßnahmen der operativen wie auch der strukturellen Terrorbekämpfung. Erstere setzen auf die repressive Bekämpfung bestehender, manifester Terrorgruppen und die Verhinderung von Anschlägen, letztere auf die Bekämpfung von Ursachen und begünstigenden Rahmenbedingungen.

Ulrich Schneckener, in: SWP-Studie 2002/42, Dezember 2002

M2 Ursachen des Terrorismus

Die Ursachen des Terrorismus sind vielfältig. Terrorismus an sich ist keine attraktive politische Option, die sich immer anböte oder von breiteren Kreisen leichtfertig gewählt würde. Dazu sind die Nachteile zu groß: Er ist oft mit hohem persönlichen Risiko verbunden, wird in der Regel von den meisten Menschen [...] abgelehnt, erfordert (ab einem bestimmten Niveau der Planung und Organisation) signifikante Geldmittel und Infrastruktur, und der Ausstieg aus einer terroristischen Karriere ist oft schwierig oder unmöglich. Dies alles gilt für den nicht-staatlichen Terrorismus in noch stärkerem Maße als für den staatlichen.

Eine notwendige – aber nicht hinreichende – Grundvoraussetzung des Terrorismus besteht meist in einer allgemeinen wirtschaftlichen und politischen Dauerkrise. Ohne einschneidende Krisenerfahrung wird die Schwelle zum Terrorismus oft nicht oder nur punktuell überschritten, weil er als „zu radikal“ empfunden wird. Dabei bedeutet „Krise“ aber nicht unbedingt das Vorhandensein bestimmter objektivierbarer Faktoren (etwa wirtschaftlicher Art, also einen bestimmten Prozentsatz an Arbeitslosigkeit oder Inflation, oder ein bestimmtes Maß an Repression), sondern ist ein oft subjektiver Faktor: Es geht also um die Wahrnehmung, das Erleben einer Krise, nicht die bloße Verschlechterung objektiver Daten.

Armut Häufig wird Armut als eine zentrale Ursache politischer Gewalt allgemein und des Terrorismus insbesondere genannt. Ein solcher Zusammenhang erscheint einleuchtend, ist auch nicht prinzipiell falsch – aber funktioniert doch eher indirekt und über einige Zwischenschritte. Armut an sich ist [...] nicht notwendigerweise ein direkter Auslöser oder eine Ursache von Gewalt. Wenn allerdings krasse Armutsunterschiede vorhanden sind, eine Gesellschaft z. B. tief in Arm und Reich gespalten ist, wenn dann diese Armutsdifferenz in erkennbare Bewegung gerät, sich also etwa vermindert oder verbreitert – dann kann die Gewaltwahrscheinlichkeit tatsächlich steigen. Armut kann also einen Leidensdruck produzieren, der unter bestimmten Umständen in gewaltsame Reaktionen umschlagen kann, wie er auch in Apathie, Selbsthass, Kriminalität, Entpolitisierung, individuelle Überlebensstrategie und anderes münden kann, aber nicht muss. Armut ist also ein Rohstoff der Gewaltentwicklung, aber nicht mehr als das. Sie führt nicht automatisch zur Gewalt, und Gewalt kann auch ohne sie zustande kommen. Trotzdem: Gerade Veränderungen in der Armutsstruktur (also beispielsweise die Pauperisierung* der Mittelschichten, eine massive Vergrößerung oder Verkleinerung des Armutsgefälles, oder die bloße Gefahr bisher privilegierter Gesellschaftssektoren, abzusinken und gegenüber anderen ins Hintertreffen zu geraten) können wichtige Faktoren einer gesellschaftlichen Gewaltdynamik sein. Ob die Gewaltschwelle dabei tatsächlich überschritten wird, ob dies punktuell oder systematisch, spontan oder organisiert, durch kleine Gruppen oder auf Grundlage einer breiten sozialen Bewegung, durch den Staat oder nicht-staatliche Akteure, durch Sachbeschädigung, Bürgerkrieg oder Terrorismus geschieht – das wird von dem konkreten Kontext und Konfliktverlauf, der Geschichte, Kultur, den wirtschaftlichen und politischen Rahmenbedingungen eines Landes abhängen.

Demokratiedefizite Ähnliches gilt für den Faktor „Demokratie“. Die Verweigerung politischer Freiheits- und Partizipationsrechte und politische Unterdrückung können zu mächtigen Faktoren werden, die politischen Widerstand provozieren und schließlich zu auch gewaltsamem Widerstand führen. [...] Aber der Zusammenhang zwischen politischer – auch terroristischer – Gewalt und dem Fehlen von Demokratie mag zwar existieren, ist aber kompliziert und indirekt. Es gibt zahlreiche Diktaturen, die mit

einem bemerkenswert niedrigen Grad an politischer Gewalt auskommen, während umgekehrt in manchen Demokratien oder Halbdemokratien ein beträchtliches Maß an politischer Gewalt existieren kann – Indien und Pakistan (vor der Machtübernahme General Musharrafs) mit ihren internen ethnischen und religiösen Konflikten und der Konkurrenz um Kaschmir sind Beispiele. Auch Kolumbien, die Türkei oder Indonesien sind Länder mit Wahlen und einem gewissen Grad an Demokratie, aber leiden durchaus unter politischer Gewalt im großen Stil. Demokratische Staaten können Terrorismus hervorbringen, wie die Bundesrepublik Deutschland und Italien in den siebziger Jahren erfahren mussten. Umgekehrt existieren zahlreiche autoritäre Regime oder Diktaturen, die das Gewaltniveau nach innen und außen relativ niedrig halten können. Demokratie und die Geltung demokratischer Freiheitsrechte können tatsächlich gewaltsamer Konfliktaustragung und terroristischer Gewalt vorbeugen, indem sie einmal bestimmte Widerstandsgründe beseitigen, zugleich politische Mechanismen bereitstellen, die eine friedliche Konfliktregulierung erlauben. Dies gilt allerdings nur prinzipiell und langfristig. Kurzfristig können Demokratisierungsprozesse das Gewaltpotential sogar noch erhöhen, indem die repressiven Instrumente der Gewaltvermeidung geschwächt werden, die konsensualen aber noch nicht ausreichend entwickelt sind, oder eine Phase der Instabilität mit massiven Verschiebungen der Machtgleichgewichte eintritt. Trotz dieser Einschränkungen lässt sich feststellen, dass insbesondere in Bezug auf terroristische Gewalt funktionsfähige und entwickelte demokratische Gesellschaften [...] tendenziell weniger anfällig sind und – falls Terrorismus doch auftritt – dieser eher isoliert bleibt. Andererseits werden harte Diktaturen, die andere, zivile Mechanismen der Konfliktregulierung nicht zulassen, eher einen terroristischen Widerstand hervorbringen – allerdings fast immer nicht allein wegen ihres diktatorischen Charakters, sondern weil dieser Faktor sich mit anderen, wirtschaftlichen, sozialen, religiösen, politischen verbindet.

Wahrnehmung Ein wichtiges Element des Entstehens eines Gewaltpotentials besteht im Auseinanderklaffen der Erwartungen und Hoffnungen eines Großteils der Bevölkerung mit den gesellschaftlichen Realitäten. Nicht die Armut der Bevölkerung oder der Mangel an Demokratie an sich sind direkt und automatisch für politische Gewalt verantwortlich – auch extrem arme Gesellschaften können bemerkenswert friedfertig sein. Aber wenn diktatorische Verhältnisse oder Armut von der Bevölkerung nicht mehr akzeptiert werden, weil die Menschen mehr Wohlstand und Freiheit für erstrebenswert und möglich halten – und beides ihnen verweigert wird, dann entsteht ein Konfliktpotential mit möglicher Gewaltkomponente. Ob und in welcher Form und in welchem Maße sich die Gewalt tatsächlich äußern wird, hängt von vielen Faktoren ab, unter anderem von den rechtlichen und politischen Möglichkeiten friedlicher Opposition. Gewalt wird umso wahrscheinlicher, je stärker gewaltlose Ausdruckformen von Opposition und gewaltlose Konfliktregelungsmechanismen fehlen oder blockiert sind. In einer ganzen Reihe von Ländern des Nahen und Mittleren Ostens bestehen chronische Krisen der Gesellschaften, die zunehmend durch Hoffnungslosigkeit und Wut geprägt sind. Korrupte und unfähige Regierungen verweigern der eigenen Bevölkerung grundlegende politische Rechte und sind zugleich nicht in der Lage, eine wirtschaftliche Zukunftsperspektive zu bieten. Massive Jugendarbeitslosigkeit, eine schamlose Spaltung der Gesellschaften zwischen Arm und Reich [...] und ein starkes Auseinanderklaffen der öffentlichen Werte und Normen einer Gesellschaft und der sozialen Realität sind Warnsignale.

Jochen Hippler, in: Friedensgutachten 2002, Münster 2002

** Pauperisierung: Verarmung*

Aufgaben

1. Überlegen Sie, inwiefern sich von einer „Globalisierung des Terrors“ sprechen lässt!

2. Geben Sie eine kurze Einschätzung, inwiefern sich die Weltlage seit den Anschlägen vom 11. September 2001 verändert hat.

3. Diskutieren Sie, welche Vorgehensweise gegen den weltweiten Terrorismus Ihnen wirkungsvoll erscheint.

4. Beschreiben Sie in eigenen Worten, was den transnationalen Terrorismus von bisherigen Erscheinungsformen terroristischer Gewalt unterscheidet (M1).

5. Erörtern Sie die aufgeführten möglichen Ursachen für die Entstehung terroristischer Gewalt (M2). Gibt es weitere Faktoren, die in dem Zusammenhang wichtig sein können? Erläutern Sie mögliche Gründe an aktuellen Beispielen.

3.2 Die Verbreitung von Massenvernichtungswaffen

Leitfragen	Was macht die internationale Verbreitung von Massenvernichtungswaffen so bedrohlich?	Was versteht man unter Rüstungskontrolle?	Kann Rüstungsbegrenzung mehr Sicherheit bewirken?

Gefahr durch Atomwaffen

Die Verbreitung von Massenvernichtungswaffen (Proliferation) – Atomwaffen, chemische und biologischen Waffen (**ABC-Waffen**) – bedeutet eine überregionale Gefährdung. Seit nach dem Ende des Ost-West-Konflikts eine höchst unübersichtliche, komplexe Bedrohung von Frieden und Sicherheit in der Welt entstand (→ Kapitel 2.4.1), ist die Frage brisant geworden, welche Staaten und gesellschaftlichen Gruppen in den Besitz von Massenvernichtungswaffen gelangen können. Während chemische und bakteriologische Waffen eine verheerende, aber in der Regel regional begrenzte Bedrohung darstellen, ist die **Verbreitung von Atomwaffen** heute eines der größten globalen Risiken.

Im Vertrag über die Nichtverbreitung von Kernwaffen (**Atomwaffensperrvertrag** von 1968, in Kraft seit 1970) verpflichten sich die Atommächte, keine atomaren Waffen oder Technologien zu deren Herstellung weiterzugeben, während die Nichtkernwaffenstaaten auf den Besitz verzichten. Die Atompolitik der Staaten wird durch die Internationale Atomenergieagentur (IAEA) überwacht. Sie ist weltweit die einzige Organisation, der die Staaten Einblick in ihre Nuklearprogramme geben. Ihre Kontrollen sind verpflichtend für alle Unterzeichnerstaaten des Atomwaffensperrvertrags, für andere Staaten sind sie freiwillig.

Trotz relativ klarer internationaler Vereinbarungen hat sich die Verbreitung von Kernwaffen in den vergangenen Jahren zu einem ernsten internationalen **Sicherheitsproblem** entwickelt, drohen doch Kernwaffen in besonders gefährdeten Risikozonen die jeweiligen Konflikte eskalieren zu lassen:

- Die langjährigen Konfliktparteien **Indien und Pakistan** sind beide im Besitz von Atomwaffen, was jede Verschärfung des Konflikts um die Grenzregion Kashmir zu einer überregionalen Gefahr macht.
- Die islamisch-fundamentalistische Theokratie **Iran,** deren Präsident Mahmud Ahmadinedschad mehrmals öffentlich die Vernichtung Israels forderte, beugt sich bisher nicht der Forderung der Vereinten Nationen, die Urananreicherung und damit die Herstellung von waffenfähigem Material zu beenden. Eine Atommacht Iran würde eine dramatische Verschärfung der Situation im konfliktgeladenen Nahen Osten bedeuten.
- Es besteht die Gefahr, dass sich **islamistische Terrorgruppen** über die Atommächte Pakistan und Iran nukleares Material beschaffen und damit Bevölkerungszentren der westlichen Welt bedrohen könnten.
- Der totalitäre kommunistische Staat **Nordkorea,** der durch unberechenbare Politik nach außen und brutale Unterdrückung und Gleichschaltung der eigenen Bevölkerung zum internationalen Außenseiter wurde, ist wohl heute schon im Besitz von Atomwaffen.

Rüstungskontrolle und Abrüstung – ein Weg zu mehr Sicherheit

Seit Waffen mit immer größerem Vernichtungspotenzial produziert werden – beginnend mit dem Einsatz von Giftgas im Ersten Weltkrieg –, verstärken sich die Bemühungen um mehr Sicherheit durch **vertragliche Rüstungsbegrenzung.** Ein zentrales Problem solcher Arrangements besteht darin, die Einhaltung der Vereinbarungen auf der jeweiligen Gegenseite zu kontrollieren.

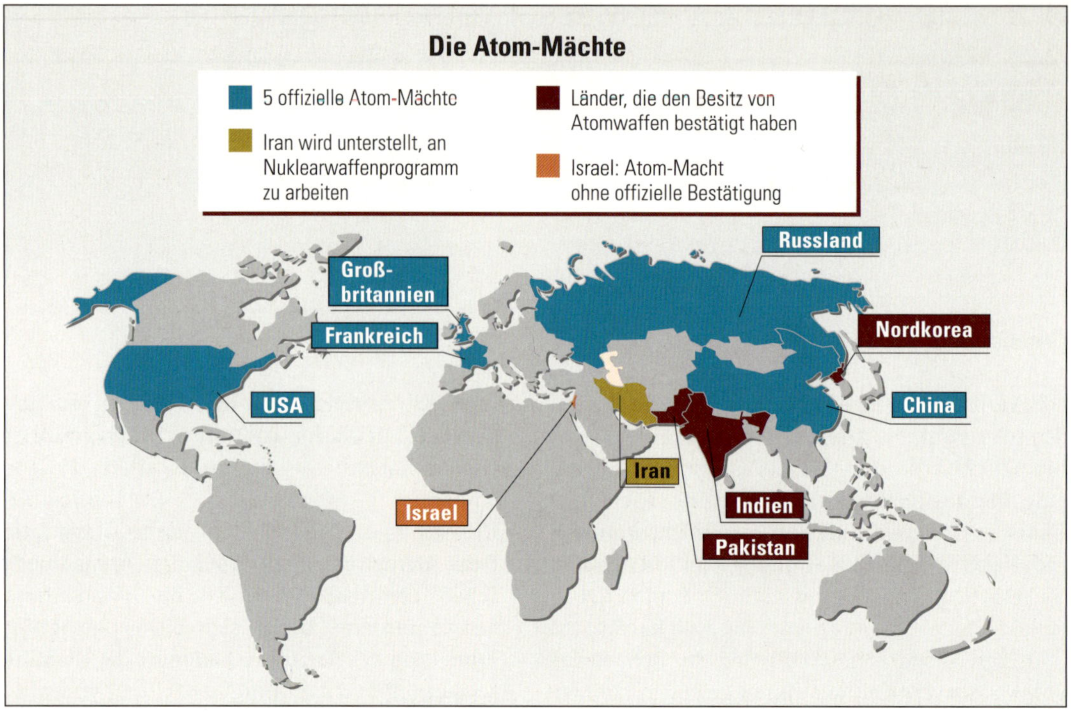

Rüstungskontrollpolitik im Ost-West-Konflikt

Als während des Ost-West-Konflikts die Aufrüstung der beiden Supermächte USA und Sowjetunion zu immer höheren volkswirtschaftlichen Kosten führte und die gewaltigen Vernichtungspotenziale die Befürchtung eines Einsatzes wachsen ließen, gelang es, durch Vereinbarungen zur Begrenzung und später zur Reduktion der Atomwaffen tragenden Interkontinentalraketen den **Rüstungswettlauf** zu verlangsamen. Im Laufe der Jahre konnten über weitere Vereinbarungen zur Rüstungsbegrenzung und deren gegenseitiger Kontrolle die Spannungen langsam vermindert und eine begrenzte Zusammenarbeit erreicht werden. Zentrale Zielsetzung war es, die Gefahren zu entschärfen, welche von den sich feindlich gegenüberstehenden Militärmächten ausgingen.

Rüstungskontrolle heute

Eine Vereinbarung zur Reduzierung der weitreichenden Atomwaffen gelang erstmals 1991 im **START-I-Vertrag** (Strategic Arms Reduction Treaty). 1993 einigten sich Russland und die USA im **START-II-Vertrag** auf eine deutliche Verringerung der Nuklearpotenziale und beendeten damit den nuklearen Rüstungswettlauf. Rüstungskontrollpolitik versucht heute vor allem die Bedrohungen zu verringern, die von Massenvernichtungswaffen in der Hand von nicht oder schwer kontrollierbaren Gruppen oder Staaten ausgehen. Daneben bestehen Konfliktpunkte bezüglich des globalen strategischen Gleichgewichts zwischen dem Westen und Osteuropa, das Russland durch die Politik des Westens teilweise gefährdet sieht (Pläne der NATO-Erweiterung in Osteuropa, US-Pläne zum Aufbau von Raketenabwehrstützpunkten in Osteuropa).

Begriffe

- **Abrüstungspolitik** hat das Ziel, die Verbreitung von Massenvernichtungswaffen zu stoppen und Rüstungswettläufe zu verhindern. So sollen etwa Waffenbestände vernichtet, die Entwicklung und Produktion von ABC-Waffen, Personenminen etc. verboten und Rüstungsbudgets reduziert werden.
- **Rüstungskontrollpolitik** will durch Rüstungsbegrenzung und -kontrolle ein militärisches Gleichgewicht herstellen oder erhalten. Das geschieht z. B. durch die Festlegung von Höchstgrenzen in Waffenproduktion und -besitz, den Abbau von Überkapazitäten oder Testverbote für Atomwaffen.

Die Erfahrungen der vergangenen Jahre haben erhebliche Zweifel an der Wirksamkeit des Nichtverbreitungsregimes aufkommen lassen:

- **Nordkorea und Pakistan** konnten Atomwaffen und die entsprechenden Trägersysteme entwickeln beziehungsweise erwerben und bieten heute selbst solche Technologien auf dem internationalen Rüstungsmarkt an.

- Der **Iran** strebt – unbeeindruckt von internationalem Druck – nach der Beherrschung der Urananreicherung und damit der Fähigkeit zum Bau von Atomwaffen.

- Die Verfügbarkeit von nuklearen Materialien und dem entsprechenden Wissen wurde durch den **Zerfall der Sowjetunion** und die damit verbundene **Auflösung von Sicherheitskontrollen** sowie durch die dramatisch verschlechterte materielle Lage der sowjetischen Atomwissenschaftler wesentlich begünstigt, die so teilweise anfällig für die teuer bezahlte **Weitergabe geheimer Informationen** wurden.

Wichtige Rüstungskontroll- und Abrüstungsvereinbarungen

- **1970 NVV** (Nuklearer Nichtverbreitungsvertrag): Kernwaffenstaaten verpflichten sich, keine Nuklearwaffen an Nichtkernwaffenstaaten weiterzugeben oder diese bei Erwerb und Herstellung zu unterstützen. Nichtkernwaffenstaaten verpflichten sich, sämtliches spaltbares Material unter Kontrolle der Internationalen Atomenergieagentur (IAEA) zu stellen (derzeit 188 Teilnehmerstaaten).

- **1972 ABM-Vertrag** (Begrenzung von Raketenabwehrsystemen): ein Vertrag zwischen den USA und der UdSSR zur Begrenzung von Anti-Ballistic Missiles (ABM). Am 13. Juni 2002 traten die USA einseitig vom Vertrag zurück.

- **1975 BWÜ** (Verbot bakteriologischer und Toxinwaffen): Verbot von Entwicklung, Herstellung, Besitz, Weitergabe und Einsatz biologischer Waffen; 156 Unterzeichnerstaaten.

- **1987 INF-Vertrag** (Intermediate-Range-Nuclear-Forces): weltweite Beseitigung nuklearer Mittelstreckenraketen mit einer Reichweite von 500 bis 5.500 km; Teilnehmer: USA und Russland.

- **1991/1993/2010 START** (Strategic Arms Reduction Talks): Begrenzung der see- und landgestützten Interkontinentalraketen und deren Gefechtsköpfe sowie Begrenzung der strategischen Bomber und ihrer Zuladung; Teilnehmer: USA, Russland, Ukraine, Kasachstan, Weißrussland.

- **1992 KSE** (Konventionelle Streitkräfte in Europa): Erreichen eines konventionellen Gleichgewichts in Europa, Obergrenzen für Kampfpanzer, gepanzerte Fahrzeuge, Artilleriewaffen, Kampfflugzeuge und Angriffshubschrauber; derzeit 30 Vertragsparteien. (Der Vertrag wurde im Dezember 2007 vom damaligen russischen Präsidenten Wladimir Putin als Reaktion auf die geplante US-Raketenabwehr in Mitteleuropa einseitig gekündigt.)

- **1997 CWC** (Chemical Weapons Convention, Chemiewaffenübereinkommen); Vernichtung und Verbot aller chemischen Waffen; 188 Unterzeichnerstaaten (2009).

Weitere Maßnahmen zur Begrenzung von Massenvernichtungswaffen

Transparenz: Die IAEA führt regelmäßig Kontrollen bei ihren Mitgliedern durch, um den militärischen Missbrauch ziviler Atomtechnologie zu verhindern.

Nationale Sicherheitsarchitektur: nationaler Raketenschutzschild der USA gegen Interkontinentalraketen so genannter „Schurkenstaaten“, die bereits im Weltraum abgefangen und zerstört werden sollen.

Präemptive Verteidigung: Mit der gewaltsamen Intervention im Irak im Mai 2003 und der Beseitigung des Saddam-Regimes durch die USA sollte ein Staat, dem unterstellt wurde, Massenvernichtungswaffen zu besitzen und Terroristen zu unterstützen, kampfunfähig gemacht werden, bevor er selbst zuschlagen kann. Trotz intensiver Suche konnten jedoch im Irak keine derartigen Waffen gefunden werden.

M1 Was macht es so schwer, die Verbreitung von Atomwaffen zu verhindern?

Der Misserfolg von Exportkontrollen und multilateralen Maßnahmen im Falle des Iraks, Nordkoreas, Pakistans und vermutlich auch Irans haben schmerzhaft erkennbar werden lassen, dass das internationale System der nuklearen Nichtverbreitung keinerlei Regelungen für den Fall enthält, dass einzelne Staaten ihren Verpflichtungen nicht nachkommen oder dass Staaten von außerhalb des Systems dieses durch Exporte von Technologien zur Herstellung von Massenvernichtungswaffen und Trägersystemen unwirksam werden lassen. Dies hat dazu geführt, dass sich in den 90er Jahren der Sicherheitsrat der Vereinten Nationen stärker mit Fragen der nuklearen Nichtverbreitung und anderen Nichtverbreitungsthemen befasst hat als je zuvor in seiner Geschichte. Der Sicherheitsrat der VN hat unter dem System der kollektiven Sicherheit die primäre Verantwortung für den internationalen Frieden, und von daher war es folgerichtig, dass er derartige Aufgaben übernahm. In erster Linie ist auf das Sonderregime für den Irak hinzuweisen, welches der Sicherheitsrat 1991 als Teil der Waffenstillstandsresolution „SR 687" verhängt hat. [...]

Aber auch in anderen Bereichen wurde der Sicherheitsrat der Vereinten Nationen seinen Anforderungen nicht gerecht. Obwohl 1993 deutlich war, dass Nordkorea den NVV gebrochen hatte, fand der Sicherheitsrat – wegen eines angedrohten chinesischen Vetos – keine scharfen Worte der Kritik an Nordkorea und konnte sich auch zu keinen konkreten Maßnahmen oder Drohungen durchringen. Auch im Falle der Nukleartests Pakistans und Indiens im Frühjahr 1998 gab es keine irgendwie geeigneten Maßnahmen des Sicherheitsrates sowie im Falle Irans und später Libyens, die beide geheime Waffenprogramme betrieben haben.

Die mangelnde Effizienz der vertraglichen Grundlagen sowie die weitgehende Unergiebigkeit des Systems kollektiver Sicherheit haben dazu geführt, dass die USA sich mehr als einmal zu unilateralem politischen oder auch militärischen Handeln veranlasst sahen, damit überhaupt irgendetwas geschieht. Dies hat dazu beigetragen, dass in den USA die Kritiker der multilateralen Nichtverbreitungs- und Abrüstungsdiplomatie an Boden gewannen und seit dem Amtsantritt George W. Bushs im Januar 2001 die entsprechende Politik der USA dominieren. Die Folgen waren ein zunehmender Unilateralismus in der amerikanischen Nichtverbreitungspolitik sowie die vermehrte – keinesfalls ausschließliche und auch nicht prioritäre – Nutzung militärischer Instrumente in der Nichtverbreitungspolitik (Counterproliferation). [...] Im Falle Nordkoreas haben die USA versucht, die Verantwortung für den politischen Verhandlungsprozess nicht alleine zu tragen, sondern die – aus verständlichen Gründen zögerliche – internationale Gemeinschaft (insbesondere den Sicherheitsrat) in die Bemühungen einzubinden, Nordkorea zur Vernunft zu bringen. Im Falle Pakistans haben die USA eher den Weg der stillen Diplomatie gewählt, um die Verbreitung von Technologie durch dieses Land zu unterbinden bzw. die frühere Verbreitung derartiger Technologien rückgängig zu machen. Die Reaktionen in Europa auf diese Politik des Unilateralismus und der Counterproliferation waren zumeist negativ und angesichts der Raubeinigkeit der Diplomatie der Bush-Administration auch verständlich, dennoch bleibt festzustellen, dass die europäische Politik des Umgangs mit diesen Fällen eher durch Eskapismus* und Problemverschiebung gekennzeichnet war und ist.

Joachim Krause, Stichwort Rüstungskontrolle, in: W. Woyke (Hg.), Handwörterbuch Internationale Politik, Bonn 2004, S. 439f.

** Eskapismus: Ausweichhaltung, Problemflucht*

M2 Iran und die Bombe

Es war eine besondere politische Dummheit, Iran und Irak auf dieselbe Achse des Bösen zu setzen. Alle damit konstruierten Parallelen sind falsch. Weder ist Iran nach innen und außen vergleichsweise geschwächt wie der Irak vor der Invasion der USA, noch ist das Land militärisch bezwingbar. Der größte Unterschied aber liegt darin: Im Gegensatz zum Irak ist Iran tatsächlich eine Bedrohung für die Region und die Welt.

Seine Ambitionen auf Massenvernichtungswaffen sind echt, seine politischen Drohungen nicht hohl und sein Einfluss auf den dschihadistischen Terror ist real. Es wäre ein schlimmer Fehler, das Regime und seine atomaren Ambitionen zu unterschätzen oder gar eine neuerliche amerikanische Hysterie zu vermuten. Diesmal geht tatsächlich eine Bedrohung von Teheran aus, und nach Lage der Dinge bleiben nur ganz wenige Optionen, die Gefahr zu bannen. [...] Sollte die Anreicherung glücken – für eine erfolgreiche Testphase braucht es nach Einschätzung von Experten etwa ein halbes Jahr –, dann steht den Ambitionen nichts mehr im Weg. Eine großflächige Anreicherungs-Anlage, etwa 50.000 hintereinander geschaltete Zentrifugen, könnte binnen kurzer Zeit aus angereichertem Uran hochangereichertes Uran herstellen. Damit lassen sich Atomsprengköpfe bestücken. Iran wird diese Anreicherung meistern. Offenbar hat Iran auch Baupläne für atomare Sprengköpfe und Zünder aus dem illegalen Versandhandel des pakistanischen Dr. Seltsam, Abdul Qadeer Khan.

Und schließlich haben amerikanische Geheimdienste Baupläne für modifizierte iranische Langstreckenraketen abgefangen, mit deren Hilfe ein nuklearer Sprengkopf montiert werden kann. Diese Raketen haben eine Reichweite bis in den Süden Deutschlands. Allen gegenteiligen Beteuerungen zum Trotz besteht nur eine geringe Wahrscheinlichkeit, dass die Mächtigen in Teheran das Uran ausschließlich für friedliche Zwecke nutzen wollen. Gegen diese These spricht das Verhalten der Regierung in den vergangenen Jahren.

Lange Zeit wurde das Atomprogramm geheim gehalten, Inspektoren entdeckten nur durch Zufall die Anreicherungs-Versuche. Jedes wohlmeinende Angebot aus Russland etwa oder den EU-Staaten zur friedlichen Kooperation wurde zwei Jahre lang konsequent abgelehnt, zur taktischen Verschleppung missbraucht oder ignoriert. Der Chef der Atomenergiebehörde, Mohammed el Baradei, kann nach drei Jahren intensiver Arbeit in Iran „die friedfertige Absicht des Programms“ nicht bestätigen. Sollte Iran in einem halben Jahr die Technologie zum Waffenbau im Griff haben und nach weiteren zwei Jahren die ersten Sprengköpfe montieren können, dann ändert sich nicht nur das strategische Gleichgewicht am Golf und im Nahen Osten, dann verfügen auch die geistigen Väter des Dschihad-Terrors über ein Erpressungspotenzial, dem der friedliebendere Teil der Welt wenig entgegenzusetzen hat. Iran strebt nach der Bombe, um das in seinen Augen strategische Ungleichgewicht in der Region – die Nuklearmächte USA, Russland und Pakistan stehen quasi vor der Haustür – auszubalancieren. Mit der Atommacht Iran würde aber auch ein neues Ungleichgewicht geschaffen. Saudi Arabien, die Türkei, Syrien und vor allem Israel würden sich unmittelbar bedroht fühlen und selbst eine stärkere Abschreckung anstreben.

Wer in diesem Zusammenhang behauptet, Israel habe die atomare Gleichung mit seinem Waffenprogramm als Erstes aus dem Lot gebracht, der irrt. Anders als im Fall Iran besteht bei Israel kein Zweifel am defensiven, abschreckenden Charakter. Mehr noch: Iran und sein Volkstribun-Präsident Mahmud Ahmadinedschad lassen keine

Gelegenheit aus, ihren Vernichtungswillen gegenüber Israel zu bestärken. Eine Bombe auf Tel Aviv reicht, um den Staat Israel weitgehend zu zerstören. Wer den Selbstmordterror einer Hamas über Jahre gezüchtet und unterstützt hat, der wird auch einen nuklearen Gegenschlag nicht fürchten. Abschreckung wie im Kalten Krieg gibt es im Zeitalter des Terrors nicht.

Deswegen also muss Iran gestoppt werden. Aber wie? Die Einbindungs-Strategie der EU ist gescheitert, die Konfrontations-Strategie wird nur begrenzt helfen. Aber sie muss versucht werden. Der einzige nicht-militärische Weg zur Neutralisierung der Gefahr liegt in Sanktionen und in der politischen Isolation. Die iranische Gesellschaft strebt nach Modernität und Wohlstand. Der Staat will Anerkennung und politisches Gewicht. Nur wenn eine Mehrheit im Lande spürt, dass der Kurs der klerikalen Führung und der Regierung Ahmadinedschad Verderben verheißen, werden sie aufbegehren.

Ein Krieg gegen Iran wäre töricht, gezielte Luftschläge versprechen wenig Erfolg. Angesichts der realistischen Bedrohung durch einen atomar bewaffneten Iran bleiben deswegen nur harte politische Entscheidungen. Wer sie jetzt scheut, wird später vor schlimmeren Alternativen stehen.

Stefan Kornelius, in: Süddeutsche Zeitung vom 17.1.2006

Aufgaben

1. Führen Sie in Ihrem Kurs eine Umfrage durch zur Frage: „Fühlen Sie sich durch Atomwaffen bedroht?“ Diskutieren Sie das Ergebnis.
2. Diskutieren Sie folgende Ansicht: Warum sollten nicht weitere Staaten Atomwaffen besitzen dürfen, wenn schon mehrere große Länder darüber verfügen?
3. Erarbeiten Sie aus dem Text, warum eine Atommacht Iran eine besondere Bedrohung für den Weltfrieden darstellen würde (M2).
4. Welche Möglichkeiten der Verhinderung einer Atomrüstung des Iran werden im Text angedeutet (M2)? Analysieren Sie die Entwicklung dieser Bemühungen (durch die UNO, die IAEA, die EU, USA, Russland ...) anhand der aktuellen Berichterstattung.
5. Beschreiben Sie, welche Hindernisse einer Durchsetzung der Nichtverbreitung von Atomwaffen im Wege stehen (M1).

3.3 Klimawandel

Leitfragen	Wodurch macht sich der Klimawandel bemerkbar?	Welche Auswirkungen hat die Erderwärmung?	Was hat die internationale Klimapolitik bisher erreicht?

Globale Umwelttrends

Die weltweiten Umweltveränderungen durch den zunehmenden Umweltverbrauch werden immer deutlicher. Der Klimawandel ist eine der wichtigsten globalen Herausforderung dieses Jahrhunderts. **Zwei Entwicklungen** bestimmen gegenwärtig die Problemlage:

- Der **erste globale Umwelttrend** beinhaltet den weltweit steigenden Verbrauch natürlicher Ressourcen (Wasser, Erdöl...) sowie die zunehmende Verschmutzung von Luft, Gewässern und Böden (→ Kapitel 2.3.4).

- Der **zweite globale Umwelttrend** bezieht sich auf die Umweltbelastungen, die u. a. von dem nachholenden Wirtschaftswachstum großer Schwellenländer ausgehen, hier insbesondere Indien und China. Sollten sich das enorme Wirtschaftswachstum und der Umweltverbrauch dieser Staaten so fortsetzen, wird sich die Belastung des Ökosystems weiter verschärfen.

Ursachen und Folgen des Klimawandels

Nach heftigen Kontroversen um Ursachen und Wirkungen des seit etwa 100 Jahren beobachteten weltweiten Anstiegs der Durchschnittstemperaturen gilt heute die **Erderwärmung** als überwiegend vom Menschen verursacht (anthropogen). Der natürliche **Treibhauseffekt**, der das Leben auf der Erde erst ermöglicht, wurde seit Beginn der Industrialisierung durch eine zunehmende

Treibhausgas-Emissionen als Wohlstandsindikator

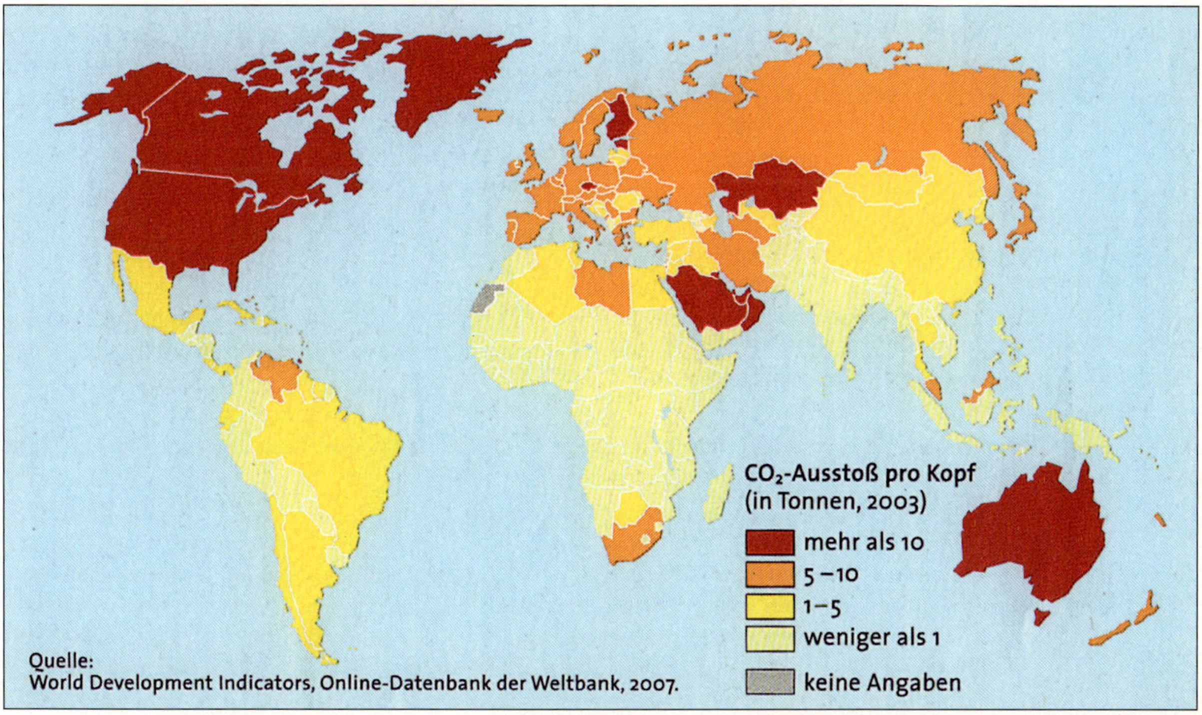

Le Monde diplomatique, Atlas der Globalisierung spezial: Klima, Berlin 2008, S. 21

Freisetzung von Gasen – vor allem aus der Verbrennung fossiler Energieträger – derart verstärkt, dass die globale Durchschnittstemperatur seit Mitte des 19. Jahrhunderts um etwa 1° C zugenommen hat.

Die Aussagesicherheit der für Prognosen verwendeten Klimamodelle wurde in den vergangenen Jahren so weit verbessert, dass sich Vorhersagen bis zum Jahr 2100 machen lassen. Mit folgenden Entwicklungen wird gerechnet:

- **Erhöhung der globalen Durchschnittstemperatur** in diesem Jahrhundert zwischen 1,4° C (im Falle wirksamer Klimapolitik) und 6,4° C (bei klimapolitischer Untätigkeit).

- **Abschmelzen der Gletscher** und polaren Eiskappen, **Abtauen der Permafrostböden** in Nordamerika und Nordrussland.

- **Anstieg des Meeresspiegels** von durchschnittlich ca. 21 bis 28 cm, regional bis zu über einem Meter.

Die Auswirkungen dieser Veränderungen auf den menschlichen Lebensraum stellen sich schleichend ein, bedeuten aber große Gefahren für die Bewohnbarkeit großer Gebiete. Treten die oben genannten klimatischen Veränderungen ein, ist mit folgenden Wirkungen zu rechnen:

- Die **Verschiebung von Klimazonen** könnte so schnell erfolgen, dass sich Vegetation und Tierwelt nicht rechtzeitig anpassen können (**Artensterben**).

- Der **Anstieg des Meeresspiegels** bedroht niedrig gelegene, dicht besiedelte Regionen (z. B. Bangladesh, Nildelta) und kann zum Untergang von Atoll-Inseln im Pazifik und Indischen Ozean führen (z. B. den Malediven).

- **Naturkatastrophen und extreme Wetterlagen nehmen zu:** Während in einigen Gebieten Überschwemmungen und intensive Regenfälle häufiger werden, haben andere Regionen mit geringen Niederschlagsmengen bzw. lang anhaltenden Dürreperioden und Hitzewellen zu kämpfen. Diese bedingen **Ernteausfälle** und Probleme bei der Wasserversorgung sowie Veränderungen ganzer Lebensräume. Es kommt zu vermehrter **Wüstenbildung** (Desertifikation) und zu verschärftem **Süßwassermangel.**

Insgesamt wird eine globale **Zunahme von Verteilungskonflikten** erwartet, vor allem zwischen besonders stark betroffenen Entwicklungsländern des Südens und den Industrieländern, die technisch und wirtschaftlich eher mit den Problemen umgehen können. Der Nord-Süd-Gegensatz wird durch den Klimawandel weiter vertieft, und globale Flüchtlingsbewegungen infolge klimatischer Veränderungen werden zunehmen (→ S. 178).

Internationale Klimapolitik

Nach einer Reihe von weitgehend ergebnislos gebliebenen Anläufen zu einer international abgestimmten Politik zur Verringerung der CO_2-Emissionen wurde schließlich auf der **UNO-Konferenz in Rio de Janeiro 1992** eine Klimarahmenkonvention verabschiedet. In dieser wurden die Gefahren der Emission von Treibhausgasen anerkannt und als Ziel eine für das Klima ungefährliche Konzentration von Treibhausgasen festgeschrieben. Außerdem wurden Regeln beschlossen, nach denen künftig **verpflichtende Vereinbarungen zur Reduktion der CO_2-Emissionen** erarbeitet werden sollten.

Erst 1997 einigten sich die Vertragsstaaten in einer Nachfolgekonferenz im japanischen Kyoto auf das völkerrechtlich verbindliche Ziel der CO_2-Reduktion um ca. 5 % bis 2012 gegenüber dem Stand von 1990 (**Kyoto-Protokoll**). Das Kyoto-Protokoll konnte erst Anfang 2005 in Kraft treten, nachdem 141 Staaten, welche mehr als 55 % des CO_2-Gases ausstoßen, das Abkommen ratifiziert hatten. Die UN-Klimakonferenz in Kopenhagen 2009 sollte weitergehende Klimaschutzziele für die Zeit nach der ersten Kyoto-Periode (bis 2012) verbindlich festlegen; die Ausarbeitung des **Kyoto-Nachfolgeprotokolls** wurde jedoch erneut verschoben.

Die Kosten für den Kampf gegen den Klimawandel werden selbst für die ehrgeizigsten Szenarien auf weniger als 0,12 Prozent des weltweiten jährlichen Bruttoinlandsprodukts (BIP) geschätzt. Selbst im teuersten Fall würden bis zum Jahr 2030 weniger als 3 Prozent des BIP aufgewendet.

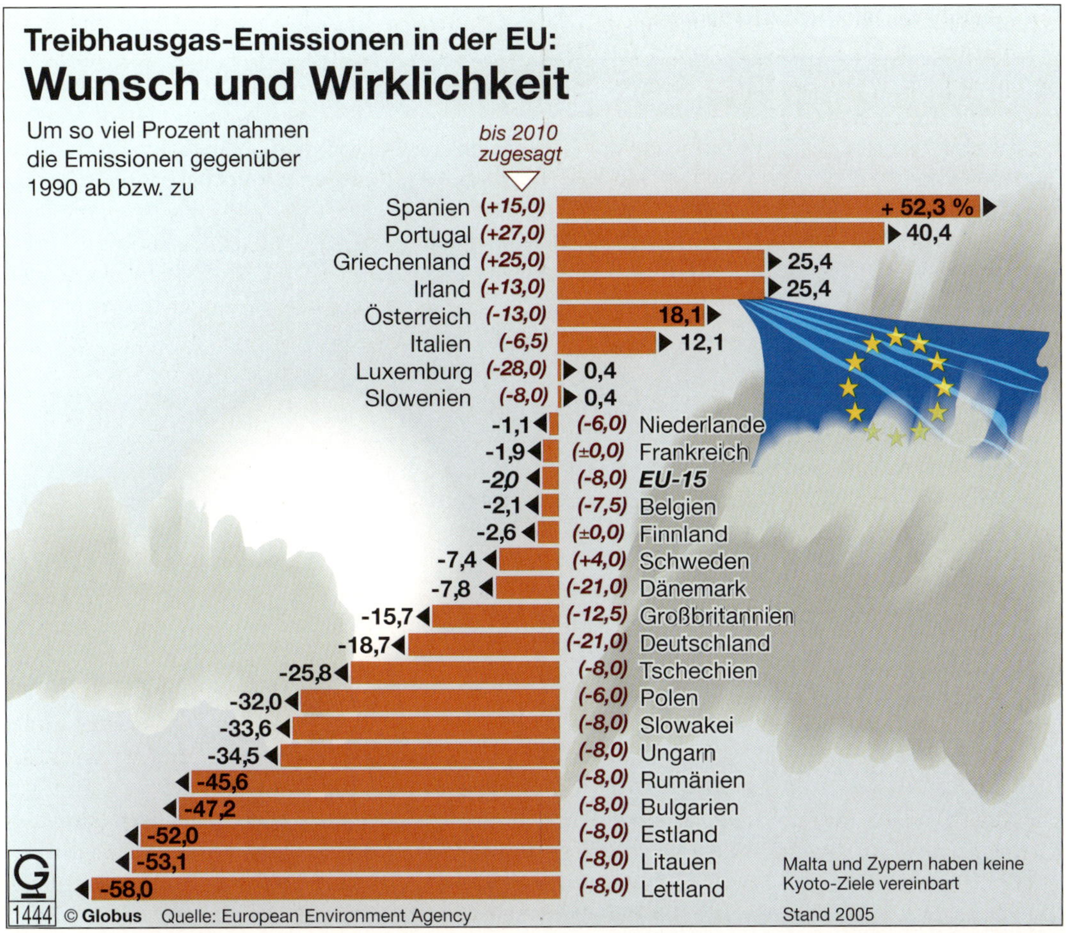

Folgende Probleme lassen an der Wirksamkeit der Vereinbarungen zweifeln und zeigen, wie schwierig Klimapolitik angesichts massiv vertretener nationaler Interessen ist:

- Die Reduktionsziele verpflichten **nur die Industrieländer**, nicht aber die wachstumsstarken Schwellenländer (z. B. China, Indien), in denen die Emission von Treibhausgasen am raschesten zunimmt. Gegen die Interessen von Schwellen- und Entwicklungsländern, die bisher jegliche Behinderung ihrer wirtschaftlichen Entwicklung ablehnen, ist eine wirksamere Vereinbarung nicht möglich.
- Die USA als größer Produzent von Treibhausgasen haben bisher **das Abkommen nicht ratifiziert.**
- Nur **wenige Staaten** haben bisher ihre Verpflichtungen aus dem Kyoto-Protokoll erfüllt.

Meilensteine internationaler Umweltpolitik

- **1972:** Stockholmer Umweltkonferenz: Gründung des Umweltprogramms der Vereinten Nationen (UNEP) mit Sitz in Nairobi. Seit 1972 kann man von internationaler Umweltpolitik sprechen.
- **1979:** Genfer Übereinkommen gegen weiträumige grenzüberschreitende Luftverschmutzung in Europa (mit nachfolgenden Protokollen zur Schadstoffminderung)
- **1983:** Weltkommission für Umwelt und Entwicklung. Ihre Leiterin Gro Harlem Brundtland prägte den Begriff „Nachhaltige Entwicklung („sustainable development"), der bis heute die internationale Diskussion bestimmt.
- **1985/87:** Wiener Übereinkommen und Montrealer Protokoll zum Schutz der Ozonschicht
- **1992:** Konferenz der Vereinten Nationen über Umwelt und Entwicklung in Rio de Janeiro, Verabschiedung der Klimarahmenkonvention
- **2002:** Weltgipfel für Nachhaltige Entwicklung in Johannesburg
- **2005:** Kyoto-Protokoll tritt in Kraft

Umweltprobleme und Herausforderungen

Handlungsbereiche	Umweltprobleme	Folgen/Gefährdungen
Schutz der Atmosphäre und der Ozonschicht	• Erhöhung der CO_2-Emissionen und anderer Treibhausgase in der Atmosphäre • Schädigung der Ozonschicht durch FCKW (Ozonloch)	• Erhöhung der mittleren globalen Lufttemperatur bis 2100 um 1,4°C bis 5,8°C und des Meeresspiegels um 10 bis 90 cm • Zunahme von Hautkrebs, grauem Star u. a. Erkrankungen durch schädliche UV-B-Strahlen • Gefahr der Überflutung ganzer Landstriche, Häufung von Wirbelstürmen und Dürren
Schutz der Wälder und der Erhalt der biologischen Vielfalt	• Bedrohung und Zerstörung der Wälder durch Luftverunreinigung (saurer Regen) und großflächige Abholzung • Verlust von Tier- und Pflanzenarten und ihrer Lebensräume	• Veränderung der Atmosphäre (z. B. Temperaturanstieg) • Zunahme der Bodenerosion, Abnahme der Bodenfruchtbarkeit, wachsende Überschwemmungsgefahr • Verlust der biologischen Vielfalt • Bedrohung der Lebensgrundlage der Menschen durch Zerstörung der Ökosysteme
Schutz der Meere	• Belastung der Ökosysteme der Meere durch Schad- und Nährstoffe aus der Luft und von Flüssen durch Schifffahrt, Erdöl- und Ergasförderung sowie Fischerei	• Gefährdung einer wichtigen Nahrungsquelle der Menschen durch Abnahme der Weltfischbestände
Schutz und nachhaltige Nutzung der Süßwasserressourcen	• sinkendes Wasserangebot in verschiedenen Regionen der Erde durch Bevölkerungswachstum und verschwenderischen Umgang	• Zugang zu sauberem Trinkwasser ist für immer weniger Menschen gesichert (das betrifft heute schon 1,2 Mrd. Menschen vor allem in den Entwicklungsländern) • Bedrohung der regionalen Stabilität durch Streit um knappe Süßwasserressourcen
Schutz des Bodens und Bekämpfung der Wüstenbildung	• Degradierung von Böden (dauerhafte Minderung agrarischer Qualität) durch Bevölkerungswachstum und unsachgemäßen Umgang (Überweidung, Entwaldung, industrielle Belastung, Zerstörung des Wasserhaushalts durch Bewässerungsanlagen)	• Bedrohung der Nahrungs- und Existenzgrundlage großer Bevölkerungsteile in zahlreichen Entwicklungsländern durch Verlust landwirtschaftlicher Nutzflächen (ein Drittel der Böden ist bereits heute nur noch eingeschränkt nutzbar)

Schülerduden Politik, Berlin 2004, S. 418

M Sind die Menschen noch zu retten?

Der Weltuntergang steht nicht bevor. Doch dürfte die Erde unwirtlicher werden. Womöglich werden viele verhungern und flüchten. Vor Stürmen, Fluten und vor Dürren. Wollen die knapp 6,6 Milliarden Erdbewohner das? Oder sind sie bloß unfähig, das Ungemach zu verhindern – geben sie sich zwar Mühe, aber mit wenig Aussicht auf Erfolg?

Viele fragen das heute. Schließlich hat sich die These, dass der Planet sich unmäßig aufheizt, zur Gewissheit verdichtet, schließlich sind vielerorts die ersten Folgen des Klimawandels bereits zu erkennen, schließlich hat Nicholas Stern, der frühere Chefökonom der Weltbank, gerade vorgerechnet, dass Klimaschutz die Menschheit deutlich billiger käme als Klimafrevel. Obendrein weiß die Menschheit von ihren Wissenschaftlern heute ziemlich genau, was sie tun müsste. Auch die Berechnungen von Kosten und Nutzen gehen in eine klare Richtung: Klimaschutz heute kostet wenig und nutzt morgen viel. Derweil sitzen Tausende Diplomaten in Nairobi bei der Weltklimakonferenz beisammen – und beschließen: nichts. Jedenfalls nichts, was die Erde vor immer mehr Kohlenstoff bewahren würde. Dabei macht allein die immer weiter wachsende Last dieser Substanz fast die Hälfte des zu großen menschlichen „Fußabdrucks“ aus. Doch der Verhandlungsprozess, sagt ein Mitglied der deutschen Delegation über das zähe Gefeilsche in Nairobi, „ist, wie er ist“.

Der „Prozess“, die Rettungsaktion, beginnt 1972. Die Vereinten Nationen rufen nach Stockholm zur ersten Weltumweltkonferenz, gründen eine Ökobehörde – und Dennis Meadows, ein junger Forscher aus den USA, publiziert mit Kollegen eine aufsehenerregende Studie: Die Grenzen des Wachstums. Damals gibt es noch nicht in jedem Arbeitszimmer einen PC. Meadows & Co. müssen einen der wenigen existierenden Großrechner mit ihren Daten und Formeln füttern, um ihre Botschaft formulieren zu können: In einigen Jahrzehnten, vermutlich nach dem Jahr 2030, droht der globale Kollaps, wenn die Menschheit weiter so wächst und wirtschaftet wie bisher. Heute hat die Realität nicht nur die Klimaprognose überholt; die Menschheit hat auch bewiesen, dass sie lernfähig ist. 189 Staaten haben die Klimakonventionen ratifiziert, auf die sich die Staats- und Regierungschefs 1992 beim Erdgipfel in Rio de Janeiro einigten. 166 Nationen stehen hinter dem Kyoto-Protokoll, das drei Dutzend Industriestaaten verpflichtet, ihren Ausstoß von Treibhausgas zu begrenzen. In Bonn arbeitet ein Klimasekretariat – und jedes Jahr trifft sich die Völkergemeinschaft zur Weltklimakonferenz. Viel ist geschehen. Aber nicht annähernd genug, so eine gerade zu Ende gegangene Wissenschaftlerkonferenz in Peking. Die 1.000 Experten aus aller Welt sehen die Erde unter „ernsthafter Bedrohung“.

Wie dehnbar die Begriffe der Klimadiplomaten sind, hat Hans-Jochen Luhmann akribisch untersucht. Der Mathematiker und Ökonom in Diensten des Wuppertal Instituts hat sich das Kyoto-Protokoll genau angeschaut – und ist ernüchtert: Diverse Schlupflöcher in der Abmachung [...] und die wachsenden Emissionen in China und Indien ließen den Ausstoß von Treibhausgas geradezu explodieren – bis Ende 2012, wenn das Kyoto-Protokoll seine Gültigkeit verliert, um rund 40 Prozent gegenüber 1990! Das soll Ergebnis konsequenter Umweltpolitik sein? Es ist die Konsequenz symbolischer Politik. [...] Mittlerweile ist klar, dass die Industriestaaten allein das Klima nicht werden retten können. Schwellenländer wie China, Indien und Brasilien müssen beim Klimaschutz mitmachen; allein Chinas Treibhausgas-Ausstoß steigt mit beängstigender Geschwindigkeit und wird schon in Kürze höher sein als derjenige des größten Luftverschmutzers: der Vereinigten Staaten. Nur stimmt eben auch, dass der bisher

zu kurz gekommene Teil der Menschheit so gut wie nichts zur bereits messbaren Erderwärmung beigetragen hat. China & Co. verlangen deshalb zu Recht Vorleistungen der altindustrialisierten Länder. Doch genau diese Vorleistungen bleibt man, von wenigen Ausnahmen abgesehen, bisher schuldig. Die USA [...] haben das Kyoto-Protokoll nicht einmal ratifiziert, die Europäer sind mit ihren Verpflichtungen fast hoffnungslos in Rückstand. Diese Verteilungsfragen sind der eigentliche Grund für den Stillstand der internationalen Klimapolitik. Manche haben viel, andere fast nichts zur Erwärmung beigetragen. Manche haben viel zu verlieren, andere weniger. Die Bewohner flacher Meeresinseln fürchten um ihren Lebensraum. Die Nordamerikaner fürchten um ihre Lebensweise. Und die Ölländer um ihren Export. Fast ist es erstaunlich, dass es trotz dieser Gemengelage Klimapolitik überhaupt gibt.

Zumal ihr die Interessen mächtiger Konzerne – und Gewerkschaften – entgegenstehen. Die der Energiewirtschaft und der Autoindustrie zum Beispiel. Regierungen, die sich anschicken, den Managern ins Geschäft zu pfuschen, lassen sich in Zeiten der Globalisierung leicht abstrafen; ein kleiner Hinweis auf drohende Jobverluste reicht oft schon aus. Von einem regelrechten „Verhinderungskartell" spricht Hermann Ott vom Wuppertal Institut. Tatsächlich haben sich selbst für deutsche Regierungen, die sich stets als klimapolitische Avantgarde empfunden haben, schon Kleinigkeiten wie die Kennzeichnung des CO_2-Ausstoßes von Autos als Politikum erwiesen. [...] Immerhin, einmal schon schaffte es die Völkergemeinschaft, globale Umweltrisiken zu bannen: Sie rettete die Ozonschicht. Deren Zerstörung durch das Spraydosengas FCKW und andere Stoffe kann Hautkrebs und Augenkrankheiten begünstigen. Dank des 1987 geschlossenen Montrealer Protokolls sind Produktion und Verbrauch der Schadsubstanzen bis heute um mehr als 90 Prozent gesunken. Zwar wird es voraussichtlich noch lange dauern, bis sich die Ozonschicht vollständig regeneriert haben wird; dennoch gilt das Ozonreglement als eine der größten Erfolgsgeschichten der internationalen Umweltpolitik.

Wird die Menschheit nur aus Schaden klug? Schocks haben den Politikern schon öfter Beine gemacht. Mal waren es tote Fische im Rhein, mal war es die Reaktorkatastrophe von Tschernobyl. Irgendwann, so viel ist sicher, wird auch der Klimaschock politische Wirkung zeigen. Bleibt nur die Frage, was dann noch zu retten ist.

Fritz Vorholz, in: Die Zeit vom 16. und 17.11.2006

Aufgaben

1. Recherchieren Sie über Ergebnisse von Nachfolgekonferenzen des Erdgipfels von Rio de Janeiro. Welche Ziele wurden erreicht, welche nicht?

2. Erklären Sie, warum wirksame internationale Vereinbarungen zur Reduktion von Treibhausgasen so schwer zu erreichen sind (M).

3. Erläutern Sie die jeweilige Interessenlage verschiedener Ländergruppen beim Umgang mit dem Klimawandel (M).

3.4 Ressourcenknappheit

Leitfragen

- Was sind Ursachen und Folgen des Wassermangels?
- Wie lange werden die wichtigsten Ressourcen für den Lebensstil der Industrieländer reichen?
- Wodurch können Verteilungskonflikte entstehen?

Verknappung wichtiger Ressourcen

In dem 1972 erschienenen Buch „Die Grenzen des Wachstums" wurde erstmals deutlich die Unvereinbarkeit von ungebremstem Wirtschaftswachstum und der Endlichkeit der vorhandenen Ressourcen thematisiert. Im Mittelpunkt der Diskussion stehen seither

- die Verknappung von **fossilen Energieträgern** (Erdöl, Erdgas ...) und **mineralischen Rohstoffen**,
- die **Verschmutzung und Übernutzung von Gewässern**,
- die **Verschlechterung von Böden** (Degradation) und
- der **Süßwassermangel** für immer mehr Menschen.

Die internationalen Bemühungen um eine Lösung der Probleme sind allerdings aufgrund von Interessengegensätzen innerhalb der Staatengemeinschaft in Ansätzen stecken geblieben. Während die gesicherte Versorgung mit Wasser und meist auch die Erhaltung der Bodenfruchtbarkeit regional begrenzte Probleme darstellen, wird die Verknappung der Erdöl- und Erdgasvorräte als mögliche Ursache für **globale Verteilungskonflikte** gesehen. In der wissenschaftlichen und politischen Diskussion besteht weitgehende Einigkeit darüber, dass diese Probleme zumindest mittelfristig globale Sicherheitsfragen berühren. Die Erweiterung des Sicherheitsbegriffs ist eine Reaktion auf die neue Wahrnehmung der ökologischen Risiken (→ Kapitel 2.4.1).

Wassermangel

Der weltweite Wasserverbrauch hat sich in den vergangenen 100 Jahren fast verzehnfacht. Die Globalisierung erhöht den Wasserverbrauch durch ökonomisches Wachstum und durch die Verbreitung verbrauchsintensiver Lebensstile.

Ursachen der Wasserknappheit sind:

- die erhöhte Nachfrage durch rasante **Zunahme der Weltbevölkerung**;
- der **Anstieg des Wasserverbrauchs**;
- **klimatische Veränderungen**;
- fehlende oder mangelhafte Trinkwassersysteme infolge von **Armut**;
- **Übernutzung** des Angebots an erneuerbarem Wasser;
- **Nutzungskonkurrenz** bzw. gegenläufige Interessen der Wasserverbraucher (Wasser für die Landwirtschaft fehlt andernorts als Trinkwasser).

Die Schere zwischen den steigenden Nutzungsansprüchen durch intensivierte Landwirtschaft und Bevölkerungszunahme einerseits sowie den verfügbaren Vorräten (Gewässer, fossile Grundwas-

Einige Fakten zum Wasser

- Bis zum Jahr 2050 wird voraussichtlich mindestens ein Viertel der Weltbevölkerung mit chronischem oder immer wiederkehrendem Süßwassermangel leben.
- In ca. 50 Ländern der Erde herrscht bereits Wasserknappheit.
- Über eine Milliarde Menschen weltweit haben weniger als 20 Liter Wasser pro Tag zur Verfügung.
- Rund zwei Milliarden Menschen haben keinen Zugang zu sauberem Trinkwasser und sind auf Flüsse, Seen, Tümpel oder Wasserlöcher angewiesen.
- Der größte Wasserverbraucher (und Verschwender) ist die Landwirtschaft, die knapp zwei Drittel aller Reserven verbraucht.
- Durch ineffiziente Bewässerung gehen weltweit rund 60 Prozent des Wassers verloren.
- Die zunehmende Verschmutzung des Oberflächen- und Grundwassers verschärft die Wasserkrise.

Angaben der Welthungerhilfe: www.welthungerhilfe.de (24.06.2008)

Zu wenig Wasser für zu viele Menschen

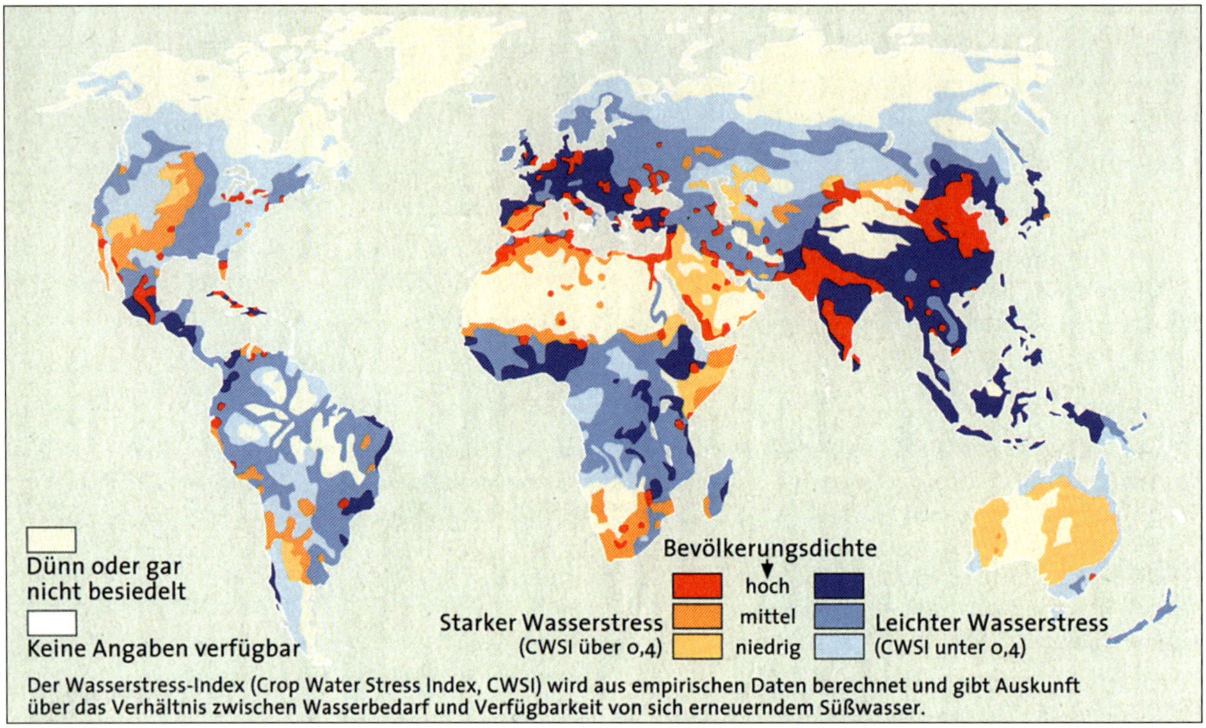

Cécile Marin, Atlas de lòcéan mondial, Autrement, 2007, nach dem Weltwasserbericht der UNO, in: Atlas der Globalisierung spezial, a.a.O., S. 49

servorräte) andererseits öffnet sich immer weiter und ist in Wassermangelregionen des Nahen und Mittleren Ostens bereits heute eine wesentliche **Konfliktursache.**

Weitere **Folgen** des Wassermangels sind:

- **Krankheiten und Todesfälle:** Nach Angaben der Weltgesundheitsorganisation WHO sterben jährlich rund 2,2 Millionen Menschen an den Folgen unsauberen Trinkwassers;
- **Zerstörung von Ökosystemen:** Die häufige Übernutzung der Wasservorkommen kann Ökosysteme beschädigen oder zerstören (z.B. Austrockung von Flüssen und Feuchtgebieten);
- der Anteil der **Wasserflüchtlinge** an den Umweltflüchtlingen nimmt zu (→ Kapitel 2.3.5).

Verknappung der Erdölvorräte

Das Leben in der heutigen Welt ist ohne Energieträger, die relativ billig und bequem zur Verfügung stehen, nicht vorstellbar. Mobilität per Flugzeug oder PKW ist unverzichtbare Lebensqualität in der industrialisierten Welt geworden, Güter aus entferntesten Regionen gehören zum selbstverständlichen Konsumbedarf, Unternehmen wählen die kostengünstigsten Produktionsstandorte und nehmen dazu Transporte um die halbe Welt in Kauf. Erdöl ist zum **Schmiermittel des Wirtschaftswachstums** geworden, es scheint als Energiequelle und Rohstoff für die chemische Industrie unverzichtbar. Die Weltbevölkerung verbraucht in wenigen Jahrzehnten, was in Jahrmillionen der Erdgeschichte entstand – die fossilen Energieträger Erdöl, Erdgas und Kohle.

Obwohl sich die westlichen Industrienationen als abhängige Verbraucherländer seit der Ölkrise von 1973 um die Nutzung alternativer Energiequellen bemühen, bleibt das „schwarze Gold" auch im 21. Jahrhundert von großer wirtschaftlicher und sicherheitspolitischer Bedeutung. Mehr als zwei Drittel der weltweit erkundeten Erdölvorkommen befinden sich in Staaten des Nahen und Mittleren Ostens; damit ist diese Region für den Westen von großem strategischen Interesse. Durch Interessenkonflikte zwischen den Förderländern und den Verbraucherstaaten wird der Raum um den Persischen Golf wohl auch zukünftig eine Konfliktregion bleiben.

Fachleute rechnen angesichts des rasch wachsenden Energieverbrauchs in China und Indien sowie in anderen Schwellenländern damit, dass zwischen 2035 und 2045 die wirtschaftlich rentabel zu erschließenden Vorräte zur Neige gehen werden. Ab dem Zeitpunkt, an dem die Förderung die Nachfrage nicht mehr decken kann – lange vor dem endgültigen Ende der Förderung – droht eine Preisexplosion.

Angesichts der Verknappung des Erdöls und der weltweit dramatisch steigenden Nachfrage muss mit **global wirkenden Konflikten** um die Beherrschung der Lagerstätten gerechnet werden. Die Gefahren vergrößern sich durch die Tatsache, dass die ergiebigen Erdöllagerstätten fast ausschließlich in **politisch instabilen Regionen** liegen.

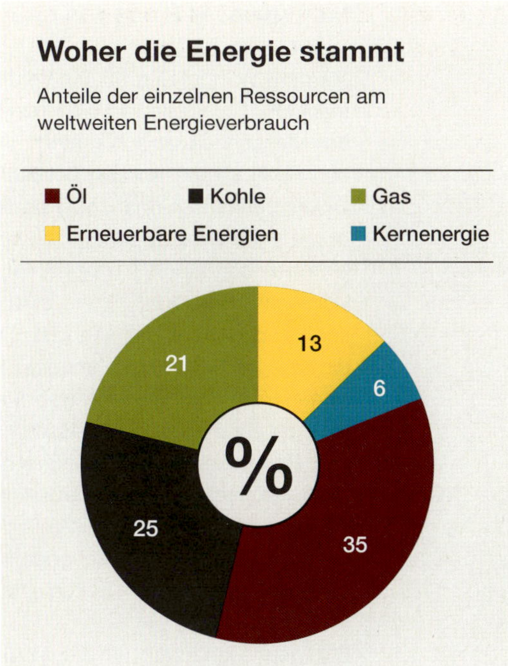

ZEIT-Grafik, Wolfgang Sischke, in: Die Zeit vom 23.10.2008

Verteilung und Verbrauch der Erdölreserven

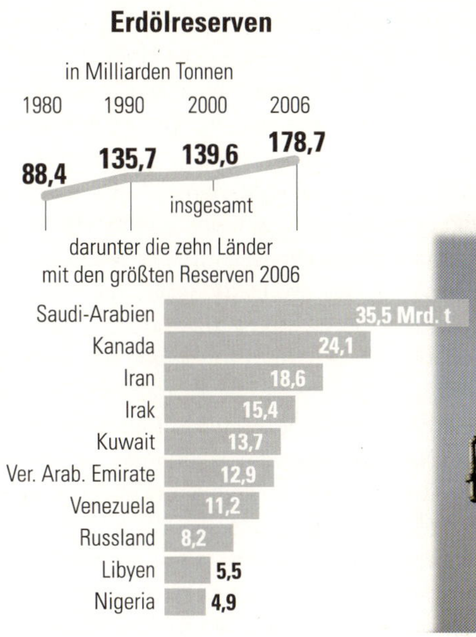

dpa Grafik 4516

Die zehn größten Erdölverbraucher

Rang	Land	1990	2000	2004
			in Mio. t	
1	USA	779,0	887,8	927,3
2	VR China	116,6	219,8	308,6
3	Japan	247,7	255,0	250,5
4	Russland	198,8	123,5	131,8
5	Deutschland	125,6	129,4	123,2
6	Indien	57,9	98,0	115,3
7	Brasilien	58,4	100,1	101,7
8	Kanada	78,4	93,0	100,1
9	Südkorea	49,5	99,3	99,1
10	Frankreich	89,4	95,2	95,2
	Welt	3.130,2	3.539,2	3.780,1

Quelle: BP 2005

M1 Klima als Frage von Krieg und Frieden

Mit dem Wandel des Klimas verändern sich auch die Lebensbedingungen auf unserem Planeten. Wenn die Umweltexperten Recht behalten, wird sich die Lage für große Teile der Menschheit verschlechtern. Angesichts der bereits jetzt vielerorts zu beobachtenden Spannungen entlang politischer, ökonomischer, sozialer, ethnischer oder religiöser Linien befürchten manche Fachleute und Politiker eine Zunahme von gewaltsamen Auseinandersetzungen. Einiges spricht dafür. Kriege werden in der Regel aus einfachen Gründen begonnen – unabhängig von allen vordergründigen Rechtfertigungen und Erklärungen: Entweder nimmt eine Gruppe von Menschen das Recht auf etwas in Anspruch, das ihnen verwehrt ist. Das können zum Beispiel natürliche Ressourcen sein, die sich im Besitz einer anderen Gruppe befinden. Oder aber man sieht sich genötigt, seinen Besitz, seinen Wohlstand, seinen Lebensstil zu verteidigen – auch präventiv. Nun sind der Zugang zu den Ressourcen dieses Planeten und die Möglichkeiten, sie zu nutzen, bereits jetzt extrem ungleich verteilt. Während die Bürger der Industriestaaten in relativ großem Wohlstand leben, mangelt es großen Teilen der Bevölkerung in den Entwicklungsländern an fast allem, was im Westen für selbstverständlich gehalten wird: sauberes Trinkwasser, ausreichende Nahrungsmittel, adäquate Gesundheitsversorgung, Zugang zu Bildung – vom Luxus eines Kühlschranks oder eines Autos ganz zu schweigen.

Für viele Menschen ist die eigene Umwelt lebensfeindlich. Jedes Jahr sterben drei Millionen Menschen an den Folgen von verschmutztem Wasser, berichtete kürzlich die UN-Umweltbehörde Unep. 850 Millionen Menschen sind unterernährt. Ströme von afrikanischen Flüchtlingen suchen bereits jetzt ihr Heil in der europäischen Fremde, in der Hoffnung auf ein besseres Leben – oder überhaupt ein Überleben. Fast 40 Millionen Menschen befinden sich derzeit weltweit auf der Flucht. Bislang ist offen, was geschehen wird, wenn aufgrund des Klimawandels mancherorts das Trinkwasser ausgeht – dies droht beispielsweise 500 Millionen Asiaten, weil die Gletscher im Himalaja wegschmelzen. Was geschieht, wenn sich in Afrika die fruchtbaren Böden zunehmend in Wüsten verwandeln? Wenn etliche Pazifikinseln in den steigenden Fluten versinken? Werden die Nachbarn, die verschont geblieben sind, ihren Lebensraum und ihre Rohstoffe mit den Flüchtlingen teilen, die vielleicht auch noch einer anderen ethnischen oder religiösen Gruppe angehören? Oder werden sie ihren Besitz verteidigen – notfalls mit Waffengewalt? Einige Politiker und Militärs äußern sich hier sehr pessimistisch. „Wenn wir nicht handeln", warnte Bundeskanzlerin Angela Merkel [...], „wird das Auswirkungen auf Fragen von Krieg und Frieden haben." Auch Außenminister Steinmeier bezeichnete die Erwärmung der Erde als eine zunehmende Gefahr für den Weltfrieden. Bereits im April hatten sich ehemalige US-Generäle zu Wort gemeldet. In ihrer Studie „Die nationale Sicherheit und die Bedrohung durch den Klimawandel" warnten sie, dass die zunehmende Erderwärmung zumindest in politisch instabilen Regionen „Bedingungen schaffen könnte, die den Krieg gegen den Terrorismus verlängern", erklärte etwa Admiral a. D. Joseph Lopez, der ehemalige Oberkommandierende der US-Seestreitkräfte in Europa. Verteilungskämpfe, Rebellionen und Flüchtlingsströme, so die Militärs, seien zu erwarten. Auch die Befürchtungen, die der Wissenschaftliche Beirat der Bundesregierung Globale Umweltveränderung (WBGU) in seiner Studie „Sicherheitsrisiko Klimawandel" im Juni veröffentlicht hat, klingen bedrohlich. Zwar wollen die Experten nicht gleich von einer erhöhten Kriegsgefahr durch den Klimawandel sprechen. Sie befürchten aber ebenfalls „innerstaatliche Zerfalls- und Destabilisierungsprozesse" an etlichen Brennpunkten der Welt, die mit der klassischen Sicherheitspolitik nicht zu bewältigen seien. [...] UN-Generalsekretär Ban Ki Moon vermutet sogar, der erste gewaltsame Konflikt aufgrund des gegenwärtigen Klimawandels habe bereits Hunderttausende Tote gefordert – und zwar in Darfur. „Neben verschie-

denen sozialen und politischen Ursachen begann der Darfur-Konflikt als ökologische Krise, die zumindest teilweise auf den Klimawandel zurückgeht", erklärte Ban im Juni in der Washington Post. Die Wüste im Sudan, so Ban, breite sich aus. Im Norden Darfurs wären die Lebensbedingungen für die Kamel-Nomaden in den letzen Jahrzehnten so schlecht geworden, dass sie nach Süden zogen. Die dort lebenden Bauern hätten zwar früher ihre Brunnen mit ihnen geteilt. Inzwischen aber litten alle unter der Trockenheit. Nahrungs- und Wassermangel hätten schließlich zu den Kämpfen geführt, „die sich im Jahr 2003 zur vollen Tragödie ausweiteten, die wir heute erleben." Eine Ausweitung, die natürlich auch damit zusammenhängt, dass die Regierung in Khartum die nomadischen Reitermilizen ausgerüstet hat und sie mit Kampfflugzeugen und -hubschraubern unterstützt. Für den Zusammenhang zwischen dem Massenmord und dem Klima spricht übrigens auch ein Bericht des UN-Umweltprogramms Unep: Demnach gab es in den letzten 77 Jahren mehr als 30 Konflikte um Boden und Wasser in Darfur. In den letzten drei Jahrzehnten aber haben sich die Auseinandersetzungen gehäuft. Zugleich kam es im Norden der Region in diesem Zeitraum zu großen Dürren und Hungersnöten. Nicht alle Experten sind überzeugt von diesem direkten Zusammenhang zwischen Klima und Krieg. So erklärte kürzlich Halvard Buhaug vom International Peace Research Institute im norwegischen Oslo, es gebe noch keine wissenschaftlichen Belege für wirklich robuste systematische Zusammenhänge.

Das sieht Marc Levy von der Columbia University in New York anders. Der Forscher hat rückblickend eine Reihe von Bürgerkriegen untersucht und eine interessante Entdeckung gemacht. Bleibt der Regen in einer Region aus, berichtete er im Wissenschaftsmagazin New Scientist, verdoppele sich die Gefahr, dass ein bereits schwelender Konflikt im folgenden Jahr zum Bürgerkrieg eskaliert. [...] Es ist noch schwer abzusehen, wie dramatisch die Folgen des Klimawandels tatsächlich sein werden. Dass die Veränderungen des Klimas jedoch einen Effekt auf Krieg und Frieden haben werden, ist unter Experten unstrittig. Oder, wie die frühere britische Außenministerin Margaret Beckett erklärte, ist es „einfach nicht vorstellbar, dass es keine tiefen und möglicherweise verheerenden Auswirkungen auf unsere kollektive und individuelle Sicherheit geben wird".

Markus C. Schulte von Drach, auf: www.sueddeutsche.de vom 14.11.2007

M2 Krieg um Wasser?

Aaron T. Wolf ist Professor für Geografie an der Oregon State University. Sein Spezialgebiet ist die Untersuchung von Zusammenhängen zwischen politischen Konflikten und Wasser.

fluter: Herr Wolf, der ehemalige UN-Generalsekretär Kofi Annan sagte 2001, der harte Wettbewerb um Frischwasser könnte einmal Kriege auslösen. Hat er recht?

Aaron T. Wolf: In der gesamten Menschheitsgeschichte wurde nur ein Krieg um Wasser geführt, vor 4.500 Jahren zwischen den Stadtstaaten Lagasch und Umma im Gebiet des Tigris. Was es gab, sind zahlreiche innerstaatliche Konflikte [...]. Von Krieg sprechen nur Journalisten oder Politiker.

Also blinder Alarm?

[...] Es gab und gibt Spannungen, bis hin zur Androhung von Gewalt. In den Fünfzigerjahren wurden die Streitkräfte Indiens und Pakistans mobilisiert, an der irakisch-syrischen Grenze wurden 1979 Truppen zusammengezogen. Es gab Schusswechsel zwischen Israel und Syrien in den Sechzigern, und in der Tat kam die Rede vom Krieg um Wasser wegen der Spannungen zwischen Ägypten und Äthiopien am Nil auf.

Der ägyptische Präsident Anwar al-Sadat sagte 1979: „Das Einzige, was Ägypten noch einmal in einen Krieg führen kann, ist Wasser."

Richtig. Aber die genannten Beispiele haben eine zweite Seite: Die Spannungen haben die Kontrahenten zu Verhandlungen gezwungen, zu Verträgen, zur Schaffung von Organisationen, die ihnen halfen, Wasservorkommen gemeinsam zu nutzen. Das lässt Gutes erwarten.

Warum dann überhaupt Wasserkonflikte?

Wir haben heute dieselbe Menge an nutzbarem Wasser zur Verfügung wie seit Urzeiten. Gleichzeitig wachsen die Weltbevölkerung und die Wirtschaft, steigt unser Bewusstsein dafür, Wassergebiete ökologisch zu schützen, während wir die Wasserreservoirs durch Verunreinigungen reduzieren. Zusammen bedeutet das: Pro Kopf ist immer weniger Wasser vorhanden. Wenn es sich nun um ein von mehreren Ländern geteiltes Wasserreservoir handelt, kann das zu internationalen Spannungen führen.

Warum dann nicht auch zu Kriegen?

Hier werden Dinge vermischt, die man getrennt behandeln muss. Das eine ist die Krise, die durch Wasser entsteht: Menschen leiden und sterben, Ökosysteme werden zerstört, Wasser wird zunehmend verunreinigt; die Desertifikation, also Ver-Wüstung, nimmt immer mehr zu. Was wir damit vermengen, ist der Gedanke, dass sich als Konsequenz daraus politische Konflikte ergeben werden. Das denke ich nicht.

Zumindest innerstaatlich doch: In Bolivien, Mexiko, Argentinien, Südafrika wehrten und wehren sich die Menschen gegen die Privatisierung der Wasserversorgung – in Bolivien gab es im „Wasserkrieg" im Jahr 2000 dabei sogar Tote.

Vollkommen richtig. Die Wahrscheinlichkeit eines Konflikts nimmt zu, wenn der Wandel so schnell erfolgt, dass die institutionelle Kapazität nicht ausreicht, um ihn aufzunehmen und zu verarbeiten.

Können Sie das erklären?

In jedem Wasserreservoir gibt es Wandel, und ich spreche von rasantem Wandel. Natürlichen Wandel durch Überschwemmungen, Dürren, Zerstörungen. Menschlich geschaffenen durch Privatisierung, den Bau eines Staudamms, Wirtschaftswachstum, die Globalisierung. Dazu gibt es von Menschen geschaffene Institutionen, um mit diesem Wandel umzugehen: durch Verträge, Gesetze, EU-Vorschriften oder Ähnliches. Selbst ein dramatischer Wandel macht Gewaltausbrüche nicht sehr wahrscheinlich, wenn man über starke Institutionen verfügt. Deswegen ist die Gefahr gewalttätiger Konflikte zwischen EU-Ländern gering. Nimmt man aber dieselben Probleme und verpflanzt sie dorthin, wo man nicht den gleichen Korpus von Vereinbarungen hat, zum Beispiel nach Südamerika, Afrika oder Südostasien, wird die Wahrscheinlichkeit von Gewalt weitaus größer.

Können internationale Institutionen einspringen, wenn nationale Strukturen den Wandel nicht bewältigen können?

Das ist eine Frage der nationalen Souveränität. Aber ich denke, dort, wo Menschen auswärtigen Beistand akzeptieren, lernen die Geberländer unter anderem, dass es nicht reicht, ein Gesetz zu verabschieden, eine Pipeline oder einen Bewässerungsgraben zu bauen. Sondern dass man auch an der Gestaltung dieses Dialogs mitarbeiten und dabei helfen muss, Menschen zusammenzubringen, um über den Wandel zu sprechen, den die neuen Entwicklungen hervorbringen. […]

Wo sehen Sie in den kommenden Jahren die Brennpunkte für Konflikte um Wasser?
Ich würde auf die Gegenden mit den geringsten institutionellen Kapazitäten achten. Auf Gebiete in Südostasien, wie den Thaniwin-Strom, westlich des Mekong, den sich China, Birma und Thailand teilen, ohne ein Abkommen miteinander zu haben. Alle drei Länder planen dort Entwicklungsprojekte, keines dieser Projekte ist mit einem der anderen vereinbar. Alle Ströme, die in China entspringen, und das sind im Grunde alle Ströme Süd- und Südostasiens, kommen als Brennpunkte in Frage. Da China beginnt, seinen steigenden Energiebedarf zu befriedigen, zieht es in zunehmendem Maße diese Quellgebiete als Orte für Staudammprojekte in Betracht. Dies wird sich in ganz Süd- und Südostasien auswirken. China hat keine Abkommen mit diesen Ländern und ist zugleich einer der drei Staaten, die die Unterschrift unter die 1997 abgeschlossene Konvention über die gemeinsame Nutzung von grenzüberschreitenden Wasserläufen verweigert haben. Dazu kommt Lateinamerika, wo sich Regionen wirtschaftlich entwickeln und dementsprechend auch dringend nach geeigneten Orten für Wasserkraftwerke suchen. Etwas anderes beunruhigt mich aber viel mehr. [...] Jedes Jahr sterben zweieinhalb bis fünf Millionen Menschen an den Folgen schmutzigen Wassers. Das bedeutet mehr Leiden als durch Malaria, Tsunamis, Überschwemmungen oder Erdbeben. Das Ausmaß der Zerstörung ist immens. Ein Krieg um Wasser mehr oder weniger würde, offen gesagt, da keinen Unterschied mehr machen.

Worüber sollten wir also sprechen?
Wasserversorgung, medizinische Versorgung, Abwasser, Abfall. Diese scheinbar so viel banaleren humanitären Probleme sind wesentlich wichtiger, wenn es um die Linderung menschlichen Leidens geht.

Nur ein Krieg um Wasser in 4.500 Jahren. Dem stehen Hunderte Abkommen gegenüber. Haben Sie zu Beginn Ihrer Forschungen dieses Ergebnis erwartet?
Ich war überrascht und [...] auch etwas enttäuscht. Wir brauchen Wasser für praktisch alles, was wir tun. Gleichzeitig gibt es keine internationale Richtlinie, an die sich alle Länder halten. Ich habe mich von dem Gedanken an Kriege um Wasser regelrecht verführen lassen. Aber dann war ich so ermutigt vom Ausmaß der sich mir offenbarenden Zusammenarbeit. Nehmen Sie nur einen Vertrag zwischen Indien und Pakistan. Der hat zwei Kriege überdauert, und sogar mitten in einem dieser Kriege leistete Indien Zahlungen gegenüber Pakistan, um seine vertraglichen Verpflichtungen zu erfüllen. Als 1992 die Friedensverhandlungen zwischen Israelis und Arabern begannen, gab es fünf Gesprächsrunden. Die einzige, die all die seitdem ausgebrochene Gewalt überdauerte, war die zum Wasser. Selbst während der zweiten Intifada baten die israelischen und palästinensischen Wasserbehörden gemeinsam darum, die bestehende Wasserinfrastruktur zu respektieren. Wenn man also Wasser nicht nur als potenziellen Grund für Spannungen sieht, sondern als Mittler für einen Dialog und als internationale Sprache des Friedens, kommt man über die Enttäuschung leicht hinweg.

Aus: fluter Nr. 60, Das Wasser-Heft, Juli 2007

Aufgaben

1. Entwickeln Sie am Beispiel eines aktuellen Konfliktes ein Lösungsszenario für die Nutzungskonkurrenz ums Wasser.
2. Benennen Sie die Gefahren für Frieden und internationale Sicherheit, die von Klimawandel und Ressourcenverknappung ausgehen (M1).
3. Diskutieren Sie, inwiefern die These vom „Krieg ums Wasser“ zutreffend ist (M1, M2).

3.5 Bevölkerungswachstum und Migration

Leitfragen

- Welche Folgen hat das anhaltende Bevölkerungswachstum?
- Was sind die wesentlichen Ursachen für Migration?

Die Entwicklung der Weltbevölkerung

Für die ökologischen Bedrohungen werden vorwiegend der Lebensstil und die Wirtschaftsweise der industrialisierten Länder verantwortlich gemacht. Ein Vergleich des durchschnittlichen Wasser- und Energieverbrauchs in den USA oder Europa mit jenem in Afrika macht deutlich, wie wohlbegründet dieser Vorwurf ist. Allerdings zeigt ein Blick auf manche Entwicklungsländer (z.B. Nepal oder Bangladesh), dass dort das rasante Bevölkerungswachstum ökologische Probleme wie Waldzerstörung, Verschmutzung der Gewässer und Zerstörung der Bodenfruchtbarkeit verstärkt.

Die Entwicklung der Weltbevölkerung hat erhebliche Auswirkungen auf die Verfügbarkeit von Ressourcen, das ökologische Gleichgewicht, die Lebensqualität der Menschen und damit auch auf den Weltfrieden.

Wuchs die Menschheit bis zum Jahre 1800 auf eine Milliarde an, so war die zweite Milliarde bereits nach weiteren 125 Jahren erreicht. Inzwischen wächst die Weltbevölkerung in etwa zwölf Jahren um jeweils eine weitere Milliarde und beträgt aktuell mehr als 6,7 Milliarden Menschen (2009). Prognosen zufolge wird diese Zahl bis 2050 auf 9,3 Milliarden ansteigen. Das Bevölkerungswachstum wird bis zum Jahre 2050 in den verschiedenen Weltregionen höchst unterschiedlich verlaufen. 2050 werden voraussichtlich knapp 90% der Bevölkerung in heute weniger entwickelten oder besonders armen Ländern leben.

Ursachen des Bevölkerungswachstums in den Entwicklungsländern

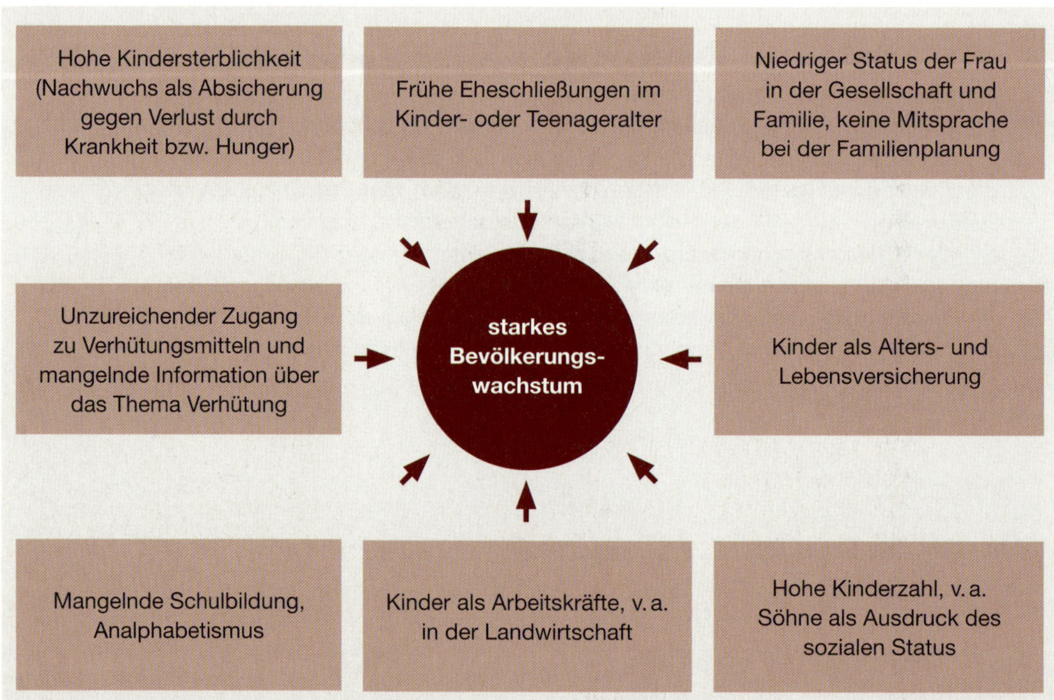

Auswirkungen des Bevölkerungswachstums

Durch die rasante Zunahme der Bevölkerung wird das globale Gleichgewicht zwischen den menschlichen Nutzungsansprüchen und den begrenzten natürlichen Ressourcen gestört – die Umweltbelastung nimmt zu.

- Der Bedarf an Energieträgern und sonstigen Rohstoffen sowie an nutzbaren Flächen und Wasser steigt und bedingt **Ressourcenknappheit** (→ Kapitel 2.3.4).
- Es kommt zu steigenden **Emissionen**, zu wachsenden **Müllbergen** und **Abwässern**.
- Infolge des Bevölkerungswachstums, zunehmender Wüstenbildung und Ressourcenknappheit wird es schwieriger, für **Ernährungssicherheit** zu sorgen; die Anforderungen an moderne Landwirtschaft, Düngung und gerechte Verteilung steigen.
- Die zunehmende **Abholzung der Wälder** führt zu weiterer Beeinträchtigung des Klimas und z. T. zu schlechter nutzbaren Böden.

Urbanisierung und Megastädte

2005 zählte die UNO weltweit erstmals 20 Megastädte (Städte mit mehr als zehn Millionen Einwohnern), 15 davon in Schwellen- und Entwicklungsländern. Die Welt wird städtisch: Seit 2007 leben genauso viele Menschen in Städten wie auf dem Land. Diese urbanen Riesen bedeuten Heimat, Zukunft, Chance auf Arbeit wie auch Elend: Manche Megastädte sind zunehmend von Chaos, Armut und Umweltproblemen geprägt. Doch zugleich absorbieren sie einen Großteil der Bevölkerungsexplosion in Ländern wie Nigeria oder Bangladesh. Und eine effektive Infrastruktur für große Menschenmengen ist noch am ehesten in Städten möglich.

Nach: www.bpb.de, Dossier Megastädte (25.06.2008)

- Infolge oft schwieriger Lebensbedingungen auf dem Land kommt es zu verstärkter **Landflucht** und Zuwanderung in die Städte; die Zahl der „Megastädte" nimmt zu (Trend zur **Verstädterung/Urbanisierung**).
- Bevölkerungswachstum, rasch wachsende Städte mit z. T. großen Armutsvierteln, ungenügenden Versorgungsstrukturen und Ernährungsunsicherheit sind **„demografische Stressfaktoren"**, welche die Wahrscheinlichkeit für **soziale Konflikte** erhöhen.

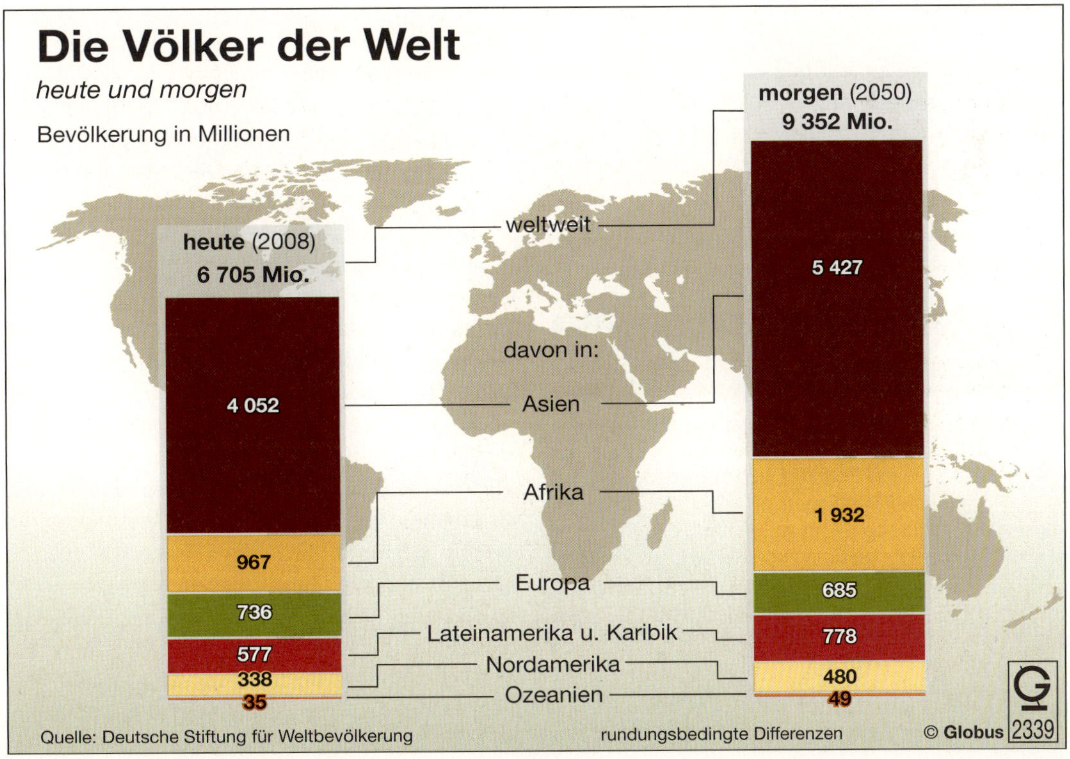

Migranten/Flüchtlinge

Migration umfasst alle Formen räumlicher Mobilität von Individuen und Gruppen. Migrationsprozesse können z. B. aufgrund von Arbeitssuche ausgelöst werden und sich als Land- und Stadtflucht (Binnenmigration) oder Ein- bzw. Auswanderung (Immigration, Emigration) vollziehen. Ein Migrant verlässt seine Heimat meist freiwillig und genießt bei einer Rückkehr i.d.R. weiterhin den Schutz seiner Regierung.

Flüchtlinge sind Personen, die aufgrund z. B. ihrer ethnischen Zugehörigkeit, Religion oder politischen Meinung in ihrem Heimatstaat verfolgt werden bzw. aufgrund der sozialen, wirtschaftlichen oder politischen Bedingungen bzw. eines (Bürger-)Krieges ihr Heimatland verlassen mussten. Schätzungen gehen davon aus, dass die Zahl der entwurzelten, z. B. auch innerhalb der eigenen Länder Vertriebenen (Binnenflüchtlinge) ca. 40 Mio. Menschen beträgt.

Nach: Klaus Schubert/Martina Klein: Das Politiklexikon. 4., aktual. Auflage, Bonn 2006

Migration

Die genannten Faktoren fördern Fluchtbewegungen in andere Landesteile (Binnenflucht) oder Staaten mit dem Risiko von Verteilungskonflikten zwischen Migranten und einheimischer Bevölkerung. Die zunehmenden Flucht- und Migrationsbewegungen sind wesentlich durch ökologische, soziale und wirtschaftliche Probleme in den Heimatregionen bedingt. Das Gros der Wanderungs- und Fluchtbewegungen geht in die jeweiligen Nachbarräume, findet also innerhalb der Entwicklungsländer statt. Schätzungsweise rund 10 % der Migranten fliehen in andere Kontinente, Schwerpunkte der weltweiten Flüchtlingsbewegungen sind jedoch hauptsächlich Krisenregionen in Afrika und Südwestasien sowie Bürgerkriegsgebiete.

Die Genfer Flüchtlingskonvention

Die von 141 Staaten unterzeichnete Genfer Flüchtlingskonvention von 1951 bildet die Grundlage des internationalen Flüchtlingsrechts. Sie definiert, was der Begriff „Flüchtling" bedeutet, und bestimmt die Rechte von Flüchtlingen, zu denen Religions- und Bewegungsfreiheit sowie das Recht zu arbeiten, das Recht auf Bildung und das Recht auf den Erhalt von Reisedokumenten gehören. Ein Kernprinzip der Konvention ist das Verbot, einen Flüchtling in ein Land zurückzuweisen, in dem er Verfolgung fürchten muss (Non-Refoulement). Sie nennt zudem Personen oder Gruppen von Personen, denen kein Schutz nach der Genfer Flüchtlingskonvention zusteht (z. B. Kriegsverbrecher).

Nach: www.unhcr.de

Ursachen für Flucht und Migration

Die Migrationsgründe liegen einerseits in Not- oder Zwangssituationen in den Herkunftsländern, andererseits in sog. Sogwirkungen bestimmter Ziel- bzw. Aufnahmeländer. Ein wichtiger Faktor sind Umweltprobleme: Bereits heute fliehen mehr Menschen vor Umweltkatastrophen als vor Kriegen. Die UNO schätzt, dass im Jahr 2010 mehr als 50 Millionen Menschen aufgrund von Wüstenbildung, Überschwemmungen oder anderen ökologischen Katastrophen ihre Wohngebiete verlassen werden.

Es gibt vielfältige Gründe, die Menschen dazu bewegen, ihre Heimat zu verlassen. Oft sind sie auf komplexe Weise miteinander verbunden. Ob Menschen aufgrund von Krieg, Armut oder Umweltkatastrophen fliehen oder schlicht auf der Suche nach Lebensumständen sind, die das Überleben sichern, ist nicht immer eindeutig zu klären. Weder der Begriff des „politischen Flüchtlings" noch der des „Wirtschaftsflüchtlings" wird dieser Komplexität immer gerecht.

Migrationspolitik

Die Balance zwischen der wirtschaftlich als notwendig erachteten Öffnung für Zuwanderer und der häufig von den Einheimischen geforderten Begrenzung der Einwanderung zu finden fällt vielen Staaten schwer: Unternehmen drängen auf eine Ausweitung der Zuwanderung, um Arbeitsmarktengpässe auszugleichen, während die Sorge der Bevölkerung um zusätzliche Konkurrenz auf dem Arbeitsmarkt wächst.

Die Industriestaaten versuchen einerseits, ihre nationalen Handlungsmöglichkeiten auszubauen und die Wanderungsbewegungen zu kontrollieren. Andererseits erstreben sie gemeinsame Regelungen, indem sie die regionale Zusammenarbeit z. B. im Rahmen der Gemeinsamen Innen- und Justizpolitik der EU vertiefen. Teilweise arbeiten sie mit internationalen Organisationen zusammen, an die sie Zuständigkeiten abgeben. So haben in den vergangenen Jahren der UN-Hochkommissar für Flüchtlinge (UNHCR) und die International Organization for Migration (IOM) neue Aufgaben in der Betreuung von Flüchtlingen und Migranten übernommen.

Ursachen für Flucht und Migration

nach: Duden, Basiswissen Schule – Politik, Frankfurt/M. 2004, S. 412

Klimatische Veränderungen als Auslöser für Fluchtbewegungen

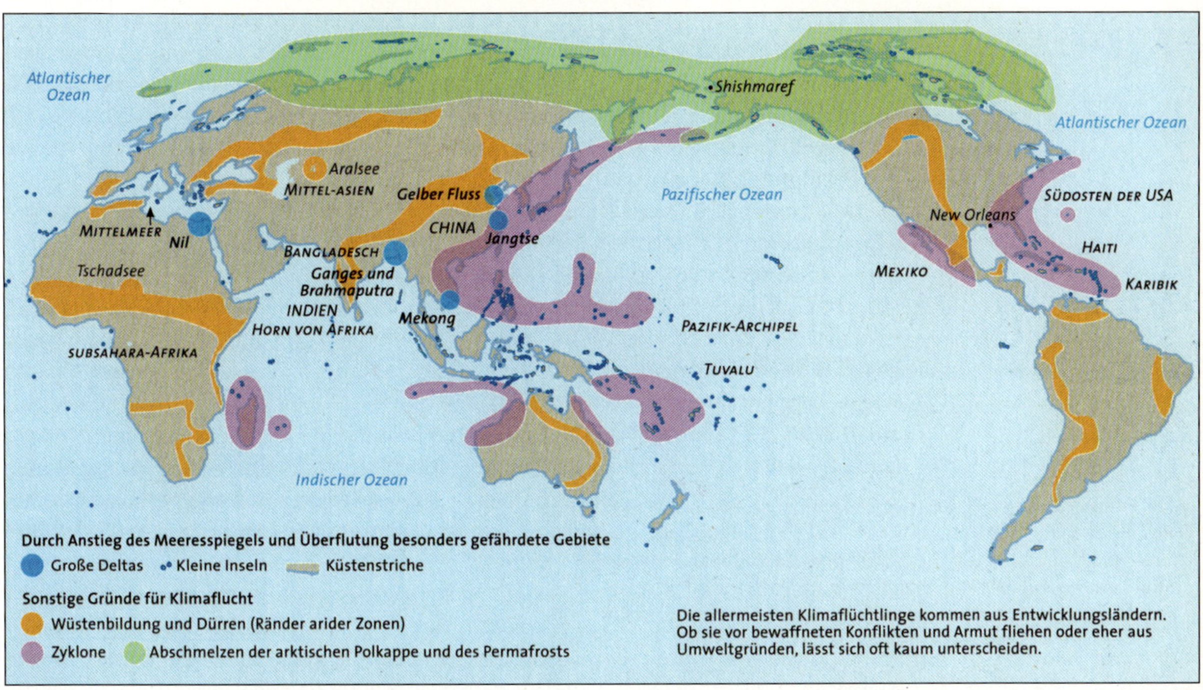

Norman Myers, „Environmental refugees: An emergent security issue“, Akten des 13. Wirtschaftsforums der OSZE, Prag, Mai 2005; Millennium Ecosystem Assessment, 2005; Liser, 2007, in: Atlas der Globalisierung spezial, a. a. O., S. 43

M1 Migration weltweit

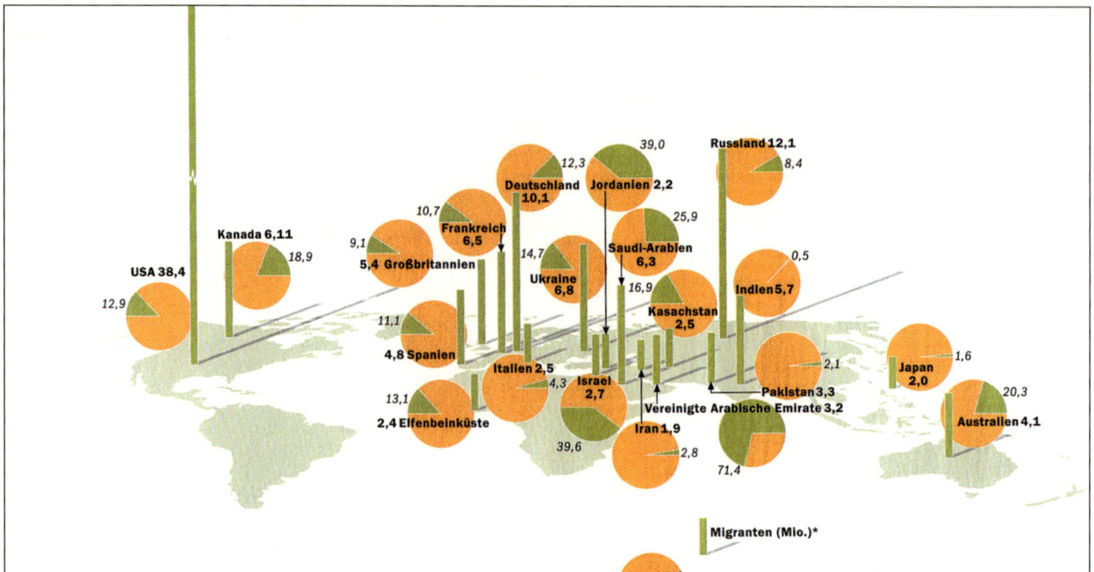

Quelle: United Nations Department of Economic and Social Affairs, Population Division, *Trends in Total Migrant Stock: The 2005 Revision* (http://esa.un.org/migration).

Le monde diplomatique, Immer der Arbeit nach. Migration im Zeitalter der Globalisierung, Berlin, Edition No. 4 / 2008, S. 22

M2 UN für weltweite Wanderung

Zahlreiche Studien belegen die Vorteile der Bevölkerungswanderung. Der UN-Chef [Kofi Annan] fasste sie zuletzt im Mai in seinem Bericht „Migration und Entwicklung" zusammen. Nutznießer der grenzüberschreitenden Beschäftigung sind danach gleichermaßen die Migranten, ihre Herkunftsländer und die Gesellschaften, die sie aufnehmen. Auch in Deutschland, wo die Bevölkerung wegen der niedrigen Geburtenrate schrumpft, sehen viele im Zuzug von Ausländern einen Weg zum Beispiel zur Rettung der gefährdeten Sozialsysteme. [...]

Weltweit haben 2005 rund 191 Millionen Menschen außerhalb ihrer Heimatländer gearbeitet, davon 115 Millionen in Industrieländern und 75 Millionen in Entwicklungsländern. Sie schicken 167 Milliarden Dollar (130 Milliarden Euro) aus dem Ausland in ihre Heimat. Solche Gelder haben früheren Auswanderländern wie Irland, Griechenland, Spanien und Südkorea zum Wirtschaftsboom verholfen und ermöglichen ihnen, heute selbst Arbeitskräfte ins Land zu holen. So beschäftigt Irland derzeit mehr als 300.000 Polen. Landarbeiter aus Guatemala, Belize und Honduras ersetzen jene Mexikaner, die in den USA nach einem besseren Verdienst suchen. In Südafrika ist jeder zweite Minenarbeiter ein Ausländer. Auch andere afrikanische Länder wie die Elfenbeinküste, Gabun und Libyen stellen Zuwanderer ein. Sie „befruchten" ihre Heimat, wenn sie mit neuen Fähigkeiten und wertvollem technologischem Know How aus dem Ausland zurückkehren. Diesem Prozess verdanke zum Beispiel Indien seine Software-Industrie, schreibt Annan in seinem Bericht. „Migration kommt in unzähligen Variationen vor", heißt es dort weiter: In Form des chinesischen Geschäftsmannes, der in Algerien ein Import-Export-Unternehmen startet; der schwangeren Jugendlichen aus Sudans Krisenregion Darfur, die im Tschad Unterschlupf findet [...]. In den USA überschreiben altersmüde Farmer ihr Land immer häufiger an Migranten aus Asien und Latein-

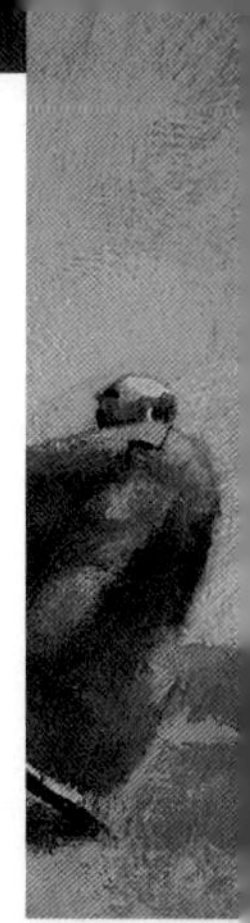

amerika. In Frankreich gehen mehr und mehr Läden in die Hand von Einwanderern aus Nordafrika. Und in Deutschland boten Ende der 90er Jahre mehr als 51.000 Geschäftsleute türkischer Abstammung 185.000 Jobs an, von denen jeder fünfte von einem deutschen Arbeitnehmer ausgefüllt wurde [...].
Migration kann aber nur dann Früchte tragen, wenn der Gastgeber seine Aufgaben erfüllt, sagt der Leiter für Bevölkerungspolitik bei den Vereinten Nationen in New York, Barry Mirkin. Zuwanderer brauchen Schutz vor Diskriminierung und Rassismus sowie Hilfe am Arbeitsplatz und bei der neuen Sprache. Vor allem müssten Regierungen verhindern, dass „Opportunisten die Ängste der Bevölkerung ausschlachten", sagte Barry. „Migranten waren schon immer und sind auch weiterhin ein unabkömmlicher Faktor für den Wohlstand vieler Länder. Deshalb haben ihre Führer die Pflicht, sich dafür einzusetzen, dass ihre Bevölkerung diesen Zusammenhang versteht."

Gisela Ostwald, in: Saarbrücker Zeitung vom 17.08.2006

M3 Fluchtursachen

Insgesamt wird die Diskussion über die „Neue Völkerwanderung" im Westen meist von Unsachlichkeiten und dem Eindruck geprägt, als würden jetzt schon alle Flüchtlinge und Arbeitsmigranten der Welt in die reichen Industrienationen strömen. Aber das Gegenteil ist richtig: Höchstens ein bis zwei Prozent aller Flüchtlinge kommt in Europa an. Die weltweiten Migrations- und Asylprobleme spielen sich vor allem auf der südlichen Halbkugel ab. Die armen und ärmsten Länder tragen die Hauptlast dieser Wanderungsbewegungen. Nur wenige erreichen die reichen Wohlfahrtsinseln wie die Bundesrepublik Deutschland. Die wichtigsten Migrationsfaktoren zu Beginn des 21. Jahrhunderts sind kriegerische Auseinandersetzungen, Menschenrechtsverletzungen, wirtschaftliche Probleme, Hunger, Umweltkatastrophen und der Anstieg der Weltbevölkerung. Die Ungleichheit zwischen Arm und Reich klafft immer weiter auseinander. Gelingt es einem „Gastarbeiter" aus Bangladesch, eine Woche lang in Japan zum Durchschnittslohn bzw. zwei Wochen zur Hälfte des Durchschnittslohns zu arbeiten, so hat er so viel verdient, wie in seinem Heimatland in zwei Jahren. Eine Krankenschwester bekommt auf den Philippinen 146 Dollar im Monat. In den Golfstaaten sind es 500 Dollar und in den Vereinigten Staaten sogar 3.000 Dollar. Als Folge dieser Gehaltsunterschiede, aber auch der besseren beruflichen Aufstiegschancen und Arbeitsbedingungen sind aus den Philippinen in den letzten Jahrzehnten mehr als 3.000 qualifizierte Krankenschwestern pro Jahr ausgewandert.

Der Bürger im Staat. Zuwanderung und Integration, Heft Nr. 4/2006, hg. von der Landeszentrale für politische Bildung Baden-Württemberg, S. 262f.

Aufgaben

1. Fassen Sie in eigenen Worten die Aussagen der Karte zusammen (M1). Recherchieren Sie in Gruppen Ursachen für die unterschiedliche Situation in den einzelnen Weltregionen/Ländern und präsentieren Sie Ihre Ergebnisse. Was hat Sie überrascht, was kam Ihnen bekannt vor?
2. Erklären Sie einerseits die positiven Faktoren der Migration und überlegen Sie, worin andererseits die Konfliktträchtigkeit von Migration und Flucht liegen kann (M2, M3).
3. **Projektvorschlag:** Vielleicht kennen Sie Menschen, die aus ihrer Heimat geflohen sind. Erstellen Sie ein biografisches Porträt dieses Menschen über seine Fluchtmotive und seine Erfahrungen auf der Flucht, in seinem Herkunftsland und hier in Deutschland.

3.6 Armut

Leitfragen	Wie entwickelt sich die Kluft zwischen armen und reichen Gesellschaften in der Welt?	Wo liegen die Ursachen für Armut und Unterentwicklung?	Wie wirkt sich die Globalisierung auf die Entwicklungsländer aus?

Armut und Reichtum in der Welt

Armut beschreibt allgemein einen Mangel an Gütern, die zum Überleben benötigt werden. Es wird unterschieden zwischen absoluter und relativer Armut: Als **absolut arm** gelten Menschen, die in einer existenzbedrohenden Mangelsituation leben (Mangel an Gütern wie Wasser, Nahrung, Kleidung und Wohnung). **Relative Armut** bezeichnet einen Zustand, in dem zwar das physische Existenzminimum gesichert ist, der Lebensstandard aber erheblich unter dem Durchschnitt der eigenen Gesellschaft liegt (soziokulturelles Existenzminimum). Relative Armut ist auch in Industrieländern verbreitet, absolute Armut ist vor allem ein Problem in Entwicklungsländern. Dort besteht eine enge Wechselwirkung zwischen Hunger und Armut.

Für UNO und Weltbank gelten Menschen als absolut arm, wenn sie weniger als den Gegenwert **eines US-Dollars am Tag** zur Verfügung haben. Dies trifft UN-Angaben zufolge auf 1,2 Milliarden Menschen zu, also etwa auf 15 Prozent der Weltbevölkerung (2008).

Der Interessengegensatz, der sich aus der unterschiedlichen ökonomischen Lage zwischen dem reichen Norden (vor allem Europa, Japan, Nordamerika) und dem armen Süden (vor allem Afrika, Südasien) ergibt, bestimmt auch die politischen Beziehungen und wird als **Nord-Süd-Konflikt** bezeichnet. Dabei umfasst der „Norden" die industrialisierten Länder, während der „Süden" die Entwicklungsländer meint.

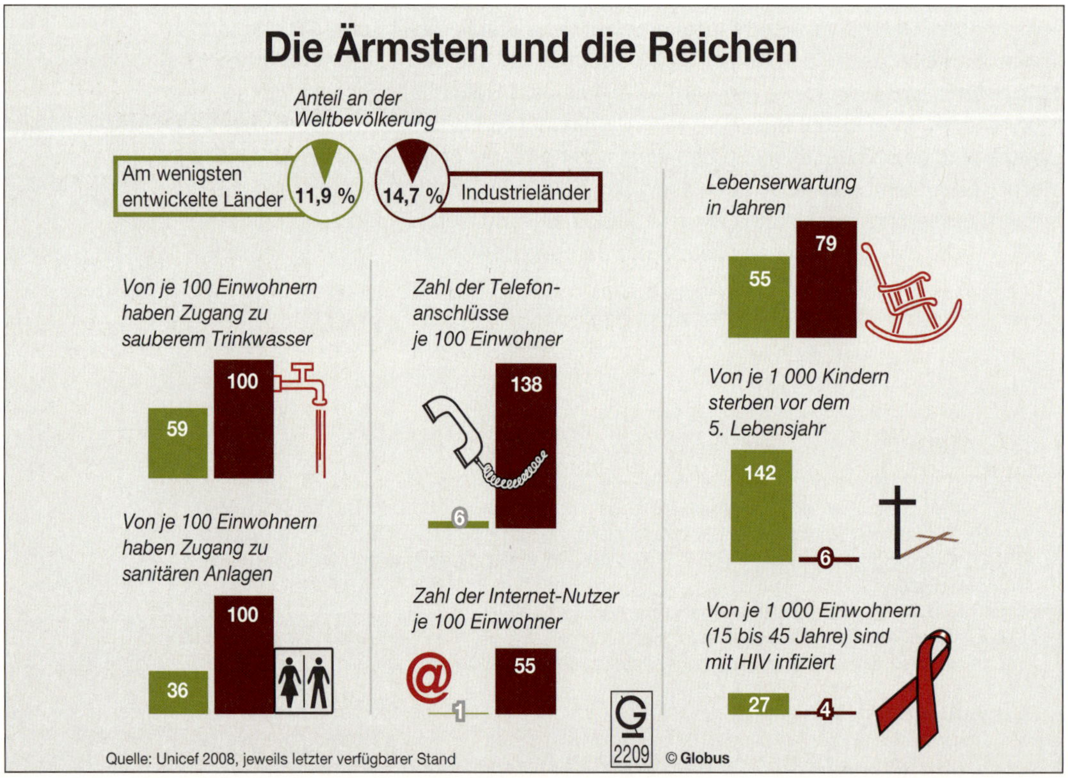

Merkmale der Entwicklungsländer

Gemeinhin kann als Charakteristikum gelten, dass Entwicklungsländer nicht in der Lage sind, für große Teile ihrer Bevölkerung grundlegende Existenzbedürfnisse zu befriedigen. Untenstehende Kriterien sind in unterschiedlicher Ausprägung in den meisten Entwicklungsländern anzutreffen, wenngleich über die Gewichtung der Merkmale in der Wissenschaft kein Konsens zu verzeichnen ist.

Eine genauere Betrachtung zeigt große Unterschiede im Ausmaß und in der Entwicklung absoluter Armut. Die Probleme konzentrieren sich auf Afrika südlich der Sahara und Südasien, während es vor allem den ostasiatischen Ländern zu gelingen scheint, bittere Armut allmählich zu verringern. Mit Entwicklungspolitik befasste internationale Institutionen haben solche Unterschiede im Entwicklungsstand mit Untergliederungen der Entwicklungs- und Schwellenländer berücksichtigt. So verwendet das UN-Entwicklungsprogramm (UNDP = United Nations Development Programme) einen **„Human Development Index"** (HDI), in den Lebenserwartung, Alphabetisierungsgrad und Pro-Kopf-Einkommen der Bevölkerung unter Berücksichtigung der Kaufkraftunterschiede eingehen (→ S. 184).

Von den Vereinten Nationen als besonders benachteiligt und deshalb als entwicklungspolitisch

Die Kluft zwischen Arm und Reich

Der weltweiten Armut steht ein extremer, globaler Reichtum gegenüber: Laut Forbes erhöhte sich das Nettovermögen der Milliardäre von Anfang 2005 bis Anfang 2006 um 18 Prozent auf 2,6 Billionen US-Dollar. Die Zahl der Personen, die über ein Vermögen von über einer Milliarde US-Dollar verfügen, ist in nur zwanzig Jahren von 140 auf 793 gestiegen. Die zehn Reichsten dieser Welt haben ein Vermögen von etwa 275 Milliarden US-Dollar. Die ärmsten 40 Prozent der Weltbevölkerung beziehen dagegen nur fünf Prozent des weltweiten Einkommens. Die reichsten 10 bzw. 20 Prozent verfügen hingegen über 54 bzw. 74 Prozent des weltweiten Einkommens; die Schere zwischen Arm und Reich öffnet sich weltweit.

Nach: www.bpb.de, Dossier Globale Armut (30.06.2008)

Merkmale der Entwicklungsländer

Ökonomische Merkmale	Geringes durchschnittliches Pro-Kopf-Einkommen verbunden mit extrem ungleicher Einkommensverteilung, niedrige Spar- und Investitionsrate, geringe Produktivität, unzulängliche Infrastruktur, dominanter, teilweise auf Selbstversorgung orientierter traditioneller Sektor sowie außenwirtschaftliche Abhängigkeit von wenigen, auf die Märkte der Industrieländer orientierten Exportprodukten – zumeist Rohstoffe – und eine hohe Auslandsverschuldung.
Soziodemografische Merkmale	Vergleichsweise niedrige Lebenserwartung vor dem Hintergrund weit verbreiteter Gesundheitsmängel und schlechter medizinischer Versorgung, hohe Analphabetenquote und schlechter Ausbildungsstand, sehr hohes Bevölkerungswachstum, starke Wanderungsbewegungen in Ballungsräume.
Ökologische Merkmale	Armutsbedingter ökologischer Raubbau und Zerstörung besonders anfälliger Ökosysteme.
Soziokulturelle und politische Merkmale	Orientierung an Primärgruppen wie Großfamilie bzw. ethnischen Gruppen, verbunden mit geringer Loyalität gegenüber institutionellen Strukturen wie dem Staat, geringe Mobilität, autoritärer und zugleich schwacher Staat, schwache politische Legitimation der Führung und unzureichender Menschenrechtsschutz, mangelnde Umsetzbarkeit politischer Programme und hohe Korruptionsrate, oftmals gewaltsame Konfliktaustragung nach innen und außen.

Nach: Sven Bernhard Gareis/Johannes Varwick, Die Vereinten Nationen, Opladen 2002, S. 215f.

besonders förderungswürdig eingestuft sind demnach die least developed countries (LDCs) mit sehr niedrigem Pro-Kopf-Einkommen, sehr geringem Industrieanteil am Bruttoinlandsprodukt und sehr geringer Lebensqualität (untersuchte Faktoren: Lebenserwartung, Kalorienverbrauch pro Kopf, Rate des Schulbesuchs, Alphabetisierungsrate bei Erwachsenen).

Ursachen der Unterentwicklung

Die Diskussion um die Ursachen der Armut in Entwicklungsländern und der Kluft zwischen Reich und Arm in der Welt wird kontrovers geführt, schließt die jeweilige Antwort doch auch gravierende Vorwürfe an politische und wirtschaftliche Akteure ein.

Aus unterschiedlichen Erklärungsansätzen der Unterentwicklung entstanden **verschiedene Theorien** und Lösungsmodelle: Für manche sind die Folgen des Kolonialismus (Ausbeutung von Bodenschätzen, willkürliche Grenzziehungen ...) und die fortwährende Ausnutzung der schwächeren ökonomischen Position der Entwicklungsländer durch die Industrieländer ursächlich für die Armut (Kernthese der **Dependenztheorie**), andere sehen die Ursachen vor allem in den ungenügenden gesellschaftlichen, politischen und wirtschaftlichen Bedingungen in den Entwicklungsländern und fordern die Modernisierung deren gesellschaftlicher und wirtschaftlicher Strukturen (Kernthese der **Modernisierungstheorie**).

Die Ursachen für Unterentwicklung und Armut sind vielschichtig, meist miteinander verflochten, bedingen sich oft gegenseitig und lassen nicht in jedem Falle eine trennscharfe Unterscheidung zwischen äußeren und inneren Faktoren zu. Allgemein kann man folgende Entwicklungshemmnisse nennen.

Interne Faktoren: Bedingungen in den Entwicklungsländern

- **Kriege und Bürgerkriege, Staatszerfall:** In betroffenen Ländern (z. B. Demokratische Republik Kongo, Somalia) wird seitens der Regierung, der Verwaltung und/oder der Konfliktparteien nicht nur jeglicher Fortschritt verhindert, sondern auch die ohnehin meist schlechte Infrastruktur (Verkehrswege, Gesundheitswesen, Schulen) zerstört. Zugleich lösen sich staatliche Strukturen auf, so dass selbst ein Mindestmaß an staatlicher Daseinsvorsorge und Sicherheit unmöglich wird.

- **„Bad Governance“:** In vielen Staaten vor allem Afrikas verhindern Demokratiedefizite, Korruption, Misswirtschaft und Selbstbedienungsmentalität in der staatlichen Führung und Verwaltung, dass Hilfe von außen wirksam eingesetzt werden kann; dies lähmt häufig auch die ökonomische Aktivität innerhalb der Gesellschaft.

- **Bevölkerungsanstieg und Umweltzerstörung:** Die in besonders armen Gesellschaften oft ra-

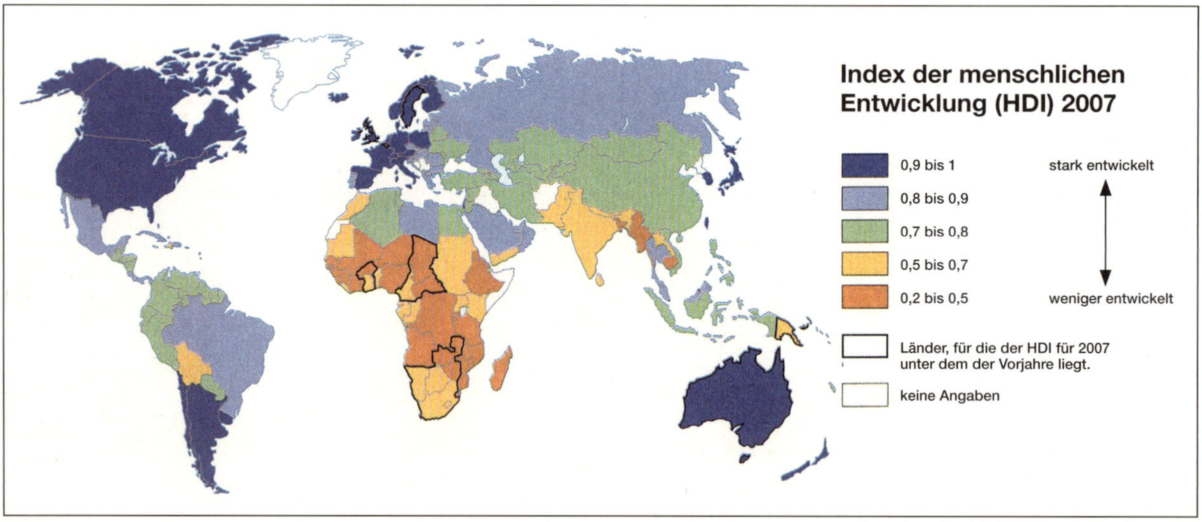

nach: Atlas der Globalisierung, Berlin 2008

sante Zunahme der Bevölkerungszahl verhindert häufig, dass wirtschaftliche Fortschritte zu einem Anstieg des Pro-Kopf-Einkommens führen. Es erweist sich meist als unmöglich, für die zunehmende Anzahl von Jugendlichen entsprechende Ausbildungs- und Arbeitsmöglichkeiten zu schaffen. Zugleich verstärkt der Anstieg der ländlichen Bevölkerung eine Überbeanspruchung und Zerstörung der natürlichen Produktionsgrundlagen (Wasser, Wald, Böden).

- **Extreme soziale Ungleichheit:** In manchen Regionen besteht eine stark ungleiche Land- und Einkommensverteilung (wenige Großgrundbesitzer gegenüber zahlreichen Landlosen). Die extrem ungleichgewichtigen Besitzverhältnisse stören den sozialen Frieden und verhindern gesamtgesellschaftliche Entwicklung.
- **Benachteiligung der Frauen:** In vielen Ländern erweist sich die Benachteiligung der Frauen (kaum Chancen auf Schulbildung für Mädchen, Festlegung auf die innerfamiliäre Rolle) als wichtiger Hinderungsgrund für positive wirtschaftliche und soziale Entwicklungen.

Externe Faktoren: Einflüsse des Welthandels

- **Internationale Rohstoffproduzenten** beuten vielfach die Bodenschätze in Entwicklungsländern aus, ohne einen entsprechenden Anteil ihrer Gewinne dort zu belassen.
- Durch die **Abschottung heimischer Märkte** hindern die Industrieländer gerade die Entwicklungsländer daran, ihre Exportchancen wahrzunehmen (**Protektionismus**): Durch **Sub-**

Modernisierungstheorien	
Ursachen der Unterentwicklung	**Entwicklungsempfehlung**
interne Faktoren in den Entwicklungsländern: • traditionelle Wirtschafts- und Gesellschaftsstrukturen • technischer und wirtschaftlicher Rückstand • ungenügende Einbindung in den Weltmarkt	**Orientierung am Modell der westlichen Industrieländer:** • nachholende Entwicklung durch technische, wirtschaftliche und soziale Modernisierung • Veränderung der inneren Strukturen und der ökonomischen Dynamik zum einen und Gewinn am Wachstum zum anderen durch Einbindung in den Weltmarkt (exportorientierte Entwicklung)
Dependenztheorien	
Ursachen der Unterentwicklung	**Entwicklungsempfehlung**
Externe Faktoren: • Durch den Kolonialismus wurden den Entwicklungsländern wichtige Entwicklungspotenziale geraubt • Entwicklung ist zu sehr auf Weltmarktproduktion (nach außen) und zu wenig auf Eigenbedürfnisse orientiert – die eigene Entwicklung wird blockiert • Nach der formalen staatlichen Unabhängigkeit bleibt die strukturelle Abhängigkeit bestehen	**Autozentrierte Entwicklung:** • zeitweilige „Abkopplung“ vom Weltmarkt und binnenwirtschaftliche Entwicklung • kollektive Eigenständigkeit (collective self-reliance) der Entwicklungsländer als Gruppe

ventionen der Industrieländer für die eigene Landwirtschaft (Agrarprotektionismus) gehen den Entwicklungsländern nach Berechnungen der Weltbank jährlich über 60 Milliarden US-Dollar verloren (→ Kapitel 2.1.4).

Insbesondere Produkte mit einem hohen Verarbeitungsgrad werden in den Industrieländern mit hohen Zöllen belastet. Das führt dazu, dass die meisten Entwicklungsländer hauptsächlich **Rohstoffe** exportieren (z.B. Kakao-, Kaffeebohnen, Baumwolle) und von teilweise nur einem Exportprodukt abhängig sind.

Diese **einseitig ausgerichtete Handelsstruktur** führt bei Preisverfall des jeweiligen Rohstoffes auf dem Weltmarkt zu erheblichen Devisenverlusten für die Entwicklungsländer. Die Entwicklungsländer müssen heute z.B. doppelt so viel Kaffee exportieren, um die gleiche Menge z.B. an Dünger zu importieren wie etwa noch vor zwei Jahrzehnten, d.h. die wirtschaftlichen Austauschverhältnisse – die so genannten **Terms of trade** – haben sich zum Nachteil der Entwicklungsländer verändert.

Folgen der Globalisierung für Entwicklungsländer

Die Konsequenzen der Globalisierung für die wirtschaftliche Lage in den Entwicklungsländern werden gegensätzlich beurteilt. Internationale Institutionen wie etwa der Internationale Währungsfonds, Regierungen der Industrieländer und die Mehrheit der Wirtschaftsfachleute betonen die Vorzüge und Chancen für alle beteiligten Länder; Globalisierungskritiker sehen hingegen als Ergebnis eine wachsende Kluft zwischen Nord und Süd.

Die Kluft zwischen Arm und Reich hat sich in den Jahren verstärkter Globalisierung einerseits vergrößert. Andererseits verzeichnen einige Regionen deutliche Fortschritte bei der Armutsreduzierung. Weltweit sinkt der Anteil der absolut Armen, wobei große Unterschiede zwischen den Weltregionen auffallen.

Folgende **Auswirkungen der Globalisierung** auf Entwicklungsländer sind weitgehend unbestritten:

- Länder, die sich gegen internationale Wirtschaftsbeziehungen abschotten, bleiben in ihrer ökonomischen Entwicklung gegenüber der globalisierten Welt zurück.
- Gleiches gilt für Länder, welche wegen ihrer inneren Probleme und/oder wegen des Mangels an exportfähigen Produkten bisher vom internationalen Warenaustausch ausgeschlossen sind.
- Im Zuge der Globalisierung wachsen die Wohlstandsunterschiede sowohl zwischen den Staaten als auch innerhalb der Entwicklungs- und Schwellenländer.
- Inwieweit Entwicklungsländer von der Globalisierung profitieren können, hängt auch davon ab, ob der ökonomische Strukturwandel durch staatliche Maßnahmen abgefedert und die Qualität der öffentlichen Infrastruktur verbessert werden (Bildungs- und Gesundheitssystem, Verkehrswege, öffentliche Verwaltung und Rechtssystem).
- Einige Schwellenländer vor allem in Süd- und Ostasien haben das weltweit höchste Wirtschaftswachstum, sind also eindeutig Gewinner der Globalisierung. Der durchschnittliche Wohlstand der Bevölkerung wächst, allerdings bei oft extrem ungleicher Verteilung der Einkommen und bestehender Armut großer Bevölkerungsschichten.

Terms of trade

(engl.: Handelsbedingungen): Terms of trade bezeichnen das in einer (meist der einheimischen) Währung gemessene Austauschverhältnis zwischen dem Import und dem Export eines Landes, d.h. sie geben an, welche Menge an Gütern eine Volkswirtschaft importieren kann, gemessen an der Gütermenge, die exportiert wird (reale Austauschverhältnisse). So kann bspw. bei gleichbleibender Exportmenge mehr importiert werden, wenn die heimischen Produkte im Ausland teurer werden, die Preise für Importprodukte aber konstant bleiben.

Aus: Klaus Schubert/Martina Klein, Das Politiklexikon. 4., aktual. Aufl., Bonn 2006

Abbildung 3: Regionale Armutstrends
Deutliche Fortschritte in der Armutsreduzierung bislang nur in Südasien
Anteil der Personen, die mit weniger als 1 US-$ pro Tag auskommen müssen
in %, 1990 – 2015

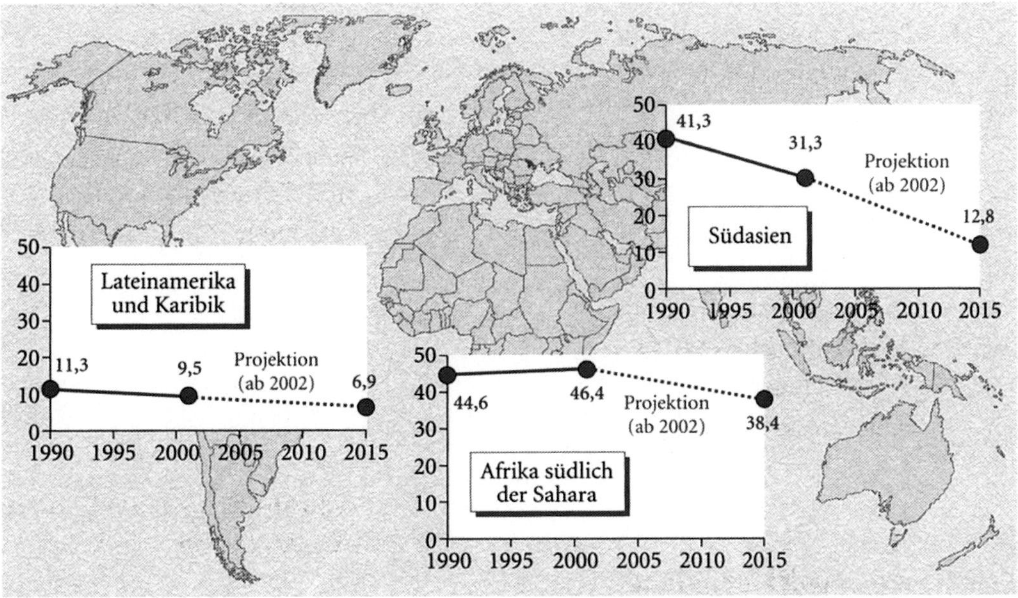

Quelle: World Bank: World Development Indicators 2005, Washington D.C., (http://devdata.worldbank.org/wdi2005/section1_1_1.htm, 17.3.2006)

Tobias Debiel u.a., a.a.O., S. 175

M Chancen und Risiken der Globalisierung für Entwicklungsländer

Trotz der insgesamt unverändert schlechten Situation für die Dritte Welt gibt es aber Länder, die die Chancen der Globalisierung nutzen können. China ist ein Beispiel, aber auch weitere Staaten in Ostasien wie Südkorea und Singapur. Selbst einige wenige afrikanische Länder wie Botswana oder Uganda entwickeln sich gut.

Diese wirtschaftlichen Erfolge sind zunächst durch die strikte Orientierung am Weltmarkt möglich. Bei dem Versuch, sich dem Wettbewerb auf dem Weltmarkt zu stellen, haben allerdings insbesondere die erfolgreichen asiatischen Länder den eigenen Binnenmarkt durch Zölle und andere Maßnahmen vor ausländischer Konkurrenz geschützt. Weitere wichtige Erfolgsfaktoren sind Investitionen in Bildung und Infrastruktur, Rechtsstaatlichkeit und nicht zuletzt „gutes Regierungshandeln" (Good Governance). Unter Letzterem sind unter anderem politisch-strukturelle Reformen wie die Effizienzsteigerung der öffentlichen Verwaltung und die Bekämpfung von Korruption zu verstehen.

Auf der Seite der Verlierer finden sich auch Länder, die auf den ersten Blick gute Chancen für eine erfolgreiche wirtschaftliche Entwicklung gehabt hätten. [Manche Staaten] verfügen über enorme Bodenschätze: Nigeria und Kasachstan vor allem über Erdöl, Südafrika und das frühere Zaire über mineralische Bodenschätze. Bei den Gewinnern findet sich, abgesehen von Botswana, das über reiche Diamantenvorkommen verfügt, hingegen kein ausgesprochen rohstoffreiches Land. Damit zeigt sich, dass die landläufige Annahme, eine gute Ausstattung mit Rohstoffen sei hilfreich bei einer erfolgreichen wirtschaftlichen Entwicklung, nicht bestätigt werden kann. In Nigeria und Südafrika ist die nationale Wirtschaftspolitik und nicht die Globalisierung für die schlechte wirtschaftliche Entwicklung verantwortlich. So ist in der nigerianischen Gesellschaft Korruption weit verbreitet. Die nigerianischen Regierungen der letzten Dekaden haben dies entweder toleriert oder selbst praktiziert. Der Elitenwechsel in Südafrika nach Ende der Apartheid hat zwar zur Entstehung einer neuen schwarzen Mittelschicht geführt, aber zugleich nahmen Korruption und Vetternwirtschaft zu.

Für den wirtschaftlichen Erfolg oder Misserfolg eines Landes sind also weder die Globalisierung noch die Ausstattung mit natürlichen Rohstoffen entscheidend, sondern neben Weltmarktorientierung und Bildung vor allem handels- und finanzpolitische Weichenstellungen, die es ermöglichen, die jeweilige Volkswirtschaft in angemessener Weise an den Weltmarkt heranzuführen. In der Handelspolitik hat sich eine Exportorientierung, kombiniert mit einer selektiven Öffnung auf der Importseite, als aussichtsreich erwiesen.

Japan hat diese Strategie als erstes asiatisches Land angewendet: Seine Unternehmen mussten sich auf dem Weltmarkt bewähren, aber auf dem japanischen Binnenmarkt wurden sie vor ausländischer Konkurrenz geschützt. Im Grunde haben die erfolgreichen Volkswirtschaften Ostasiens, mit Ausnahme der Stadtstaaten Singapur und Hongkong, diese handelspolitische Strategie kopiert. Die Binnenmärkte wurden erst dann geöffnet, als die eigenen Unternehmen auf den internationalen Wettbewerb vorbereitet waren.

Heribert Dieter, in: Informationen zur politischen Bildung. Globalisierung, Bonn 2003

Aufgaben

1. Zeigen Sie am Beispiel eines Entwicklungslandes, inwiefern hier die auf Seite 183 genannten Merkmale der Entwicklungsländer zu beobachten sind (evtl. in Zusammenarbeit mit Geografie).

2. Erläutern Sie an einem Länderbeispiel den Zusammenhang von einer oder mehrerer der genannten Ursachen für Armut und Unterentwicklung.

3. Führen Sie auf der Grundlage der Texte ein Streitgespräch über die Wirkungen der Globalisierung auf die Entwicklungsländer (z. B. Podiumsdiskussion).

4. Formulieren Sie in eigenen Worten, worauf (ausbleibende) Entwicklungserfolge einzelner Entwicklungsländer zurückgeführt werden (M).

4 Frieden und Sicherheit im 21. Jahrhundert

4.1 Gefahren für die Sicherheit nach dem Ost-West-Konflikt

Leitfragen	Welche Faktoren gefährden heute die globale Sicherheit?	Welche Ursachen liegen den häufigsten Konflikten zugrunde?	Was sind die Voraussetzungen für Frieden?

Sicherheitspolitik im „Kalten Krieg"

Sicherheitspolitik beruhte in den Jahren des Ost-West-Konfliktes vor allem auf gegenseitiger **Abschreckung** (Gleichgewicht des Schreckens). In der Logik dieses Sicherheitskonzeptes setzten die beiden feindlichen Supermächte USA und Sowjetunion den Wettlauf um einen substanziellen Rüstungsvorsprung in Gang, der zu immer höheren volkswirtschaftlichen Kosten führte und die Gefahr eines unkontrollierten atomaren Zusammenstoßes immer größer werden ließ.

Angesichts dieser Gefahren erkannten beide Seiten die Notwendigkeit, Sicherheit auch durch **Entspannungspolitik** zu fördern. Durch die Verfolgung gemeinsamer Interessen (z.B. die Nichtverbreitung von Atomwaffen) und die vertragliche Vereinbarung von Rüstungsbegrenzung und -reduzierung gelang es zumindest zeitweise, die Spannungen zwischen den beiden Supermächten abzubauen. Rasche Fortschritte machten die Entspannungsbemühungen erst, als mit dem Generalsekretär der KPdSU Michail Gorbatschow ein Mann an die Spitze der Sowjetunion trat, der nach außen eine wesentlich flexiblere Politik verfolgte als seine Vorgänger.

Kriege und Konflikte weltweit

Die Hoffnungen auf eine friedlichere Welt nach dem Ende der ideologisch-politischen Feindschaft zwischen Ost und West zerstoben allerdings rasch. In der sich auflösenden Sowjetunion und im zerfallenden Jugoslawien flammten ethnisch-kulturelle Konflikte auf, die vorher durch die Dominanz der kommunistischen Ideologie und den staatlichen Machtapparat unterdrückt worden waren und die teilweise in brutal geführte **Bürgerkriege** mündeten. Damit war mit dem Wegfall der Bedrohung durch den nuklearen Overkill der Krieg als Mittel der Politik wieder nach Europa zurückgekehrt.

Daneben treten vor allem in Afrika und Asien viele gewaltsam ausgetragene Konflikte auf. Kriegerische Konflikte und die sog. „Failing states" sind zu Beginn des 21. Jahrhunderts große Herausforderungen. Zwar ist die Zahl der Kriege seit den 1990er Jahren rückläufig, die Vielzahl von **innerstaatlichen Kriegen, Regionalkonflikten** und **instabilen Staaten** bedeutet aber eine unmittelbare Gefährdung der menschlichen Sicherheit und stellt neue Anforderungen an die Außen-, Entwicklungs- und Sicherheitspolitik.

Kriege finden heute fast ausschließlich in wirtschaftlich schwach entwickelten Regionen statt und werden meist als innerstaatliche Kriege geführt, als Kampf einer gesellschaftlichen Gruppe gegen eine andere oder gegen die Regierung (häufig geführt von einer anderen ethnischen Gruppe), oft mit dem Ziel einer Abspaltung vom Staat bzw. der Gewinnung von mehr Autonomie. Neben Staaten bzw. reguläre Streitkräfte als zentrale Konfliktparteien sind weitere Gewaltakteure wie Rebellengruppen und Milizen getreten, wobei die Übergänge zu kriminellen Banden in manchen Fällen fließend sind.

Als **Ursachen** solcher Konflikte sind oft einige der folgenden Faktoren erkennbar:

- mangelnde Gleichberechtigung von gesellschaftlichen Gruppen,
- weit verbreitete Armut/geringes Pro-Kopf-Einkommen der Bevölkerung,
- eine schwache, oft korrupte Staatsführung, häufig in der Hand einer Ethnie,
- Konkurrenz um knappe Ressourcen (Wasser, Erdöl, fruchtbarer Boden...),
- Territorialansprüche (Konflikte um Grenzverläufe),
- Herrschaftsansprüche (Konflikte um die Vormachtstellung in einer Region),
- ein hohes Vorkommen „plünderbarer“ Ressourcen (Diamanten, Edelhölzer, Öl...),
- wirtschaftliche Interessen einzelner Akteursgruppen (Entstehung von Kriegsökonomien).

Das **Versagen des Staates** bei Erfüllung seiner zentralen Aufgaben, eine soziale Grundversorgung zu sichern sowie äußere und innere Sicherheit zu garantieren, kann sich durch solche Konflikte bis zum **Staatszerfall** entwickeln („failing states“).

Zwar gibt es Konflikte, vor allem in Afrika, die von der industrialisierten Welt kaum wahrgenommen werden (z. B. der Völkermord in Ruanda, wo 1994 fast eine Million Angehörige der Tutsi-Minderheit durch das Mehrheitsvolk der Hutu ermordet wurden, ohne dass die Weltgemeinschaft einschritt); durch die meisten Konflikte sind je-

High-Intensity Violent Conflicts in 2009

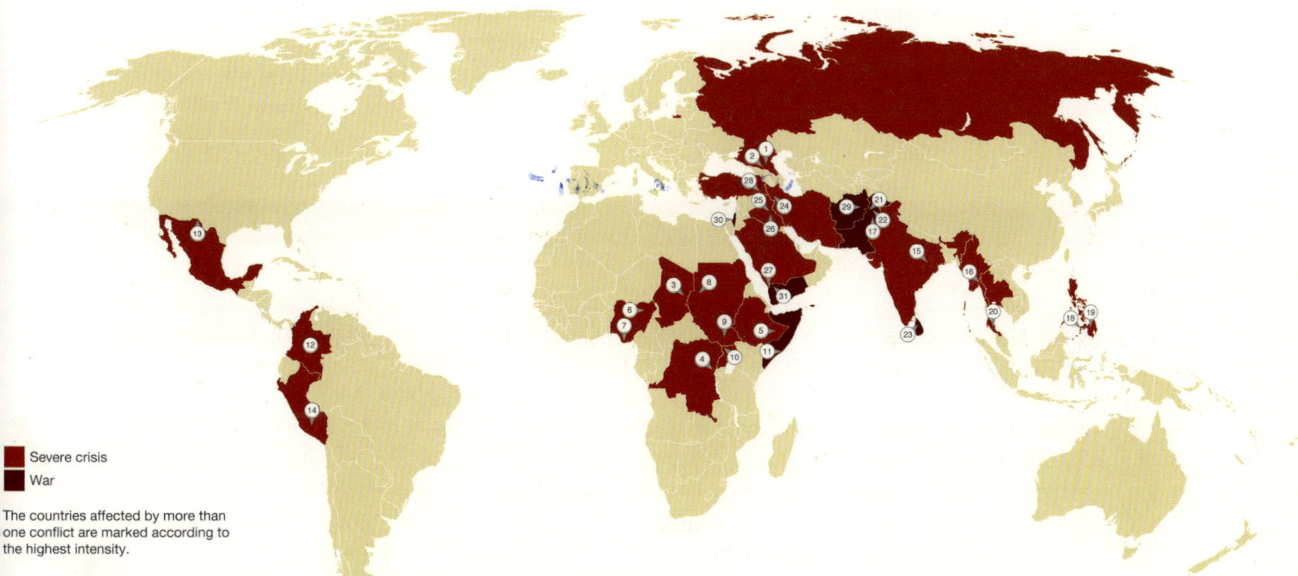

Name - conflict item(s)

Europe - severe crises
1 Russia (Islamist rebels/Chechnya) - secession, system/ideology
2 Russia (Islamist rebels/Ingushetia) - secession, system/ideology

Sub-Saharan Africa - severe crises
3 Chad (various rebel groups) - national power, resources
4 DR Congo (FDLR) - regional predominance, resources
5 Ethiopia (ONLF/Ogaden) - secession, resources
6 Nigeria (Boko Haram) - system/ideology
7 Nigeria (MEND, Ijaw/Niger Delta) - autonomy, resources
8 Sudan (Darfur) - regional predominance, resources
9 Sudan (various ethnic groups) - regional predominance
10 Uganda (LRA) - national power, resources

Sub-Saharan Africa - wars
11 Somalia (Islamist groups) - system/ideology, national power

The Americas - severe crises
12 Colombia (FARC) - system/ideology, regional predominance, resources
13 Mexico (drug cartels) - regional predominance, resources
14 Peru (Shining Path) - system/ideology, regional predominance, resources

Asia and Oceania - severe crises
15 India (Naxalites) - system/ideology
16 Myanmar (KNU, KNLA/Karen State, Kayah State) - secession
17 Pakistan (Sunnites - Shiites) - system/ideology, regional predominance
18 Philippines (Abu Sayyaf/Mindanao) - secession, system/ideology
19 Philippines (MILF/Mindanao) - autonomy, system/ideology, resources
20 Thailand (Muslim separatists/southern border provinces) - secession, system/ideology

Asia and Oceania - wars
21 Pakistan (Taliban - various tribes) - system/ideology, regional predominance
22 Pakistan (various Islamist militants) - system/ideology, national power
23 Sri Lanka (LTTE/northern and eastern Sri Lanka) - secession

The Middle East and Maghreb - severe crises
24 Iran (PJAK/Kurdish areas) - autonomy
25 Iraq (AQI) - system/ideology, national power
26 Iraq (insurgents) - system/ideology, national power
27 Saudi Arabia (al-Houthi rebels) - system/ideology, regional predominance
28 Turkey (PKK/KONGRA-GEL/Kurdish areas) - autonomy

The Middle East and Maghreb - wars
29 Afghanistan (Taliban) - system/ideology, national power
30 Israel (Hamas/Palestine) - secession, system/ideology
31 Yemen (al-Houthi rebels) - system/ideology, regional predominance

Heidelberger Institut für internationale Konfliktforschung, Konfliktbarometer 2009, Heidelberg 2009 doch **Sicherheitsinteressen der Industrienationen** berührt, indem sie

- Rohstoff- oder Energiequellen bedrohen (z. B. Persischer Golf),
- wichtige Handelswege stören (z. B. Suezkanal) oder
- in strategisch wichtigen Regionen (z. B. Afghanistan) bzw. in der Einflusssphäre einer Großmacht (z. B. ehemalige sowjetische Kaukasusrepubliken) stattfinden.

Auch die in Kapitel 2.3 dargestellten Probleme (z. B. Terrorismus, Verbreitung von Atomwaffen, Klimawandel) wirken sich auf die Sicherheit der Industrienationen aus. Insofern ist es berechtigt, von einer **Globalisierung der Sicherheit** zu sprechen.

Der erweiterte Sicherheitsbegriff

Die vielfältigen Bedrohungen der Sicherheit lassen sich nicht ausschließlich mit militärischer Stärke eindämmen, sie erfordern vielmehr eine Kombination von diplomatischen, politischen, wirtschaftlichen, entwicklungspolitischen, umweltpolitischen und militärischen Instrumenten. Auch die Tatsache, dass Gefahren nicht mehr nur von Staaten, sondern zunehmend von nicht klar identifizierbaren gesellschaftlichen Akteuren ausgehen (asymmetrische Konflikte), verlangt eine grundlegende Veränderung von sicherheitspolitischen Strategien: Internationale Zusammenarbeit und vor allem bereits die Konfliktprävention (Vorbeugung) sind notwendig.

Ein Plan für eine „Architektur des Friedens"

Der bekannte Friedensforscher Dieter Senghaas entwickelte ein Modell für die Entstehung eines dauerhaften Friedens – bestehend aus sechs Forderungen für eine Zivilisierung der inner- und zwischengesellschaftlichen Beziehungen („zivilisatorisches Hexagon").

1. Mit einer Durchsetzung des **Gewaltmonopols des Staates** wären Bürgerkriege ausgeschlossen (wie z. B. im zerfallenden Jugoslawien oder im Libanon). Zwischenstaatliche Kriege könnten durch das Gewaltmonopol bei überstaatlichen Institutionen wie der UNO verhindert werden.

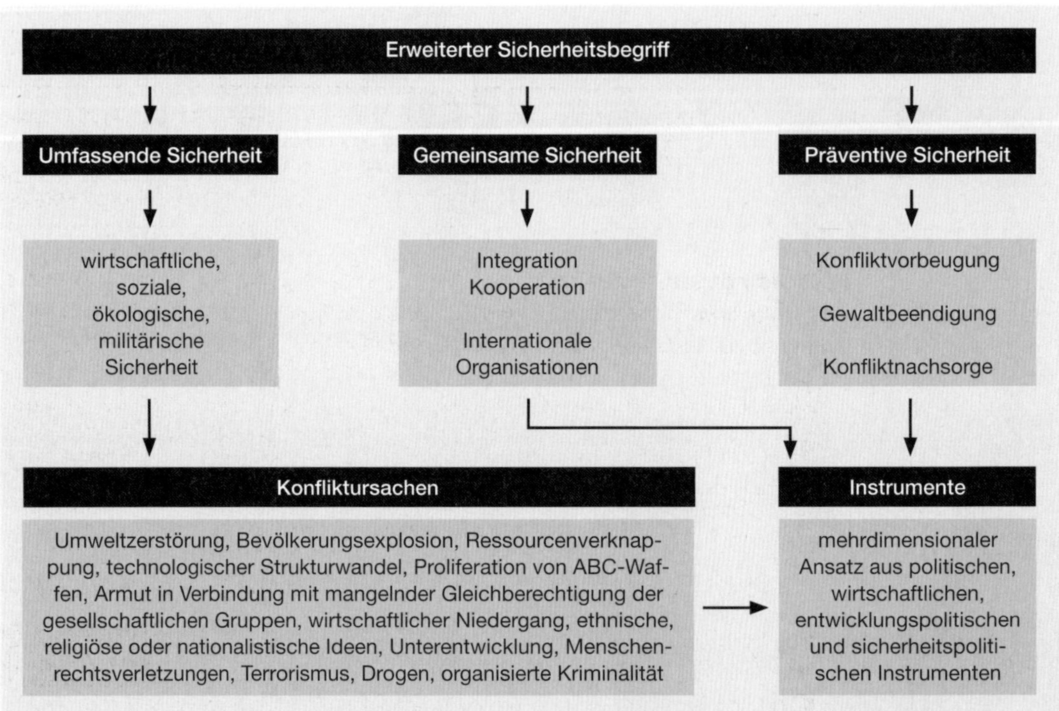

Jochen Hippler, USA und Europa: unterschiedliche Sicherheitspolitiken, in: Globale Trends 2004/2005, hg. von Ingomar Hauchler, Frankfurt/M. 2003, S. 300

2. Das Gewaltmonopol des Staates muss durch **Rechtsstaatlichkeit**, das heißt vor allem durch die Bindung des Staates an eine freiheitlich-demokratische Verfassung zivilisiert werden, um diktatorische Regime zu verhindern.

3. Die **demokratische, gleichberechtigte Teilhabe** aller gesellschaftlichen Gruppen, einschließlich religiöser oder ethnischer Minderheiten, verhindert, dass sich Teile der Bevölkerung von politischen Entscheidungen ausgeschlossen und diskriminiert fühlen und ihre Interessen im äußersten Falle gewaltsam vertreten.

4. Das Ziel der **sozialen Gerechtigkeit** im Sinne von Chancen- und Verteilungsgerechtigkeit sowie einer Sicherung der Grundbedürfnisse muss politisch verfolgt werden, um zu verhindern, dass sich Teile der Gesellschaft ausgegrenzt und chancenlos fühlen. Sozialpolitik ist somit eine Bedingung für die Erhaltung des inneren Friedens.

5. Die friedliche Austragung von Konflikten im Rahmen von Regelungsinstitutionen (z.B. Gerichten) muss getragen sein von einer Sozialisation, deren Ziel **Selbstbeherrschung und Affektkontrolle** bei den Konfliktparteien ist. Es muss also die Bereitschaft in der Gesellschaft vorherrschen, sich auf die institutionalisierte Konfliktregelung zu verlassen und nicht sein vermeintliches Recht gewaltsam zu verfolgen.

6. Die **Bereitschaft zur Kompromisssuche bei Konflikten** sowie **eine tolerante Grundhaltung** muss in der Gesellschaft selbstverständliche Orientierung sein und die politische Kultur prägen. Die rechtsstaatlichen Regeln und demokratischen Institutionen des Gemeinwesens werden so getragen von einer positiven emotionalen Einstellung der Bürger.

Nach: Dieter Senghaas, Frieden als Zivilisationsprojekt, in: ders. (Hg.), Den Frieden denken, Frankfurt/M. 1995, S. 198ff.

Frieden

Verbreitung hat vor allem die Unterscheidung zwischen „negativem" / „positivem" und „stabilem" / „instabilem" Frieden gefunden.

Negativer Friede	Positiver Friede	Instabiler Friede	Stabiler Friede
Nicht-Krieg, Abwesenheit organisierter militärischer Gewaltanwendung	Abwesenheit physischer und struktureller Gewalt, Zustand der Gewaltfreiheit und Gerechtigkeit	Möglichkeit der Gewaltanwendung durch Kampfverbände besteht	Wechselseitiger Einsatz von Kampfverbänden grundsätzlich ausgeschlossen

Beide Friedensbegriffe sind statisch und benennen Zustände. Die folgende Grafik zeigt die Entwicklung vom Kriegszustand zu einem negativen (instabilen) Frieden und schließlich zu einem positiven (stabilen) Frieden als Prozess, bei dem sich abnehmende Gewalthaltigkeit und zunehmende Gerechtigkeit (Stabilität) gegenüberstehen.

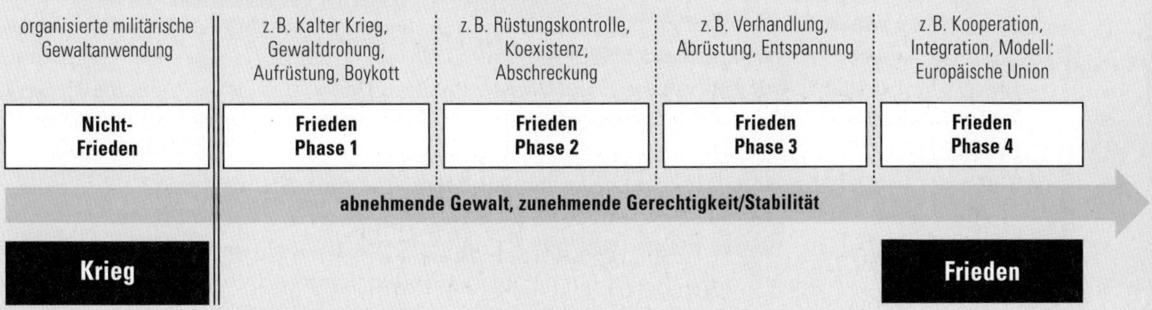

nach: Bernhard Zangl, Michael Zürn, Frieden und Krieg, Frankfurt/M. 2003, Grafik nach www.dadalos-d.org/frieden/grundkurs_2/frieden.htm

M Perspektiven für den Weltfrieden

Prof. Dr. Dieter Senghaas, geb. 1940, ist ein deutscher Friedensforscher. Er lehrt am Institut für Interkulturelle und Internationale Studien der Universität Bremen.

sueddeutsche.de: Ist Weltfrieden eine Utopie?
Dieter Senghaas: Wenn man ihn als einen flächendeckenden Frieden quer über die Welt definiert, dann ist das eine schöne Idee – aber diese Idee hat keine Chance, in absehbarer Zeit, also in den nächsten Jahrzehnten, realisiert zu werden.

Keine Chance – warum nicht?
Weil die Problemlagen in der Welt, die derzeit gegen Frieden sprechen, sehr ausgeprägt sind. Weil die Klüfte, die es in der Welt gibt, sehr groß sind: Interessendifferenzen, Identitätsdifferenzen; und insbesondere die sozialen Umbruchsituationen sind quer durch die Welt dramatisch – und sie vertiefen sich.

Wann spricht man von Frieden?
Zunächst einmal: Wenn die Waffen schweigen. Das ist aber nur eine wichtige, keine zureichende Voraussetzung. Einen nachhaltigen Frieden gibt es dort, wo die Beteiligten mit dem Ziel einer konstruktiven Konfliktbearbeitung ihre kontrovers bewerteten Probleme lösen.

In Europa funktioniert die konstruktive Konfliktbearbeitung in den vergangenen Jahrzehnten sehr gut – hat die EU als Friedensordnung Modellcharakter?
Die Antwort ist ein uneingeschränktes Ja. Wenn man die Geschichte Europas betrachtet, dann ist dieses Europa ein zerstrittener Kontinent gewesen. Heute ist aus dem Bewusstsein der Europäer der Gedanke völlig beseitigt, dass man irgendwelche Identitäts- oder Interessenkonflikte noch mit der Androhung oder gar dem Einsatz von militärischer Gewalt zu lösen beabsichtigt. Der zweite Fortschritt ist, dass große Länder wie Deutschland und kleine Länder wie die Benelux-Staaten kooperieren, ohne dass der Verdacht besteht, die Großen könnten die Kleinen manipulieren. Modellcharakter hat die EU-Erweiterung: Jene Gesellschaften der EU-Erweiterung, die nicht auf der ökonomischen Höhe der anderen EU-Länder sind, sind in diesem größeren Verbund aufgehoben und haben dadurch bessere Chancen für eine nachholende Entwicklung. Das alles wird überall in der Welt auch so wahrgenommen.

Was kann Europa sonst noch zum Weltfrieden beitragen? Ist es sinnvoll, Soldaten in Krisengebiete zu schicken?
Es hängt sehr davon ab, um welche Fälle es sich handelt. Wir haben ja die Erfahrung mit den friedenserhaltenden Truppen der UN. Es gibt Beispiele, wo das nützlich war, wie in Zypern oder zum Teil auf dem Sinai. Ich denke, in den kommenden Wochen wird der Kosovo ein einschlägiger, akuter Fall sein. Wenn der Kosovo sich unabhängig erklärt, droht eine offene Bürgerkriegssituation. Dann ist wichtig, dass die Truppen, die im Augenblick vorhanden sind, vor Ort bleiben, um die Situation zu stabilisieren.

Aber ist es Ihrer Meinung nach immer ratsam, Soldaten zu entsenden?
Es gibt Situationen, wo das abwegig ist, zum Beispiel: Wir haben Erfahrungen in Afghanistan, da verlassen sehr viele Truppen – wie die Italiener oder die Deutschen – ihre Kasernen kaum. Die Amerikaner im Süden schonen ihre eigenen Truppen und versuchen dann, ihre militärischen Ziele aus der Distanz durch Luftoperationen durchzusetzen.

Welche Folgen hat dieses Vorgehen?

Letzteres fordert unglaublich viele Zivilopfer, und ist damit völlig kontraproduktiv gemessen an dem, was man eigentlich erreichen will. Und dieses Vorgehen schafft bekanntlich eine breitenwirksame Grundlage für Antiamerikanismus in diesem Teil von Afghanistan. Letztlich können nur die Afghanen selbst für eine konstruktive Weiterentwicklung Afghanistans sorgen.

Wie können die Afghanen beim Aufbau ihres Landes in anderer Form unterstützt werden?

Zivilmissionen sollten viel stärker genutzt werden. Ländern wie Afghanistan fehlt es an Infrastruktur: an Straßen, am Gesundheitssystem, an Schulen, an Ausbildung für Fachkräfte, an Ausbildung von öffentlichen Ordnungskräften wie Polizei und Verwaltungsbeamten. Das alles ist dort nicht mehr intakt – weil es bürgerkriegsbedingt zusammengebrochen ist oder durch Korruption aufgefressen wird. Für eine solche Aufbauleistung braucht man allerdings einen langen Atem.

Haben die USA die Schlüsselstellung im Kampf um internationalen Frieden?

In den USA spricht man derzeit über „military primacy". Man glaubt, man verfüge auf dieser Grundlage damit auch über die politische Erstrangigkeit in der Welt – eine ganz große Illusion. Sicherlich sind die USA die größte Militärmacht der Welt – aber diese Macht lässt sich nicht in eine Politik übersetzen, die vor Ort erfolgreich wird, nur weil man fähig ist, Militär einzusetzen. Wir beobachten das Gegenteil: Dort, wo US-Soldaten eingesetzt sind, sind die Folgen politisch besonders kontraproduktiv.

Gilt das auch, wenn Europa sich in Konflikte militärisch einmischt?

Europa mischt sich ja wenig ein. Die Europäer sagen, wir müssten eigentlich politisch und/oder militärisch gemeinsam etwas machen, aber sie können sich nicht auf konkrete Maßnahmen einigen. Außer bei kleinen Projekten wie vor kurzem im Kongo, wo man Truppen hingeschickt hat zur Sicherung der Wahl – und wo nach wenigen Wochen die Truppen abgezogen werden, egal was passiert. Das sind letztendlich symbolische Aktionen.

Welche Rolle spielt die Nato für den Weltfrieden?

Im Grunde genommen hat die Nato sich in ihrem Auftrag überlebt. Sie hatte einst einen klaren Auftrag und Stellenwert im Rahmen des Ost-West-Konfliktes. Seit es den nicht mehr gibt, ist sie auf der Suche nach einer Mission. Realistisch betrachtet: Die Nato lebt eben so dahin und verfolgt jetzt merkwürdige Pläne, zum Beispiel die Aufnahme Georgiens. [...] All das soll einfach dazu beitragen, dass die Nato im Gespräch bleibt – eine Strategie, die einem politischen Überlebenskrampf gleicht.

Können die Vereinten Nationen die große Friedensmacht sein?

Die UN haben zumindest die Legitimität hierfür. Ob sie die Kraft haben, hängt von den Staaten ab, die sie tragen, nicht von den UN als Organisation selbst.

Was müsste sich verändern, damit sie diese Kraft bekommt?

Wichtig wäre, dass der Sicherheitsrat nicht nur ein Organ der fünf Vetomächte ist, die dort ihre jeweils egoistische nationale Politik verfechten. Dadurch wird das, was der Sicherheitsrat beschließt, relativ willkürlich. Ich bezeichne diese Lage als „neoabsolutistisch": Die Sicherheitsratsmitglieder beanspruchen für sich, das internationale Recht zu sein, egal was sie entscheiden. Der wichtige Punkt ist, dass gleiche Fälle gleich behandelt werden müssen. Der Sicherheitsrat jedoch tut bei dramatischen Menschenrechtsverletzungen manchmal gar nichts, gibt jedoch im anderen Fall ein

Mandat zur Intervention – und redet schließlich drittens über einen Fall lange und ausschweifend ohne praktische Folgen – insgesamt betrachtet ein skandalöses Verhalten, das jedem Rechtsempfinden widerspricht.

Haben Sie dafür Beispiele?
Die gibt es am laufenden Band! Schauen Sie sich die Fälle Darfur in Afrika oder jetzt Birma an: Alles wird immer ganz unterschiedlich behandelt. Der Sicherheitsrat käme jedoch nur zu einem allgemein akzeptierten Standing, wenn er gleiche Fälle gleich behandelt und dadurch kalkulierbar wird – ein Grundsatz jeder intakten Rechtsgemeinschaft. Er müsste sich also an bestimmte Normen halten, zum Beispiel an die Anti-Genozid-Konventionen.

Sehen Sie Chancen, dass sich die Staaten im Sicherheitsrat dazu durchringen können?
Im Augenblick nicht. Und das bedeutet natürlich eine deutliche Schwäche der Vereinten Nationen.

Es wird befürchtet, dass in Zukunft immer mehr Kriege um Ressourcen geführt werden.
Es wird weiter das geben, was wir heute in Afrika beobachten: Kriege zwischen Nomaden und sesshaften Bauern um Ressourcen. Wann immer es Klimaveränderungen gegeben hat, hat es solche Auseinandersetzungen gegeben. Es wird sicher auch Streit geben über Wasserressourcen. Ob die in kriegerische Konflikte umschlagen, ist schwer zu prognostizieren.

Wie kann man verhindern, dass solche Auseinandersetzungen kriegerisch geführt werden?
Es handelt sich im letzteren Beispiel ja meist um bilaterale Konflikte. Da ist es notwendig, dass es zu bilateralen Konsultationen, Gesprächen, Absprachen kommt, und zwar zum frühest möglichen Zeitpunkt. Ganz sicher ist hier die internationale Diplomatie besonders wichtig – sei es der EU, der Regionalorganisationen oder der UN.

Wie geht man mit Akteuren um, die gar nicht am Frieden interessiert sind – beispielsweise, weil sie am Krieg verdienen? Wie zum Beispiel im Kongo?
Von außen hat man da die Chance, dass man die Quellen des Verdienens eliminiert. Wenn zum Beispiel der Profit der Kriegsherren auf dem Verkauf von Blutdiamanten oder Edelhölzern beruht, dann sind die Absatzmärkte in der Regel bei uns. Meist gibt es keine Möglichkeit, vor Ort mit Aussicht auf Erfolg zu intervenieren, zum Beispiel im Ostkongo – aber wenn die Nachfrage für die Produkte in unseren Ländern unterbunden wird und damit die Erlösquelle versiegt, hat das eine starke Rückwirkung. Diese wesentliche Möglichkeit der indirekten Intervention, um zum Frieden beizutragen, wird viel zu wenig genutzt.

Stimmt die These, dass der Weltfrieden sicherer wird in dem Ausmaß, in dem sich ökonomisches Gleichgewicht einstellt?
Weltfrieden hat etwas zu tun mit dem Frieden innerhalb von Staaten – und nicht nur zwischen den Staaten. In einer Gesellschaft, die im Umbruch ist – mit sozialer Aufwärtsmobilität von Menschen und Status-quo-Eliten, die dagegenwirken – spielt die soziale Frage eine ganz sensible Rolle. Das Gleichgewicht des Besitzes hat sich als eines der zentralen Friedensprobleme herausgestellt: Zunächst innergesellschaftlich, und immer mehr auch zwischen den Gesellschaften, weil die Kluft zwischen Arm und Reich sich in der Welt in den letzten Jahren akzentuiert hat [...].

Welche Schritte führen zu einem nachhaltigen Frieden?

Die Konflikte müssen zuallererst vor Ort friedlich gelöst werden, in den einzelnen Gesellschaften. Zunächst einmal ist ein staatliches Gewaltmonopol Voraussetzung für Frieden. Wir sehen an vielen Stellen in der Welt, zum Beispiel im Libanon oder im Ostkongo, dass sich die Bürger wieder bewaffnen, wo das Gewaltmonopol zerbröselt oder gar zusammenbricht. Man braucht zweitens eine rechtsstaatliche Kontrolle dieses Gewaltmonopols. Die entscheidende Frage ist: Gelingt diese rechtliche Einhegung, beispielsweise durch Gewaltenteilung? Weiterhin ist, drittens, eine flächendeckende Ökonomie wichtig, mit der daraus resultierenden weiträumigen Arbeitsteilung.

Warum ist das wichtig?

Weil die Menschen in einer solchen Gesellschaft gleichzeitig in viele Rollen eingegliedert sind: in Familie, Arbeitswelt, Vereine. Man ist Staatsbürger. Man ist in vielfältige Interdependenzen eingebunden, und das hat eine unglaubliche Bedeutung für die erforderliche Affektkontrolle. Wo diese Einbindungen verlorengehen, kommt es zur Affektexplosion – die steht immer am Beginn eines Bürgerkrieges: Die Affekte wirken dann gegen die Vernunft. Und, viertens, ist die demokratische Teilhabe sehr wichtig – die Chance, sich produktiv in öffentliche Angelegenheiten einbringen zu können. Der fünfte Punkt wäre die Bemühung um soziale Gerechtigkeit. Wenn das alles zusammenkommt, dann besteht – sechstens – die Chance auf eine politische Kultur konstruktiver Konfliktbearbeitung. Unter diesen Vorzeichen kann man dann von einem stabilen, nachhaltigen Frieden ausgehen.

Ist solcher Frieden selbsttragend?

Wichtig ist, dass zwischen den von mir genannten sechs Faktoren oder Bausteinen positive Rückkopplungen zustande kommen. Denn nur dann ist gesichert, dass unvermeidliche Konflikte verlässlich zivilisiert bearbeitet werden.

Wenn in allen Ländern diese Punkte beachtet würden – hätten wir dann Weltfrieden?

Es wäre der wesentliche Schritt in Richtung Weltfrieden. Wenn bestimmte Dinge nicht berücksichtigt werden, zum Beispiel Bemühungen um soziale Gerechtigkeit ausbleiben, dann bricht ein solches Arrangement, das möglicherweise auf Zeit eine gewisse Garantie bot, Konflikte nachhaltig friedlich zu bewältigen, leicht zusammen. Diese Erkenntnis ist übrigens auch in unseren demokratisch verfassten Gesellschaften enorm wichtig, wo es im Augenblick keine Anzeichen von Bürgerkrieg gibt. Denn auch hier gilt: Einmal erreichter Frieden bleibt immer rückfallgefährdet. Der Frieden ist kein Selbstläufer; es bedarf der ständigen und ernsthaften Bemühungen, um ihn zu erreichen, und auch, um ihn zu bewahren.

„Europa ist ein Modell für den Frieden", auf: www.sueddeutsche.de vom 23.11.2007

Aufgaben

1. Informieren Sie sich 14 Tage lang über aktuelle Gefahren für Sicherheit und Frieden weltweit. Sammeln Sie entsprechende Daten und Materialien und fertigen Sie daraus eine Collage.
2. Präsentieren Sie diese Ihren Mitschülern und gehen Sie dabei auf die beteiligten Staaten, die Art des Konflikts, wichtige Akteure und die Konfliktursachen ein.
3. Wie beurteilen Sie die Kriterien von Senghaas für die Chance auf Frieden (M)? Fallen Ihnen weitere Faktoren ein, die wichtig sein können, um dauerhaft Frieden zu sichern?

4.2 Die Vereinten Nationen

Leitfragen	Warum gibt es die Vereinten Nationen (UNO)?	Wie ist die UNO organisiert?	Was bedeutet kollektive Friedenssicherung durch die UNO?	Wo liegen künftige Herausforderungen für die UNO?

Gründung, Organisation und Ziele

Die Gründung der UNO

Am 24. Oktober 1945 wurden die Vereinten Nationen (UNO = United Nations Organization) von 51 Staaten begründet. Sie entstanden unter dem Eindruck der Katastrophe des Zweiten Weltkriegs mit dem Ziel, durch eine globale Organisation künftig **Frieden und Sicherheit in der Welt** zu gewährleisten, wobei man damals vor allem an die Verhinderung von zwischenstaatlichen Kriegen dachte. Die Gründungsurkunde nennt als Hauptziel, „künftige Geschlechter vor der Geißel des Krieges zu bewahren".

Die UNO beruht auf dem Prinzip der **gleichberechtigten Zusammenarbeit souveräner Staaten** (multilaterale intergouvernementale Zusammenarbeit). Es werden im Gegensatz zur EU keine Souveränitätsrechte an die UNO abgetreten, sondern in den Gremien der UNO verhandeln und beschließen Vertreter der beteiligten Staaten. Allerdings verpflichten sich die Mitgliedstaaten, ihr Verhalten an den in der Charta der Vereinten Nationen festgelegten Prinzipien zu orientieren. Für die **Sicherung des Friedens** besonders wichtig sind hier die Verpflichtung zur Beilegung von Streitfällen mit friedlichen Mitteln und das Verbot der Androhung oder Anwendung von Gewalt.

Die UN-Charta: Ziele und Prinzipien

Artikel 1

Die Vereinten Nationen setzen sich folgende Ziele:

1. den Weltfrieden und die internationale Sicherheit zu wahren und zu diesem Zweck wirksame Kollektivmaßnahmen zu treffen, um Bedrohungen des Friedens zu verhüten und zu beseitigen, Angriffshandlungen und andere Friedensbrüche zu unterdrücken und internationale Streitigkeiten oder Situationen, die zu einem Friedensbruch führen könnten, durch friedliche Mittel nach den Grundsätzen der Gerechtigkeit und des Völkerrechts zu bereinigen oder beizulegen;
2. freundschaftliche, auf der Achtung vor dem Grundsatz der Gleichberechtigung und Selbstbestimmung der Völker beruhende Beziehungen zwischen den Nationen zu entwickeln und andere geeignete Maßnahmen zur Festigung des Weltfriedens zu treffen;
3. eine internationale Zusammenarbeit herbeizuführen, um internationale Probleme wirtschaftlicher, sozialer, kultureller und humanitärer Art zu lösen und die Achtung vor den Menschenrechten und Grundfreiheiten für alle ohne Unterschied der Rasse, des Geschlechts, der Sprache oder der Religion zu fördern und zu festigen;
4. ein Mittelpunkt zu sein, in dem die Bemühungen der Nationen zur Verwirklichung dieser gemeinsamen Ziele aufeinander abgestimmt werden.

Artikel 2

Die Organisation und ihre Mitglieder handeln im Verfolg der in Artikel 1 dargelegten Ziele nach folgenden Grundsätzen:

1. Die Organisation beruht auf dem Grundsatz der souveränen Gleichheit aller ihrer Mitglieder.
2. Alle Mitglieder erfüllen, um ihnen allen die aus der Mitgliedschaft erwachsenden Rechte und Vorteile zu sichern, nach Treu und Glauben die Verpflichtungen, die sie mit dieser Charta übernehmen.
3. Alle Mitglieder legen ihre internationalen Streitigkeiten durch friedliche Mittel so bei, daß der Weltfriede, die internationale Sicherheit und die Gerechtigkeit nicht gefährdet werden.
4. Alle Mitglieder unterlassen in ihren internationalen Beziehungen jede gegen die territoriale Unversehrtheit oder die politische Unabhängigkeit eines Staates gerichtete oder sonst mit

den Zielen der Vereinten Nationen unvereinbare Androhung oder Anwendung von Gewalt.
5. Alle Mitglieder leisten den Vereinten Nationen jeglichen Beistand bei jeder Maßnahme, welche die Organisation im Einklang mit dieser Charta ergreift; sie leisten einem Staat, gegen den die Organisation Vorbeugungs- oder Zwangsmaßnahmen ergreift, keinen Beistand.
6. [...].
7. Aus dieser Charta kann eine Befugnis der Vereinten Nationen zum Eingreifen in Angelegenheiten, die ihrem Wesen nach zur inneren Zuständigkeit eines Staates gehören, oder eine Verpflichtung der Mitglieder, solche Angelegenheiten einer Regelung auf Grund dieser Charta zu unterwerfen, nicht abgeleitet werden [...].

Charta der Vereinten Nationen, verabschiedet am 26. Juni 1945
http://www.documentarchiv.de/in/1945/un-charta.html

Organisation der UNO

Das im Laufe der Jahre entstandene, äußerst komplexe **UNO-System** besteht aus den **Hauptorganen** und den durch die UNO geschaffenen **Hilfsorganisationen** (z.B. Kinderhilfswerk UNICEF, Entwicklungsprogramm UNDP) sowie den durch Abkommen an die UNO gebundenen **Sonderorganisationen** (z.B. die UNESCO oder der Internationale Währungsfonds IWF). Die UNO hat 192 Mitgliedstaaten (2009); diese haben ihre Tätigkeitsbereiche inzwischen auf alle Weltprobleme ausgeweitet – von der Bekämpfung von Armut und Hunger über den Klimawandel bis zu Kinderarbeit und Bildungsprogrammen.

Die Hauptorgane

- Die in der Regel einmal jährlich tagende **Generalversammlung** ist offiziell das zentrale Beratungsorgan der UNO. Jedes Mitglied hat in ihr eine Stimme. Die Generalversammlung wählt für jeweils fünf Jahre einen Generalsekretär, der die laufenden Geschäfte führt. Neben Wahlen für weitere UN-Organe beschränkt sich die Tätigkeit der Generalversammlung darauf, Resolutionen zu verabschieden, die für die Mitglieder aber nicht verbindlich sind.

- Der **Sicherheitsrat** verfügt über weit mehr Macht und ist besonders im Hinblick auf die

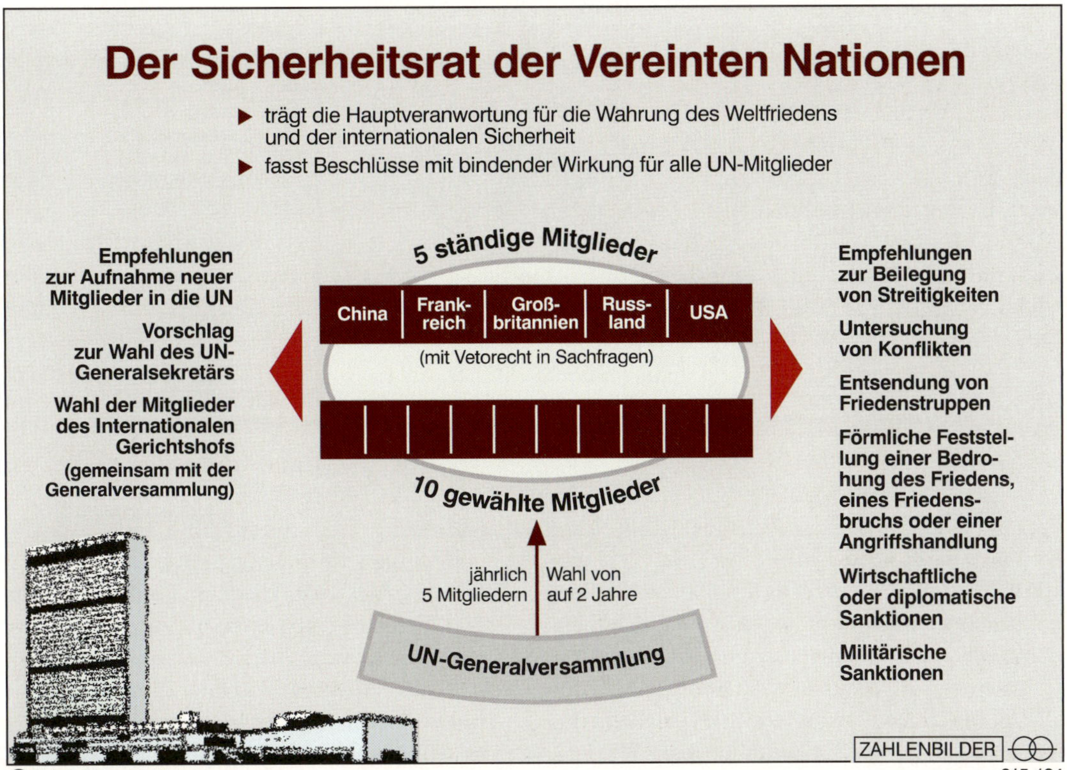

615 124

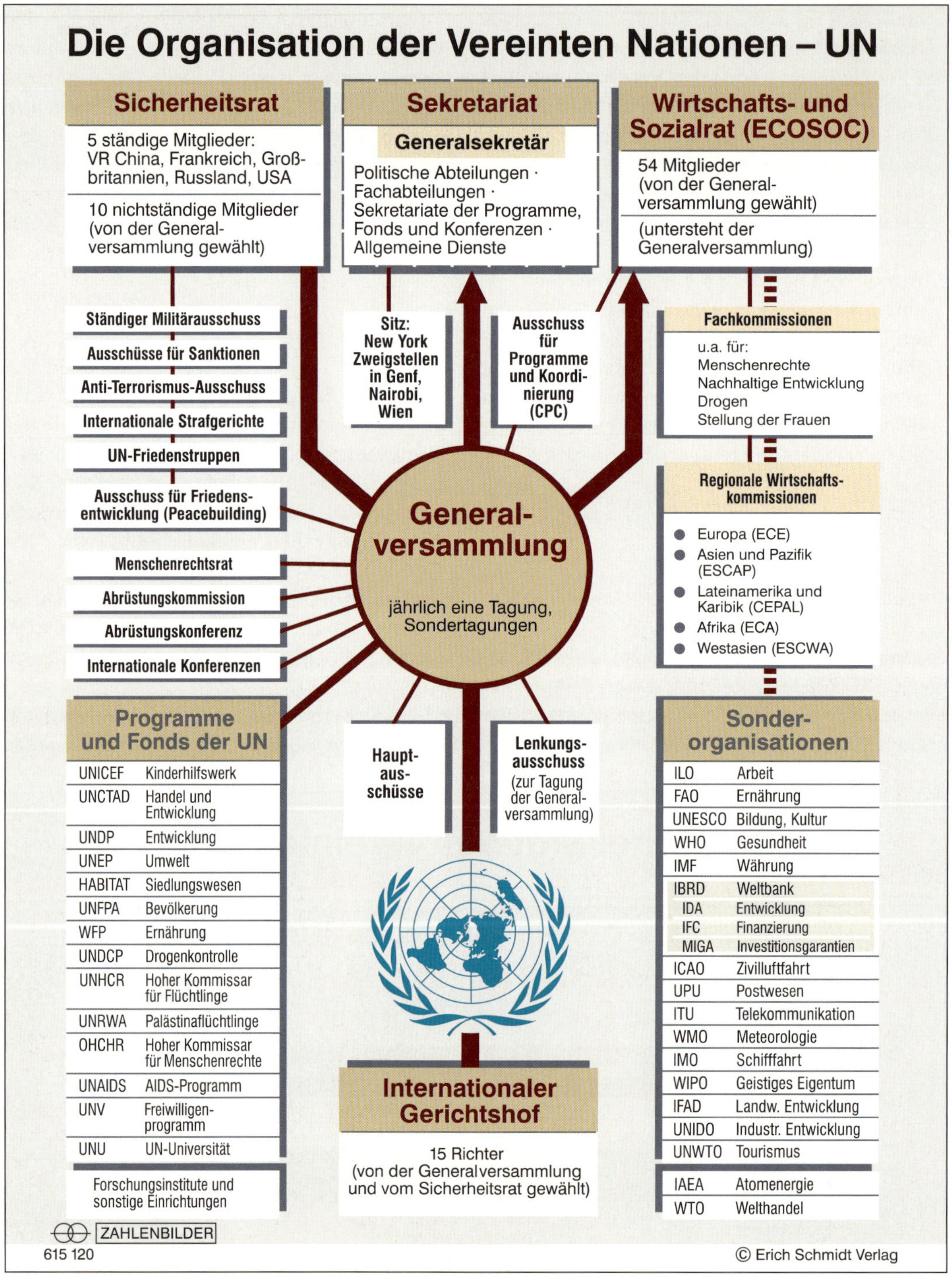

Erhaltung des Weltfriedens das eigentliche Entscheidungsorgan. Er besteht aus fünf ständigen und zehn nichtständigen, von der Generalversammlung auf zwei Jahre gewählten Mitgliedern. Der Sicherheitsrat (auch: Weltsicherheitsrat) stellt fest, ob eine Bedrohung des Friedens vorliegt, und kann **Zwangsmaßnahmen zur Wahrung des Weltfriedens** beschließen, die von Wirtschaftssanktionen bis zur Anwendung von Waffengewalt zur Herstellung und Sicherung des Friedens reichen. „Beschlüsse des Sicherheitsrats [...] bedürfen der Zustimmung von neun Mitgliedern einschließlich sämtlicher ständigen Mitglieder" (Art. 27 UN-Charta). Es kann also jedes ständige Mitglied mit seinem **Vetorecht** Beschlüsse verhindern. Die UNO-Mitglieder sind verpflichtet, die Resolutionen des Sicherheitsrats umzusetzen; bei militärischen Einsätzen ist die UNO allerdings immer darauf angewiesen, dass von den Mitgliedstaaten ausreichend Streitkräfte zur Verfügung gestellt werden.

- Der **UNO-Generalsekretär** (Ban Ki-Moon, Südkorea, seit 2007) leitet die gesamte Verwaltung der UNO, ist also der höchste Verwaltungsbeamte und Repräsentant der Weltorganisation. Er wird auf Vorschlag des Sicherheitsrates von der Generalversammlung für fünf Jahre gewählt, mit der Möglichkeit einer einmaligen Wiederwahl. Ihm steht ein ganzes **Bündel an Kompetenzen** im politischen Bereich zu. Der Generalsekretär der Vereinten Nationen kann

  - „die **Aufmerksamkeit des Sicherheitsrates** auf jede Angelegenheit lenken, die nach seinem Dafürhalten geeignet ist, die Wahrung des Weltfriedens und der internationalen Sicherheit zu gefährden" (Artikel 99, UN-Charta),
  - eigenständig wichtige Aufgaben im Bereich der **präventiven Diplomatie** wahrnehmen und
  - **Impulse** für alle anderen Arbeitsbereiche der Vereinten Nationen geben.

Zentral ist seine Rolle außerdem bei der **Koordinierung der Aktivitäten** im gesamten UNO-System. Wesentliche Kompetenzen des Generalsekretärs sind ferner die ihm durch andere Hauptorgane – vor allem durch die Generalversammlung und den Sicherheitsrat – übertragenen Aufgaben. Die **Leitung der UN-Friedensmissionen** nimmt darunter eine herausragende Stellung ein.

Kollektive Friedenssicherung

Friedenssicherung durch die UNO

In der UN-Charta wurden wichtige **Prinzipien für die Friedenserhaltung** festgelegt:

- Verpflichtung aller Staaten zur friedlichen Beilegung von Konflikten;
- Verbot der Androhung und Anwendung von Gewalt;
- Beistandsverpflichtung aller UN-Mitglieder für Maßnahmen der UNO.

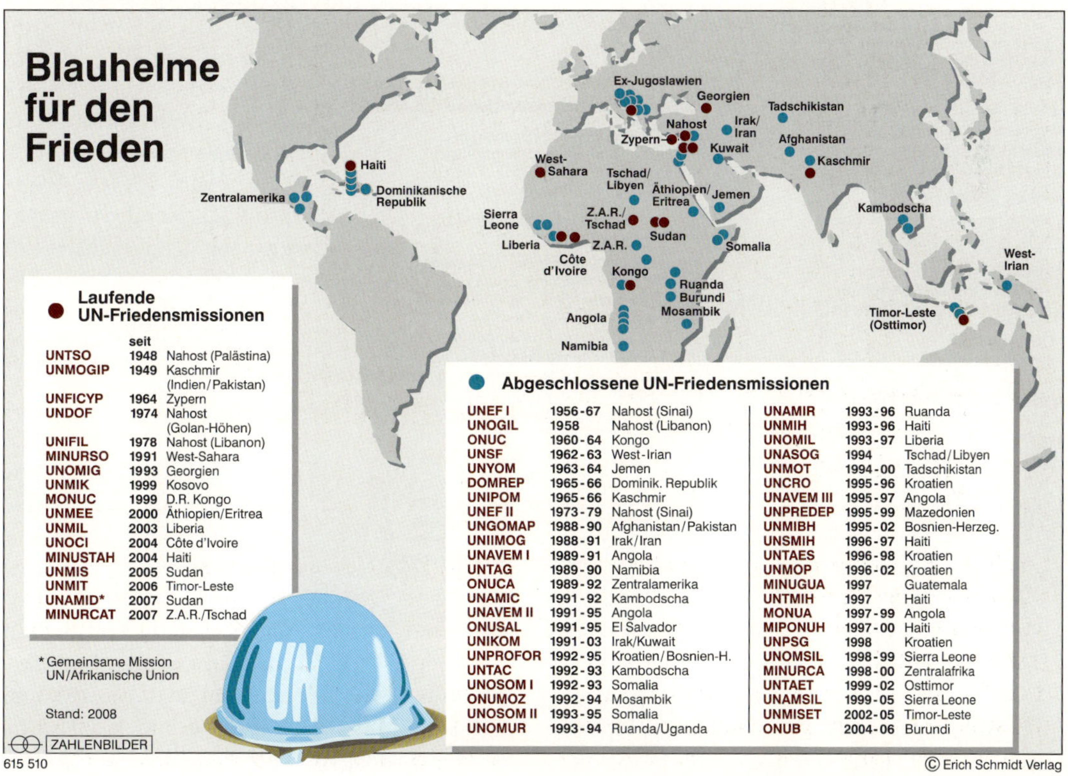

Nur der UN-Sicherheitsrat ist befugt, im Falle einer Friedensbedrohung Zwangsmaßnahmen, Sanktionen oder Militäraktionen zu beschließen. Es wird unterschieden zwischen einem **„weichen Mandat“** (Kapitel VI der UN-Charta), das nur friedliche Mittel zur Konfliktlösung vorsieht, und einem **„robusten Mandat“** (Kapitel VII der UN-Charta), das UNO-Blauhelmen auch den Einsatz von Waffengewalt gestattet.

Die **Friedenseinsätze** der Vereinten Nationen haben sich zu einem wichtigen Instrument des UN-Sicherheitsrats bei der Wahrnehmung seiner Verantwortung für den Frieden entwickelt. Ende des Jahres 2007 waren mehr als 83.000 Uniformierte – also Soldaten, Zivilpolizisten und Militärbeobachter – sowie etwa 20.000 Zivilpersonen für friedenserhaltende oder friedensstiftende Maßnahmen der UNO im Einsatz.

Agenda für den Frieden

Vorschläge des UN-Generalsekretärs Boutros Ghali zur Friedens- und Sicherheitspolitik der Vereinten Nationen

1. Vorbeugende Diplomatie

ZIEL Das Entstehen von Streitigkeiten zu verhüten, den Ausbruch offener Konflikte zu verhindern oder Konflikte, die bereits ausgebrochen sind, rasch wieder einzugrenzen

MITTEL Diplomatische Gespräche; vertrauensbildende Maßnahmen; Frühwarnsysteme, die rechtzeitig auf Spannungen hinweisen; formelle Tatsachenermittlung; vorbeugender Einsatz von UN-Truppen; vorsorgliche Einrichtung entmilitarisierter Zonen

2. Friedensschaffung

ZIEL Nach Ausbruch eines Konflikts die feindlichen Parteien zu einer Einigung zu bringen

MITTEL **Friedliche Mittel**
z.B. Vermittlung, Verhandlungen, Schiedsspruch, Entscheidungen durch den Internationalen Gerichtshof

Gewaltlose Sanktionen
z.B. Wirtschafts- und Verkehrsblockade, Abbruch der Beziehungen

Friedensdurchsetzung
durch speziell ausgebildete, ständig abrufbereite bewaffnete UN-Truppen

Militärische Gewalt
zur Aufrechterhaltung oder Wiederherstellung des Weltfriedens und der Internationalen Sicherheit, wenn alle friedlichen Mittel versagen

3. Friedenssicherung

ZIEL Die Lage in einer Konfliktzone zu entschärfen oder zu stabilisieren; die Einhaltung der Vereinbarungen zwischen den Konfliktparteien zu überwachen und durchzusetzen

MITTEL Entsendung von Beobachtermissionen; Einsatz von UN-Friedenstruppen zur Untersuchung von Grenzverletzungen, zur Grenzkontrolle, zur Beobachtung von Wahlen, Überwachung von Waffenstillstands- und Friedensvereinbarungen, Bildung einer Pufferzone zwischen gegnerischen Mächten, Wahrnehmung von Polizeiaufgaben, Sicherung humanitärer Maßnahmen usw.; umfassendes Konfliktmanagement

4. Friedenskonsolidierung

ZIEL Den Frieden nach Beendigung eines Konflikts zu konsolidieren; die Konfliktparteien zum friedlichen Wiederaufbau anzuhalten

MITTEL **Nach einem Konflikt innerhalb eines Landes**
z.B. Entwaffnung der verfeindeten Parteien, Wiederherstellung der öffentlichen Ordnung, Einsammeln der Waffen, Minenräumung, Repatriierung von Flüchtlingen, Ausbildung und Beratung von Sicherheitskräften, Wahlüberwachung, Schutz der Menschenrechte, Reform oder Neuaufbau staatlicher Institutionen

Nach einem internationalen Krieg
z.B. gemeinsame Projekte, die der wirtschaftlichen und sozialen Entwicklung dienen und das gegenseitige Vertrauen stärken (Landwirtschaft, Energie- und Wasserwirtschaft, Verkehr usw.); Abbau der Schranken zwischen den Nationen durch Kulturaustausch, Reiseerleichterungen, gemeinsame Jugend- und Bildungsprogramme

ZAHLENBILDER 615 500

Die **Zielsetzung** der Einsätze hat sich in den vergangenen Jahren gewandelt: Noch zu Beginn der 1990er Jahre ging es meist darum, Frieden zu schaffen. Heute tendiert der Sicherheitsrat vor allem wegen der Rückschläge in Somalia, Ruanda und dem ehemaligen Jugoslawien zum klassischen Mandat der **Friedenserhaltung**, bei dem die Konfliktparteien ihr Einverständnis erteilen.

Die **Bilanz** der Sicherung des Weltfriedens durch die UNO ist angesichts von mehr als 200 kriegerischen Konflikten seit 1945 zwiespältig. Zwar ist die Zahl der **Friedensmissionen** nach dem Ende des Ost-West-Konflikts deutlich gestiegen, aber immer wieder ruft zögerliches und halbherziges Reagieren der Weltgemeinschaft auf Verbrechen gegen eine Bevölkerungsgruppe bis hin zum Genozid (z.B. 1994 Ruanda, seit 2003 Darfur/Westsudan) Empörung und Zweifel an den Fähigkeiten der UNO hervor.

Einen wesentlichen Beitrag zur verbesserten Konfliktregelung stellt die 1992 im Auftrag des Sicherheitsrats vom damaligen Generalsekretär Boutros-Ghali erstellte **Agenda für den Frieden** dar, da die hier enthaltenen Ansätze einer präventiven Sicherheitspolitik sowie von Maßnahmen zur Stabilisierung nach dem Konfliktende die Erfolgschancen von Friedenseinsätzen erhöhen.

Als neues Konzept für die internationale Staatengemeinschaft wurde 2005 die **„Responsibility to protect"** (Schutzverantwortung) in das Abschlussdokument des UNO-Weltgipfels aufgenommen. Dabei geht es um den Schutz vor vier Bedrohungen: Völkermord, ethnische Säuberungen, Kriegsverbrechen und Verbrechen gegen die Menschlichkeit. Die internationale Gemeinschaft soll in diesen Fällen geeignete diplomatische, humanitäre und andere friedliche Mittel gemäß Kapitel VI und VIII der UN-Charta ergreifen, um den Schutz der Bevölkerung vor diesen Bedrohungen zu gewährleisten.

Probleme der Friedenssicherung

Doch es behindern eine Reihe von **strukturellen Problemen** die Effizienz der kollektiven Friedenssicherung.

- Trotz der in der Charta der Vereinten Nationen verankerten Gleichberechtigung der Mitgliedstaaten besteht ein deutliches **Machtgefälle durch das Vetorecht** der fünf ständigen Mitglieder des Sicherheitsrats sowie durch die Möglichkeit der wirtschaftlich und militärisch starken Staaten, durch Einbehalten von fälligen Beitragszahlungen oder Verweigerung der Hilfe bei Friedensmissionen die UNO zu erpressen. Die Vetomächte verhindern erfahrungsgemäß Beschlüsse des Sicherheitsrats durch ihr Veto, soweit sie eigenen Interessen zuwiderlaufen würden. So wird eine wirksame Arbeit des Sicherheitsrats häufig blockiert.

- Für den Einsatz von Friedensmissionen ist die UNO auf die **freiwillige Beteiligung** von Mitgliedstaaten angewiesen, die meist von deren Interessenlage abhängig ist. Dieses Problem wird noch verschärft durch die Tatsache, dass nur relativ wenige Staaten über die nötigen finanziellen und militärischen Ressourcen für aufwendigere Missionen verfügen.

- Im Laufe der Jahrzehnte haben sich die kriegerisch ausgetragenen Konflikte immer mehr von der zwischen- auf die innerstaatliche Ebene verlagert. Bei möglichen Interventionen geraten damit **Prinzipien der UN-Charta** miteinander in Konflikt: Einerseits besteht das Verbot, sich in innerstaatliche Angelegenheiten einzumischen (**Interventionsverbot**, Achtung der staatlichen Souveränität), andererseits ist etwa der **Menschenrechtsschutz** in der Charta verankert. Bei schwersten Menschenrechtsverletzungen durch staatlich legitimierte Gewalt und bei extremen humanitären Notlagen behalf man sich im Sicherheitsrat oft damit, eine über die Grenzen hinausreichende Bedrohung des

Ziele und Grundsätze der Charta	Politische Realität
• souveräne Gleichheit aller Mitgliedstaaten • Erfüllung der mit der UN-Charta übernommenen Verpflichtungen • Verpflichtung zur friedlichen Streitbeilegung • allgemeines Gewaltverbot • Weltfrieden und internationale Sicherheit als kollektive Aufgabe aller Mitgliedstaaten • Verbot der Einmischung in innere Angelegenheiten der Mitgliedstaaten	• ausgeprägtes Machtgefälle zwischen Staaten und Regionen • Verweigerungen von Beiträgen und Leistungen je nach nationaler Interessenlage • allgegenwärtige Gewalt im internationalen System • praktiziertes Recht einzelner Staaten auf unilaterale Gewaltanwendung • Interessendominanz der Industriestaaten und vergessene Konflikte in Entwicklungsländern • Globalisierung grundlegender Probleme erzwingt Erosion staatlicher Souveränität

Kosten der Friedenseinsätze

Die Finanzierung der Einsätze obliegt allen Mitgliedern der UN. Die ständigen Mitglieder des UN-Sicherheitsrats müssen sich wegen ihrer Gesamtverantwortung im UN-System jedoch stärker an der Finanzierung beteiligen. Das Budget für die Friedenseinsätze betrug für den Zeitraum 2007/08 6,8 Milliarden US-Dollar. Zwischen 1948 und Mitte 2006 wurden insgesamt gut 41 Milliarden US-Dollar für die Friedenseinsätze ausgegeben.

www.bpb.de, www.un.org

Weltfriedens zu konstatieren und so eine rechtliche Basis für eine Intervention zu bekommen. Solche Beschlüsse waren immer wieder durch das Veto von ständigen Mitgliedern bedroht, welche selbst mit ähnlichen inneren Konflikten zu tun hatten (z.B. China mit Tibet, Russland mit Tschetschenien).

Die Zukunft der Vereinten Nationen

Die Gefahr des US-amerikanischen Unilateralismus

Nach dem Zusammenbruch der Sowjetunion sind die USA die einzig verbliebene Weltmacht, allen anderen Staaten in wirtschaftlich-technologischer und militärischer Hinsicht überlegen. Bereits in den 1990er Jahren war in der amerikanischen Politik eine Tendenz zum **Unilateralismus** zu beobachten, zu einer Politik also, die ausschließlich die eigene Interessenlage berücksichtigt, ohne auf internationale Regelwerke Rücksicht zu nehmen oder internationale Institutionen einzubinden.

Diese Tendenz verstärkte sich massiv, als die USA am 11.09.2001 durch islamistische Terroristen in ihrem politischen und ökonomischen Zentrum angegriffen worden waren und den „Krieg gegen den Terror" ausriefen. Als sich 2002/2003 im Sicherheitsrat keine Mehrheit für einen militärischen Einsatz zum Sturz der von den USA als Gefahr eingeschätzten Diktatur im Irak fand, führten sie mit einer „Koalition der Willigen" ohne Mandat des Sicherheitsrats den Krieg und stürzten damit die UNO in eine tiefe Krise, wurden doch damit alle wesentlichen Prinzipien einer kollektiven Sicherheitspolitik verletzt. Die USA machen seitdem die Erfahrung, dass ein militärischer Sieg relativ leicht, Stabilität oder gar Frieden im Irak dagegen nur sehr schwer alleine zu erreichen ist. Möglicherweise werden die USA daher zukünftig die UNO verstärkt einbeziehen (z.B. beim Konflikt um die Atomrüstung des Iran und Nordkoreas).

Die Diskussion um Reformen der UNO

Die im Irakkonflikt sichtbar gewordene Krise des multilateralen Sicherheitssystems der UNO förderte die Diskussion um notwendige Reformen. Neben den hohen **Zahlungsrückständen der Mitgliedstaaten** steht auch die **Reform des Sicherheitsrats** nach wie vor aus. Seit 1993 laufen innerhalb der UNO Bemühungen, den Sicherheitsrat zu reformieren. Als weitgehend konsensfähig gilt eine Erweiterung auf 25 Mitglieder, darunter fünf neue ständige Mitglieder. Diese Zahlen würden es erlauben, sowohl die bislang nicht vertretenen Weltregionen Afrika, Lateinamerika und Südasien mit ständigen Sitzen auszustatten als auch zwei weitere politische bzw. ökonomische Schwergewichte zu berücksichtigen.

Außerdem sollten Aufnahmekriterien für den als Ablösung der UN-Menschenrechtskommission 2006 neu gegründeten **UN-Menschenrechtsrat** verhindern, dass diktatorische Regime wie Libyen oder der Sudan dort Sitz und Stimme haben; auch dieser Reformversuch ließ sich nicht konsequent umsetzen. **Korruptionsskandale**, wie sie z.B. beim Programm „Öl für Lebensmittel" im Irak aufgedeckt wurden, sollten künftig durch bessere Kontrollen und Strafmaßnahmen verhindert werden. Die Generalversammlung konnte sich im September 2005 nicht auf Reformen einigen; die Krise der UNO besteht weiter fort. Auch drohen die USA mit der Einstellung ihrer Beitragszahlungen, um Reformen nach ihren Vorstellungen zu erzwingen, was die Konflikte zwischen den Mitgliedstaaten noch verschärft.

Insgesamt gilt es möglichst rasch die Kluft zwischen dem Anspruch der Gründungscharta und der politischen Wirklichkeit zu verringern; nur so kann die Glaubwürdigkeit der Organisation wiederhergestellt werden. Angesichts der Vielzahl und Komplexität globaler Probleme ist die UNO als politisches Weltforum unverzichtbar.

M1 Unternehmen Weltfrieden

„Wir, die Völker der Vereinten Nationen – fest entschlossen, künftige Geschlechter vor der Geißel des Krieges zu bewahren“: So beginnt die Präambel der UN-Charta. In Artikel 1 haben sich die Vereinten Nationen als höchstes Ziel gesetzt, „den Weltfrieden und die internationale Sicherheit zu wahren und zu diesem Zweck wirksame Kollektivmaßnahmen zu treffen, um Bedrohungen des Friedens zu verhüten und zu beseitigen [...]“. So hat es die Gründungsversammlung am 26. Juni 1945 in San Francisco beschlossen. Die Siegermächte des Zweiten Weltkrieges wollten die Lehren aus dem großen Völkersterben ziehen. Vier Jahre vorher, im August 1941, hatten der amerikanische Präsident Franklin D. Roosevelt und der britische Premier Winston Churchill in der Atlantikcharta ihre Kriegsziele verkündet, darunter auch den Aufbau eines kollektiven Sicherheitssystems. [...]

Frieden schaffen! Ein alter Menschheitstraum, vielleicht der älteste und erhabenste überhaupt. Die großen Philosophen und Religionslehrer haben den Frieden in den Mittelpunkt ihres Denkens gerückt. Den Frieden Gottes und den Frieden auf Erden. Aber Frieden herrschte selten unter den Menschen, Krieg war über Jahrtausende der Normalzustand, als offener Raub- und Eroberungskrieg oder als „gerechter Krieg“, als Angriffs- wie als Verteidigungskrieg, als Missionierungskrieg und als Vernichtungskrieg. „Der Friedenszustand unter Menschen [...] ist kein Naturzustand“, schrieb Immanuel Kant in seinem vielleicht wirkungsmächtigsten Werk *Zum ewigen Frieden* (1795). Der Frieden müsse vielmehr „gestiftet werden“, es müsse „einen Bund von besonderer Art geben, den man den Friedensbund nennen kann“. Der Königsberger Philosoph setzte auf eine Politik, die dadurch, dass sie sich der Idee des Rechts unterordnet, den Frieden unter den Menschen ermöglicht. Ähnlich sagt es heute die christliche Friedenslehre. [...]

Aber was ist das überhaupt: Frieden? Bernhard Zangl und Michael Zürn unterscheiden in ihrem Buch *Frieden und Krieg* zwischen „negativem“ und „positivem“ Frieden. „Der negative Frieden ist durch die bloße Abwesenheit physischer Gewalt durch Kampfverbände gekennzeichnet. Der positive Frieden zeichnet sich hingegen durch die Abwesenheit sowohl physischer als auch struktureller Gewalt, mithin durch Gewaltfreiheit und Gerechtigkeit aus.“ Zur Gerechtigkeit gehört das Recht auf Entwicklung, eines der fundamentalen Menschenrechte. „Es kann keinen beständigen Frieden ohne Entwicklung geben“, schrieb der damalige UN-Generalsekretär Boutros Boutros-Ghali 1995 in seiner *Agenda for Peace*, so wenig wie es Entwicklung ohne ein stabiles, friedliches Umfeld geben könne. Wirtschaftliche Entwicklung aber fördert politische Teilhabe, schafft die Voraussetzungen einer funktionierenden Demokratie. Nichts wiederum ist dem Frieden zuträglicher. Denn: Demokratien führen keine Kriege gegen Demokratien [...].

Allein, die Welt besteht nicht nur aus Demokratien. Wie also den Frieden erzwingen? Im nationalen Rahmen sorgt das Machtmonopol des Staates dafür, dass die Menschen in ihren Leidenschaften und bösen Absichten einander nicht an die Kehle gehen. Die Staatenwelt kennt ein solches Gewaltmonopol nicht. Das Völkerrecht, dieser „gentle civilizer of nations“ (Martti Koskenniemi, Rechtsprofessor), ist nicht im gleichen Maße verbindlich wie das Strafrecht. Eine Justiz, die es durchsetzt, gibt es – mit dem Internationalen Strafgerichtshof in Den Haag – erst in Ansätzen. Aber auch zwischen Staaten gilt das Gewaltverbot als „die Grundnorm allen Rechts“, als die „Quelle“ des Völkerrechts, schreibt Reinhard Merkel, Professor für Strafrecht und Rechtsphilosophie in Hamburg. Die Instanz, die das Recht erzwingen, den Frieden sichern soll, ist heute der UN-Sicherheitsrat. Die Charta hat ihm die institutionelle Stärke gegeben, die dem Völkerbund fehlte. Die Großmächte, in Gestalt der Sieger des Zweiten Weltkrieges, gehören ihm als Ständige Mitglieder mit Vetorecht an. Vor allem aber sind

seine Entscheidungen, anders als die unverbindlichen Resolutionen der UN-Generalversammlung, für alle Mitgliedstaaten verbindlich. In der Generalversammlung wird debattiert, im Sicherheitsrat entschieden. [...] Demokratisch geht es im Sicherheitsrat nicht zu. Jeder hat eine Stimme, die von fünf Ländern aber wiegt schwerer. Ohne die – USA, Russland, China, Frankreich, Großbritannien – läuft nichts. Seit Jahren wird über eine Reform des Rates gestritten, nach dem Motto: „Ohne Repräsentativität keine Legitimität!“ Aber der bisher letzte Reform-Versuch, den Rat um Brasilien, Deutschland, Indien, Japan und mindestens ein afrikanisches Land als Ständige Mitglieder zu erweitern, scheiterte 2005. Indiens Botschafter Nirupam Sen [...] ist wegen der Reformstarre frustriert: „Der Sicherheitsrat kann noch nicht einmal kleine Probleme lösen. Seine Resolutionen werden ignoriert, ja mit Verachtung gestraft.“ [...]
Manchem ist die Macht des Sicherheitsrates viel zu groß. Nicht zuletzt, weil er auch legislative Befugnisse wahrzunehmen beginnt. Seine Beschlüsse binden alle Regierungen, etwa wenn es darum geht, die Finanzquellen des internationalen Terrorismus auszutrocknen. Wichtiger aber ist etwas anderes. Die meisten Konflikte sind heute innerstaatlicher Natur, nicht mehr Kriege zwischen Staaten. Auf diese „neuen Kriege“ (Herfried Münkler, Politikwissenschaftler) muss sich der Sicherheitsrat einstellen. In Gefahr gerät dabei die uneingeschränkte Souveränität der Staaten, seit dem Westfälischen Frieden von 1648 eines der Prinzipien des Völkerrechts. Die souveräne Gleichheit aller Staaten, ihre territoriale Unverletzlichkeit sind durch Artikel 2 der UN-Charta verbrieft. Aber unter Staatsrechtlern herrscht heute weitgehend Konsens: Völkermord, schwerste Kriegsverbrechen, Verbrechen gegen die Menschlichkeit sind keine „inneren Angelegenheiten“. Eine Regierung, die sich solcher Verbrechen schuldig macht oder nicht in der Lage ist, ihre Bürger zu schützen, muss mit dem Eingreifen der Staatengemeinschaft rechnen. Ruanda und Srebrenica haben ein Umdenken ausgelöst. [...] In einer großen Rede vor der UN-Vollversammlung hat Papst Benedikt XVI. das Gebot der „humanitären Intervention“ verteidigt. „Eine solche Intervention sollte nie als unerwünschte Einmischung oder als eine Beschränkung der Souveränität betrachtet werden, vorausgesetzt, sie erfolgt nach den Prinzipien der internationalen Ordnung. Im Gegenteil, Scheitern oder Passivität richten wirklich Schaden an.“ [...] Viele in New York sehen in den Worten des Papstes eine moralische Unterstützung für eine Institution, die endlich jene Aufgabe wahrzunehmen beginnt, für die sie geschaffen wurde: den Weltfrieden zu bewahren. „Es gibt zum Sicherheitsrat keine Alternative“, sagt Michael Brzoska, Direktor des Hamburger Instituts für Friedensforschung und Sicherheitspolitik. Seit Mitte der neunziger Jahre habe die Zahl der Kriege deutlich abgenommen. Der Sicherheitsrat sei seit dem Ende des Kalten Krieges viel handlungsfähiger geworden, die Großen machten kaum noch von ihrem Vetorecht Gebrauch. „Ohne den Sicherheitsrat wäre die Welt weniger friedlich.“ „Aber“, sagt ein französischer Diplomat, „es steht nicht in Stein gemeißelt, dass die Welt die Entscheidungen der UN immer akzeptieren wird.“ Es gibt Konkurrenz, die Treffen der G8 etwa, bei denen längst alle wichtigen Themen der Weltpolitik verhandelt werden: der Terrorismus, der Klimawandel, die Unterentwicklung ebenso wie die Weltfinanzkrise. „Die großen Probleme schaffen sich für ihre Lösung die Institutionen selbst, wenn die UN nicht wahrgenommen werden als das am besten geeignete Instrument, diese Krisen zu bewältigen“, sagt der deutsche UN-Botschafter Thomas Matussek. Können die Vereinten Nationen noch zu dem von Kant ersehnten „Friedensbund“ werden? In reiner Form gewiss nicht. Und doch. „Wir sind jetzt im 63. Jahr der UN, das ist schon außerordentlich“, sagt Edward C. Luck [...]. „Die Welt ist ein gefährlicher Ort“, fügt er hinzu. Wenn es in ihr ein wenig sicherer zugehe, dann sei dies auch den UN zu verdanken.

Matthias Naß, in: Die Zeit vom 15.05.2008

M2 Erfolge und Grenzen von Friedensmissionen

Was folgt aus dieser parallelen Diagnose des relativ hohen Erfolgs von Friedensmissionen in der Sicherung von Waffenstillständen einerseits und der Probleme der Nachkriegskonsolidierung [...] andererseits? Eine mögliche Antwort wäre, auf Friedensmissionen ganz zu verzichten oder sie doch auf ein Minimum zu reduzieren. Damit wäre der seit Anfang der 1990er Jahre messbare Rückgang der Kriegshäufigkeit gefährdet, und es könnte wieder schwieriger werden, Friedensschlüsse zwischen einander misstrauenden Kriegsparteien auszuhandeln. Darüber hinaus würde die internationale Gemeinschaft ihre Glaubwürdigkeit strapazieren. Im September 2005 wurde [...] die reponsibility to protect als Verpflichtung für die internationale Staatengemeinschaft aufgenommen. Diese Selbstverpflichtung der VN-Mitgliedstaaten hat sich der Sicherheitsrat in der Resolution 1674 vom 28. April 2006 zur Frage des Schutzes von Zivilisten in bewaffneten Konflikten ausdrücklich zu Eigen gemacht.

Eine andere Alternative wäre, [...] nur dann zu intervenieren, wenn dadurch ein unmittelbarer Beitrag zur Sicherung eines bereits ausgehandelten Friedensschlusses vor Ort geleistet werden könnte. Friedenseinsätze würden wieder – wie vor der Ausweitung des Aufgabenspektrums – vor allem zur Sicherung eines Waffenstillstandes durchgeführt. Ausländische Truppen würden so bald wie möglich wieder abgezogen, auch ohne Stabilisierung der politischen und gesellschaftlichen Strukturen. Die Kosten für Friedensmissionen lassen sich so begrenzen, aber die Gefahr eines Rückfalls in den Kriegszustand ist hoch. Die betroffenen Länder würden nicht aus der Konfliktfalle herauskommen, und die internationale Gemeinschaft müsste möglicherweise bald wieder über die Entsendung einer Friedensmission diskutieren. Auch könnten die abziehenden Truppen eine Nachkriegsordnung hinterlassen, die den Wertvorstellungen der westlichen Geberländer nicht entspricht. Beispiel Afghanistan: Ein Abzug der ausländischen Truppen könnte zu einem neuen Krieg führen oder auch zur Errichtung einer Herrschaft von Kriegsfürsten, die sich um Menschenrechte nicht scheren. Das muss jedoch nicht so sein; auch Mischformen traditioneller und demokratischer Herrschaft können dauerhaften Frieden schaffen. Schließlich sollten Friedensmissionen so ausgestattet und so lange durchgehalten werden, bis die wirtschaftliche und gesellschaftliche Konsolidierung des Friedens erreicht ist. Die dafür notwendigen Veränderungen dauern im günstigsten Fall viele Jahre, in der Regel eher Jahrzehnte. So lange müssten externe Akteure für die Sicherheit im Lande verantwortlich bleiben und darüber hinaus versuchen, die Entwicklung einer florierenden, nicht von illegalen und kriminellen Aktivitäten abhängigen Wirtschaft zu befördern. Die Kosten für diese Alternative wären hoch, in finanzieller wie personeller Hinsicht.

Keine dieser Alternativen ist optimal. Sie schließen sich aber auch nicht gegenseitig aus; die internationale Gemeinschaft kann in einem Falle so und in einem anderen anders verfahren. Auch können verschiedene internationale Organisationen unterschiedlich vorgehen, in einer Art Arbeitsteilung, die immer üblicher wird. Allerdings ist die Kenntnis über die besten Strategien externer Akteure in Nachkriegssituationen nicht sehr groß. Politische Entscheidungen darüber, wann eine extern geförderte umfassende Transformation zur langfristigen Friedenskonsolidierung notwendig ist, wann darauf verzichtet werden kann und wann sie sogar kontraproduktiv sein könnte, beruhen häufig auf einer sehr dünnen Informationsbasis. [...]

Friedensmissionen sind ein beschränkt erfolgreiches Instrument der Konflikteindämmung. Sie können einen wichtigen Beitrag zur Friedenssicherung leisten, sowohl in der Phase unmittelbar nach Beendigung eines Konfliktes als auch bei der langfristigen Sicherung des Friedens in einer Nachkriegsgesellschaft. Aber während Erfolge in der ersten Phase unmittelbar nach einem Krieg relativ einfach zu erzielen sind, stellt die langfristige Friedenskonsolidierung Anforderungen an Friedensmissionen, die diese in der Vergangenheit nur in etwa der Hälfte der Fälle erfüllen konnten. Ein Grund dafür ist, dass die kurzfristige Sicherung des Friedens oft als vorrangig militärische Aufgabe organisiert werden kann, während für die langfristige Friedenskonsolidierung militärische Aspekte in der Regel eine untergeordnete Bedeutung haben. Die unbefriedigende Erfolgsrate von Friedensmissionen für die Schaffung von Frieden spiegelt daher vor allem den weiter bestehenden Mangel an Kenntnissen darüber wider, wie Friedenskonsolidierung im konkreten Einzelfall von außen wirkungsvoll unterstützt werden kann, sowie die begrenzten zivilen Kapazitäten, die dafür zur Verfügung gestellt werden.

Langfristig erfolgreiche Friedenskonsolidierung erfordert einen Mitteleinsatz, den aufzubringen die internationale Gemeinschaft zukünftig vermutlich nur in Einzelfällen bereit sein wird. Soldaten dürften stärker im Krisenmanagement, insbesondere zur unmittelbaren Absicherung einer Friedensvereinbarung, zum Einsatz kommen. Deshalb ist es umso mehr geboten, zivile Instrumente der Friedenskonsolidierung besser auszustatten und zum Einsatz zu bringen.

Michael Brzoska, in: Aus Politik und Zeitgeschichte Nr. 16–17/2007

Aufgaben

1. „Ihr gebt mir ständig neue Mandate, aber nicht die Mittel, diese zu erfüllen." Diesen Vorwurf machte der ehemalige UN-Generalsekretär Boutros Boutros-Ghali den Mitgliedstaaten der UNO. Diskutieren Sie, auf welches Problem genau er sich bezog! Suchen Sie nach aktuellen Beispielen für diese Diskrepanz zwischen Auftrag und Möglichkeiten der UNO.
2. Untersuchen Sie die UN-Charta daraufhin, an welchen Wertvorstellungen sich die UNO orientiert.
3. Recherchieren Sie anhand eines aktuellen Konfliktes – z. B. in Darfur – die Möglichkeiten und Probleme der UNO, diesen Konflikt zu beenden.
4. Sehen Sie die Rolle der Vereinten Nationen im 21. Jahrhundert geschwächt oder gestärkt? Erläutern Sie Ihre Einschätzung.
5. „Mächtige Nationen sind selten gute Mitglieder eines internationalen Clubs, der dafür eingerichtet ist, die Ausübung nationaler Macht einzugrenzen." Erläutern Sie, was der Historiker Paul Kennedy damit in Bezug auf die Organisation der Vereinten Nationen gemeint hat.
6. Formulieren Sie in eigenen Worten, welchen Herausforderungen sich die UNO zukünftig stellen muss.
7. Überlegen Sie: Wie könnten Reformen aussehen, mit denen die UNO diese Probleme besser bewältigen könnte?
8. Der Autor spricht von „zivilen Elementen der Friedenskonsolidierung". Erläutern Sie, was damit gemeint ist. Worin liegen die Chancen eines verstärkten Einsatzes dieser Elemente (M2)?
9. Diskutieren Sie, welche Faktoren zum Scheitern, welche zum Gelingen von Friedensmissionen beitragen (M2).

4.3 NATO und OSZE

Leitfragen	Ist die NATO heute noch für unsere Sicherheit von Bedeutung?	Wie hat die NATO auf die neuen Bedrohungen reagiert?	Worin besteht die sicherheitspolitische Aufgabe der OSZE?

Die NATO

Gründung und Ziele

Nach dem Zweiten Weltkrieg entstand als Reaktion auf die gewaltsame Expansion des sowjetischen Machtbereichs in Ost- und Mitteleuropa die NATO (North Atlantic Treaty Organization) als **Verteidigungsbündnis des Westens.** Gründungsmitglieder waren 1949 zehn europäische Staaten sowie die USA und Kanada. Die Bundesrepublik Deutschland trat der NATO 1955 bei. Seit 2009 gehören 28 Staaten der NATO an. Die Mitgliedsländer gehen eine **gegenseitige Beistandsverpflichtung** für den Fall eines bewaffneten Angriffs auf ein Mitglied ein, wobei allerdings der Beistand nicht automatisch in militärischer Form zu leisten ist. Die NATO versteht sich über das **Militärbündnis** hinaus als **Wertegemeinschaft:** Alle Mitglieder verpflichten sich zur Bewahrung der freiheitlich-demokratischen Ordnung im Innern und gegen Angriffe von außen.

Der Nordatlantikvertrag (Auszug)

Kernelemente des Nordatlantikvertrags sind Art. 1 sowie Art. 5. In Art. 1 verpflichten sich die Vertragsparteien, „in Übereinstimmung mit der Satzung der Vereinten Nationen, jeden internationalen Streitfall, an dem sie beteiligt sind, auf friedlichem Wege so zu regeln, dass der internationale Friede, die Sicherheit und die Gerechtigkeit nicht gefährdet werden, und sich in ihren internationalen Beziehungen jeder Gewaltandrohung oder Gewaltanwendung zu enthalten, die mit den Zielen der Vereinten Nationen nicht vereinbar sind."

In Art. 5 vereinbaren die Vertragsparteien, „dass ein bewaffneter Angriff gegen eine oder mehrere von ihnen in Europa oder Nordamerika als ein Angriff gegen sie alle angesehen wird; sie vereinbaren daher, dass im Falle eines solchen bewaffneten Angriffs jede von ihnen in Ausübung des in Artikel 51 der Satzung der Vereinten Nationen anerkannten Rechts der individuellen und kollektiven Selbstverteidigung der Partei oder den Parteien, die angegriffen werden, Beistand leistet, indem jede von ihnen unverzüglich für sich und im Zusammenwirken mit anderen Parteien die Maßnahmen, einschließlich der Anwendung von Waffengewalt, trifft, die sie für erforderlich erachtet, um die Sicherheit des nordatlantischen Gebiets wiederherzustellen und zu erhalten. [...] Die Maßnahmen sind einzustellen, sobald der Sicherheitsrat (Anmerkung: der Vereinten Nationen) diejenigen Schritte unternommen hat, die notwendig sind, um den internationalen Frieden und die internationale Sicherheit wiederherzustellen und zu erhalten."

www.nato.int

Aufbau der NATO

Diesem doppelten Charakter des Bündnisses – Militärbündnis und Wertegemeinschaft – entspricht die Zweiteilung der Organisationsstruktur in einen zivilen und einen militärischen Bereich. Entscheidungsorgan ist der NATO-Rat, in dem die Staats- und Regierungschefs oder die Außen- bzw. Verteidigungsminister regelmäßig zweimal im Jahr zusammentreten. Damit ist der Primat (Vorrang) der Politik über das Militär gesichert; das Militär berät im Militärausschuss den Rat in allen militärischen Fragen. Alle Entscheidungen im NATO-Rat müssen einstimmig getroffen werden, so dass kein Mitglied gegen seinen Willen zu verteidigungspolitischen Festlegungen gezwungen werden kann. Der vom NATO-Rat gewählte Generalsekretär – seit 1. August 2009 der Däne Anders Fogh Rasmussen – vertritt die NATO bei Verhandlungen mit anderen internationalen

Akteuren und versucht, bei Meinungsverschiedenheiten zwischen den Mitgliedern Kompromisse zu finden. Militärische Einsätze der NATO werden durch integrierte Kommandobehörden geplant und geleitet.

Herausforderungen nach dem Ende des Ost-West-Konflikts

Neue Aufgaben

Mit der Auflösung des Warschauer Paktes in der Folge der Umwälzungen im sowjetischen Machtbereich verlor die NATO ihren Gegner und damit ihren zentralen Organisationszweck. Ehemalige Ostblockstaaten strebten die Mitgliedschaft in der NATO an, um sich gegenüber eventuellen künftigen Hegemoniebestrebungen Russlands abzusichern. So wurden 1999 Polen, Tschechien und Ungarn, 2004 Bulgarien, Estland, Lettland, Litauen, Rumänien, die Slowakei und Slowenien sowie 2009 Kroatien und Albanien aufgenommen. An die Stelle der Bedrohungen durch die sowjetische Militärmacht traten rasch **neue Gefahren für Frieden und Sicherheit**, die ein militärisches Eingreifen erforderlich machen können (→ Kapitel 2.4.1). In den vergangenen Jahren engagierte sich die NATO mit Militärinterventionen in Bosnien-Herzegowina, im Kosovo und in Afghanistan, wobei es jeweils um die Erzwingung und **Sicherung des Friedens** in innerstaatlichen Konflikten geht. In der Folge der Terroranschläge auf die USA am 11.09.2001 wurde zum ersten Mal der Bündnisfall nach Artikel 51 des NATO-Vertrags festgestellt. Die Bekämpfung des Terrorismus durch den Sturz des Taliban-Regimes in Afghanistan wollten die USA durchführen, ohne das Bündnis einzubeziehen. Durch Friedenssicherung in Afghanistan und Überwachung wichtiger Seewege im Mittelmeer und im Indischen Ozean beteiligen sich aber nun NATO-Verbände an der **Terrorismusbekämpfung**.

Das neue strategische Konzept

Die völlig neuen Aufgaben zur Bewahrung der Sicherheit im euro-atlantischen Raum erforderten ein neues sicherheitspolitisches Konzept. Nach-

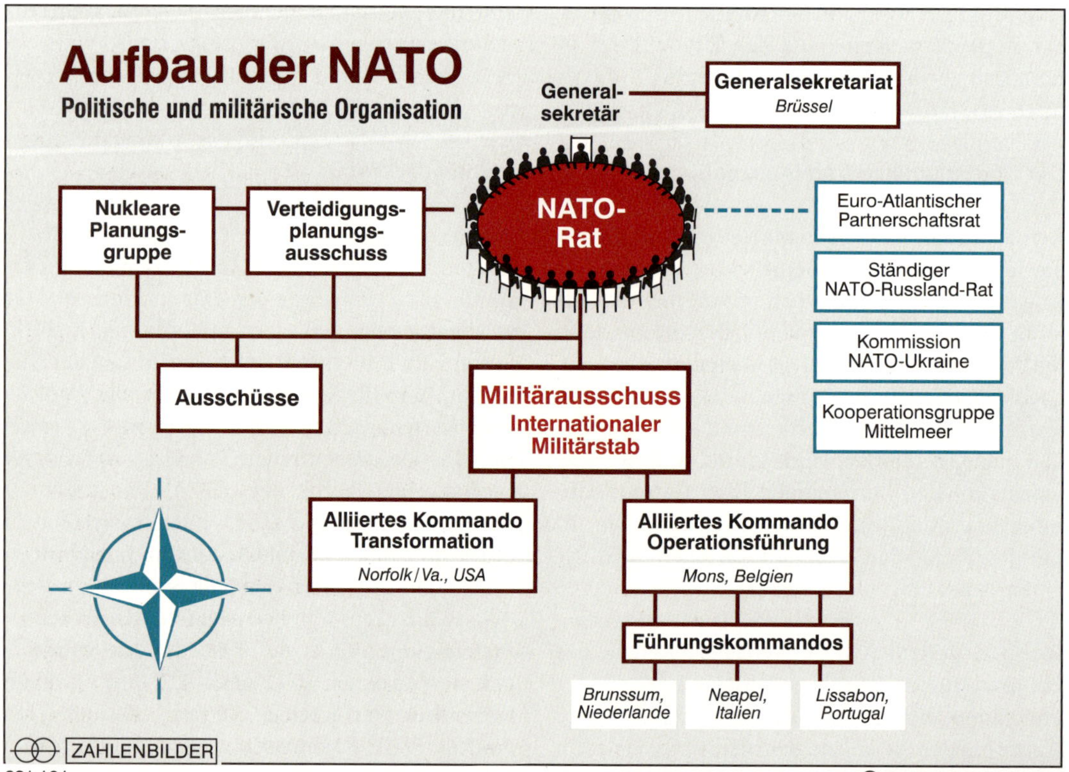

621 101

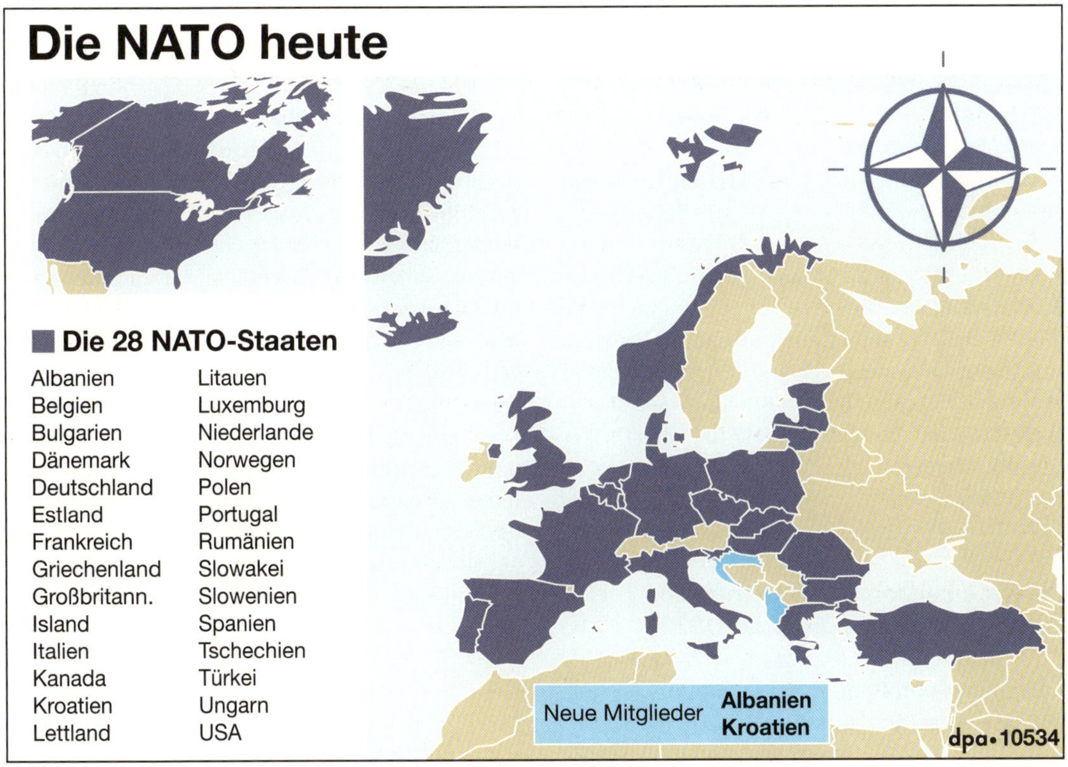

dem die NATO bereits in den 1990er Jahren durch die Interventionen im zerfallenden Jugoslawien über ihren ursprünglichen Verteidigungsauftrag hinausgegangen war, einigte man sich schließlich 1999 im NATO-Rat auf ein **neues strategisches Konzept**. Neben die klassische Aufgabe der Verteidigung des Bündnisgebietes tritt nun die Bewältigung von Krisen, die unmittelbar oder mittelbar die Sicherheit der Mitgliedstaaten bedrohen. Damit können seither auch folgende Einsätze zu den NATO-Aufgaben zählen:

- **Kampfeinsätze oder friedenssichernde Einsätze** im Rahmen eines Mandats des UN-Sicherheitsrats;
- militärische Einsätze zur **Verhinderung von humanitären Katastrophen** auch ohne UN-Mandat (z.B. Kosovo-Krieg);
- **friedenssichernde Einsätze**, wenn die betroffene Regierung oder die Konfliktparteien darum ersuchen (z.B. in Mazedonien).

Damit kann das Bündnis auch außerhalb des NATO-Gebietes aktiv werden (Einsätze „**out of area**"). Den neuen Aufgaben muss auch die Truppenstruktur entsprechen. Große, stehende Streitkräfte sind sinnlos geworden. Die NATO benötigt vielmehr in allen Teilen der Welt rasch einsetzbare, mit modernsten Waffen ausgerüstete Einheiten. Deshalb wurde 2002 auf Druck der USA die Schaffung einer mobilen Eingreiftruppe (NATO Response Force), bestehend aus amerikanischen und europäischen Verbänden, beschlossen.

Das transatlantische Verhältnis

Die Kriege im ehemaligen Jugoslawien zeigten, dass die europäischen NATO-Partner ohne US-amerikanisches Eingreifen bedrohlichen Konflikten selbst unmittelbar „vor ihrer Haustür" weitgehend hilflos gegenüberstehen. Die ungleichen militärischen Fähigkeiten und die oft unterschiedliche Einschätzung von Gefahren und geeigneter Gegenmaßnahmen innerhalb der Bündnispartner bedrohen das westliche Bündnissystem. Während die USA ihr Verteidigungsbudget vor allem nach den Terroranschlägen des 11.09.2001 weiter aufstockten (2008 ca. 470 Mrd. US-Dollar) und finanziell in der Lage sind, nahezu jede militärische Aufgabe alleine zu bewältigen, zeigen sich die europäischen Staaten nur begrenzt fähig, ihren militärischen Beitrag zur gemeinsamen Sicherheit zu leisten (z. B. betrug das deutsche Verteidigungsbudget 2008 knapp 30 Mrd. Euro). Die USA neigen dazu, militärische Einsätze alleine oder unter Umgehung der Konsultations- und Beschlussmechanismen der NATO mit „willigen" Partnern zu bewältigen.

Auch für europäische Staaten hat die NATO nach dem Wegfall der sowjetischen Bedrohung nicht mehr höchste sicherheitspolitische Priorität; Ansätze zu einer eigenen militärischen Komponente der Europäischen Union (Europäische Sicherheits- und Verteidigungspolitik, ESVP) werden vor allem von den USA als Konkurrenz zur NATO eingeschätzt.

Die Organisation für Sicherheit und Zusammenarbeit in Europa (OSZE)

Entstehung und Bedeutung während des Ost-West-Konflikts

Die Schlussakte der Konferenz für Sicherheit und Zusammenarbeit in Europa (KSZE), die von allen Warschauer Pakt-Staaten, allen NATO-Mitgliedern und allen neutralen europäischen Staaten im Jahre 1975 unterzeichnet wurde, bildete eine Brücke zwischen den Gegnern im Ost-West-Konflikt und verlieh den Entspannungsbemühungen einen entscheidenden Schub, der in den folgenden Jahren weiterwirkte und wesentliche Fortschritte vor allem auf dem Gebiet der Rüstungskontrolle ermöglichte.

Die heutige Bedeutung der OSZE

Nach dem Ende des Ost-West-Konflikts musste die KSZE, die 1995 in „Organisation für Sicherheit und Zusammenarbeit in Europa" (OSZE) umbenannt wurde, eine neue Rolle finden. Als einzige Sicherheitsorganisation, die alle europäischen Staaten einschließlich der Nachfolgestaaten der Sowjetunion und Jugoslawiens sowie die USA und Kanada umfasst, schien sie einerseits besonders geeignet, die im zerfallenden Ostblock aufbrechenden Konflikte zu bearbeiten. Andererseits erschwert die große Zahl von 55 Mitgliedern die für Entscheidungen notwendige Einstimmigkeit von Beschlüssen (Konsensprinzip).

Zudem kann sie zur Beendigung von Konflikten weder selbst Streitkräfte einsetzen noch – wie die UNO-Staaten – den Einsatz von Gewalt erlauben. Die OSZE betreibt deshalb eine unspektakuläre, in den Medien kaum präsente Sicherheitspolitik. Sie versucht, Krisen frühzeitig zu entschärfen, um sie nicht in gewaltsam ausgetragene Konflikte ausarten zu lassen. Wo dies nicht verhindert werden konnte, sollen nach Beendigung der Kampfhandlungen Bedingungen für ein konfliktfreies Neben- und Miteinander von Gesellschaften verbessert werden.

Diese **präventive und nachsorgende Sicherheitspolitik** erfordert ein breites Spektrum von Maßnahmen, wie etwa die Beobachtung von Wahlen oder die Früherkennung gesellschaftlicher und politischer Missstände (z. B. eine diskriminierende Behandlung von gesellschaftlichen Minderheiten).

M Friedensstifter oder Fachidiot?

Die Allianz ist zerstritten, es fehlt an Ausrüstung, ihre Militäreinsätze sind in manchen Mitgliedstaaten innenpolitisch schwer vermittelbar: Ist die NATO ein überfordertes Relikt des Kalten Krieges, das bald verschwinden wird? Oder passt sie sich den Herausforderungen an und bleibt angesichts grenzüberschreitender Bedrohungen unverzichtbar?

Die NATO schwindet dahin ...
... weil sie keine Lösungen für neue Bedrohungen anbieten kann

Peter van Ham

Die Organisation hat den Interessen des Westens im Kalten Krieg und unmittelbar danach gute Dienste geleistet, doch sie verliert langsam aber sicher ihre Bedeutung als zentrales Instrument für die Herausforderungen der transatlantischen Sicherheit. Dafür gibt es vier Gründe:

1. Es gibt zu viel zu tun

Die NATO wird überhäuft mit neuen Aufgaben, Mitgliedern und Einsätzen und hat ihre Strukturen und Mittel nicht entsprechend angepasst. Während die EU ihre Entscheidungsprozesse rundum erneuert hat, um nach der Erweiterung reibungslos Politik machen zu können, hält die NATO an der Einstimmigkeit fest, so dass jedes Mitglied jede Entscheidung blockieren kann. Während des Kalten Krieges waren die USA willens und in der Lage, als Schlichter aufzutreten, um ihre Ziele zu erreichen. Aber heute ist Washington offenbar nicht nur unfähig, sondern es hat auch keine Lust, den 26 NATO-Mitgliedern Einstimmigkeit aufzuzwingen. Das führt zu regelmäßigen Blockaden, und folglich werden viele wichtige Themen in der NATO gar nicht erst diskutiert. So lassen sich weder eine gemeinsame transatlantische Linie zum Atomprogramm des Iran entwickeln noch die Beziehung der NATO zur EU klären. Das Bündnis hat die wichtigsten Sicherheitsbelange seiner Mitglieder nicht mehr im Griff. Gleichzeitig ist die politische Agenda der NATO ein Abladeplatz für nahezu alle Herausforderungen und Bedrohungen, mit denen der Westen sich konfrontiert sieht. Zu ihren Aufgaben zählen inzwischen territoriale Verteidigung und Friedenssicherung ebenso wie Proliferationsfragen, Energiesicherheit, Raketenabwehr und Cyber-Terrorismus. Angesichts dieser Vielfalt könnte man meinen, dass die NATO noch immer im Mittelpunkt der transatlantischen Sicherheits- und Verteidigungsdebatte steht. Aber in ihrer Multifunktionalität sieht sie immer mehr aus wie ein Schweizer Taschenmesser, an dem alle Werkzeuge ausgeklappt sind. In diesem unhandlichen Zustand taugen Taschenmesser, obwohl sie eigentlich alles können, bekanntlich gar nichts. Ohne ausreichende Mittel und eindeutige Bestimmung ist die Vielseitigkeit der NATO eher ein Zeichen von Schwäche denn von Stärke. Das Bündnis hat einfach weder die Mittel noch die Instrumente, mit allen Aufgaben fertig zu werden. [...]

2. Solidarität zählt nicht mehr

[...] Die Mitgliedstaaten entscheiden nach ihrem jeweiligen Ermessen, ob sie den verschiedenen NATO-geführten Missionen Truppen und Ressourcen zur Verfügung stellen. Viele Staaten stehlen sich aus der Verantwortung, während einige Wenige die ganze Bürde der Einsätze auf dem Balkan, in Afghanistan und anderswo tragen. Im Moment fühlen sich die NATO-Staaten, die in Afghanistan die Hauptlast tragen, von ihren Bündnispartnern im Stich gelassen. Die USA, Frankreich, Kanada und die Niederlande kämpfen im gefährlichen Süden des Landes und leiden unter dem gegenwärtig vorherrschenden Motto „Wer akzeptiert, muss bezahlen". Kosten teurer NATO-

Operationen werden nicht gemeinsam getragen und es hat sich als sehr schwierig erwiesen, die Teilnahme an Missionen ebenso wie die Verantwortung gerecht zu verteilen – all das straft das Konzept der strategischen Solidarität Lügen. Jedes Mal, wenn Nato-General-Sekretär Jaap de Hoop Scheffer durch die Hauptstädte reist und um Truppen, Ausrüstung und Geld bettelt, sind die Schwächen des Bündnisses für jeden sichtbar. [...]

3. Allumfassende Sicherheit?

Sowohl in Afghanistan als auch im Kosovo hat die NATO feststellen müssen, dass außer militärischer Stärke auch ökonomische, finanzielle und humanitäre Unterstützung über den Erfolg einer Mission entscheiden. [...] Aber während die EU ein Alleskönner mit einer großen Bandbreite an wirtschaftlichen, zivilen und militärischen Instrumenten ist, bleibt die NATO Fachidiot: Sie hat außer militärischer Stärke nichts zu bieten. [...] In der komplexen globalisierten Welt wirkt die NATO-Werkzeugkiste mit ihren vielen militärischen Instrumenten archaisch. Das Wenigste kann sie selbst machen. Während die EU eine glaubwürdigere Verteidigungspolitik entwickelt, wird das Bündnis immer unwichtiger. Es scheint nur eine Frage der Zeit zu sein, bis die EU die NATO als Garant für Sicherheit und Verteidigung in Europa ablöst.

4. Flexible Bündnisse

US-Verteidigungsminister Donald Rumsfeld schlug vor ein paar Jahren vor, „Koalitionen der Willigen und Fähigen" den statischen und lahmen internationalen Organisationen vorzuziehen. [...] Statische und formale Verteidigungsbündnisse sind veraltet und werden künftig durch flexiblere Ad-hoc-Zusammenschlüsse gleichgesinnter Staaten ersetzt werden. Und da alle Kriege auf Entscheidungen beruhen werden, wird die NATO unweigerlich zu einer Abrechnungsstelle für wechselnde Koalitionen werden und ihre Rolle als klassisches Militärbündnis aufgeben. [...]

Übersetzung: Dina Stratenwerth

Die NATO ist nötiger denn je ...
... weil nur sie den Rahmen für multilaterale Einsätze bieten kann
Karl Kaiser

Die NATO bleibt aus mannigfachen Gründen unentbehrlich. Zuerst einmal sind mehrere ihrer „klassischen Funktionen" in der sicherheitspolitischen Landschaft des 21. Jahrhunderts eher noch wichtiger geworden. [...] Ist schon die Fortführung der [...] Funktionen aus der Vergangenheit ein guter Grund, trotz des Wegfalls der sowjetischen Bedrohung die NATO zu erhalten, so gilt dies noch mehr, wenn eine Antwort auf die nach dem Ende des Ost-West-Konflikts entstandenen sicherheitspolitischen Herausforderungen gesucht wird. Sie gruppieren sich um vier Problemfelder:

- Erstens die aus dem Zerfall von Staaten, Bürgerkriegen und ethnischen Konflikten rührenden Entwicklungen, die unmittelbar die Sicherheit von Bündnismitgliedern berühren und die deshalb gemeinsames Handeln erfordern. Die Konflikte auf dem Balkan sind hierfür ein Beispiel, wo NATO- (und EU-)Präsenz stabilisierend und staatsaufbauend wirken.

- Zweitens können – meist in Verbindung mit zerfallenden Staaten – Operationsräume und Rückzugsbasen für Terroristen entstehen, die, wie am 11. September 2001, Angriffe auf Ziele in westlichen Ländern durchführen, und wo gemeinsames Handeln erforderlich wird, um diese zu zerstören oder eine Wiedererstarkung zu verhindern. Afghanistan und der Einsatz von NATO-Kräften – neben Beiträgen anderer Institutionen und Länder – ist hierfür ein Beispiel.

- Drittens erfordert die Verbreitung von Massenvernichtungswaffen, vor allem wenn eine Verbindung mit Terroristen besteht oder entstehen kann, gemeinsames Handeln des Bündnisses.

- Viertens schließlich kann die massive Verletzung von Menschenrechten, wie sie in ethnischen Vertreibungen und Genoziden geschieht, Maßnahmen der internationalen Gemeinschaft erfordern, die von der NATO durchgeführt werden oder an denen sie sich beteiligt.

Keine dieser Aufgaben kann von einem Staat allein, selbst nicht von den USA, mit Aussicht auf Erfolg in Angriff genommen werden; aber kein Staat von Bedeutung und mit Ressourcen ausgestattet wie Deutschland kann sich auch einer Mitwirkung entziehen, denn in einer Welt transnationaler Verflechtung und relativ offener Grenzen werden alle Bündnismitglieder von den potenziell verheerenden Folgen der neuen Bedrohungen betroffen.

Aus: Internationale Politik, Ausgabe März 2008

Aufgaben

1. Recherchieren Sie über die aktuellen militärischen Einsätze der NATO und zeigen Sie, inwiefern diese den Grundsätzen des neuen strategischen Konzepts entsprechen.

2. Legen Sie dar, welche grundlegenden Veränderungen ihrer Aufgaben der Zerfall des Ostblocks für die NATO bewirkt hat. Diskutieren Sie die verschiedenen Schlussfolgerungen, die man aus dieser Veränderung ziehen kann (M).

3. Erörtern Sie die Aussage, ein einzelner Staat sei heute ebenso wenig wie eine einzelne Organisation in der Lage, die gegenwärtigen Herausforderungen allein zu bewältigen (M). Beziehen Sie sich möglichst auf aktuelle Beispiele.

4.4 Merkmale deutscher Außen- und Sicherheitspolitik

Leitfragen	Welches sind die Aufgaben und Ziele deutscher Außenpolitik?	Wie wurde auf den weltpolitischen Wandel nach 1990 reagiert?	Wie hat sich die Rolle der Bundeswehr gewandelt?

Aufgaben und Instrumente deutscher Außenpolitik

Außenpolitik meint die Gestaltung der Beziehungen eines Staates zu anderen Staaten und zu internationalen Organisationen, besonders die Herstellung zweiseitiger (bilateraler) oder mehrseitiger (multilateraler) politischer, militärischer, wirtschaftlicher, rechtlicher oder kultureller Beziehungen. Bestimmende Faktoren der Außenpolitik sind die geografische Lage und Größe eines Staates, seine Wirtschaftskraft, Geschichte und politische Verfasstheit. Die **grundlegenden Ziele** deutscher Außenpolitik sind vom Grundgesetz vorgegeben; zu den zentralen Interessen zählen gemäß dem Weißbuch zur Sicherheit der Bundesrepublik Deutschland von 1994:

- die Bewahrung von Freiheit, Sicherheit und Wohlfahrt der Bürger Deutschlands und der Unversehrtheit des Staatsgebiets;
- die Integration in die Europäischen Union;
- das dauerhafte, auf eine Wertegemeinschaft und gleichgerichtete Interessen gegründete transatlantische Bündnis mit den USA;
- auf Ausgleich und Partnerschaft bedachte Beziehungen zu den östlichen Nachbarstaaten, ihre Heranführung an westliche Strukturen und die Gestaltung einer neuen kooperativen Sicherheitsordnung für Europa;
- die weltweite Achtung des Völkerrechts und der Menschenrechte;
- eine auf marktwirtschaftlichen Regeln basierende gerechte Weltwirtschaftsordnung.

Instrumente der Außenpolitik umfassen

- die Pflege diplomatischer Beziehungen,
- internationale Verträge und Bündnisse,
- die Mitgliedschaft in internationalen Organisationen und Gerichtshöfen,
- Außenwirtschaftspolitik,
- die Unterstützung multilateraler Konfliktbearbeitung (Auslandseinsätze).

Akteure der Außenpolitik

Akteure der Außenpolitik sind die mit der Wahrnehmung der auswärtigen Angelegenheiten betrauten Staatsorgane, internationale und supranationale Organisationen sowie Nichtregierungsorganisationen (NGOs). In Deutschland wird Außenpolitik vor allem vom **Außenminister** – unterstützt vom Auswärtigen Amt – und vom **Bundeskanzler** – unterstützt von der außenpolitischen Abteilung des Kanzleramts – betrieben. Daneben sind auch viele Aktivitäten anderer Ministerien, wie etwa des Verteidigungsministeriums oder des Ministeriums für wirtschaftliche Zusammenarbeit und Entwicklung, der Außenpolitik zuzuordnen. Außenpolitik ist also im Wesentlichen **Aufgabe der Regierung**; der Bundestag debattiert zwar häufig über außenpolitische Fragen, seine Entscheidungskompetenzen sind aber eng begrenzt.

Bedingungen deutscher Außenpolitik

Die Rolle Deutschlands ist geprägt durch Bedingungen, die sich aus seiner Lage, Größe und seinen historischen Erfahrungen ergeben.

- Deutschland ist mit rund 82 Millionen Einwohnern das bevölkerungsreichste Land Europas und liegt in dessen Zentrum, ist also von Nachbarstaaten umgeben, für die das Deutsche Reich eine unmittelbare Bedrohung darstellte. Während des Ost-West-Konflikts war Deutschland durch die Grenze zwischen den beiden Blöcken zweigeteilt; heute liegt es an der „Wohlstandsgrenze" zu den ehemaligen Ostblockstaaten und unterhält **freundschaftliche Beziehungen** zu allen Nachbarstaaten.

- Als rohstoffarmes Land ist Deutschland besonders stark auf sichere und stabile Rohstoff- und Energiemärkte sowie auf Exporterfolge angewiesen, somit auf gut funktionierende **Außenhandelsbeziehungen.**

- Deutschland hat in der Vergangenheit durch nationalistische Macht- und Expansionspolitik und durch Verfolgung von Minderheiten ein großes Maß an Unglück über die Welt gebracht. Manche der Politiker, welche Deutschland nach dem Zweiten Weltkrieg wieder in die internationale Staatenwelt zurückführen konnten, hatten selbst die Schrecken der totalitären Gewaltherrschaft erfahren müssen und vertraten die Werte **Freiheit, Menschenrechte und Demokratie** aus tiefster Überzeugung – eine Haltung, die nach wie vor deutsche Außenpolitik bestimmt. Auch die besondere Verantwortung Deutschlands gegenüber Israel ist eine Konsequenz aus der Vergangenheit.

Aufgaben der Bundeswehr

Das Aufgabenprofil der Bundeswehr hat sich seit Ende der bipolaren Weltordnung geändert; als zentrale Anforderung ist die Unterstützung der internationalen Krisenprävention und -bewältigung hinzugekommen. Aufgabenfelder sind

- Verteidigung Deutschlands und Schutz der deutschen Staatsbürger;
- Unterstützung von Bündnispartnern (NATO, UNO ...);
- Rettung und Evakuierung;
- Sicherung von Frieden und Stabilität im europäischen Raum;
- Förderung des Weltfriedens und der internationalen Sicherheit im Einklang mit der UN-Charta;
- Hilfe bei Katastrophen und Notlagen, Unterstützung bei humanitären Missionen.

Reaktionen auf neue Rahmenbedingungen

Die Vereinigung der beiden deutschen Staaten 1990 und das Ende der bipolaren Weltordnung bedeuteten für Deutschland einen Zuwachs an außenpolitischer Bedeutung und Verantwortung. Deutschland wurde zur größten europäischen Regionalmacht und musste neue Verpflichtungen im Rahmen der veränderten NATO-Strategie sowie der Krisenbearbeitung durch die UNO übernehmen, was auch die **Beteiligung der Bundeswehr an internationalen Friedenseinsätzen** einschließt. Diese Neuorientierung löste heftige Debatten aus; 1994 bestätigte das Bundesverfas-

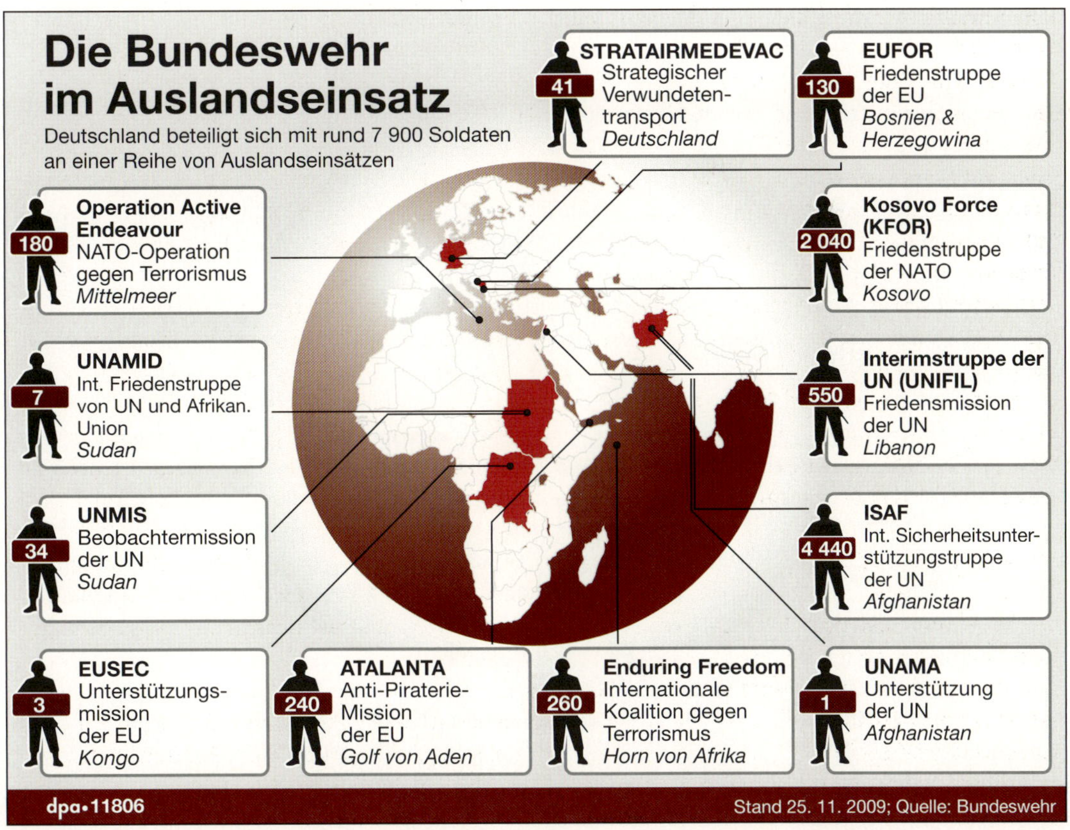

sungsgericht jedoch die Verfassungsmäßigkeit internationaler Einsätze der Bundeswehr, sofern diese mit Zustimmung des Bundestages stattfinden. Rein humanitäre Missionen hingegen bedürfen auch weiterhin keiner Billigung durch das Parlament. Dieses Grundsatzurteil des Bundesverfassungsgerichts bekräftigte den Charakter der Bundeswehr als einer **„Parlamentsarmee"**. Das Karlsruher Urteil verschaffte der Regierung einen größeren Handlungsspielraum, um den internationalen Verpflichtungen Deutschlands gerecht werden zu können. Schwerpunkt deutscher Außenpolitik bleibt aber nach wie vor der Einsatz für Verhandlungen und von nichtmilitärischem Druck (Sanktionen, Embargen...) zur Lösung von internationalen Konflikten, vor allem im Rahmen der Initiativen von EU und UNO.

Bereiche deutscher Außenpolitik

Neben den genannten Feldern gibt es weitere Kompetenzbereiche und Interessen:

- **Außenwirtschaftsbeziehungen**: Deutschland ist stark mit der Weltwirtschaft verflochten und von ihrer Entwicklung abhängig. Mehr als jeder vierte Euro wird im Export von Waren und Dienstleistungen verdient, mehr als jeder fünfte Arbeitsplatz hängt vom Außenhandel ab. Der Export von Waren und Dienstleistungen ist deshalb ein zentraler Faktor der deutschen Konjunktur. Es ist Aufgabe der deutschen Außenpolitik, deutsche Wirtschaftsinteressen zu fördern und darüber hinaus zur weiteren Entwicklung einer gerechten und nachhaltigen globalen Wirtschaftskooperation beizutragen.

- **Internationale Rechtsbeziehungen**: Hierzu zählen etwa die Mitgliedschaft Deutschlands in internationalen Gerichtshöfen und die Unterzeichnung völkerrechtlicher Verträge (→ Kapitel 2.5).

- **Auswärtige Bildungs- und Kulturpolitik**: Sie soll die kulturellen Beziehungen zwischen Deutschland und anderen Staaten stärken und die internationale Zusammenarbeit im Bereich Forschung und Hochschule fördern. Akteure der Auswärtigen Kultur- und Bildungspolitik sind insbesondere die Goethe-Institute und die deutschen Auslandsschulen, ein Schwerpunkt ist die Vermittlung und Förderung der deutschen Sprache im Ausland.

Einflussfaktoren auf die deutsche Außenpolitik

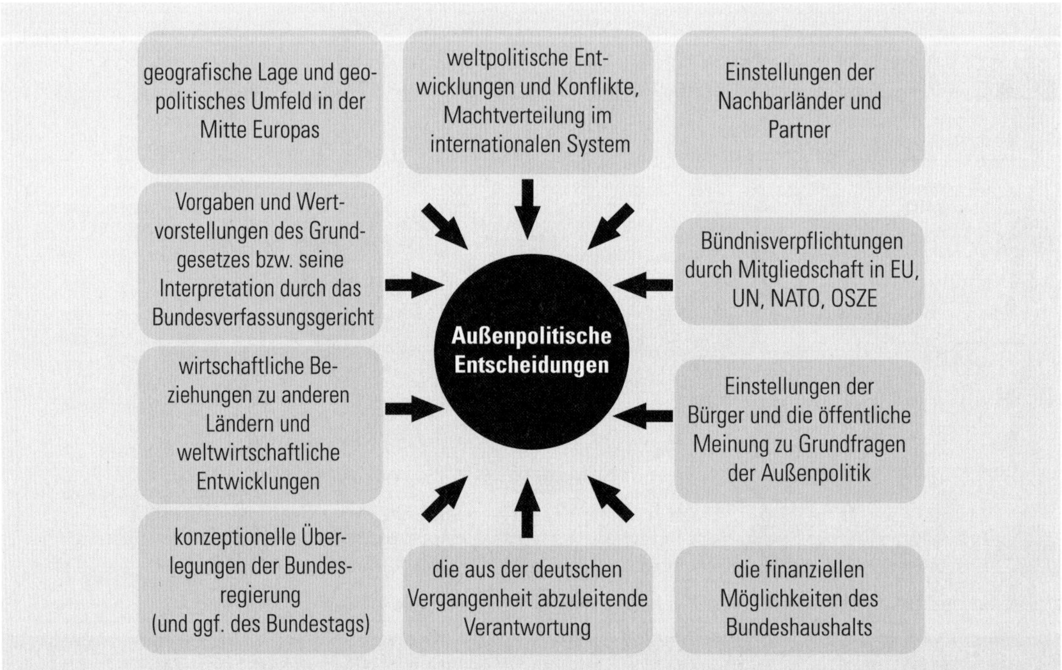

M1 Außenpolitik, süßsauer

Der Ärger um den Besuch des Dalai Lama bei Angela Merkel zieht immer weitere Kreise. Im Kern geht es um eine der wichtigsten Fragen der deutschen Diplomatie: Wie verhält man sich gegenüber einer wirtschaftlich starken Diktatur?

Es geht darum, wie die Bundesrepublik mit einer Diktatur umgehen soll, die ihre attraktiven Seiten hat. Es geht um ein Rezept für eine Außenpolitik, die scheinbar Widersprüchliches so verbinden kann wie die süßsauren Gerichte der chinesischen Küche. Für China spricht die enorme Wirtschaftskraft, die sich langsam mit politischer Macht paart. Und es geht auch um deutsche Exporte und um einen möglichen Verbündeten für Krisen und internationale Verhandlungen. China wird gebraucht, das spricht ebenso für einen freundlichen Umgang. Aber China hat auch böse Züge, legt keinen besonderen Wert auf die Menschenrechte und unterdrückt brutal die Tibeter, deren religiöses Oberhaupt der Dalai Lama ist. Deutschland ist Exportweltmeister und zieht einen wachsenden Teil seines Wohlstands aus China. Aber Deutschland ist auch eine Demokratie und steht damit immer vor der Frage, ob es Demokratie und Menschenrechte in anderen Ländern fördern soll, für die Menschen dort, aber auch aus Selbstachtung. Ein Dilemma dieser Art blieb der Bundesrepublik bisher erspart. Den sozialistischen Diktaturen fehlte die wirtschaftliche Kraft, die China heute hat. Es geht also darum, in einer neuen Weltordnung den eigenen Standpunkt zu finden. Und hinter dem Gezänk, das vor allem macht- und parteipolitisch motiviert ist, haben sich längst zwei verschiedene Positionen zu den Grundfragen herausgebildet, eigentlich Stoff für eine wirklich interessante und wichtige Debatte.

Die eine Position vertritt Außenminister Frank-Walter Steinmeier, der die Auffassung vom Wettbewerb eines westlich-demokratischen mit einem asiatisch-autoritären Modell ablehnt. Er sieht zwar die Herausforderung durch Asien, erhofft aber die Lösung eher in einer friedlichen Koexistenz als in der Konfrontation. „Wir können nicht mehr mit derselben Selbstverständlichkeit davon ausgehen, dass die westlich-europäische Kultur selbstverständlich als allgemeingültige Richtschnur akzeptiert wird", sagte er [...]. Er warnt davor, Interessenkonflikte mit China zum Beispiel über den Schutz des geistigen Eigentums zu „Kulturkonflikten" zu erklären; das verschärfe nur das „Eskalationsrisiko". In der Tradition der Sozialdemokratie plädiert er für Entspannung und relativiert den globalen Führungsanspruch der westlichen Welt: „Weder an der Weltmacht SPD noch am deutschen Außenminister noch an einer deutschen Kanzlerin wird das Wesen der Welt genesen", sagte er im Juli in der SPD-Zentrale in Berlin. Den Zwang zur Behutsamkeit leitet Steinmeier aus den globalen Machtverhältnissen ab, die sich gerade dramatisch veränderten: „Europäische Werte und Vorstellungen sind nicht mehr ganz von selbst – und das gilt es zu begreifen – in anderen Teilen der Welt so durchzusetzen, wie dies in manchen Phasen der Vergangenheit möglich war." Er warnt davor, dass Deutschland seine Kräfte überschätzt. Die aufstrebenden Mächte Asiens teilten nicht die Werte und die Weltanschauungen des Westens – und seien auch nicht durch den Westen zu belehren. Das heißt nicht, dass Steinmeier in Asien einen Bogen um sensible Themen wie den Schutz der Opposition macht. Bei einer Reise durch Zentralasien vor einem Jahr startete er in allen fünf Hauptstädten einen Disput mit den postsowjetischen Machthabern über die Achtung der Menschenrechte, die Vorzüge bürgerlicher Freiheiten und die Verlockungen einer Öffnung nach Westen. Er legte Listen mit Namen von Gefangenen vor, und er stellte Bedingungen für die Aufnahme von EU-Hilfen. Aber er bevorzugt einen sanften Modus mit wenig Presse. Steinmeier will seinen Gesprächspartnern „die Nase im Gesicht" lassen. Was

Merkel tut, öffentliche Kritik und einen Termin mit dem Dalai Lama, hält Steinmeier für „Schaufensterpolitik“, wie er es auf dem Parteitag nannte. In Potsdam im September formulierte er noch schärfer: „Ich jedenfalls glaube nicht, dass sich die chinesische Realität nach dem Applaudimeter der deutschen Presse richtet.“

Das Problem seiner Haltung ist, dass Politik, die leise ist, auch von Regimekritikern kaum wahrgenommen wird. Sie aber hoffen auf die westlichen Demokratien und deren Öffentlichkeit. Und die Bürger in den Demokratien müssen sich fragen, was Menschenrechte wert sind, wenn sich wichtige Politiker ihrer Länder nicht lautstark für Menschenrechte anderswo einsetzen. Für das Grundgesetz ist die Würde des Menschen unantastbar, nicht die Würde des Deutschen. Schon im Wort „Menschenrechte“ liegt ein universalistischer Anspruch. Es kommen ohnehin schwere Prüfungen auf die Demokraten zu. Europas Geschichte lehrt, dass es einen Drang zur Demokratie gab, weil das Bürgertum, sobald es leidlich wohlhabend war, auch Rechte für Sicherheit und Teilhabe einforderte. Muss das in China auch so sein? Ist nicht denkbar, dass die Chinesen eines Tages zu der Einsicht kommen, dass ihnen eine Diktatur mehr Wohlstand erlaubt als eine Demokratie? Plötzlich wären die demokratischen Staaten in einer ganz anderen Weise herausgefordert als jetzt. Sie kämen aus der Offensive – mehr Menschenrechte, mehr Demokratie – in die Defensive und müssten den eigenen Bürgern erklären, warum sie im Wettlauf um Wohlstand zurückfallen. [...]

Als Angela Merkel im Spätsommer in Asien war, sprach sie auf dem Flug vom chinesischen Nanjing nach Tokio über ihre Sorgen, was das Verhältnis von Demokratie und Diktatur betrifft. Ihr sei klar, dass die Demokratien unter Druck geraten könnten, wenn sich ein Land wie China wirtschaftlich weiterhin prächtig entwickele. Nicht jedem Deutschen sei das Wahlrecht so wichtig wie Wohlstandszuwachs. Stärker als Steinmeier sieht sie die Systemkonkurrenz und hat dafür breiten Rückhalt in ihrer Partei. In einem Strategiepapier zu einer neuen Asienpolitik der Unionsfraktion heißt es: „China stellt dem Westen die Systemfrage.“ Europa müsse zusammen mit den USA verhindern, dass die Kombination von autoritärer Regierung und frühkapitalistischem Wirtschaftssystem sich verbreite. Der Westen müsse wissen, dass der Aufstieg Chinas die Anziehungskraft westlich-liberaler Ordnungsprinzipien mindere. [...]

Peking verdächtigt Merkel, das Ruder in der deutschen Außenpolitik herumwerfen zu wollen, so wie es die Neokonservativen in Amerika vorgemacht hätten. Nicht mehr nur Handel und Investitionen, nicht mehr nur Freundschaft und Austausch sollen die Maxime sein, sondern auch Ideologie. So wie Washington einen Kreuzzug für die Demokratie führe, wolle Berlin im Fernen Osten „das westliche Wertemodell durchsetzen“, schrieb die chinesische Zeitschrift „Ausblick“. In diesem Weltbild, so wird geargwöhnt, sei China kein „strategischer Partner“ mehr, sondern Konkurrenz und Bedrohung. Das ist das Problem von Merkels Weg. Wer die Stärken des eigenen Systems gegenüber der Konkurrenz betonen will, muss laut werden, muss ins Schaufenster treten – und handelt sich Ärger ein, weil die eigenen Stärken meist die Schwächen des anderen sind. So ist Steinmeiers Weg der nach außen friedlichere. Die Debatten finden mehr in den Demokratien selbst statt. Wie viel Samtpfotigkeit ist mit der Staatsräson einer Demokratie verträglich?

Ralf Beste, Dirk Kurbjuweit, Andreas Lorenz, Ralf Neukirch, in: Der Spiegel Nr. 48/2007

M2 Die Forderung der Nato-Verbündeten ist berechtigt

Als noch das Wort des ehemaligen Bundespräsidenten Gustav Heinemann (SPD) galt, der Frieden sei der Ernstfall, da waren die Deutschen die Musterknaben der Nato. Doch in diesen Zeiten führt das Bündnis Krieg, nämlich in Afghanistan, und auf einmal wandelt sich das Image des deutschen Soldaten. Er ist nicht mehr der effiziente, verlässliche Ingenieur und Rüstungsbürokrat, sondern ein Weichei. Sinngemäßes bekommen Bundeswehrgenerale derzeit zu hören, weil die politische Führung darauf beharrt, dass am deutschen Auftrag in Afghanistan nicht gerüttelt wird. [...] Der Auftrag lautet zwar nicht Terrorismusbekämpfung, sondern Unterstützung des Aufbaus staatlicher Strukturen im Land, aber just diese Sicherungsaufgabe fordert im Süden des Landes Menschenleben. Das Argument der Kanadier und Briten, deren Soldaten dort ihr Leben lassen, ist schwer von der Hand zu weisen: Mit welchem Recht beansprucht die Bundeswehr, nur für die relativ risikoärmere Aufbauarbeit im Norden zuständig zu sein?

Die aus Deutschland stammenden Gegenargumente klingen dürftig. Wir stellen mit 2.800 Soldaten den drittgrößten Anteil der insgesamt 31.000 ISAF-Soldaten, mehr geht nicht, es sei denn, man wolle die Aufbauarbeit im Norden unterminieren, was ja wohl nicht in Frage kommt. So ist es aus dem Außenministerium zu hören. Der SPD-Fraktionschef Struck ging sogar so weit, zu behaupten, dass die relative Ruhe im Norden das Verdienst der Deutschen sei; er legte damit den Umkehrschluss nahe, die Kameraden im Süden seien selbst schuld. Letzteres ist unter Bündnispartnern ungehörig und in dieser besonderen Situation sogar noch mehr als das. Die Probleme im Süden, jeder weiß es, rühren von der Verankerung des islamistischen Terrorismus in der Region her, die als „Grenzgebiet zu Pakistan" schlecht umschrieben wäre, denn die Grenzen haben mit der Lebensweise der dortigen Bewohner nichts zu tun. Nein, unter dem Gesichtspunkt der Fairness im Bündnis bleibt den Deutschen nichts anderes, als sich auch im Süden zu beteiligen. Würden sie dadurch die Ergebnisse im Norden gefährden? Nur, wenn die Bundeswehrsoldaten von dort in den Süden verlegt würden. Doch von den Deutschen wird etwas anderes erwartet, nämlich neue Kampfverbände. Nur begrenzt ist die Reichweite des Arguments, die seien schlichtweg nicht vorhanden. Ein Bataillon würde ja genügen. Und man mache sich nichts vor: Wenn die ISAF im Süden erfolglos bleibt (und Kampfmoral ist ein Erfolgsfaktor, auch deshalb wäre deutsche Hilfe willkommen), dann müssen die im Norden stationierten Bundeswehrsoldaten ebenfalls damit rechnen, unter Beschuss zu geraten.

Genug ist genug, diese Haltung wird hierzulande überwiegend eingenommen. Auch in der Truppe selbst. Verständlich, da ihr Umbau zu einer Interventionsarmee nur schleppend vonstatten geht. Doch der Fall Afghanistan liegt so, dass die Verweigerung des Engagements im Süden kaum zu begründen ist. Erstens ist die Präsenz der ISAF im Lande mehrfach durch das Völkerrecht abgesichert. Zweitens dient sie legitimen humanitären Interessen. Drittens ist sie im deutschen Interesse, denn Afghanistan ist ein Herd des internationalen Terrorismus sowie von Krisen in dieser Region. Viertens ist die ISAF eine Bewährungsprobe des Bündnisses, und eben auch der deutschen Verlässlichkeit.

Gero von Randow, auf: www.zeit-online.de vom 24.11.2006

M3 Die Bundeswehr sollte im Norden Afghanistans bleiben

Deutsche Kampftruppen in den Süden Afghanistans? Die Bundesregierung und die Opposition sagen dazu einhellig nein. Zwei Drittel der Bundesbürger teilen diese Ansicht. Druck der Verbündeten sollte die deutsche Politik nicht von ihrer Zurückhaltung abbringen – auch nicht der infame Vorwurf der Feigheit oder die zynische Aufforderung, die Deutschen müssten eben wieder töten lernen. Wer heute zusätzliche Soldaten in das Land am Hindukusch schickt, der muss damit rechnen, dass er in einem Jahr in Afghanistan vor der gleichen Frage steht, mit der sich der amerikanische Präsident George W. Bush im Irak herumschlägt: Wie kann er sich aus dem hoffnungslosen Unterfangen halbwegs mit Anstand wieder herausstehlen? [...] Fünf Jahre nach ihrer Niederringung haben die Taliban dort eine erstaunliche Wiederkehr vollzogen. Inzwischen beherrschen ihre schlagkräftigen Partisaneneinheiten große Teile der paschtunischen Südprovinzen und verwickeln die dort postierten ISAF-Truppen in schwere, verlustreiche Gefechte. Die Regierung in Kabul verbarrikadiert sich hinter hohen Mauern; ihr Einfluss reicht über die Grenzen der Hauptstadt nicht weit hinaus. Die Kriegsherren, die Bosse der Drogenmafia, die Stammesführer spielen ihr eigenes Spiel. Selbst im Norden, dem Verantwortungsbereich der Bundeswehr, wächst trotz der respektablen Aufbauleistung deutscher Soldaten die Gefährdung. [...] Zwei Drittel des Landes haben keinen elektrischen Strom, die Arbeitslosigkeit beläuft sich auf 40 Prozent. Die zugesagte Finanzhilfe für den Wiederaufbau kommt nur schleppend, und sie liegt mit 10,5 Milliarden Dollar für die nächsten fünf Jahre weit unter dem, was eigentlich Not täte. Mit nur einem Zehntel der Ausgaben, die für den Militäreinsatz aufgewendet werden, lässt sich in Afghanistan kein Staat machen. Hieran vor allem krankt die neuerdings in Berlin hochgejubelte Idee der „vernetzten Sicherheit“: Die entwicklungspolitischen Leistungen bleiben hinter dem militärischen Engagement zurück. Ehe diese Unwucht im Konzept „Zivile Krisenprävention, Konfliktlösung, Friedensstabilisierung“ nicht beseitigt ist, wäre jede Erhöhung des militärischen Einsatzes für die Katz. Wenn sie aber nicht beseitigt werden kann, so wäre das Scheitern der Militärs zwangsläufig. Einige hundert oder auch tausend Mann mehr werden das Blatt in Afghanistan nicht wenden – siehe Irak, wo fünfmal stärkere Streitkräfte sich auch keinen Siegeslorbeer an die Fahnen heften können.
Ein Lackmustest für die Handlungsfähigkeit der NATO ist Afghanistan mitnichten. Scheitern könnte dort allenfalls der Traum von der Atlantischen Allianz als Weltbeglückungs-Agentur – und die vermessene Einbildung, eine jede unter bestimmten Umständen nötig werdende Intervention müsse und könne in die Schaffung eines *liberal peace* münden – in einem starken, demokratischen, von der Aufklärung geprägten Staatswesen. Hier kann man die Zielscheibe nur niedriger hängen. Es wird mehr Feuerwehraktionen geben als langfristige, auf Friedenskonsolidierung gerichtete Engagements. Der Vorwurf der Feigheit aber? Die Bundeswehr steht im Norden Afghanistans, weil es die Alliierten so vereinbart haben, nicht weil sie sich um das Gefahrengebiet zu drücken versucht hätte. Das Bundestagsmandat sieht ausdrücklich vor, dass in Notfällen Einheiten aus dem Norden in den Süden abkommandiert werden können, um den Bundesgenossen aus zeitweiliger Bedrängnis zu helfen. Der Vorwurf der Feigheit ließe sich indes leichter dementieren, wenn dafür in Masar-i-Scharif eine Eingreiftruppe von 150 oder 250 Mann bereitgehalten würde. Dafür kämen die beiden Luftlandebrigaden infrage, die zusammen mit dem KSK die Division „Spezielle Operationen“ bilden. Sie zeichnet sich durch schnelle Verlegbarkeit und operative Flexibilität aus. Mit solch einer Entsatz-Einheit ließe sich beweisen, dass die Soldaten der Bundeswehr ihre Kameraden nicht im Stich lassen – dass die deutsche Politik sie jedoch auch nicht zum Kämpfen oder Sterben auf aussichtslose Langfristeinsätze in ein letztlich wohl unregierbares Land schickt.

Theo Sommer, in: Die Zeit vom 23.11.2006

Aufgaben

1. Wählen Sie eine aktuelle Herausforderung der deutschen Außenpolitik und zeigen Sie anhand dieses Beispiels, wie die dargestellten Einflussfaktoren und weitere Interessen die deutsche Politik bestimmen.

2. Die Achtung der Menschenrechte ist als eine Leitlinie deutscher Außenpolitik festgeschrieben. Bei Kontakten mit autoritären Regimen steht die deutsche Außenpolitik demnach immer wieder vor der Frage, inwieweit die Menschenrechtssituation in dem betreffenden Land bei der Gestaltung der Außenpolitik berücksichtigt werden sollte. Erörtern Sie Für und Wider anhand eines aktuellen Beispiels auch unter Einbeziehung der Argumente des Textes (M1).

3. Recherechieren Sie den gegenwärtigen Stand der Debatte um den Afghanistan-Einsatz der Bundeswehr. Was spricht aus Ihrer Sicht für eine Verlängerung bzw. Ausweitung des militärischen Auftrags, was dagegen (M2, M3)?

5 Auf dem Weg zu einer „Weltinnenpolitik"?

5.1 Global Governance – Idee und Verwirklichung

Leitfragen	Was wird unter Global Governance verstanden?	Wer sind die Akteure von Global Governance?	Welche Ansätze einer „Weltinnenpolitik" gibt es bereits?	Vor welchen Herausforderungen steht die Umsetzung von Global Governance?

Global Governance als Antwort auf globale Herausforderungen

In den vergangenen Jahrzehnten wurde erkennbar, dass die Nationalstaaten ihre Fähigkeit zur wirksamen Steuerung von innergesellschaftlichen und grenzüberschreitenden Entwicklungen immer mehr eingebüßt haben.

Globale Umweltprobleme, internationaler Terrorismus, weltweite Migration oder die Verbreitung von Massenvernichtungswaffen (Proliferation) stellen grenzüberschreitende Probleme dar, die einen **hohen internationalen Regelungsbedarf** haben (→ Kapitel 2.3). Grunderkenntnis ist dabei, dass sich bei globalisierten Problemlagen auch die Politik globalisieren müsse.

Global Governance meint das Zusammenwirken von staatlichen und nichtstaatlichen Akteuren von der lokalen bis zu globalen Ebene, eingebettet in eine globale Rechtsordnung. Der Begriff bedeutet ausdrücklich nicht: eine Weltregierung.

Global Governance bezeichnet den praktischen Versuch, in einem System geteilter und sich überlappender Souveränitäten politische Steuerungsfähigkeit wiederzuerlangen und Konflikte friedlich zu lösen. Diese neue „Weltordnungspolitik" zeichnet sich durch mehrere Merkmale aus:

- Eine wirksame globale Problemlösungspolitik setzt auf allen politischen Ebenen an (lokal, national, regional, global).
- Regierungsleistungen werden auf der Ebene erbracht, die dafür am besten geeignet ist (Subsidiaritätsprinzip).
- Die Vernetzung zwischen lokaler, nationaler, regionaler und globaler Ebene wird verstärkt.
- Für die Problemlösung sind neben formellen auch informelle Regelungen von Bedeutung.
- Staatliche, wirtschaftliche und zivilgesellschaftliche Akteure werden einbezogen und arbeiten zusammen.
- Im Sinne der Durchsetzung von Rechtsstaatlichkeit muss ein Konsens über menschenrechtliche Mindeststandards gefunden und von den Akteuren etabliert werden.

Im Zentrum einer Global Governance-Architektur stehen internationale Organisationen wie die Vereinten Nationen, die EU oder die WTO (World Trade Organization, Welthandelsorganisation). Darüber hinaus gewinnen unterhalb einer festen Organisationsform stabile und dynamische multilaterale Abkommen und Konferenzen (internationale Regime), Netzwerke und internationale Ordnungsprinzipien (wie das Völkerrecht) zunehmend an Bedeutung. Diese Institutionen führen zu einer stärkeren Verhaltensverlässlichkeit der Staaten. In Form von Verträgen oder allgemeinen

Normen stellen sie notwendige Regeln für die Zusammenarbeit von Staaten bereit. So können sie helfen, Kooperationshindernisse zu überwinden und den Konfliktaustrag zwischen Staaten zu zivilisieren.

Es gibt weder ein einziges Modell oder eine einzige Form der Weltordnungspolitik, noch existiert eine einzige Ordnungsstruktur. Vielmehr handelt sich um einen dynamischen und vernetzten Prozess der Entscheidungsfindung, der sich angesichts sich verändernder globaler Problemlagen ständig weiterentwickelt.

Ansätze und Akteure von Global Governance

Die internationale Politik in den Zeiten der Globalisierung zeigt eine Reihe von Entwicklungen, die wenigstens teilweise den Vorstellungen der Global Governance-Vordenker nahe kommen. Folgende Akteure gestalten Global Governance:

- **Internationale Organisationen** wurden im Laufe der Jahre für immer mehr grenzüberschreitende Probleme gegründet: von der Internationalen Atomenergieagentur IAEA bis zu den UN-Unterorganisationen für Entwicklung, Bildungsförderung oder Kinderhilfe in Armutsregionen. Ihre Tätigkeit gilt heute vielfach als unverzichtbar.

- Daneben entstanden **regionale Organisationen**, an die Souveränitätsrechte von den beteiligten Nationalstaaten abgetreten wurden und die heute – wie vor allem die EU – als wichtige Akteure der internationalen Politik auftreten.

- Wichtige Akteure sind auch die **Nichtregierungsorganisationen** (NGOs); in Vereinen, Gewerkschaften oder Verbänden organisiert sich die Zivilgesellschaft, um Einfluss auf Entscheidungsprozesse zu nehmen. Ihr Spektrum reicht von weltweit agierenden Organisationen wie Greenpeace oder Amnesty International bis zu lokalen Umweltgruppen. NGOs spielen eine wichtige Rolle im Bereich der Interessenartikulation und sind durch ihren oft niedrigen Organisationsgrad und ihre Verankerung in der Zivilgesellschaft für viele Hoffnungsträger einer mehr bürgerorientierten, demokratischeren Weltgesellschaft.

- Als institutioneller Rahmen für die Zusammenarbeit von Nationalstaaten wurden **internationale Netzwerke** geschaffen. Ein besonders bekanntes Beispiel ist der alljährlich stattfindende Weltwirtschaftsgipfel der G8-Staaten – der acht wichtigsten Industriestaaten –, bei dem im informellen Meinungsaustausch weltwirtschaftliche Probleme und drängende Sicherheitsfragen thematisiert werden. Ein Beispiel für ein Netzwerk von NGOs ist das **Weltsozialforum**, das mit seinen Aktivitäten versucht, die Öffentlich-

Internationale Institutionen im Überblick

	Internationale Organisationen	Internationale Regime	Internationale Netzwerke	Internationale Ordnungsprinzipien
internationale (zwischen Staaten)	UNO, EU, NATO, WTO	GATT, Klimaregime, Ozonregime	Weltwirtschaftsgipfel	Souveränität der Staaten, „pacta sunt servanda“
transnationale (zwischen Gesellschaften)	Greenpeace, Amnesty International, WWF	Dopingbekämpfung, Internet Corporation for Assigned Names and Numbers (ICANN)	Climate Action Network, Weltwirtschaftsforum	Toleranz der Kulturen

nach: Michael Zürn, Regieren jenseits des Nationalstaats, Frankfurt/M. 1998, S. 176

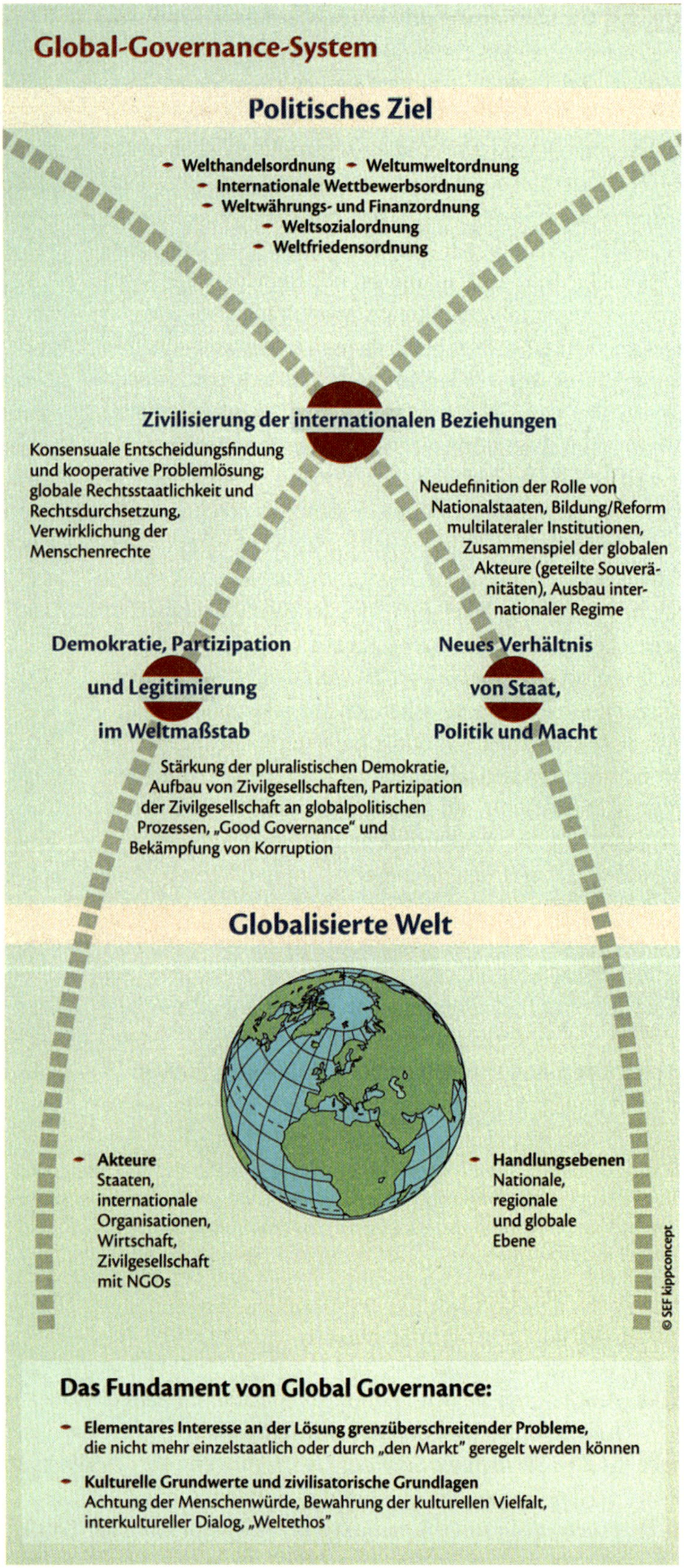

keit in den Industriestaaten für die Probleme des armen Teils der Welt zu sensibilisieren.

- Neben der Zusammenarbeit internationaler Organisationen innerhalb einer festen Organisationsform gewinnen multilaterale Konferenzen und Abkommen zunehmend an Bedeutung (internationale Regime). **Internationale Regime** entwickeln in der Zusammenarbeit der beteiligten Akteure Prinzipien, Normen, Regeln und Entscheidungsverfahren für bestimmte globale Herausforderungen wie etwa den Klimawandel (z.B. Kyoto-Protokoll) oder Abrüstung. Ein internationales Regime ist auf die Bereitschaft der Beteiligten angewiesen, die vereinbarten Verhaltensregeln anzuerkennen, weil Regime die Einhaltung dieser Regeln nicht erzwingen können.

- Ein weiterer Schritt auf dem Weg zu Global Governance ist die Entwicklung einer **internationalen Gerichtsbarkeit** (→ Kapitel 2.5.2).

- Durch den gestiegenen internationalen Handel mit Waren und Dienstleistungen und die Möglichkeiten einer modularen Produktionsweise hat sich in den vergangenen Jahrzehnten auch die Zahl und Bedeutung **multinationaler Unternehmen** stark erhöht (→ Kapitel 2.1.2). Zurzeit existieren etwa 78.000 dieser Unternehmen mit rund 780.000 ausländischen Tochterfirmen. Sie wickeln einen großen Teil des Welthandels ab und sind so zu wichtigen Akteuren im Prozess der Globalisierung geworden.

Probleme von Global Governance

Skepsis von Wissenschaftlern und Politikern im Hinblick auf die Chancen von Global Governance stützt sich sowohl auf die bisherigen Erfahrungen mit der Wirksamkeit internationaler Institutionen als auch auf grundsätzliche Erwägungen. Besonders in den „harten“ Bereichen internationaler Politik, in denen vitale Interessen von Nationalstaaten berührt werden, blockieren große Mächte wie die USA, Russland oder China oft ein rasches und energisches Vorgehen von internationalen Organisationen bei der Lösung von globalen oder regionalen Problemen. So leidet die Lösungskompetenz der UNO bei internationalen Krisen an der häufigen Uneinigkeit der Vetomächte im Sicherheitsrat (→ Kapitel 2.4.2).

Zentrales Problem einer auf der Selbstkoordination der Staaten beruhenden Global Governance-Architektur bleibt einerseits der Mangel an Entscheidungsfähigkeit und andererseits die Umsetzung von Entscheidungen. So sind einstimmig zu treffende Entscheidungen in großen multilateralen Verhandlungssystemen nur schwer herbeizuführen – und die Umsetzung einmal getroffener Entscheidungen hängt ganz vom Willen der Nationalstaaten ab. Da es kein internationales Gewaltmonopol gibt, können vor allem mächtige Staaten nicht gezwungen werden, internationale Vereinbarungen auch einzuhalten. Auch die Legitimation zivilgesellschaftlicher Akteure – der NGOs – zur allgemein verbindlichen Regelung von politischen Problemen ist umstritten. Es wird kritisiert, dass besonders aktive und engagierte Vertreter sich selbst das Mandat zur Vertretung gesamtgesellschaftlicher Anliegen erteilen und nicht von der Bevölkerung legitimiert sind.

Zudem zeigt die Praxis globaler zivilgesellschaftlicher Aktivitäten wie z. B. des Weltsozialforums, dass angesichts der unübersehbaren Zahl von Teilnehmern mit unterschiedlichen Interessen und Zielvorstellungen eine einheitliche Beschlussfindung nur schwer möglich ist.

Kontrovers diskutiert: NGOs

Pro

- NGOs haben das Privileg und die Funktion, die eingespielten Routinen der Politik durch Protest und Provokation zu stören, in Bewegung zu halten, Gegenöffentlichkeit zu erzeugen und Gegenmacht aufzubauen.
- Die NGOs fungieren als Sensoren der Gesellschaft, greifen vernachlässigte Themen auf und konfrontieren das politische System mit einem Reformdruck von unten. Sie setzen die Politik unter Handlungs- und Legitimationsdruck.
- NGOs tragen zur Zerkleinerung der „großen Politik" bei und können sich leisten, über den kurzen Zeithorizont von Wahlterminen hinauszuschauen und Vorschläge zu unterbreiten, die aus machtpolitischen Gründen tabuisiert werden.
- Die NGOs konfrontieren die Welt der Sachzwänge und scheinbar unveränderbaren Systemlogiken oft mit der Welt des Wünschbaren, mit der Utopie einer besseren Welt – und können so zuweilen zumindest Nachdenklichkeit bewirken und Denkanstöße geben.
- NGOs tragen dazu bei, das soziale und moralische Kapital einer Gesellschaft zu mobilisieren; sie bringen zum Ausdruck, dass es neben Individualisierungs- und Entsolidarisierungstendenzen auch noch Bedürfnisse nach erlebbarer Gemeinschaft und kreativer Betätigung im Gemeinwesen gibt. Sie holen gewissermaßen die Politik in die Gesellschaft zurück.

Kontra

- Die NGOs greifen oft punktuell Problemfelder auf und erarbeiten sich in diesen Feldern beachtliche Sachkompetenz, berücksichtigen aber bei dieser Engführung die Interdependenzen zwischen Politik- und Problemfeldern nicht hinreichend. Auch NGOs leiden häufig an einer Kurzsichtigkeit, die sie der Politik anzulasten pflegen, weil sie die Wirkungen ihrer Aktivitäten auf andere Problemfelder ausblenden. Ihr Erfolg beruht auch auf dem Privileg, sich nicht um den Ausgleich von Zielkonflikten kümmern und Entscheidungen treffen zu müssen.
- Die NGOs haben zwar die kommunikative Infrastruktur der Gesellschaft verbreitert und zur Rückbindung der Politik in die Gesellschaft beigetragen. Manche neigen allerdings, weil sie auf die Schaffung von Öffentlichkeit über die Medienpräsenz setzen, zu einer „Skandalisierung" der Politik. Statt komplizierte Sachverhalte verständlich zu machen und Lösungswege aufzuzeigen, werden Skandale medienwirksam inszeniert.
- Größere NGOs haben innere Demokratie- und Legitimationsdefizite; statt auf Wählerfang gehen sie auf Spendenfang. Die Zustimmung zu ihrer Arbeit über Spenden hinterlässt ein Legitimationsvakuum: In wessen Namen und für wie viele Menschen sprechen die NGO-Funktionäre? Es gibt eine wachsende Gruppe professionalisierter NGOs, die kaum über aktive Mitstreiter verfügen, sondern auf der Grundlage von Spendengeldern Lobbyarbeit für dieses oder jenes Anliegen betreiben. Wie steht es um die innerorganisatorische Demokratie?

nach Franz Nuscheler: www.oneworld.at/ngo-conference/discussion/nuscheler.htm (12.12.2002)

M Regieren im Weltmaßstab

Wie aber soll Politik auf globaler Ebene organisiert werden [...] ? Seit einigen Jahren wird in diesem Zusammenhang über Global Governance diskutiert. [...] Ziel von Global Governance ist die auf Effektivität und demokratische Legitimität gerichtete Koordination der politischen Steuerungsleistungen verschiedener Akteure auf unterschiedlichen politischen Ebenen – lokal, national, regional und global.

Subsidiaritätsprinzip und Agenda 21 Akteure auf unterschiedlichen politischen Ebenen werden auf der Grundlage des Subsidiaritätsprinzips in den Regierungsprozess einbezogen. Damit ist gemeint, dass die Regierungsleistungen möglichst immer auf der Ebene erbracht werden sollen, die dafür optimal geeignet ist. Wenn es um die Ausweisung eines Naturschutzgebietes in Hessen geht, dann soll vor Ort darüber entschieden werden und nicht etwa in Brüssel. Wenn hingegen internationale Finanzströme reguliert werden sollen, macht es wenig Sinn, dass sich nur die nationale Ebene mit diesem Thema befasst. Die Formulierung und Legitimierung von Politikzielen wird demnach häufig jenseits des Nationalstaates erfolgen, die konkrete Durchführung der beschlossenen Politik hingegen vor Ort stattfinden, um die Effektivität der Umsetzung zu sichern. Beispielsweise können die Ziele einer global wirksamen Umweltschutzpolitik nur auf einer internationalen Konferenz formuliert werden. Ihre Umsetzung bedarf jedoch vieler lokaler Initiativen – Stichwort Lokale Agenda 21: Die auf der Weltkonferenz der Vereinten Nationen über Umwelt und Entwicklung (UNCED) 1992 in Rio de Janeiro verabschiedete Agenda 21 enthält eine ganze Reihe von vergleichsweise abstrakt formulierten Prinzipien und Regeln für die regionale und nationale Ebene. [...]

Staatliche und nichtstaatliche Akteure Sowohl souveränitätsgebundene Akteure, also die Nationalstaaten, als auch souveränitätsfreie Akteure, etwa supranationale Mehrebenensysteme wie die Europäische Union, Nichtregierungsorganisationen wie das Internationale Komitee vom Roten Kreuz, internationale (Regierungs-)Organisationen wie die Welthandelsorganisation oder politikfeldspezifische internationale Regime leisten einen Beitrag zu effektivem und demokratisch legitimiertem Regieren. Dabei bringen die souveränitätsgebundenen Akteure ihre Autorität und materiellen Ressourcen in den Willensbildungs- und Entscheidungsprozess ein, während souveränitätsfreie Akteure häufig das zur erfolgreichen Umsetzung nötige Wissen über die Verhältnisse vor Ort und andere nicht-materielle Ressourcen zur Verfügung stellen. So hat das Ozonregime die globale Produktion von FCKW unter Einbeziehung aller relevanten Akteure recht erfolgreich verregeln können. Oft wird überhaupt erst durch das Zusammenwirken staatlicher und nichtstaatlicher Akteure die effektive und legitime Problemregelung jenseits des Nationalstaates möglich. Beispielsweise ist eine wirksame Menschenrechtspolitik ohne die internationalen und regionalen Menschenrechtskonventionen, die von nationalen Regierungen unterzeichnet und von nationalen Parlamenten ratifiziert werden, nicht denkbar. Gleichzeitig leistet die geduldige und unparteiische Überwachung der Menschenrechte durch NRO wie Amnesty International einen wichtigen Beitrag zur schrittweisen Annäherung an das Ziel der globalen Durchsetzung der Menschenrechte.

Neudefinition von Souveränitätsrechten Zu Ende gedacht würde eine solche Arbeitsteilung die Um- und Neudefinition von Souveränitätsrechten erfordern. Vorstellbar wäre etwa, die Ausübung legitimer Regierungsgewalt und damit der Souveränitätsrechte an die Einhaltung von global anerkannten Verhaltensmaßstäben zu binden. Diese könnten beispielsweise menschenrechtliche Kriterien umfassen. Werden diese massiv und dauerhaft missachtet, könnten nach diesem Modell ge-

sellschaftliche Akteure und Nichtregierungsorganisationen vor Ort frühzeitig auf die Verletzungen aufmerksam machen und sie an internationale Organisationen wie die Vereinten Nationen weitermelden. Die VN würden die Meldungen prüfen und gegebenenfalls Verhaltensänderungen der betreffenden Regierung fordern. Sollten diese nachweisbar nicht erfolgen, könnten die VN der Staatengemeinschaft ein klar definiertes Mandat zum Eingreifen erteilen. Im Unterschied zur Politik der USA und Großbritanniens im Irak-Konflikt wäre dies ein von vornherein multilateral orientierter, auf globale – das heißt die Weltöffentlichkeit einschließende – Legitimation angewiesener Ansatz. Voraussetzung dafür wären allerdings grundlegend demokratisch reformierte, handlungsfähige VN [...].

Notwendige Folgeschritte An dieser Stelle wird deutlich, dass Global Governance bzw. das Regieren jenseits des Nationalstaates ein langfristig angelegtes politisches Projekt ist [...]. Folgende konkrete Schritte wären auf diesem Weg noch notwendig:

- **Akteursvernetzung:** Sie muss sowohl ober- als auch unterhalb der nationalen Ebene vorangetrieben werden. Entsprechend müssen internationale Institutionen viel stärker als bisher in politisches Entscheiden und Handeln einbezogen werden. [...] Tendenziell nimmt die Organisationsfähigkeit zu, wie etwa im Umweltbereich deutlich wird. Hier gibt es mittlerweile etliche NRO wie Greenpeace und den World Wildlife Fund (WWF), die aufgrund ihrer transnationalen Vernetzung in der Lage sind, ökologische Problemlagen frühzeitig zu erkennen und auf die globale Tagesordnung zu setzen. Auch im Bereich des Menschenrechtsschutzes gibt es vielversprechende Ansätze gesellschaftlicher Zusammenarbeit über Grenzen hinweg, wie das bereits angeführte Beispiel Amnesty International zeigt. Dazu tragen auch moderne Kommunikationsmedien wie das Internet bei, die eine schnelle und kaum noch zu kontrollierende Informationsübermittlung und Akteursvernetzung ermöglichen.
- **Rechtsstaatlichkeit:** Weiterhin sollten die vor allem in der allgemeinen Anerkennung menschenrechtlicher Mindeststandards wurzelnden Elemente globaler Rechtsstaatlichkeit gestärkt und ausgebaut werden. In Ansätzen geschieht dies bereits, wie einige Präzedenzfälle zeigen, in denen nationalstaatlich begangene Menschenrechtsverletzungen international verfolgt und geahndet wurden. Beispiele hierfür sind die internationalen Interventionen im Gefolge der Genozide im ehemaligen Jugoslawien und in Ruanda sowie die sich daran anschließenden Gerichtsverfahren. Die jüngst erfolgte Arbeitsaufnahme des permanent tagenden Internationalen Strafgerichtshofs (International Criminal Court – ICC) wird zur Verstetigung der strafrechtlichen Verfolgung nationalstaatlich begangener Menschenrechtsverletzungen auf globaler Ebene beitragen, auch wenn ihm wichtige Staaten wie die USA und China noch nicht angehören. Zwar ist der ICC dabei auf die Kooperation mit gesellschaftlichen und staatlichen Akteuren angewiesen. Dies stellt jedoch im Rahmen der Global Governance-Architektur eher einen Vorzug als einen Nachteil dar, da so die enge Abstimmung mit den verschiedenen politischen Ebenen gewährleistet bleibt.
- **Stärkung der Zivilgesellschaft:** Damit effektives und demokratisch legitimiertes Regieren jenseits des Nationalstaates möglich wird, ist die Ausbildung eines Mindestmaßes an zivilgesellschaftlicher Identität auf globaler Ebene notwendig. [...] So etwas wie eine auf allgemein geteilten ethischen Werten beruhende Erfahrungsgemeinschaft auf globaler Ebene herzustellen, ist angesichts der Vielfalt der Kulturen und Zivilisationen sicherlich die schwierigste Aufgabe, die sich einem anspruchsvollen Verständnis von Global Governance stellt. Dennoch gibt es bereits Versuche, einen Kernbestand interkulturell gültiger Normen wie beispielsweise Gerechtigkeit, Solidarität und Ehrfurcht vor dem Leben herauszuarbeiten.

Zusammengefasst bietet sich [...] ein ambivalentes Bild: Auf der einen Seite besteht offenkundig ein steigender Bedarf an global ansetzenden Verregelungen global auftretender Problemlagen. Auf der anderen Seite hinken die Lösungsvorstellungen den realen Problemlagen nach wie vor hinterher. Zwar sind seit geraumer Zeit verstärkt Tendenzen in Richtung regionaler politischer Integration festzustellen, aber wie gerade das Beispiel EU zeigt, verlaufen diese Prozesse zäh und nicht ohne Widersprüche. [...] Da nicht damit zu rechnen ist, dass die Globalisierungsprozesse an Dynamik verlieren, bleibt die Arbeit an einer effektiven und demokratisch legitimierten Global Governance-Architektur eine notwendige Aufgabe, um auch im 21. Jahrhundert politische Steuerung ausüben und gewünschte Ziele erreichen zu können.

Lars Brozus/Michael Zürn, Regieren im Weltmaßstab, in: Informationen zur politischen Bildung, Heft 280, Bonn 2003

Aufgaben

1. Recherchieren Sie Beispiele für Tätigkeit und Erfolge von NGOs (z. B. Attac, Ärzte ohne Grenzen, Human Rights Watch).

2. Diskutieren Sie Vorteile und Probleme eines zunehmenden Einflusses von NGOs auf die internationale Politik und ihre Stellung innerhalb der Global Governance-Architektur.

3. Erarbeiten Sie aus dem Text, welche Bedeutung den Vereinten Nationen im Prozess der Globalisierung zugemessen wird (M). Spielen Sie an einem konkreten Beispiel durch, welche Probleme und Chancen in der von den Autoren geforderten „Neudefinition von Souveränitätsrechten" liegen.

5.2 Gleiches Recht für alle? Das Völkerrecht

Leitfragen | Was ist unter dem Völkerrecht zu verstehen? | Wie kann das internationale Recht weltweit durchgesetzt werden?

Völkerrecht – das Recht der internationalen Beziehungen

Unter dem Völkerrecht versteht man jene Rechtsnormen, die das Verhältnis von Staaten, ihre gegenseitigen Rechte und Pflichten sowie die Rechtstellung internationaler Organisationen verbindlich regeln. Diese Normen haben sich aus Verträgen und internationalen Abkommen sowie aus langjähriger Praxis auf der Grundlage gemeinsamer Rechtsüberzeugungen gebildet.

Völkerrechtliche Grundsätze

- **Äußere und innere Souveränität:** Alle Staaten genießen souveräne Gleichheit. Die Unverletzlichkeit der Grenzen bzw. des Staatsgebiets und die politische Unabhängigkeit gelten gleichberechtigt für jeden Staat.
- **Interventionsverbot:** Das Prinzip der Nichteinmischung besagt, dass Staaten oder internationale Organisationen nicht das Recht haben, sich in die inneren Angelegenheiten eines Staates einzumischen. Dieser Grundsatz gerät zunehmend in Konflikt mit anderen Normen des Völkerrechts (Schutz der Menschenrechte, Verantwortung der Internationalen Staatengemeinschaft).
- **Pacta sunt servanda:** „Verträge müssen eingehalten werden“: Es gilt das Prinzip der Vertragstreue.

Besonders seit dem Zweiten Weltkrieg wurde das Völkerrecht durch verschiedene Abkommen ergänzt, die den Schutz der Menschenrechte international garantieren sollen. Das bekannteste Dokument mit dieser Zielsetzung ist die 1948 im Rahmen der Vereinten Nationen beschlossene **Allgemeine Erklärung der Menschenrechte.** Diese Erklärung hat zwar keine rechtlich bindende Wirkung, die darin verankerten Menschenrechte gelten aber qua langjähriger Praxis und gemeinsamer Rechtsüberzeugungen als Völkergewohnheitsrecht.

Das **humanitäre Völkerrecht** ist ein Sonderrecht, das für Kriegs- und Konfliktsituationen geschaffen wurde. Es beinhaltet Regeln für den Schutz von Personen, die nicht oder nicht mehr an Kampfhandlungen teilnehmen (wie Verwundete, Kriegsgefangene und Zivilisten) und legt den Konfliktparteien Beschränkungen hinsichtlich der Art und Weise der Kriegsführung auf. Kernstück des humanitären Völkerrechts sind die vier Genfer Abkommen (auch: **Genfer Konventionen**) von 1949 und ihre Zusatzprotokolle von 1977 und 2005. An die Abkommen sind fast alle Staaten der Welt gebunden: Ende 2008 waren 194 Staaten Vertragsparteien der vier Genfer Abkommen.

Internationale Gerichte als Instrumente des Völkerrechts

Im Gegensatz zum innerstaatlichen Recht fehlten lange Zeit Möglichkeiten, völkerrechtliche Normen mit Hilfe von Gerichten durchzusetzen. 1946 gründete die UNO den **Internationalen Gerichtshof** (IGH) mit Sitz in Den Haag, vor dem Staaten wegen Verletzung von Verträgen oder Abkommen klagen und verklagt werden können. Voraussetzung für die Wirksamkeit seiner Urteile ist, dass sich die Staaten seiner Gerichtsbarkeit un-

Völkerrecht

Das Völkerrecht ist eigentlich kein Recht der Völker, sondern regelt die Beziehungen zwischen den Staaten. Ansätze eines solchen „Staatenverkehrsrechts“ gab es schon in den frühen Hochkulturen und in der Antike. Mit dem Ende des Dreißigjährigen Krieges 1648 begann die Zeit des klassischen Völkerrechts; im „Westfälischen Frieden“ wird erstmals die Souveränität der Staaten betont. Seit 1919 spricht man vom „modernen Völkerrecht“, mit der Verabschiedung der Satzung des Völkerbundes.

Nach: Uli Jäger, in: Pocket global, Bundeszentrale für politische Bildung, Bonn 2004 terstellen und die Urteile akzeptieren. Mit seinen Entscheidungen trägt der IGH zur Weiterentwicklung des Völkerrechts bei.

Nachdem die UNO jeweils UN-Kriegsverbrechertribunale für die im ehemaligen Jugoslawien und in Ruanda verübten Kriegsverbrechen etabliert hatte, wurde die Gründung des ständigen **Internationalen Strafgerichtshofs** (IStGH) im Jahre 2002 als Durchbruch bei der strafrechtlichen Verfolgung schwerster Menschenrechtsverletzungen gefeiert. Grundlage seiner Arbeit ist das Statut von Rom, das bisher von 109 Staaten ratifiziert wurde (Juni 2009). Das Gericht verfolgt **Völkermord, Verbrechen gegen die Menschlichkeit und Kriegsverbrechen,** die vor nationalen Gerichten straffrei blieben. Bei ihrer Verfolgung von Verbrechen gegen die Menschlichkeit können sich die 18 Richter auf einen festen Katalog stützen, der diesen Straftatbestand genauer definiert und der von allen Unterzeichnerstaaten gebilligt wurde. Folter und Vergewaltigung fallen genauso darunter wie Verfolgung aus ethnischen oder religiösen Gründen, Deportationen oder Sklaverei. Auch „Verbrechen der Aggression" und „Terrorismus" sollen verfolgt werden, sobald sich die Mitglieder auf eine juristische Definition dieser Tatbestände geeinigt haben. Der IStGH kann keine Verbrechen ahnden, die vor dem 1. Juli 2002 – seinem offiziellen Gründungstag – begangen wurden. Die erste Anklage erhob das Gericht Ende Januar 2007 gegen den kongolesischen Milizenführer Thomas Lubanga, dem die Rekrutierung von Kindersoldaten in der Demokratischen Republik Kongo vorgeworfen wird. Im März 2009 erließ der Internationale Strafgerichtshof erstmals einen Haftbefehl gegen ein amtierendes Staatsoberhaupt: Der sudanesische Präsident Umar al-Baschir soll sich vor dem Gericht wegen Kriegsverbrechen und Verbrechen gegen die Menschlichkeit in der sudanesischen Provinz Darfur verantworten.

Der IStGH wird aufgrund einer Initiative des UN-Sicherheitsrates, der Anklagebehörde oder einer Staatenbeschwerde tätig. Voraussetzung für sein Tätigwerden ist, dass die zuständigen Staaten nicht willens oder nicht fähig sind, diese Verbrechen selbst zu ahnden. Eine Aburteilung und die Verhängung von Sanktionen sind aber nur möglich, wenn die betroffenen Staaten die mutmaßlichen Täter ausliefern und damit das Gericht anerkennen. Welcher Erfolg diesem „Meilenstein in der Geschichte des Völkerrechts" beschieden sein wird, hängt somit wesentlich von der Unterstützung der beteiligten Staaten ab.

Aus: Von Nürnberg nach Den Haag. Der Weg zum Internationalen Strafgerichtshof, Nürnberger Menschenrechtszentrum, Nürnberg 2006, www.menschenrechte.org/beitraege/strafgerichtshof.htm

M1 Völkerrecht und Menschenrechte

Von besonderer Bedeutung für den Schutz und die Verwirklichung der Menschenrechte sind völkerrechtliche Verträge. Staaten treten solchen Konventionen, Pakten und Übereinkommen auf freiwilliger Basis bei und verpflichten sich durch die Ratifikation, die Vertragsinhalte in bindendes nationales Recht umzusetzen. Neben dem Völkervertragsrecht gelten manche Rechte auch per Gewohnheit. Ein solches Völkergewohnheitsrecht setzt eine langjährige Praxis, basierend auf gemeinsamen Rechtsüberzeugungen voraus, wie sie sich z. B. in übereinstimmenden Normen nationaler Verfassungen widerspiegeln. Heute gelten bestimmte Rechte wie der Schutz des Lebens unabhängig von vertraglichen Vereinbarungen als Völkergewohnheitsrecht, d. h. sie sind auch ohne die förmliche Kodifizierung für alle Staaten bindend. Der Internationale Pakt über bürgerliche und politische Rechte (Zivilpakt) und der Internationale Pakt über wirtschaftliche, soziale und kulturelle Rechte (Sozialpakt), die beide 1976 in Kraft traten, gelten als zentrale Menschenrechtsverträge. Sie bilden zusammen mit der Allgemeinen Erklärung der Menschenrechte von 1948 die International Bill of Human Rights. Die Erklärung stellt im Prinzip ein rechtlich nicht bindendes Dokument dar. Sie ist jedoch ein Meilenstein in der Entwicklung des internationalen Menschenrechtssystems, und wichtige, darin verankerte Menschenrechte gelten heute als Völkergewohnheitsrecht. Daneben gelten auch das Übereinkommen zur Beseitigung jeder Form der Rassendiskriminierung (Anti-Rassismuskonvention), das Übereinkommen gegen Folter und andere grausame, unmenschliche oder erniedrigende Behandlung oder Strafe (UN-Folterkonvention), das Übereinkommen zur Beseitigung jeder Form von Diskriminierung der Frau (Frauenrechtskonvention) und das Übereinkommen über die Rechte des Kindes (Kinderrechtskonvention) als bedeutsame Menschenrechtsverträge. Die Verankerung der Menschenrechte in Verträgen und die Errichtung von Instrumenten zur Überwachung ihrer Einhaltung bildet die Grundlage des internationalen Menschenrechtsregimes.

Ingomar Hauchler u.a. (Hg.), Globale Trends 2004/2005, Frankfurt/M. 2003, S. 254

M2 „Wir dürfen vor Rechtlosigkeit und Gewalt nicht kapitulieren"

Der Internationale Strafgerichtshof soll Schlächtern, Despoten und Kriegsverbrechern den Prozess machen. Doch aktuell wird erst ein Fall verhandelt. Hans-Peter Kaul, einziger deutscher Richter des Tribunals, kritisiert im SPIEGEL-ONLINE-Interview: Die Ankläger werden ausgebremst, und sie haben keine Polizei hinter sich.

SPIEGEL ONLINE: Herr Kaul, zurzeit wird der erste Fall am Internationalen Strafgerichtshof in Den Haag (ICC) verhandelt. Der kongolesische Milizenführer Thomas Lubanga soll unzählige Kinder als Soldaten rekrutiert und sie in den Tod geschickt haben. Wann ist mit einem Urteil zu rechnen?
Kaul: Es gibt jede Menge Unwägbarkeiten, die zu Verzögerungen führen können.

Es kann sich noch über Jahre hinziehen?
Jahre würde ich nicht sagen. Doch ich kann mich zum laufenden Verfahren nicht äußern.

Welche Höchststrafe kann Ihr Gericht verhängen?
Das Gericht kann auf lebenslange Freiheitsstrafe erkennen. Es kann keine Todesurteile verhängen.

104 Staaten haben sich Ihrem Tribunal bisher angeschlossen. Es fehlen Länder wie Libyen, Irak, Israel und die USA. Welche Macht hat der Strafgerichtshof, wenn die einzige Supermacht nicht mitmacht?
Es steht keineswegs fest, dass die USA für alle Zeiten draußen bleiben. Es wäre wünschenswert, dass sie mitmachen oder den Strafgerichtshof als Nicht-Mitglied wenigstens dann unterstützen, wenn sie dies für richtig halten. Denken Sie an die enormen Machtmittel, die Amerika beisteuern könnte: politisch, militärisch, nachrichtendienstlich, aufklärungstechnisch. Das würde den Gerichtshof enorm stärken.

Die USA haben jedoch alles versucht, um Sie zu schwächen. Washington fürchtet, US-Soldaten könnten Opfer politisch motivierter Anklagen in Den Haag werden.
Diese Befürchtungen der USA sind unberechtigt. Wir sind ein neutrales und objektives Gericht. Die Rede vom angeblichen Risiko politisch motivierter Strafverfahren erweist sich immer mehr als haltlos.

Angenommen, die USA wären dabei: Müsste der Strafgerichtshof nicht gegen sie tätig werden – zum Beispiel wegen Abu Ghureib oder Guantánamo?
Erstens sind Verfahren vor dem Strafgerichtshof nur dann zulässig, wenn an sich zuständige Staaten unfähig oder unwillig sind, die Strafverfolgung ernsthaft zu betreiben. Zweitens haben wir grundsätzlich nur Jurisdiktion über Straftaten, die von Angehörigen von Vertragsstaaten oder auf deren Gebiet begangen wurden. Der ICC ist weder für Guantánamo noch für den Irak zuständig. [...]

Im Fall des Völkermords in Darfur kann der Strafgerichtshof nur tätig werden, wenn der Weltsicherheitsrat die Angelegenheit nach Den Haag überweist. Die USA können eine Überweisung jederzeit torpedieren. Doch dieses Mal verzichteten sie auf ihr Veto. Dafür hat sich Washington ausbedungen, dass kein US-Soldat, sollte er im Sudan bei einem Blauhelmeinsatz gestellt werden, an Sie überstellt werden darf. Können Sie mit solchen Kompromissen leben?
So willkommen die Überweisung der Darfur-Situation durch den Sicherheitsrat auch war, so hat uns doch der Kompromisscharakter mancher Regelung der Resolution 1593 geschmerzt. Leider hat der Sicherheitsrat nicht alle Staaten zur Zusammenarbeit mit dem Strafgerichtshof bei der Aufklärung und Verfolgung von Verbrechen in Darfur verpflichtet. Bei den Ermächtigungsresolutionen für das Ruanda- oder Jugoslawien-Tribunal war das anders.

Auch die Kooperationsbereitschaft der Regierung des Sudan lässt zu wünschen übrig. Hier wird eine Strukturschwäche des Gerichtshofs deutlich: Es genügt nicht, dem Strafgerichtshof Kriegsverbrechen auf den Tisch zu legen. Staaten, die dem Gerichtshof Situationen mit dem Verdacht schwerer Verbrechen überweisen, müssen auch sicherstellen, dass der Gerichtshof effektiv arbeiten kann, das heißt, dass er mit Ermittlungsteams an die Orte der Verbrechen gelangt. In Darfur können wir bisher nicht operieren, weil der Sudan die Zusammenarbeit verweigert.

Welcher Despot arbeitet auch mit einem Gerichtshof zusammen, vor dem er selbst enden könnte?
Auch ein Despot muss erkennen: Führender Politiker oder Militär zu sein, schützt prinzipiell nicht mehr vor strafrechtlicher Verantwortlichkeit. Es ist natürlich ungeheuer schwierig, die großen Täter hinter den vielen Tätern zu überführen. Denken Sie auch an Täter wie Adolf Hitler, Pol Pot, Saddam Hussein oder Slobodan Milosevic – sie haben sogar besondere Möglichkeiten, ihre Taten zu verschleiern.

Saddam und Milosevic konnten nur zur Rechenschaft gezogen werden, weil sie eine militärische Niederlage erlitten hatten.
Empirisch ist das richtig. Doch genauso wichtig ist, dass in der Rechtsüberzeugung der internationalen Gemeinschaft die Auffassung verankert ist: Titel und Ämter schützen nicht vor Strafe! Vor Nürnberg konnten sich Täter noch hinter Mauern wie der Staatenimmunität verstecken. […]

Bisher hat sich der Strafgerichtshof auf wenige Konfliktherde konzentriert: auf die Milizen in der kongolesischen Provinz Ituri, auf die Verbrechen der Lord Resistance Army in Norduganda und auf den Völkermord in Darfur. Was ist mit den anderen: die Verfolgung der Tibeter und Uiguren durch China, die Verbrechen in Tschetschenien?
Zu den Behauptungen in Ihrer Frage kann ich nichts sagen. Tatsache ist, dass bisher weder Russland noch China dem ICC angehören. […]

Sie ermitteln, Sie fertigen Anklagen, Sie erlassen Haftbefehle – doch Sie können niemanden festnehmen. Wann wird Ihre Minitruppe von Staatsanwälten und Ermittlern (Budget rund 80 Millionen Euro im Jahr 2006) ergänzt durch eine international agierende Polizeitruppe?
Das ist ein akutes Problem. Es reicht nicht, dass die Vertragsstaaten das Gericht gegründet haben, uns aber allein lassen mit dem Problem, die Täter zu bekommen. Sollte es so bleiben, wäre das eine gravierende Hypothek. Auf Dauer birgt dies die Gefahr, dass wir zur unwirksamen Institution werden. Gott sei Dank scheinen die Staaten dies allmählich zu begreifen. Lubanga ist beispielsweise mit einem französischen Militärflugzeug nach Den Haag gebracht worden. Langfristig gibt es Forderungen an Mitgliedstaaten, dass sie den Strafgerichtshof durch eine Sondertruppe für Festnahmen in akuten Notsituationen unterstützen. Das Problem der Festnahmen muss endlich gelöst werden. Das Jugoslawien-Tribunal hatte auch keine Festnahmebefugnisse. Die meisten Täter wurden von der Nato oder von Blauhelmen festgenommen.

In etlichen Ländern gibt es keine funktionierende Zentralgewalt. Verbrechen resultieren aus einem Geflecht von korrupten Politikern, Warlords, Drogenbaronen und militanten Fundamentalisten. Ist es nicht wie ein Tropfen auf den heißen Stein, aus diesem Sumpf einer verrohten Gesellschaft ein oder zwei Protagonisten zur Rechenschaft zu ziehen?
Und wenn es nur ein Tropfen ist – ich bin dafür, dass die Staaten dieser Erde nicht resignieren. Wir dürfen vor den deprimierenden Phänomenen der Rechtlosigkeit, der Gewalt und der drohenden Straflosigkeit schwerster Verbrechen nicht kapitulieren.

Aus: Spiegel online vom 28.02.2007

Aufgaben

1. „Der Gerichtshof kann nur so stark sein, wie die Staaten ihn machen." Erläutern Sie, was genau damit gemeint ist! Schildern Sie Schwierigkeiten und Erfolge der Arbeit des IStGH an einem Beispiel.

2. Versuchen Sie eine Bilanz der Völkerrechts-Entwicklung. Was konnte erreicht werden, wo sehen Sie noch Handlungsbedarf?

Bildnachweis

Archiv für christlich-demokratische Politik der Konrad-Adenauer-Stiftung, St. Augustin – S. 68 (5)
Archiv für sozialen Demokratie der Friedrich-Ebert-Stiftung, Bonn – S. 68 (3)
Atlas der Globalisierung Spezial: Klima, Berlin 2008 – S. 163, 170, 179, 184
Atlas der Globalisierung, Berlin 2006, S. 53 – S. 138, 139

Bundeszentrale für politische Bildung, Bonn – S. 115

Cartoon-Caricature-Contor CCC, Weilheim – S. 37, 47, 54, 61, 77, 91, 132

DaimlerCrysler, Corporate Public Relations, Stuttgart – S. 113
Deutsche BP AG, Bochum – S. 171
Die Zeit / Wolfgang Sischke, Hamburg – S. 137, 171
dpa Picture-Alliance, Frankfurt – S. 85
dpa-Infografik, Hamburg – S. 74, 158, 211

Friedrich-Ebert-Stiftung, Bonn – S. 68

Getty images Deutschland / Nick Henderson, München – Einband, S. 7, 107
Globus Infografik, Hamburg – S. 114, 117, 123, 124, 125, 143, 165, 177, 182, 217

Heidelberger Institut für internationale Konfliktforschung, Heidelberg 2008,
Konfliktbarometer 2008 – S. 191

Le monde diplomatique, Berlin Edition No 4, 2008, S. 22 – S. 180

Andrews McMeel Publishing, Kansas City/USA – S. 27

Erich Schmidt Verlag, Berlin – S. 30, 46, 65, 73, 76, 80, 88, 96, 98, 101, 103, 130, 199, 200, 201, 202, 210
Stuttgarter Zeitung, Stuttgart – S. 110
Ullstein-Bild, Berlin – S. 8, 9

World Bank World Development Indicators, 2005, Washington D.C. – S. 187
www.d@dalos.org – S. 193

Trotz entsprechender Bemühungen ist es uns nicht in allen Fällen gelungen, den Rechtsinhaber ausfindig zu machen. Gegen Nachweis der Rechte zahlt der Verlag für die Abdruckerlaubnis die gesetzlich geschuldete Vergütung.